二十一世纪普通高等院校系列教材

市场营销学

主　编◎刘志林
副主编◎康　勇
参　编◎许云霞　陈　炜
　　　　郑　娜　李　霞

西南财经大学出版社
Southwestern University of Finance & Economics Press
中国·成都

图书在版编目(CIP)数据

市场营销学/刘志林主编;康勇副主编.—成都:西南财经大学出版社,2022.7(2023.7 重印)
ISBN 978-7-5504-5273-2

Ⅰ.①市… Ⅱ.①刘…②康… Ⅲ.①市场营销学—高等学校—教材 Ⅳ.①F713.50

中国版本图书馆 CIP 数据核字(2022)第 028484 号

市场营销学
SHICHANG YINGXIAOXUE

主　编　刘志林
副主编　康　勇

策划编辑:王甜甜
责任编辑:向小英
责任校对:周晓琬
封面设计:何东琳设计工作室
责任印制:朱曼丽

出版发行	西南财经大学出版社(四川省成都市光华村街 55 号)
网　址	http://cbs.swufe.edu.cn
电子邮件	bookcj@swufe.edu.cn
邮政编码	610074
电　话	028-87353785
照　排	四川胜翔数码印务设计有限公司
印　刷	郫县犀浦印刷厂
成品尺寸	185mm×260mm
印　张	22.5
字　数	543 千字
版　次	2022 年 7 月第 1 版
印　次	2023 年 7 月第 2 次印刷
印　数	3001— 5000 册
书　号	ISBN 978-7-5504-5273-2
定　价	49.80 元

前言

市场营销学是以一个组织（主要是企业）的市场营销活动为研究对象，阐明市场营销活动基本规律、基本架构和基本方法技能等方面内容的理论，其核心思想是强调以顾客为中心规划组织的市场营销活动。理论源于实践又指导实践，推动实践不断发展。自从人类社会产生了社会分工，商品交换活动随之产生。专事于商品交换活动的商人成为第一批市场营销实践者。他们利用商品产销在时间、地域、信息等方面的差异，通过收购、储存、运输、转卖等方式实现商品供需的有效对接，在满足顾客需要的同时博取丰厚的利润。我国有着5 000多年的文明发展史，形成了“公平买卖、童叟无欺”“诚信为本、义在利前”“以和为贵、和气生财”“君子爱财、取之有道”等德商思想，产生了白圭、范蠡、胡雪岩等许多成功的商人或徽商、晋商等商人群体，他们的商业思想至今仍具有重要意义，成为我国现代市场营销理论宝库的重要组成部分。但是，由于我国清代奉行闭关锁国的政策，错过了以科技革命推动的两次工业革命的机会。特别是1840年鸦片战争至新中国成立，我国深受帝国主义、封建主义和官僚资本主义“三座大山”之害，战乱频发，失去了产生具有现代意义的工商企业的条件。因此，从学科意义上讲，市场营销理论体系源自和成长于西方发达国家。

自新中国成立以来，在中国共产党的坚强领导下，中国人民自力更生、艰苦奋斗，建立了完整的工业体系和国民经济体系，奠定了经济社会腾飞的基础。改革开放以来，中国经济迈上了发展的快车道，已经实现了连续40余年的增长，稳居世界第二大经济体、第一大制造业和第一大进出口贸易国，2020年全面建成了社会主义小康社会，正在向着第二个百年目标（即到2050年新中国成立100周年时建成社会主义现代化强国）奋进。在这一伟大的变革过程中，一大批中国企业成长壮大，走到世界舞台的中央，成为许多行业的领导者和引领者。据2021年《财富》杂志世界500强企业榜单，中国企业（含港、台企业）占据了143席，其中，中国大陆地区企业135家。华为、海尔、三一重工、中车、大疆等企业成为具有世界影响力的企业。阿里巴巴、腾讯、百度等互联网企业在商业模式创新方面从模仿者、同行者变为引领者。随着中国企业的崛起，其管理智慧、商业模式、运营方式、营销经验等都成为市场营销理论的源头活水，因此，在市场营销学教学中必须有所体现。

党的二十大擘画了中国式现代化道路的宏伟蓝图，提出了“两个结合”（马克思主义基本原理同中国具体实际相结合、同中华优秀传统文化相结合）的新要求。这不仅为中国企业的成长壮大提供了新的空间，也为构建中国特色的市场营销学科体系、学术体系和话语体系提供了理论指导和实践基础。市场营销理论工作者应自觉以习近平新时代中国特色社会主义思想为指导，及时总结中国优秀企业的市场营销实践经验，深入挖掘中国传统商业文化的时代价值，讲好中国企业的市场营销故事，为推动中国品牌走向世界作出应有的贡献。

市场营销学是工商管理类专业的核心课程之一，也是经济学类、新闻传播学类等专业的重要选修课之一。因此，在教学内容安排上必须有所兼顾。既要保证所有专业的学生在有限的课堂教学中获得较为完整的知识体系，又要兼顾到不同专业的学生课程适当回避和深度学习的要求。本教材设置了五大模块、十二个章节的内容，基本涵盖了市场营销实践活动的各个方面，能够较好地满足学生知识学习和实践能力提升的要求。第一模块市场营销理念和管理过程，重点研究市场营销的基本理论和管理过程，包括第一章总论和第二章企业战略和市场营销管理过程。第二模块市场分析，重点研究企业市场营销环境的内涵、特征、构成要素及对市场营销活动的影响，包括第三章市场营销环境分析、第四章消费者市场及购买行为分析、第五章组织市场及购买行为分析、第六章市场竞争者分析。第三模块市场营销战略，重点研究市场营销战略的演变过程、变动趋势及目标市场营销战略的主要内容，包括第七章目标市场营销战略。第四模块市场营销组合，按照4P营销组合策略的架构，分别研究产品策略、价格策略、分销策略和促销策略，包括第八章产品策略、第九章价格策略、第十章分销策略、第十一章促销策略。第五模块市场营销计划、组织与控制，重点研究市场营销计划的主要内容、市场营销组织设计及计划的执行与控制等内容，包括第十二章市场营销计划、组织、执行、控制与审计。

教材是服务于教师教学和学生学习的工具，必须体现“以师生为中心，以师生需求为导向”的理念，反映出全方位（品德修炼、知识掌握、能力提升）、全过程（课前、课中、课后）和全方式（线下、线上）育人的要求，让学生乐于学、教师便于教。根据这一思想，本教材每一章均由九个部分组成：①学习导引，说明学习目的、要求及主要内容。②营销箴言，选择若干条与本章内容紧密相关的市场营销方面的名言警句，起到画龙点睛的作用。③营销故事，选择一个与本章内容紧密相关的市场营销故事，以激发学生的学习兴趣。④理论概述，阐明本章的知识体系，以帮助学生夯实市场营销理论基础，掌握市场营销的主要方法和技能。⑤学科前沿，选择一个与本章内容紧密相关的市场营销的最新理论研究和实践发展的成果，以帮助学生了解市场营销学科和实践的最新发展变化情况。⑥每章一练，每章结束都设置了课后练习题（包括单项选择题、双项选择题、判断题、理论分析题），以便教师组织教学，并方便学生自我检查学习效果。⑦案例分析，根据本章理论和方法内容选择经典和最新实践案例剖析，帮助学生理解掌握该章的理论与方法。⑧能力测试，每章结束都安排了10道关于市场营销能力的测试题，帮助学生深度体味市场营销理论所蕴含的思想和所要求的能力。这些测试题不是简单的是非对错题，具有一定的挑战性和趣味性，可以在一定程度上测试出学生对市场营销知识的综合运用能力。⑨延伸阅读，为学生提供课后阅读材料线索，以贯彻全过程学习的理念要求。同时，为适应线上线下混合式教学的需要，与本教材相关的教学课件、课后练习题、能力测试题、教学参考资料等都可以在网上下载。本课程是省级一流本科课程，在大学慕课平台发布了市场营销学教学视频及配套教学资料，可供教师教学参考和学生选课学习。

市场营销学是一门开设较为广泛的课程，教科书种类繁多，各有千秋。在互联网、大数据、人工智能等迅猛发展的今天，各种市场营销思潮、模式及手段层出不穷，在为市场营销理论创新和教学提供鲜活养料的同时也带来了极大的挑战。教材必须在“变”与“不变”之间做出艰难的选择。一方面它要保持基本理论体系的传承性，因为这是经过长期市场营销实践检验积淀下来的成功经验的升华，反映了市场营销实践的普遍规律；另一方面，市场营销实践中创新层出不穷，让我们应接不暇，又不得不仔细甄别、小心选择并反映到教材中来，以体现教材的时代性。本教材的编撰团队成员都有十年以上的课程教学经历，积累了较丰富的教学经验，同时还具有较扎实的专业理论功底，主持过多项国家级和省部级科研项目，并经常深入企业市场营销实践一线调查研究，积累了较丰富的案例素材，奠定了教材编写的良好基础。但是，由于编写时间有限，教材中难免会存在瑕疵，敬请各位师生批评指正！

刘志林

2023 年 3 月 28 日

目录

第一章 总论

【学习导引】

本章是市场营销学开篇之章，通过学习要重点掌握市场营销的核心概念、市场营销观念的内涵和演变、市场需求状态及营销对策、市场营销理论的产生和发展等内容，以了解本课程的基本架构和逻辑关系，建立对市场营销理论的初步认识。

【营销箴言】

市场营销就是使推销成为多余。

——彼得·德鲁克

顾客永远是对的；当与顾客发生冲突时，请参照第一条执行。

——沃尔玛公司

【营销故事】

李老太买李子

李老太每天都去菜市场买菜买水果。一天早晨，她来到菜市场，遇到一个卖水果的小贩。小贩问：“您要不要买一些水果啊?”李老太说：“您有什么水果?”小贩说：“我这里有李子、桃子、苹果、香蕉，您要买哪种呢?”李老太说：“我要买李子!”小贩赶忙介绍说：“我的李子，又大又红又甜，特好吃。”李老太仔细一看，接着又尝了一个，果然如此。但李老太摇摇头，没有买，走了。李老太继续在菜市场转，遇到第二个卖水果的小贩。这个小贩也像第一个一样，问李老太买什么水果，李老太说要买李子。小贩接着问：“我这里有很多李子，有大的，有小的，有酸的，有甜的，您要买什么样的呢?”李老太说要买酸李子，小贩说：“我这堆李子特别酸，您尝尝?”李老太拿起一个一咬，果然很酸，满口的酸水。李老太受不了了，但越酸越高兴，马上买了2

斤李子。李老太没有回家，继续在市场转，遇到第三个水果小贩，同样，小贩问李老太要买什么水果，李老太说要买李子。小贩接着问："您买什么样的李子?"李老太说："我买酸李子。"小贩很好奇，接着问："别人都买又大又甜的李子，您为什么要买酸李子呢?"李老太说："我儿媳妇怀孕了，想吃酸的。"小贩马上说："老人家，您对儿媳妇真好!"小贩又问："那您知不知道孕妇最需要什么样的营养呢?"李老太说不知道。小贩说："其实孕妇最需要维生素！因为她需要供给胎儿维生素。所以，光吃酸的还不够，还要多补充维生素。水果之中，猕猴桃含维生素最丰富，所以您要经常给儿媳妇买些猕猴桃才行啊！这样的话，您的儿媳妇一定能生出一个漂亮健康的宝宝。"李老太一听很高兴，马上买了2斤猕猴桃。当李老太要离开的时候，小贩又说："我天天在这里摆摊，每天进的水果都是最新鲜的，下次来就到我这里来买，还能给您优惠。"从此以后，李老太每天都在他这里买水果了。

资料来源：根据百度等网站资料编写。

【理论概述】

市场营销学是以一个组织（主要是企业）的市场营销活动为研究对象，阐明市场营销活动基本规律、基本架构和基本方法技能等方面内容的理论，其核心思想是强调以顾客为中心规划组织的市场营销活动。本章有四节内容：第一节市场营销的核心概念；第二节市场营销观念；第三节市场需求状态及市场营销管理对策；第四节市场营销理论的产生和发展。

第一节　市场营销的核心概念

核心概念是构成一个理论的最基本的单元，对于认识和把握理论的内涵和本质至关重要。市场营销的核心概念可以从六个方面来学习。

一、需要、欲望和需求

需要是指人们没有得到基本满足物时的心理状况。人的需要是多种多样的，而且是分层次的，大体可以分为生存需要、享受需要和发展需要等。目前影响比较大的是马斯洛需求层次理论。他把人的需要分为生理需要、安全需要、社交需要、自尊需要、自我实现需要五个方面，并形成一个梯级结构（见图1-1）。

欲望是指人们想得到某种基本满足物的愿望。人的欲望是与生俱来的，也是多种多样、千差万别的，有时还可能超越自身现实的能力限制，此即所谓"人心不足蛇吞象"。

需求是指人们有货币支付能力的欲望。需求是企业经营活动的出发点和归宿。

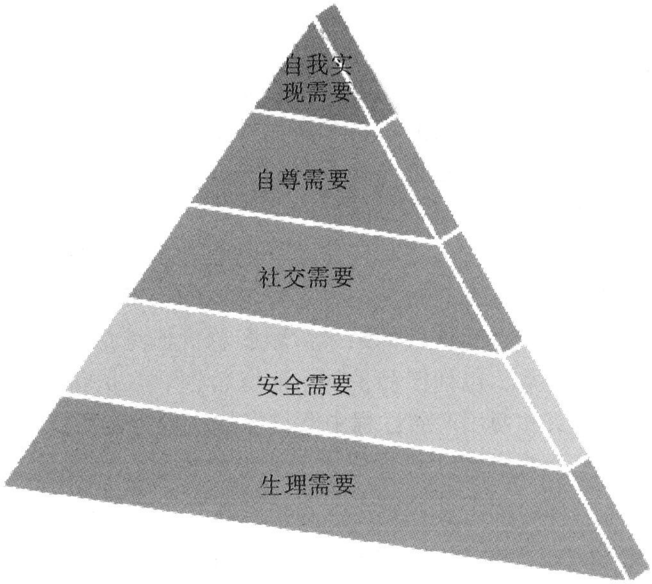

图 1-1　马斯洛需求层次

二、产品

产品是指能满足人们某种需要和欲望的任何东西。产品可以有多种形式：实物、服务、人、活动、场所、思想、组织等。表 1-1 列举了不同产品形式的典型产品。

表 1-1　不同产品形式的典型产品

产品形式	典型产品
实物	袋装食品、服装、医药、汽车、手机等
服务	理发、桑拿浴、汽车维修、农作物收割、教育、医疗、美容等
人	高校毕业生、公司员工、足球俱乐部运动员等
活动	博览会、展销会、研讨会、体育赛事（如奥运会、亚运会、国际足联世界杯比赛等）
场所	名人故居（故里）、旅游景点（区）、重大事件发生地纪念物等
思想	学术著作、小说、电影、电视、计算机软件、专利、商标权等

三、交换、交易和关系

人们可以通过四种方式获得产品，即自行生产、强行取得、乞讨和交换。交换是人们在商品经济（市场经济）条件下得到产品的最主要方式。交换是指个人或组织提供某种东西作为回报而获得自己所需所欲之物的过程。交换的实现需要满足五个条件，即至少有交换的双方；每一方都有对方认为有价值的东西；每一方都有沟通和运送货品的能力；每一方都可以自由地接受或拒绝；每一方都认为与对方交易是合适的。交易是交换的单元，是具体的交换行为。关系是指在交换过程中产生的相互联系。在现代市场经济条件下，人们更加关注交换双方如何建立起持久的互利双赢的交换关系。

四、价值、成本与满意

顾客通过交换得到产品，有的人关注产品质量、花色、品牌等，而对产品的价格不是很敏感。有的人则更关注产品的价格和实用性等，而对产品的质量、档次、品牌等考虑较少。那么，顾客购买产品是否有一定的标准呢？实际上，如果我们透过现象看本质，就会发现，顾客总是按照一定的标准来选择产品的，这个标准就是“满意”，即顾客在购买产品后感到物有所值或物超所值时的心理状态。具体可以用顾客让渡价值来描述。顾客让渡价值是顾客总价值与顾客总成本的差额，也就是顾客从购买产品中得到的利益与付出的代价之间比较的结果。顾客总价值是指顾客在购买和使用产品过程中可以获得的一组利益，包括产品价值、服务价值、人员价值和形象价值等。顾客总成本是指顾客在购买和使用产品过程中所付出的代价，包括货币成本、时间成本、体力成本和精力成本等。当顾客让渡价值大于或等于零时，顾客满意；当顾客让渡价值小于零时，顾客不满意。图 1-2 反映了顾客让渡价值与顾客满意之间的关系。

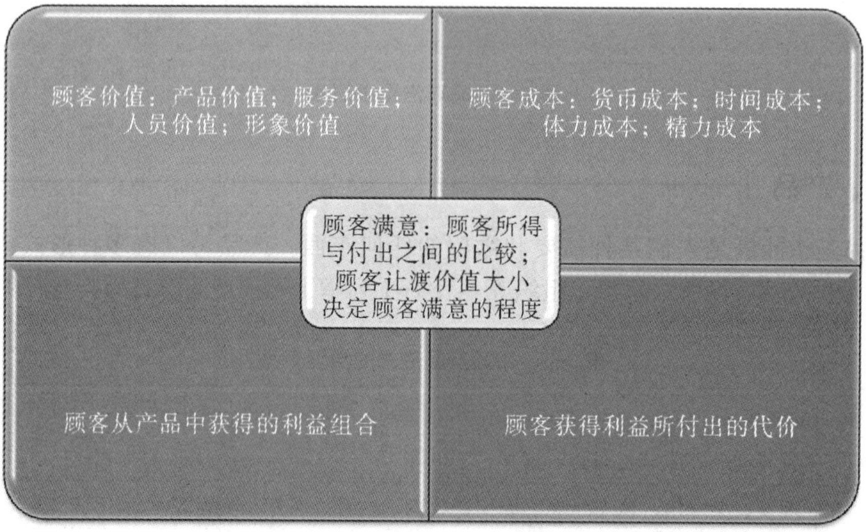

图 1-2　顾客让渡价值与顾客满意之间的关系

五、市场

从宏观角度看，市场是商品交换的场所，也是商品交换关系的总和，包含买方、卖方、商品（产品）及其交换过程中形成的关系等要素。现代市场结构（见图 1-3）包括制造商市场、中间商市场、消费者市场、资源市场及政府市场五种基本市场。

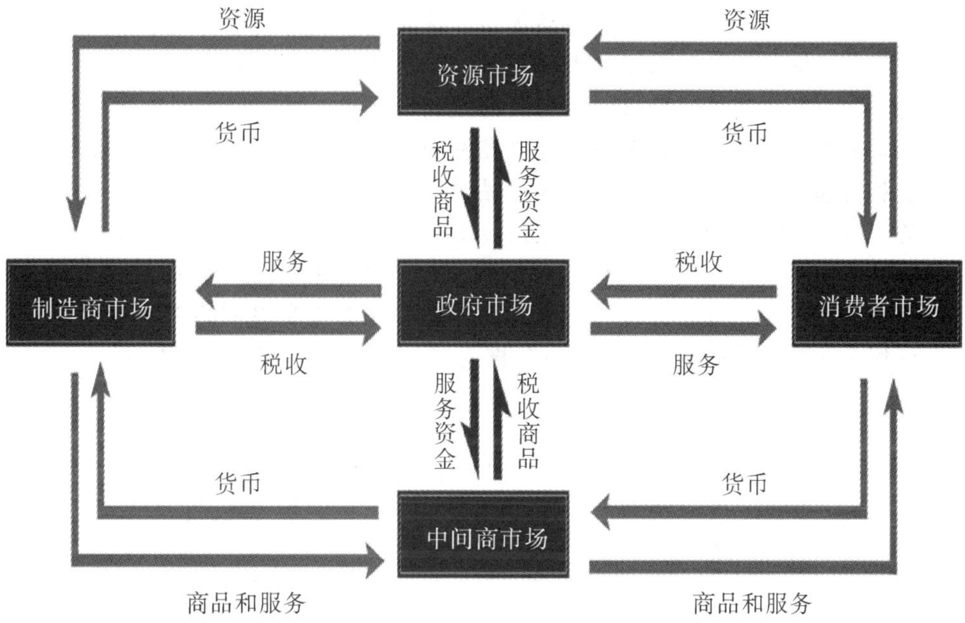

图 1-3 现代市场结构及关系

站在卖方立场上看，市场是潜在的或现实的顾客需求的总和，包括人口、购买欲望和购买力三个基本要素（见图 1-4）。人口是构成市场的最基本的要素。一个国家（或地区）人口的数量、结构、变动趋势等直接决定着该国市场的基本状态。购买欲望与人的基本需要相关，更与一个国家（或地区）人口的文化背景有关，文化可能会激发或约束人们对某些产品的购买欲望。购买力是一个国家（或地区）人口的货币支付能力，与其经济发展阶段、国家发展战略、宏观分配政策等密切相关，主要可以用人口（或家庭）的可支配收入等指标来反映。

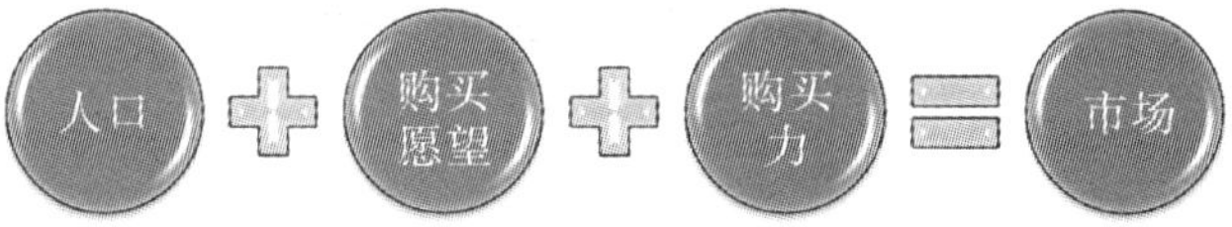

图 1-4 站在卖者立场上的市场构成要素

六、市场营销和市场营销者

市场营销是个人或组织（主要是企业）以满足顾客需要为目的，变潜在交换为现实交换的活动。顾客需要是一切市场营销活动的出发点和归宿。市场营销的核心是交换，是一种“赢对赢”的游戏，在交换过程中，只有赢家，没有输家。市场营销包含着一系列赢得顾客的战略和策略，目的在于通过为顾客创造和传递价值与顾客建立起持久性的合作关系，重点在于培养庞大的忠诚顾客群。

在交换双方中，如果一方比另一方更主动、更积极地寻求交换，则前者被称为市场营销者，后者被称为潜在顾客。

现代企业市场营销活动涉及企业自身、顾客、竞争者及环境变化四大基本要素，形成相互依存、相互制约的复杂的关系体系。首先是企业与顾客的关系，关键是要实现企业市场营销活动与顾客需要的无缝对接，包括产品与顾客需要的对接；产品价格与顾客价值的对接；产品分销与顾客购买的便利性要求对接；企业促销活动与顾客所需产品信息的有效对接等。其次是企业要准确地定位自身的市场地位，比竞争者更有效地创造和传递顾客价值。一般可以从产品、价格、分销和促销四个方面寻求和创造竞争优势，以巩固或提升自己的市场地位。最后，企业总是在一定的环境中开展市场营销活动的，应密切关注环境变化带来的发展机会和潜在威胁，及时利用发展机会，应对潜在威胁。由于企业、顾客、竞争者及环境变化的英文单词的首字母都是“C”，所以，现代企业市场营销基本框架也可简称为“4C”分析框架。见图 1-5。

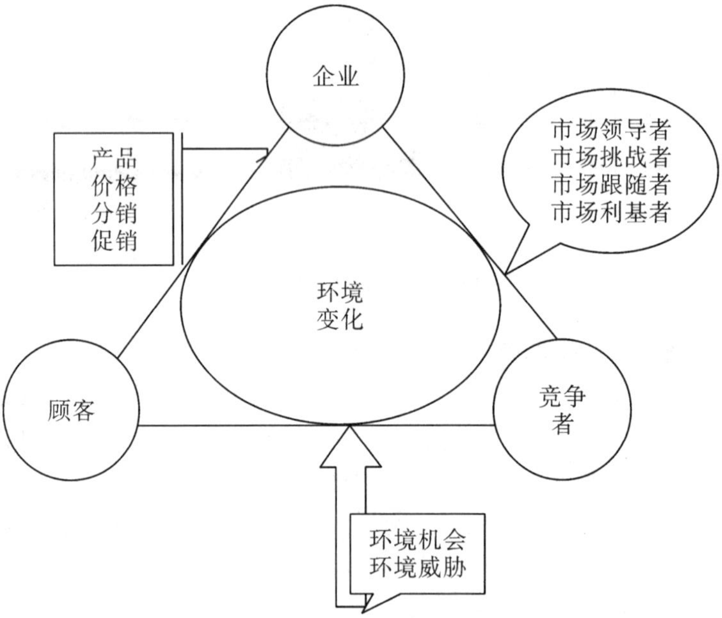

图 1-5　现代企业市场营销的基本框架

第二节　市场营销观念

个人或组织在开展市场营销活动时总是存在着内外复杂的利益关系，处理这些利益关系时又总会面临着利益分配优先次序的选择矛盾。我们把个人或组织处理各方面利益关系所遵循的原则称为市场营销观念或市场营销哲学。从历史演化过程看，市场营销观念经历了生产观念、产品观念、推销观念、市场营销观念和社会市场营销观念五个阶段。

一、生产观念

生产观念认为，顾客总是喜欢那些随处买得到和买得起的产品。企业的主要任务一是扩大生产规模，提高生产效率，降低生产成本，从而降低产品价格。二是建立完善的分销网络，提高分销的效率，方便顾客购买。美国福特汽车公司在20世纪初曾奉行这一观念，率先引入汽车流水生产线，大量生产单一规格（T型）、单一颜色（黑色）的汽车，大幅度降低了汽车售价，迅速推动了家用汽车的普及化，成为家用汽车的标志性品牌。表1-2反映了福特汽车公司早期T型车零售价格和销售量的情况。图1-6反映了福特汽车公司早期T型车的式样。我国吉利汽车公司在创立阶段也提出“生产中国人能够买得起的家用轿车”的理念，以低廉的价格和实用的配置使其汽车走红中国市场。

表1-2　福特汽车公司T型车1908—1916年零售价格和销售量

年份	零售价格/美元	产品销量/辆
1908	850	5 986
1909	950	12 292
1910	780	19 293
1911	690	40 402
1912	600	78 611
1913	550	182 809
1914	490	260 720
1915	440	355 276
1916	360	577 036

图1-6　(a) 福特汽车公司生产的T型车

图 1-6　(b) 福特汽车公司生产的 T 型车

二、产品观念

产品观念认为，顾客总是喜欢那些质量高、款式新、有特色的产品。此即所谓“酒香不怕巷子深”“一招鲜，吃遍天”“只要产品好，自然顾客盈门”。该观念能够适应产品普及化后人们对生活品质、品味及多样化需求的要求，有些奢侈品品牌，如劳斯莱斯、法拉利、玛莎拉蒂、劳力士、百达翡丽、茅台酒等都是以产品品质取胜的典范品牌。当然，事物总是存在两面性，该观念也可能让一些企业得上“营销近视症”（过分关注产品本身，而忽视顾客需求）。例如，浙江某知名服装公司聘请世界知名服装设计师，选用一流的制作材料，精心缝制了 100 套纯金纽扣西装，并通过媒介大肆宣传，试图提高其品牌的知名度和美誉度，结果一套也未卖出。

另外，在科学技术迅猛发展的今天，产品的生命周期越来越短，许多品类的商品都有可能被淘汰，奉行产品观念的风险也越来越大。例如，算盘、BP 机、民用电报等已被淘汰出局，固定电话机、传真机、月饼等面临着衰落的命运。图 1-7 列举了一些已经（或即将）被市场淘汰的产品（或服务）。

图 1-7　已经（或即将）被市场淘汰的产品（或服务）

三、推销观念

推销观念，也可称为销售观念，其认为顾客都有购买惰性，若不加以刺激，就不会足量购买。该观念的优点在于其是一种积极进取的观念，强调“销售收入是推销努力的函数”，“只有努力才能改变，只要努力就能改变”。其缺点在于，如果产品是顾客所不需要的，再努力推销也无济于事；推销还可能导致顾客过量购买，最终让顾客感到不满意。

四、市场营销观念

市场营销观念的要义在于“发现顾客需要，满足顾客需要”。在科技迅猛发展的数字经济时代，许多公司特别是高科技公司强调“创造顾客，引领需求”，“做得比顾客想的还要好”。通过一些知名公司的市场营销观念，我们也能够管中窥豹，发现其成功的秘诀。表 1-3 反映了一些知名公司的市场营销观念。

表 1-3　知名公司市场营销观念

公司名称	市场营销观念
沃尔玛	顾客永远是对的；当与顾客发生冲突时，请参照第一条执行
微软	协助全世界的人和全世界的企业发挥出他们最大的潜能
同仁堂	炮制虽繁必不敢省人工，品味虽贵必不敢减物力；修合无人见，存心有天知；配方独特、选料上乘、工艺精湛、疗效显著
华为	为客户服务是华为存在的唯一理由，客户需求是华为发展的原动力；构建万物互联的智能世界
阿里巴巴	客户是衣食父母
谷歌	No evil（没有邪恶）

五、社会市场营销观念

社会市场营销观念认为，个人或组织在开展市场营销活动时，不仅应该满足顾客的需求，还应该承担起环境保护、资源节约、关爱员工、乐善好施等社会责任，将顾客利益、企业利益和社会公众利益等有机地结合起来。市场营销观念与社会市场营销观念是有一定区别的，具体详见图 1-8。

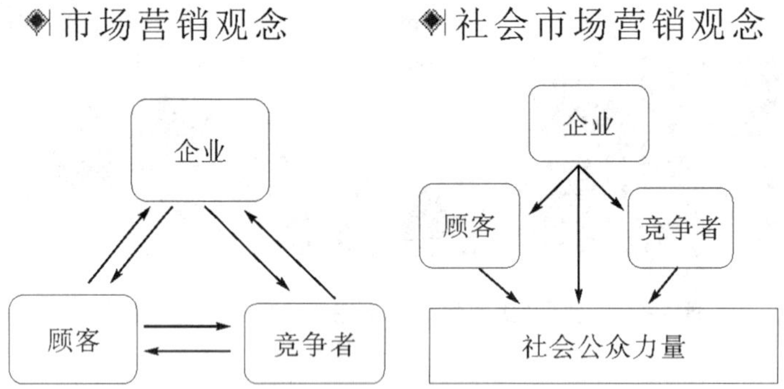

图 1-8　社会市场营销观念与市场营销观念比较

企业是营利性组织，通过合法手段赚取利润，实现资本增值，无可厚非；但企业又是社会经济体系中的一员，必然会受到社会价值的约束，需要在多方利益相关者的博弈中取得平衡。社会公众会期待企业承担起越来越多的“责任”，如环境保护、社会公益、公共安全、员工就业与发展，甚至社会风气以及价值观的引领等。企业稍有不慎，就可能会冒犯某一群体而陷入舆论漩涡，引发社会信任危机，进而损害公司声誉。百度公司是我国目前最大的中文搜索引擎公司，其百度软件是社会公众获取信息或信息线索的重要渠道，以资源丰富和使用便捷而广受人们喜爱。但是，2016 年 4 月 12 日，西安电子科技大学学生魏则西去世后，有网友找出魏则西于 2016 年 2 月 26 日在知乎上的一篇帖文“你认为人性最大的恶是什么?”，将百度搜索和百度推广推上风口浪尖。两年前，魏泽西在体检中查出罹患“滑膜肉瘤”晚期，经多方求医无果后，通过百度搜索查到武警第二人民医院可治疗此病，于是前往住院治疗，但最终是人财两空。后经政府有关部门调查发现，收治魏则西的科室是福建莆田系承包科室，并不具备医疗资质。这就带来一个问题，百度公司作为搜索引擎公司是否应该对其所提供的信息的真实性、可靠性负责？其是否应该承担起信息审查的职责？如果其对所提供的信息真实性和可靠性负责（一般都会有免责声明），可能此类公司根本无法经营下去，因为无尽的诉讼官司早晚会让其倾家荡产。如果搜索引擎公司对其所提供的信息真实性和可靠性不负责任，则又可能使其成为虚假信息传播蔓延的渠道。无独有偶，2020 年 1 月 6 日，美国国会发生骚乱事件后，推特、脸书等多家社交媒体公司都以特朗普发布不实言论、煽动骚乱为由永久封禁了其账户。这又引发了争议：大型互联网社交媒体公司是否有权利剥夺公民的言论自由权利？一个在任总统的账户都可以被封禁，何况普通公民？这些公司是否越俎代庖地行使了不属于自己的权利？

党的十八届五中全会明确提出“必须牢固树立并切实贯彻创新、协调、绿色、开放、共享的发展理念”。习近平总书记多次指出，“绿水青山就是金山银山”，要守住

"生态保护的底线"，对长江、黄河等大江大河要"不搞大开发，共抓大保护"，要倡导"共建地球生命共同体"。"要坚持绿色低碳，促进人与自然和谐共生"，实现中国发展"二氧化碳排放力争于2030年前达到峰值，努力争取2060年前实现碳中和"的目标。在我国经济社会发展走上绿色发展之路的大背景下，中国企业必须以习近平生态文明思想为指导，重视资源节约和循环利用，大力开发和使用新能源，主动担当作为，坚守生态环境保护红线，将绿色发展理念贯彻到市场营销活动的各环节之中，做好绿色营销工作。

六、中国商业文化语境下的市场营销观念

上述五个市场营销观念，可以用中国商业文化元素加以归纳：

生产观念和产品观念可称为"坐商"，重点在于抓好生产管理，做好产品，等客上门。推销观念可称为"行商"，重点在于"走出去"，充分利用各种促销手段，激发顾客的购买欲望，让顾客"多买、快买、持续地买"。市场营销观念可称为"情商"，强调要"全心全意、真心实意、一心一意地为顾客服务"，"想顾客之所想、急顾客之所急"，真正做到"换位思考"。社会市场营销观念可称为"义商"，应该"君子爱财，取之有道"，守住"底线"，不踩"红线"，还要"铁肩担道义"，自觉地将企业经营活动融入国家民族振兴的伟大事业之中。图1-9反映了融入中国商业文化元素的市场营销观念体系。

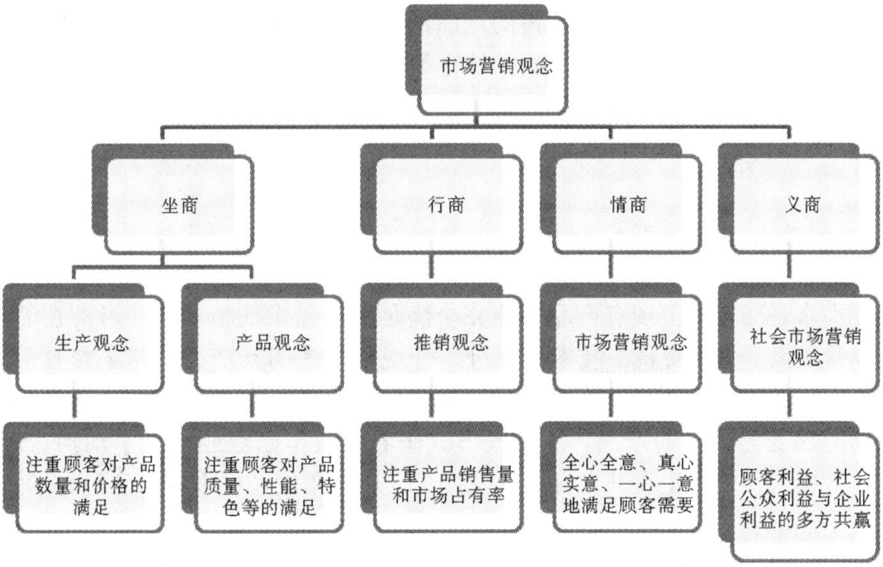

图1-9　融入中国商业文化元素的市场营销观念体系

第三节　市场需求状态及市场营销管理对策

市场营销管理从本质上讲是需求管理，要以目标顾客的需求为导向，创造、建立和保持与目标顾客的互利交换关系。市场营销管理成败的关键在于摸清顾客需求特点，

有针对性地采取相应的对策。市场营销需求状态一般来说有八种类型，相应地有八种对策：

一、负需求——扭转性营销

负需求是指顾客对市场上销售的某种产品表现出厌恶、排斥等的态度，不仅自己不购买，还可能劝告、阻止他人购买的情况。例如，有的人对臭豆腐很反感，对街头销售臭豆腐的摊点表现出厌恶的情绪，常常掩鼻而过，避之唯恐不及，甚至恶言恶语，阻止家人购买食用。针对负需求，应该通过知识普及、现场试吃、现身说法等形式改变这部分人的看法。

二、无需求——刺激性营销

无需求是指顾客对市场上销售的产品表现出漠不关心的态度，缺乏购买的欲望。例如，人们对于新产品在上市初期大多会表现出一种既不反感也不积极购买的漠然态度。针对无需求，应该加大新产品宣传促销力度，通过新旧产品的比较让顾客尽快知晓其能给顾客带来的新利益、新感受、新体验等，另外，加上有奖销售、免费试用、现场体验等活动激发顾客对该产品的购买欲望。

三、衰退需求——恢复性营销

衰退需求是指顾客对市场上销售的产品的购买兴趣逐年下降的情况。随着时代的变迁，我国的许多传统年俗文化产品，如鞭炮、月饼、粽子等产品的销售越来越不尽如人意。针对衰退需求，应该在摸清需求衰退内在原因的基础上，通过举办文化营销活动唤起人们对传统文化价值的追求。同时，也可通过产品创新适应新时代顾客的需求。

四、潜在需求——开发性营销

潜在需求是指市场上现有产品不能完全满足顾客需求的情况。针对潜在需求应通过开发质量更高、性能更优、技术更先进、外观更时尚的新产品来与之相呼应。近年来，人们对汽车需求提出了越来越多的要求，使得汽车的更新换代速度越来越快，各种潜在的需求变为现实的产品。从驾驶方式来看，汽车已经经历了手动挡、自动挡、手自一体等模式，现在正在开发自动驾驶模式。从汽车发动机来看，已经有了汽油/柴油发动机、混电发动机、纯电动力等，现在正在研发氢燃料发动机、太阳能发动机等。从汽车轮胎来看，已经有了普通轮胎、冰雪轮胎、防爆轮胎等，现在正在研发低噪声轮胎。汽车领域的其他方面也都存在多种多样的潜在需求，有待将其转换为现实的产品。

五、不规则需求——同步性营销

不规则需求是指顾客对市场上销售的产品需求呈现出时间上或地域上需求的不平衡性的情况。针对不规则需求，企业可以通过市场多元化、供给均衡化、生产节奏调节等方式实现企业的产销对接。例如，顾客对服装的需求随着季节的变换而变化，作为服装厂商来说，就必须因时而动，合理组织生产和供给。我国某羽绒服生产企业长期因为服装需求的季节性变化而烦恼，生产必须常年进行，而销售却主要在冬季进行，导致库存产品占压资金的压力很大。后在充分调研的基础上，该厂利用地球北半球和南半球冬夏季节相反的特点开发了南美洲市场，实现了产需平衡，取得了良好的经济效益。又如，农产品供销在时间上和地域上具有明显的不均衡性特征，导致有些时间、有些地区顾客需求旺盛而供给不足，而有些时间、有些地区供给充裕而需求不足。通过反季节种植方式（含提前/延后种植、提前/延后上市方式）和农产品物流及销售（农产品旺季采购储存、淡季销售；主产区采购，跨区域销售）等方式实现农产品供需平衡。在我国假日消费需求旺盛，使得许多商品需求具有明显的不平衡性。春节是我国最重要的家庭成员团聚和相互拜访交往的节日，肉类、蔬菜、水果、服装、烟酒茶、保健品、爆竹、春联等成为需求旺盛的产品，国庆节是家用电器、房屋装修材料、旅游、餐饮等产品的消费高峰，其他节日也各有特色商品需求，厂商必须提前谋划，组织好生产和供应工作。

六、饱和需求——维持性营销

饱和需求是指市场上销售的产品供需平衡的情况。对企业来说，这是一种最理想的市场需求状态，也最容易使企业产生懈怠情绪，而忽视顾客维护和市场竞争。针对饱和需求，企业可以维持现有的市场营销战略和策略，尽量延长这一市场需求状态持续的时间。在这一需求状态下，维护顾客的核心是保持和提升顾客的忠诚度，这就需要维持一定的促销力度、保持和提高产品质量和服务水平，注意产品更新换代，加强与顾客的交流沟通，使顾客对企业产品的依恋度、信任感及消费偏好得以长久保持。同时，还要密切关注竞争者的动向和新顾客的开发，以保持忠诚顾客群的动态平衡。

七、过度需求——限制性营销

过度需求是指市场上销售的产品需求过旺、供不应求的状态，同时，短期内企业又不能扩大生产规模，增加有效供给的情况。针对过度需求，企业可以采取适当涨价、限制购买人数和购买量、在市场上均衡投放产品等措施遏制过度需求。在我国节假日期间，热门旅游景点常常是游客蜂拥而来，人山人海，使得旅游品质下滑，人们的旅游活动索然乏味。为解决这一问题，旅游景点通过推出非节假日价格折扣、网上/电话预约、控制游客入园节奏等方式，疏解了节假日游客人数，提高了游客旅游好感度。网络游戏是一种低成本、便捷、益智的娱乐方式，对于培养青少年的竞争意识、分析能力和决断能力有一定的好处，但也让一些人沉迷于其中而不能自拔。网络游戏公司就需要进行软件预设置，控制青少年网游时间和购买装备的费用，以免引起青少年家长和社会公众的不满。

八、有害需求——抵制性营销

有害需求是指人们对某些有害身体健康、有损社会道德、违反国家法律法规的“黄、赌、毒、贿”等产品的需求。针对有害需求，企业应采取抵制性营销对策，即主动承担起社会责任，以国家法律法规为准绳，自觉抵制此类产品的销售。在互联网时代，自媒体为人们自我表现和自主创业提供了广阔的空间和便捷的平台，但同时，“黄、赌、毒、贿”等产品信息也像病毒一样广泛播撒，成为危害社会的毒瘤，亟待切除。这就要求互联网平台公司自觉遵守国家法律法规，通过过滤软件和日常网上巡查等手段及时清除有害信息，冻结违法交易活动，终止违法商户权限，以避免其对顾客和社会公众利益的损害，决不能只顾经济利益而对上述活动熟视无睹。

第四节 市场营销理论的产生和发展

一、中国传统的商业思想

理论源于实践又指导实践，推动实践不断发展。自从人类社会产生社会分工以后，商品交换活动随之产生。专事于商品交换活动的商人成为第一批市场营销实践者。他们利用商品产销在时间、地域、信息等方面的差异，通过收购、储存、运输、专卖等方式实现商品供需的有效对接，在满足顾客需要的同时博取丰厚的利润。我国有着5 000多年的文明发展史，形成了“公平买卖、童叟无欺”“诚信为本、义在利前”“以和为贵、和气生财”“君子爱财，取之有道”等德商思想，产生了白圭、范蠡、胡雪岩等许多成功的商人或徽商、晋商等商人群体，他们的商业思想至今仍具有重要意义，成为我国现代市场营销理论宝库的重要组成部分。东周洛阳（古西亳）人白圭（公元前463—前385年），提出商人应具备“智、勇、仁、强”四大素质。“智”就是要求商人具备善于分析形势，及时采取正确的经营策略的智慧。所谓“勇”就是要求商人行动果敢，勇于决策。如果勇不足以决断，在商业活动中畏首畏尾，肯定就会失败。“仁”就是用优质商品和服务对待顾客，而不要像一些奸商那样坑害顾客；对待下属、供应商和其他一些对我们有恩惠的人要舍得施与。“强”就是能有所坚守，要求商人具有坚强的意志和毅力。其主张“人取我予，人弃我取”的经商之道，商人在商业活动中，要“能薄饮食，忍嗜欲，节衣服，与用事僮仆共苦乐。趋时若猛兽鸷鸟之发”。即节约开支，勤苦耐劳，并能与他的雇工同甘共苦。范蠡生于楚平王十二年（公元前517年），被誉为“治国良臣，兵家奇才，商人始祖”。他的“夏则资皮、冬则资絺、旱则资舟、水则资车，以待乏也”的经商之道和“三聚千金三又散掉”的财富观，反映出商人的精明和责任感。胡雪岩将“戒欺”作为其开办的中药材店——胡庆余堂的店训，并制成牌匾悬于中堂。徽商开始活跃于宋代，全盛于明代后期到清代初期。其产生的张小泉（剪刀）、胡庆余堂（中草药）、王致和（豆腐制品）、张一元（茶庄）等许多品牌，至今仍然享誉市场。其主要思想是：

斯商：不以见利为利，以诚为利；

斯业：不以富贵为贵，以和为贵；

斯买：不以压价为价，以衡为价；

斯卖：不以赚赢为赢，以信为赢；

斯货：不以奇货为货，以需为货；

斯财：不以敛财为财，以均为财；

斯诺：不以应答为答，以真为答。

晋商起于前秦，兴于唐代，盛于清代，主张“一信、二义、三利”，即以信誉徕客，以义待人，信义为先，利取正途，要求“人弃我取，薄利广销，维护信誉，不弄虚伪”等。

二、市场营销理论体系的形成和发展

虽然我国商业发展历史悠久，许多商业思想对当今市场营销实践仍然有积极的指导意义，但是由于我国清代奉行闭关锁国的政策，错过了以科技革命推动的两次工业革命的机会，没有产生具有现代意义的工商企业，所以，学科意义上的市场营销理论体系均源自和成长于西方发达国家。其发展大致可以分成萌芽阶段（1900—1930 年）、成长阶段（1931—1950 年）、成熟阶段（1951—1970 年）、再发展阶段（1971—2000 年）、新发展阶段（2001 年至今）。表 1-4 反映了市场营销发展阶段及主要理论的概况。

表 1-4　市场营销发展阶段及主要理论

市场营销理论发展阶段	代表性理论（概念）
萌芽阶段（1900—1930 年）	威斯康星大学的巴特勒教授 1910 年正式出版了《市场营销方法》；弗莱德·克拉克 1918 年编写了《市场营销原理》讲义；L. S. 邓肯 1920 年出版了《市场营销问题与方法》
成长阶段（1931—1950 年）	弗莱德·克拉克等 1932 年出版《农产品市场营销》；拉尔夫·亚历山大 1940 年出版《市场营销》
成熟阶段（1951—1970 年）	市场营销组合、产品生命周期、市场细分、市场营销观念、营销审计、4P 组合、营销近视症、生活方式、买方行为、扩大的营销概念等
再发展阶段（1971—2000 年）	社会营销、低营销、定位、战略营销、服务营销、营销战、内部营销、全球营销、关系营销、大市场营销、4C 营销、整合营销传播、4R 营销、网络营销、差异化营销、绿色营销等
新发展阶段（2001 年至今）	水平营销、5E 组合、4I 组合、4D 组合、定制市场营销、平台营销、大数据营销、智慧营销、精准营销、体验营销、供应链营销、情感营销等

资料来源：根据菲利普科特勒《营销管理》（第十四版）、吴建安《市场营销学》（第六版）、郭国庆《市场营销学》（第四版）等资料整理。

（一）萌芽阶段（1900—1930 年）

在这一阶段，主要是一批美国学者将以往分散研究的产品分销、推销、广告、定价、产品设计和实体分配等专题内容集合起来初步形成了市场营销学科。1902—1905 年，美国的密西根大学、加州大学、伊利诺伊大学和俄亥俄州大学等大学相继开设了市场营销课程。1910 年，威斯康星大学的巴特勒教授正式出版了《市场营销方法》一书，书中正式将市场营销（marketing）作为学科名称。之后，弗莱德·克拉克 1918 年编写了《市场营销原理》讲义，被多所大学用作教材并于 1922 年出版。L. S. 邓肯 1920 年出版了《市场营销问题与方法》一书。虽然这一时期的市场营销理论的内容还主要局限于流通领域，但市场营销学作为独立研究领域被创建了起来。

（二）成长阶段（1931—1950 年）

在这一阶段，学者们把研究的重点放到了产品销售上，主张重视市场调查，“创造需求”。弗莱德·克拉克等 1932 年出版了《农产品市场营销》，将农产品市场营销系统划分为集中（收购）、平衡（调节供求）和分散（化整为零）三个相互关联的过程，并详细研究了市场营销的七种职能：集中、储存、融资、承担风险、标准化、销售和运输。拉尔夫·亚历山大 1940 年出版的《市场营销》，强调市场营销的商品化职能应包括适应顾客需要的过程，销售是“帮助或说服潜在顾客购买商品或服务的过程”。1937 年，美国市场营销协会（american marketing association，AMA）成立并在全国设立了几十个分会，从事市场营销研究和市场营销人才培训工作，出版了市场营销专刊和市场调研专刊，极大地推动了市场营销学科的发展。

（三）成熟阶段（1951—1970 年）

在这一阶段，学者们在市场营销的理论体系方面达成了共识，基本上确定市场营销理论的内容架构。这一阶段关于市场营销的主要理论有：市场营销组合、产品生命周期、市场细分、市场营销观念、营销审计、4P 组合、营销近视症、生活方式、买方行为、扩大的营销概念等。

（四）再发展阶段（1971—2000 年）

在这一阶段，学者们在市场营销理论基本框架基础上根据市场营销实践中的新问题不断地丰富和深化市场营销理论。这一阶段关于市场营销的主要理论有：社会营销、低营销、定位、战略营销、服务营销、营销战、内部营销、全球营销、关系营销、大市场营销、4C 营销、整合营销传播、4R 营销、网络营销、差异化营销、绿色营销等。

（五）新发展阶段（2001 年至今）

在这一阶段，因互联网、经济全球化、科技创新等多种因素交织交融，“世界面临百年未有之大变局”，企业所面临的市场营销实践问题更加复杂，传统市场营销理论显得力不从心，新营销理论让人目不暇接。这一阶段关于市场营销的主要理论有：水平营销、5E 组合、4I 组合、4D 组合、定制市场营销、平台营销、大数据营销、智慧营销、精准营销、体验营销、供应链营销、情感营销等。

三、市场营销学的研究方法和基本框架体系

（一）市场营销学的研究方法

（1）产品研究法。它是对某一类产品，如农产品、纺织品、家用电器、汽车、房产等的市场营销问题分门别类地开展研究。其优点是具体实用，缺点是交叉重复。

（2）机构研究法。它是对分销系统的各个环节（机构），如生产者、代理商、批发商、零售商等进行研究的方法。其侧重于分析研究流通过程中诸环节或层次的市场营销问题，其研究成果形成了批发学、零售学等。

（3）职能研究法。它是研究市场营销的各类职能以及在执行这些职能中所遇到的问题及其解决方法。如将营销职能划分为交换职能、供给职能和便利职能三大类，并将之细分为购、销、运、存、金融、信息等内容，分别或综合地进行研究。

（4）历史研究法。它是从发展变化过程来分析阐述市场营销问题的方法。如分析市场营销的含义及其变化、市场营销观念的演变过程、零售机构的生命周期等，试图从中找出内在的原因和规律性。

（5）管理研究法。它是从管理决策角度研究市场营销问题。其研究框架是将企业的市场营销决策分为目标市场和市场营销组合两个部分，研究企业如何根据其“不可控变数”，即市场营销环境因素的要求，结合自身资源条件（即企业的可控因素），进行合理的目标市场决策和市场营销组合决策。

（6）系统研究法。它是将现代系统理论和方法运用于市场营销学的研究，在管理导向的研究中常常采用这一方法。企业市场营销管理系统是一个复杂的系统。在这个系统中，包含了企业、供应商、中间商、目标顾客、竞争者、社会公众等微观因素和人口经济、政治法律、社会文化、科学技术、自然环境等宏观因素，它们相互影响、相互作用。企业必须树立系统观念，让自身的市场营销活动与所在的系统保持战略性的协调。

（二）市场营销学的框架体系

市场营销理论日新月异，不可能将其全部纳入教材之中。同时，考虑到专业课程之间的分工、避免重复的因素，本课程重点讲授五个模块、十二章的内容。第一模块市场营销理念和管理过程，重点研究市场营销的基本理论和管理过程，包括第一章总论和第二章企业战略与市场营销管理过程；第二模块市场分析，重点研究企业市场营销环境的内涵、特征、构成要素及对市场营销活动的影响，包括第三章市场营销环境分析、第四章消费者市场及购买行为分析；第五章组织市场及购买行为分析；第六章市场竞争者分析。第三模块市场营销战略，重点研究市场营销战略的演变过程、变动趋势及目标市场营销战略的主要内容，包括第七章目标市场营销战略。第四模块市场营销组合，按照 4P 营销组合策略的架构，分别研究产品策略、价格策略、分销策略和促销策略，包括第八章产品策略；第九章价格策略；第十章分销策略；第十一章促销策略；第五模块市场营销计划、组织与控制，重点研究市场营销计划的主要内容、市场营销组织设计及计划实施的执行与控制及审计等内容，包括第十二章市场营销计划、组织、执行、控制与审计。具体教学内容框架见图 1-10。

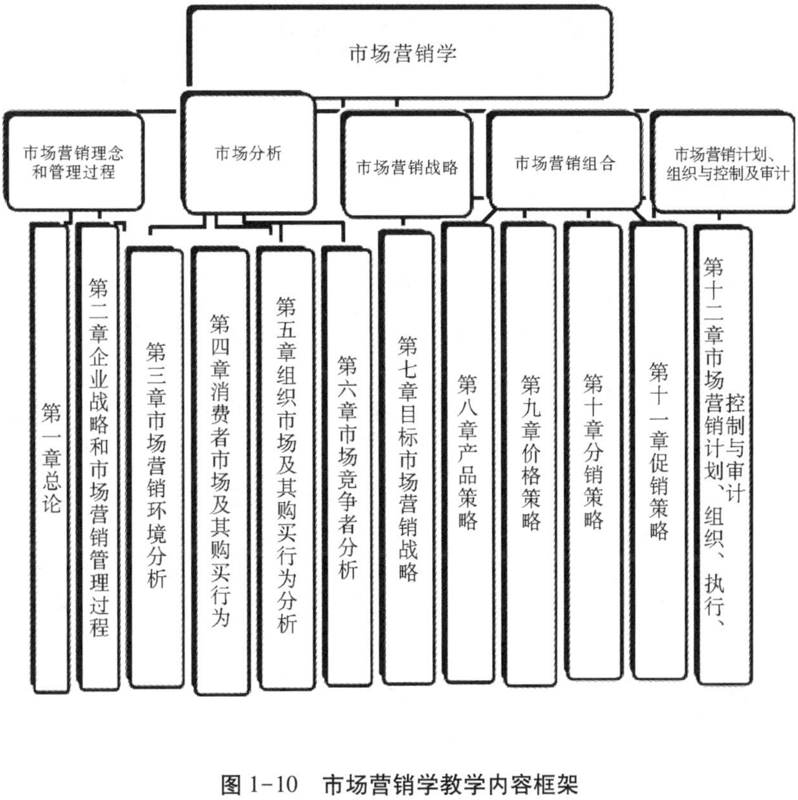

图 1-10　市场营销学教学内容框架

【学科前沿】

市场营销概念的演变与困惑

市场营销（marketing）是一个使用极为广泛的概念，也是目前极为令人困惑的概念之一。不同的学者、不同的企业家、不同的社会人士都可能从自身的体验和理解对其进行解读。从目前被广泛接受的美国市场营销协会的定义来看，其也经历了一个逐步演化的过程，反映出对市场营销概念理解的深化。

美国市场营销协会于1937年由企业界及学术界的市场营销人士发起成立。该协会已发展成为世界上规模较大的市场营销协会之一，拥有30 000多名会员，在世界各地从事着市场营销方面的工作以及市场营销领域的教学与研究。其是一家为在全球市场营销领域引领实践、教学和开发工作的个人和机构提供服务的专业协会，以“连接”（即分享知识，建立联系）、“沟通”（即提供资源、教育以及职业发展机会）和“促进”（即支持和推动市场营销实践、思想领导力发展和职业成功）为职能，致力于成为全球领先的市场营销资源网络和交流平台，汇聚最好的市场营销精英，在全世界范围内推动市场营销这一职能不断发展。目前，其已经成为全球影响力最大的市场营销专业机构，其关于市场营销及其相关概念的界定受到广泛重视并被接受。该协会关于市场营销的概念经历了不断变化的过程，反映了市场环境的变化和人们认识的深化。表1-5反映了美国市场营销协会关于市场营销的定义的演变过程。

表1-5　美国市场营销协会关于市场营销的定义的演变过程

年份	概念	重点
1935	市场营销是将产品和服务从生产者传送至消费者的商业活动	分销
1960	市场营销是引导产品和服务从生产者流向消费者的商业活动	分销和促销
1985	市场营销是对创意、产品和服务进行构思、定价、促销和分销，并通过交换来满足个人和组织需要的规划与执行的过程	包含产品、价格、分销和促销等多种活动的管理过程，核心是交换
2004	市场营销是采用企业与利益相关者都获利的方式，为顾客创造、沟通和传递价值，并管理顾客关系的组织功能和一系列过程	从为顾客提供具体产品（或服务）转向为顾客提供价值（解决问题）。强调顾客与企业及利益相关者的互利性，并管理顾客关系
2007	市场营销是创造、沟通、传递、交换对顾客、客户、合作伙伴和整个社会具有价值的提供物的一系列活动、组织、制度和过程	市场营销的价值性除了顾客、客户扩展到合作伙伴，甚至整个社会，主要内容是创造、沟通、传递、交换具有价值的提供物。
2013	市场营销是为顾客、客户、合作伙伴和整个社会创造、沟通、传递和交换有价值的提供物的活动、机构和过程	市场营销的价值性除了顾客、客户扩展到合作伙伴，甚至整个社会，主要内容是创造、沟通、传递、交换具有价值的提供物

菲利普·科特勒是世界知名的市场营销学者，其主编的《营销管理》已经更新出

版了 16 版，成为全球影响力最大的教科书，其关于市场营销的定义也受到广泛的关注和认可。其最近再版的教科书中关于市场营销的定义是：

市场营销就是识别并满足人类和社会的需要。最简洁的定义是“满足别人并获得利润”（营销管理. 第 14 版，2012 年 11 月，P6）。

市场营销是一个社会过程，在这个过程中，个人和团体可以通过创造、提供和与他人自由交换有价值的产品或服务来获得他们的所需所求（营销管理. 第 15 版，2016 年 7 月，P6）。

营销管理是选择目标市场并通过创造、传递和传播卓越顾客价值来获取、维持和增加顾客的艺术和科学（营销管理. 第 15 版，2016 年 7 月，P6）。

市场营销最简单的定义是：市场营销就是管理有价值的客户关系。其有双重目的：通过承诺卓越的价值吸引新顾客以及通过创造满意来留住和发展顾客。市场营销是企业为从顾客处获得利益回报而为顾客创造价值并与之建立稳固关系的过程（市场营销：原理与实践. 第 16 版，2018 年 11 月，P6、P7）。

其他学者也对市场营销给出了定义，从不同角度诠释了市场营销的内涵。

彼得 · 德鲁克认为，市场营销的目的是使推销成为多余。市场营销的目的就在于深刻地认识和了解顾客，从而使产品和服务完全适合特定顾客的需要，从而实现产品的自我销售。理想的市场营销应该可以自动生成想要购买特定产品或服务的顾客，而剩下的工作就是如何使顾客可以购买到这些产品或服务（营销管理. 第 15 版，2016 年 7 月，P6）。

格隆罗斯认为，市场营销就是在变化的市场环境中，旨在满足消费需要、实现企业目标的商务活动过程，包括市场调研、选择目标市场、产品开发、产品促销等一系列与市场有关的企业业务经营活动。他强调了市场营销的目的。

迈克尔 · 波特认为，“你（企业）为得到或保持一个客户所做的一切都是市场营销”。

拉塞尔 · 维纳认为，市场营销是试图影响选择的一系列活动。

郭国庆认为，市场营销是以满足人类各种需要和欲望为目的，通过市场变潜在交换为现实交换的活动。

以上定义的共性在于：一是所有的定义都突出了顾客的重要性，强调了“以顾客为中心，顾客需求为导向”的思想；二是所有定义都包含着如何建立企业（组织、个人）与顾客相互信任的关系；三是市场营销是赢得顾客的主动作为，意味着对顾客行为的引导或改变。

以上定义的差异在于：一是市场营销者和顾客的范围在不断扩大。顾客范围从一般的消费者扩大到经销商、供应商、员工、社会公众等；市场营销者的范围从营利性组织扩大到个人、非营利性社会组织等。二是市场营销客体的范围从实体产品扩大到服务，再到抽象的顾客价值的创造和传递等。三是市场营销活动的范围从产品的销售扩大到组织经营活动的全过程。

以上变化也引起了学术界的争鸣和市场营销实践中的困惑：市场营销究竟是什么？如何对其进行界定或与组织的其他职能分开？包罗万象的市场营销定义是恰当的吗？

【每章一练】

一、单项选择题

1. 根据马斯洛需求层次理论，顾客最高层次的需要是（　　）。

A. 安全需要　　B. 社交需要　　C. 自尊需要　　D. 自我实现的需要

2. 企业市场营销的出发点应该是顾客的（　　）。

A. 欲望　　B. 需求　　C. 心理　　D. 情感

3. 下列选项中不属于产品范畴的是（　　）。

A. 汽车　　B. 展销会　　C. 企业　　D. 顾客

4. 顾客总是倾向于选择（　　）。

A. 质量高的产品　　B. 价格低的产品

C. 方便购买的产品　　D. 满意的产品

5. 某企业希望通过向顾客提供高质量、有特色的产品取得竞争优势，该做法体现了（　　）。

A. 生产观念　　B. 产品观念

C. 推销观念　　D. 市场营销观念

6. 沃尔玛公司对员工提出了两条要求：“第一条，顾客永远是对的；第二条，当与顾客发生冲突时请参照第一条执行。”这体现了（　　）。

A. 生产观念　　B. 产品观念

C. 推销观念　　D. 市场营销观念

7. 结合中国传统商业文化，社会市场营销观念属于（　　）。

A. 坐商　　B. 行商　　C. 情商　　D. 义商

8. 推销观念特别强调（　　）。

A. 顾客满意　　B. 产品销售　　C. 产品质量　　D. 社会责任

9. 市场营销管理的本质是（　　）。

A. 需求管理　　B. 供给管理　　C. 资金管理　　D. 生产管理

10. 顾客对市场上现有的产品不满意，希望有更好的产品，这体现了（　　）。

A. 负需求　　B. 无需求　　C. 潜在需求　　D. 充分需求

11. 有些顾客对榴莲的气味很反感，不仅自己避之唯恐不及，还劝说他人不要购买。企业应采取的市场营销管理对策是（　　）。

A. 开发性营销　　B. 扭转性营销

C. 抵制性营销　　D. 同步性营销

12. 某旅游景区常常人满为患，导致服务水平下降，顾客抱怨增多。适合采取的市场营销管理对策是（　　）。

A. 限制性营销　　B. 抵制性营销

C. 扭转性营销　　D. 同步性营销

13. 我国古代大商人白圭提出商人应具备的四项素质是（　　）。

A. 智、勇、仁、强　　B. 诚、信、仁、强

C. 智、勇、仁、和　　D. 智、信、仁、和

14. “戒欺”是（　　）企业的店训。

A. 张一元　　B. 王致和　　C. 张小泉　　D. 胡庆余堂

15. 主张“一信、二义、三利”的是（　　）。

A. 徽商　　B. 晋商　　C. 浙商　　D. 粤商

16. 提出4P组合的时间是（　　）。

A. 1940年　　B. 1950—1970年

C. 1971—2000年　　D. 2001年及以后

二、双项选择题

1. 根据马斯洛需求层次理论，以下各项需要属于自我实现的层次的是（　　）。

A. 食品　　B. 医药　　C. 他人赞扬

D. 职位晋升　　E. 奉献社会

2. 站在卖者的立场上，下列各项要素不属于市场范畴的是（　　）。

A. 人口　　B. 商品　　C. 购买欲望

D. 购买力　　E. 供应商

3. 下列（　　）说法符合市场营销观念的要求。

A. 顾客满意是我们事业的动力　　B. 只要产品质量好，自然顾客盈门

C. 酒香不怕巷子深　　D. 顾客永远是对的

E. 只要价格低，就有竞争力

4. 下列（　　）做法符合社会市场营销观念的要求。

A. 循环使用包装物　　B. 为顾客提供免费塑料袋

C. 使用可再生能源　　D. 大量裁减员工

E. 偷税漏税

5. 以下市场需求状态下应该采取限制性市场营销管理对策的是（　　）。

A. 有些顾客对臭豆腐很反感　　B. 节假日旅游景区游客爆满

C. 个别人对黄赌毒趋之若鹜　　D. 青少年沉迷于网络游戏

E. 人们对月饼等传统食品消费需求减少

6. 以下（　　）商品可能存在显著的不规则需求。

A. 羽绒服　　B. 自来水　　C. 食用盐

D. 月饼　　E. 互联网

7. 现代市场营销的主体可以包括（　　）。

A. 营利性组织　　B. 非营利性组织　　C. 批发商

D. 经销商　　E. 顾客

8. 顾客的总价值包括（　　）。

A. 产品价值和服务价值　　B. 品牌价值和服务价值

C. 人员价值和形象价值　　D. 品牌价值和形象价值

E. 人员价值和企业价值

9. 顾客的总成本包括（　　）。

A. 货币成本和时间成本　　B. 体力成本和精力成本

C. 原材料成本和固定资产折旧　　D. 进货价格和销售成本

E. 销售成本和利润

10. 中国传统商业文化所提倡的“君子爱财，取之有道”“义在利前”，体现出的市场营销观念是（　　）。

A. 生产观念　　B. 产品观念　　C. 推销观念

D. 市场营销观念　　E. 社会市场营销观念

三、判断题

1. 市场营销的核心是交换。（　　）

A. 正确　　B. 错误

2. 市场营销是一种“零和”的游戏。（　　）

A. 正确　　B. 错误

3. 福特汽车公司早期宣称“我的汽车只有一种颜色——黑色；只有一种车型——T 型”。这说明该公司奉行产品观念。（　　）

A. 正确　　B. 错误

4. 企业的主要任务就是满足顾客需要和取得利润，其他与企业无关。（　　）

A. 正确　　B. 错误

5. 针对潜在需求，企业应该采取开发性营销对策。（　　）

A. 正确　　B. 错误

6. 随着经济发展和社会变迁，顾客对许多传统产品的需求不断降低。企业应该采取维持市场营销管理对策。（　　）

A. 正确　　B. 错误

7. 职能研究法将市场营销职能划分为交换职能、供给职能和便利职能三大职能。（　　）

A. 正确　　B. 错误

8. 中国传统商业思想的突出特点是“德商”理念，强调“义利兼顾，义在利前”。（　　）

A. 正确　　B. 错误

9. 企业与竞争对手的关系是你死我活的关系。（　　）

A. 正确　　B. 错误

10. 顾客的有些要求是无理的。（　　）

A. 正确　　B. 错误

四、理论分析题

1. 简述需要、欲望及需求的区别。
2. 什么是产品？主要有哪些形式？
3. 简述顾客让渡价值理论。
4. 简述生产观念的内涵和市场背景。

5. 试分析产品观念的内涵、积极意义和局限性。

6. 简述市场营销观念与推销观念的区别。

7. 简述社会市场营销观念与市场营销观念的区别。

8. 市场需求主要有哪些类型？应采取何种有针对性的市场营销管理对策？

9. 有人认为，"顾客永远是对的"，也有人认为，"顾客的要求有时是无理的"。试对上述观点加以评价。

10. 中国传统商业思想的突出特点是"德商"理念，强调"义利兼顾，义在利前"。试对这一观点加以评价。

【案例分析】

道义 vs 利益：归真堂"活熊取胆"业务是否该被取缔？

一、争议骤起

2012年2月初，从事活熊取胆的福建药企"归真堂"谋求在国内创业板上市，引发激烈争论。2012年2月8日，亚洲动物保护基金会（下称"亚洲动保"）公开谴责活熊取胆残忍，并表示一旦归真堂上市，势必将有更多的黑熊受到不人道待遇。随后，亚洲动保公布了血腥的活熊取胆照片，深深地刺痛了公众柔软的神经，反对归真堂上市的声音越来越大，其间更有包括崔永元、马云、莫文蔚等72位名人联合签名的抵制活动。争议的焦点在于：获取熊胆的方式是否"人道"？熊胆是否不可替代？

熊胆的药效很早就被亚洲人所认识，在取胆术发明前，人得到熊胆的办法是剖腹取胆，"一命换一胆"。19世纪80年代，朝鲜发明"活熊取胆"，这一技术随后流入中国。传统的取胆方法是用金属导管插入熊的腹部，从而导出胆汁。为了避免胆汁袋被挠破和伤口感染，被抽胆汁的熊会被穿上一种重达15千克的"铁马甲"。由于这种取胆方式太残忍，目前已被很多国家摒弃。1997年，国家林业局出台规定，把"无管引流"作为"活熊取胆"的唯一合法方式。所谓"无管引流"，是指建立一个连通胆囊和腹壁的管道，从该管道内抽取胆汁。和之前不同的是，连通的管道是取自黑熊自体的组织。归真堂官方网站上显示，归真堂取胆汁采用的正是这种"无管无痛引流法"。然而，在亚洲动保外事部总监张小海看来，"无管引流"虽然看上去人道，但给黑熊带来的痛苦却并没有减轻。"为了取胆汁更加方便，在做瘘管手术时，熊的胆囊往往会被人为移到更靠近腹壁的地方。"张小海介绍说，黑熊伤口常年无法愈合，加之胆汁具有腐蚀性，这种取胆方法很容易使胆汁流入腹腔，造成感染。

二、公司概况

福建归真堂药业股份有限公司成立于2000年，注册资本为人民币6 000万元，是一家以稀有名贵中药为主的综合性高科技中药制药企业。公司形成了熊胆系列产品的研发、生产和销售业务体系，拥有独立的品牌、技术和完善的销售网络，目前已发展成为国内规模较大的熊胆系列产品研发生产企业之一。该公司全资子公司福建归真堂生物发展有限公司是一家以黑熊饲养、繁殖、科研为主体的林业产业化龙头企业，位于泉州市惠安县，为中国南方最大的黑熊养殖基地，现养殖黑熊近400头，年繁殖小熊可达100头以上。目前该公司主要利用人工繁殖的第二代、第三代黑熊获取熊胆原料，采用引流熊胆汁技术（即造瘘手术），改变了"剖腹取胆，一胆一命"的生产方式。2003 年，福建省政府授予其“科技进步三等奖”，其在非典期间向医院捐赠胆粉，获得国家卫生部表彰。2004 年 7 月，公司通过了 GMP 认证，具备散剂、合剂、胶囊剂、口服液、含茶制品等品类的生产能力，熊胆粉荣获“中国野生动物经营利用管理专用标识”。2006—2009 年被福建省林业厅列为“林业产业化龙头企业”。归真堂系列产品被评定为“福建省名牌产品”，“归真堂”品牌被评定为福建省“著名商标”，归真堂熊胆粉被列入“国家级火炬计划项目”。2008 年，“归真堂熊胆粉中药材 GAP 关键技术研究与开发”被列为福建省区域科技重大项目。2010 年 4 月，“牛黄熊去氧胆酸单体原料药和制剂的创制及作用机理研究”作为国家一类天然药物科研攻关项目被福建省科技厅列为 2010 年科技重大专项。

在国家专利局网站上可以查到归真堂的三项专利授权。这三项专利分别是：“一种人工加工熊胆粉及其制备方法”“一种保肝组合物及其制备方法”和“一种抗肝纤维化的中药组合物及其制备方法与药物制剂”。前两项的申请日期分别为 2010 年 12 月和 2009 年 12 月，尚未获得授权。第三项的申请日期为 2009 年 9 月，已经获得授权。专利摘要显示，抗肝纤维化的中药组合物由如下原料制成：熊胆粉、丹参、姜黄和黄芪。本发明制备的抗肝纤维化的组合物，可以被制备成任何一种常用的内服剂型，对肝纤维化、肝炎、脂肪肝、肝硬化等的疗效显著，具有明显的保肝、护肝、降低转氨酶和抑制肝细胞纤维化的药理作用。上述第二项和第三项药物发明专利的功效，一个是主打保肝，一个是主打抗肝纤维化。中国有超过 1 亿人次的乙肝患者，另有数量不小的甲肝、丙肝患者，肝病药物市场广阔。但是，从获得专利到药物上市，归真堂可能还有很长的路要走。

三、熊胆功用

据《本草纲目》载：熊胆平肝解毒。自古熊胆就被用来平肝、利胆、明目、解酒。专家介绍说，现代药物学研究发现，它解酒醒酒的机理主要有两方面：第一，它能在肝脏内促进酒精的氧化分解。在中国医药科技出版社出版的国家权威大典《动物药》一书中，专家明确指出：熊胆能加速酒精在体内分解成水和二氧化碳，缩短酒精及其他醉酒物在人体内的代谢时间，加速有毒物质的排泄，从而减轻酒精对肝脏、神经系统及其他器官的损害；第二，熊胆粉还能为人体内肝脏分泌胆汁提供原料，使得肝脏解毒后的产物被迅速排出，从而缓解肝脏解毒压力，保护了肝。这是因为，酒精进入人体后，最终都要经过肝脏进行化学分解，然后其分解物随胆汁经胆道到十二指肠，最后随粪便排出体外。熊胆粉在体内分解过程中代谢出来的牛磺酸能迅速消除因饮酒产生的倦意和疲劳，它所具有的解痉、镇痛作用，能缓解胃肠疼痛和不适，同时，还能扩张血管，降低血压，降低心肌耗氧量，保护饮酒人的心脑血管。良好的综合药理作用，使醉酒人的头痛、眩晕、恶心、口干、胃肠不适、乏力等症状快速消除。所以，在饮酒前服用熊胆胶囊能达到解酒护肝的目的，如饮酒过量再加服两粒能起到醒酒保肝的作用。

从中医角度讲，胆寄于肝，脏腑相连，经络相通，构成表里。胆汁来源于肝，若肝的疏泄失调，会影响到胆汁的正常排泄。胆汁淤阻，又会影响到肝。故肝胆症候往往同时并见，如黄疸、胁痛、口苦、纳差、眩晕等。熊胆粉属于肝肠循环药物，口服后很快由小肠吸收进入肝脏，成为制造胆汁的原料，并能刺激肝细胞和小胆管上皮细胞分泌胆汁，增加胆汁分泌量，胆汁对胆道有很好的冲刷作用，将肝脏代谢产物、毒物和胆道炎性分泌物冲刷出来，经胆道到十二指肠随粪便排出体外，减轻了肝脏和胆道系统的炎性反应和肝脏的解毒负担。正常情况下，成人每天分泌胆汁800~1 000毫升，服用熊胆粉后，胆汁分泌量可增加25%左右，可大大促进胆汁的冲刷作用，同时熊胆粉中的牛磺熊去氧胆酸能抑制小肠对有害胆汁酸的吸收，从而保护肝细胞。

但是，也有研究报告认为，有几十种中草药的功效与熊胆相似，完全可以停止熊胆生产。中华国医医药协会香港地球仁协会的一份报告显示：目前至少有54种草药具有与熊胆相似的功效，包括常春藤、蒲公英、菊花、鼠尾草、大黄等。这些草药作为熊胆替代品，既便宜又有效，基本不需要熊胆。

四、利益博弈

在中国，熊胆粉被用于一百多种中成药中，从养熊的农户、熊场到药企，已经形成一个完整的利益链。根据群益证券2011年年底发布的研究报告，中国目前的野生和家养熊分别有1万多头，每年熊胆粉总产能为30~35吨。

上海凯宝药业有限公司在创业板上市，该公司主打产品——痰热清注射液的主要原材料是熊胆粉。该公司预计，随着公司募投项目的投产，2012年公司对熊胆粉的年需求量将增加到18.14吨。如此看来，年需求量超过18吨的上海凯宝无疑是国内最大的熊胆粉需求商。上海凯宝历年的前五大供应商主要来自东北、川渝地区，如黑龙江黑宝药业股份有限公司、四川省绿野生物制药有限公司等。

中国中药协会曾指责，亚洲动保假借动物保护名义，长期从事反对中国黑熊养殖及名贵中药企业的宣传，目的为削弱中药竞争力、为西方利益集团垄断中国肝胆用药市场谋取更大利益。甚至有传闻称，亚洲动保曾经接受过生产熊去氧胆酸的德国企业福克公司的赞助。国家药监局药品注册数据库的数据显示，以人工合成的熊去氧胆酸为主要成分的药品和原料，确实只有进口药。目前，总共有9家外企在中国拥有这一药物的进口文号。而类似的疗效和剂量，人工合成的进口原料的价格明显高于国内天然产品。

目前国内还有两种熊去氧胆酸胶囊上市，分别是德国的优思弗和意大利的滔罗特。一盒“优思弗”250mg×25颗的零售价格最高可达298元，滔罗特零售价格更是高达330元，同时由于较好的市场需求，此类外资药的年销售额高达40亿元人民币。一位不愿意透露姓名的业内人士表示，这意味着一旦活熊取胆被禁止，许多急救药将消失，153个含熊胆中成药将不存在，183家制药企业年100多亿元的市场将拱手相让，数万工人将失业，中国患者会使用更多的高价进口药品，相关外资药企无疑会是受益者。在纷纷扰扰的争论中，有一家叫“中国SOS求助”的机构声称已经筹集到1.2亿元资金，希望收购归真堂股东手上的股权，收购完成之后对归真堂进行业务转型。该机构还宣称身后的渠道可以帮助归真堂顺利完成转型。“中国SOS求助”背后是谁？这一直是个谜。

资料来源：

1. 中药熊胆功用，医学教育网，http://www.med66.com/new/26a376a2009/2009619qiji162924.shtml.

2. 角逐归真堂：道义PK利益 谁才是真正爱心人，新浪网，http://finance.sina.com.cn/stock/newstock/xgpl/20120227/182711463674.shtml.

3. 福建归真堂药业股份有限公司，百度百科，http://baike.baidu.com/view/2922063.htm? subLemmaId=2922063&fromenter=%B9%E9%D5%E6%CC%C3.

案例分析题：

1. 归真堂为何会陷入争议漩涡之中？
2. 您认为中国是否应该立法禁止活熊取胆业？为什么？
3. 如果您是归真堂的掌门人，如何思考公司的未来？

【能力测试】

测试题：试对以下说法做出判断，即在您认为合适的空格处画○，多选、少选均不得分。

序号	题干	同意	较同意	中立	不太同意	不同意
1	说一千道一万，销售是王道					
2	产品不是顾客买走的，而是卖出去的					
3	没有满意的员工就没有满意的顾客					
4	组织也是产品的一种形式					
5	企业的任务不是满足顾客需要，而是引导顾客需要					
6	企业在衰退需求面前是无能为力的					
7	只有淡季产品，没有淡季市场					
8	顾客因使用方法不当造成产品损坏，责任在企业					
9	只要产品质量好，自然顾客盈门					
10	市场营销的核心是建立和保持与目标顾客的互利交换关系					

【延伸阅读】

1. 吴建安. 市场营销学［M］. 6 版. 北京：高等教育出版社，2017：1-50.
2. 菲利普·科特勒，加里·阿姆斯特朗. 市场营销：原理与实践［M］. 16 版. 楼尊，译. 北京：中国人民大学出版社，2015：1-34.
3. 张云起. 市场营销学［M］. 北京：高等教育出版社，2018：1-37.
4. 刘志林. 质朴营销策略研究［J］. 中国市场，2015（1）：25-27.
5. 刘志林. 企业“极限营销”的“六字真经”［J］. 企业活力，2011（8）：30-32.

第二章 企业战略和市场营销管理过程

【学习导引】

市场营销活动是企业经营活动的重要组成部分，市场营销属于企业最重要的职能之一，必须在企业总体战略和经营战略的前提下开展活动。通过学习，应该重点了解企业战略的内涵和作用，掌握企业现有业务的评价方法和新业务发展的模式，熟悉市场营销管理的过程，从整体上把握市场营销管理活动。

【营销箴言】

效果（效益）是做正确的事情，效率是正确地做事情。

——彼得·德鲁克

真正的战略是选一条自己的跑道。

——迈克尔·波特

零增长不等于零需求。只有淡季的思想，没有淡季的市场。

——张瑞敏

【营销故事】

聚焦主业，深度耕耘，安踏在中国大地上成长

安踏体育用品有限公司（以下简称“安踏”），是中国优秀的体育用品企业，主要从事设计、开发、制造和行销安踏品牌的运动鞋、服装及配饰等体育用品。安踏奉行“永不止步”的经营理念，经过20多年的发展，从福建晋江的一家制鞋作坊成长为中国市场上最大的体育用品本土品牌。2020年营业收入355.12亿元，比2015年增长了2.19倍，年均增长率为26.13%；营业利润51.62亿元，比2015年增长了1.53倍，年均增长率为20.39%。在中国市场的占有率为15.4%，仅次于耐克（25.6%）和阿迪达斯（17.4%）。回顾安踏的发展历程，不难发现，其始终聚焦主业，走专业化发展之路，深耕大众体育用品市场，专注于为最广大的普通消费者提供最高性价比的专业体育用品。同时，安踏实施“主品牌+子品牌”组合的多品牌战略，使品牌定位与目标市场紧密契合。安踏品牌是定位于大众的专业体育用品品牌，安踏儿童主要是为3至14岁儿童、少年打造健康、舒适的产品。除发展自主品牌外，安踏还通过并购、合资等方式丰富其品牌家族，使其产品更加契合细分市场。2009年，安踏把国际知名时尚运动品牌斐乐（Fila）在中国市场的商标权及运营业务纳入囊中。斐乐品牌定位于高端市场，通过国内各大高端百货商场渠道销售，与安踏品牌形成差异互补。2015年安踏收购英国品牌Sprandi，致力于城市健步鞋产品的科技研发，把追求外观好看、舒适好走的健步鞋的年轻群体作为目标市场。2016年安踏与日本公司合资生产迪桑特（Descente）品牌产品，主要针对国内的高端市场，涵盖包括滑雪、综训、跑步及其他类别产品。2017年，安踏与韩国可隆（Kolon Sport）成立合资公司，生产倡导与自然亲近的户外文化常青树品牌产品。2017年10月，安踏体育宣布收购了专门为0至14岁的儿童及少年设计和销售服装及配饰，以优良的品质和独特的设计著称的著名童装品牌“小笑牛”（King Kow）100%股权及有关商标拥有权。

此外，安踏与国内外体坛明星和重大体育赛事合作，为企业产品品牌塑造和推广插上了翅膀。品牌的提升拉动了销售的强劲增长，安踏年营业收入迅速从2 000多万元到突破2亿元，完成了从生产产品到品牌引领的转型。之后，安踏陆续签约张继科、武大靖、谷爱凌等专业运动员及顶流明星王一博等作为品牌代言人，大力提升了品牌形象。2004年安踏赞助中国职业篮球联赛（CBA），2009年安踏签约中国奥委会，成为2009—2012年中国奥委会体育服装的合作伙伴，赞助中国体育团参加2010温哥华冬奥会、2010广州亚运会以及2012伦敦奥运会等11项重大国际赛事并提供冠军装备。2013年安踏续约中国奥委会，成为2013—2016中国奥委会体育服装合作伙伴。在这一奥运周期，安踏继续为中国体育健儿出征2014年索契冬奥会、2014年仁川亚运会、2016年里约奥运会、2020年东京奥运会中国体育代表团领奖装备在内的11项重大国际综合性运动会提供了领奖装备。由安踏精心打造的领奖服将中国传统文化、东方美学及先锋科技融于一身，受到了在场运动员的一致好评。随着中国奥运健儿在赛场上不断夺取奖牌，安踏精心打造的“冠军龙服”领奖服也通过电视转播被众多中国消费者所熟悉，安踏品牌更加深入人心。2017年安踏签约北京冬奥组委，成为2022年北京冬奥会和冬残奥会官方合作伙伴。2019年10月29日，国际奥委会在瑞士洛桑国际奥林匹克博物馆举行仪式，正式宣布中国体育品牌——安踏成为国际奥委会官方体育服装供应商，迈出了品牌国际化的坚实脚步。

资料来源：根据安踏年度财务报表、百度百科等资料编写。

【理论概述】

企业战略是对一个企业未来发展所做出的整体性的部署和安排，对企业各项工作发挥着统领作用。企业战略可以从总体战略、经营战略和职能层战略三个层次加以认识。企业总体战略决定企业使命、业务领域、基本组织架构和商业模式等；经营战略决定企业在既定市场上取得竞争优势的方式；职能层战略是站在企业整体发展立场上对企业各职能领域所做的整体部署和安排。市场营销管理活动是企业经营管理活动的重要组成部分，市场营销战略属于企业职能层次的战略之一，需要在企业总体战略和经营战略的前提下拟定和实施。本章分为四节内容：第一节企业战略的内涵和类型；第二节企业现有业务的评价和决策；第三节新业务发展计划；第四节企业市场营销管理的过程。

第一节　企业战略的内涵和类型

一、企业战略的内涵

企业战略是对一个企业未来发展所做出的整体性的部署和安排。从时间维度看，企业战略一般跨度在 5 年以上，甚至 10 年以上。从内容维度看，企业战略包括企业使命（基本价值观和愿景）、阶段性目标、重点领域、发展路径（商业模式）、资源的分配等。著名管理学家彼得·德鲁克关于企业战略有经典五问：我们的企业是干什么的？顾客是谁？我们对顾客的价值是什么？我们的业务将是什么？我们的业务应该是什么？上述问题看似简单，实际上是企业战略必须回答和解决的核心问题。从性质维度看，企业战略分为总体战略、经营战略和职能层战略三个类型。战略对企业发展作用巨大，战略决策失误无异于企业在错误的道路上飞奔。我国有一则家喻户晓的寓言故事“南辕北辙”。从该则寓言故事看，企业战略至少应该解决三个问题：发展的长远目标（愿景）、实现长远目标（愿景）的路径（商业模式）及人财物等资源的配置问题。其中，实现长远目标（愿景）的路径（商业模式）选择又是重中之重，否则，“丰满的理想”就会被“骨感的现实”碰得头破血流，企业拥有的资源越丰富，在错误的道路上飞奔得越快，离战略目标就会越远。

二、企业战略的类型

企业战略通常可以分为总体战略、经营战略和职能层战略三个层次。总体战略重点解决企业使命、业务领域、战略业务单位的划分、现有业务的评价及决策、新业务的发展等问题。经营战略又可称为竞争性战略，重点解决企业如何取得竞争优势的问题，主要有成本领先战略、差异化战略和集中或聚焦战略。职能层战略是企业根据整体发展要求对某一些经营活动所做出的总体的谋划和安排，主要有市场营销战略、供应链战略、人力资源战略、财务战略、技术创新（产品研发）战略等。企业总体战略发挥统领作用，企业经营战略和职能层战略服从服务于企业总体战略。企业经营战略发挥承上启下作用，决定实现企业发展目标的方式方法和路径选择，并为企业职能层战略提供指引。企业职能层战略发挥保障支持作用，企业总体战略和经营战略最终体现或落实到企业职能层战略上。图 2-1 简要地反映了企业不同层次战略之间的关系。

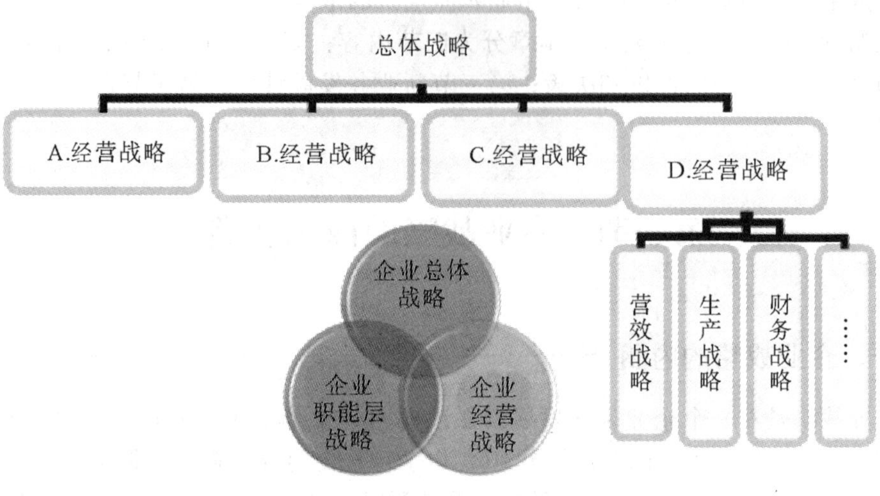

图 2-1 企业不同层次战略之间的关系

第二节 企业现有业务的评价和决策

企业对现有业务进行科学评价和决策是企业战略决策的重要内容之一。对现有业务评价的方法有很多，这里我们重点介绍波士顿矩阵分析法和通用电气公司法。

一、波士顿矩阵分析法

（一）波士顿矩阵分析法的原理

波士顿矩阵分析法有市场销售增长率和相对市场占有率两个变量。市场销售增长率是对某类（种）产品市场整体销售量（额）年度（月度）增长率的描述，以10%作为分界点画一条平行于横轴的直线。相对市场占有率是本企业某类（种）产品的市场占有率与最大竞争对手同类（种）产品的市场占有率之间的比值，以1.0为分界点画一条平行于纵轴的直线。这样，第一象限就被分成了四个区域：①高市场增长率、高相对市场占有率；②高市场增长率、低相对市场占有率；③低市场增长率、高相对市场占有率；④低市场增长率、低相对市场占有率。企业的各类（种）产品上述两个数据可以定出相应的坐标点，以本企业销售量（额）为直径画出圆圈，就可标示在坐标图上。落在第一区域的产品称为明星类产品，落在第二区域的产品称为问题类产品，落在第三区域的产品称为金牛类产品，落在第四区域的产品称为瘦狗类产品（见图2-2）。相应的，企业决策可分别采取拓展、维持、收割或放弃战略（见表2-1）。

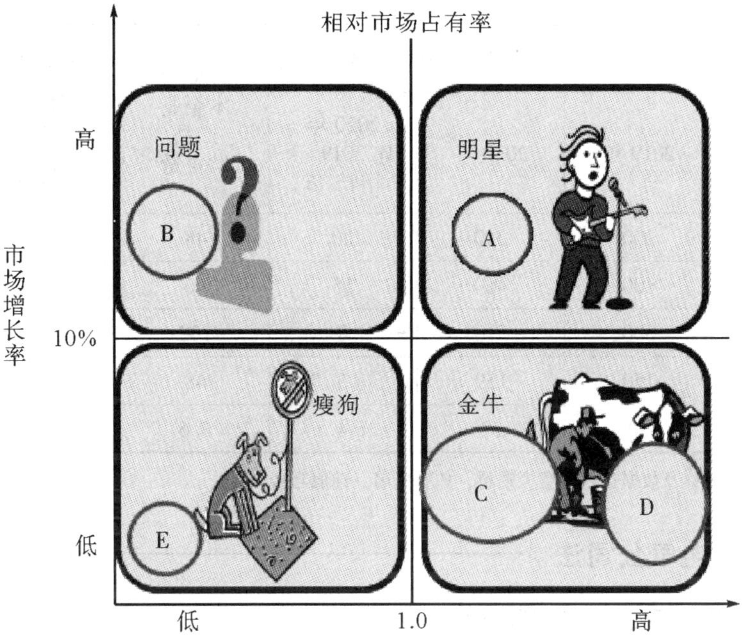

图 2-2 波士顿矩阵分析法

表 2-1 波士顿矩阵分析法下企业的决策

业务性质	企业决策
明星类	拓展战略
问题类	拓展/收割战略
金牛类	维持战略
瘦狗类	收割/放弃战略

（二）波士顿矩阵分析法的应用

华光机械制造公司（注：虚拟企业，如有重名，纯属巧合）有 A、B、C、D、E 五种产品，根据表 2-2 数据和波士顿矩阵分析法的原理，不难得出如下结论：A 产品是明星类产品，可以采取拓展战略；B 产品属于问题类产品，可以根据公司发展需要采取拓展或收割战略；C、D 产品属于金牛类产品，可以采取维持战略；E 产品属于瘦狗类产品，可以采取收割或放弃战略。

表 2-2 华光机械制造公司所在市场及其最大竞争对手销售资料

产品类别	计量单位	华光机械制造公司某类产品所在市场销售量			2020 年本企业产品销售量	2020 年最大竞争对手同类产品销售量	2020 年相对市场占有率/%
		2019 年	2020 年	2020 年比 2019 年增长/%			
栏号	（1）	（2）	（3）	（4）=（3）/（2）	（5）	（6）	（7）=（5）/（6）

表2-2(续)

产品类别	计量单位	华光机械制造公司某类产品所在市场销售量			2020 年本企业产品销售量	2020 年最大竞争对手同类产品销售量	2020 年相对市场占有率/%
		2019 年	2020 年	2020 年比 2019 年增长/%			
A	万台	200	240	20	48	24	2.0
B	万件	400	460	15	46	92	0.5
C	万辆	500	540	8	108	54	2.0
D	万台	150	159	6	48	32	1.5
E	万部	50	52	4	2.6	3.9	0.7

注：表中公司名称及数据资料为虚拟资料，如有重名，纯属巧合。

二、通用电气公司法

（一）通用电气公司法的基本原理

通用电气公司法采用多指标综合评价法，分成两个维度指标：市场吸引力和公司业务能力。

市场吸引力的评价一般包括以下 9 个指标：①市场总规模，即企业所在行业市场需求总量。市场规模越大，企业预期的成长潜力就越大，市场就越有吸引力。②市场成长率，一般用某行业产品年度销售额（或销售量）增长率表示。市场成长率高，特别是表现出持续成长的态势时，说明行业前景好，市场吸引力大；反之，则说明行业前景黯淡，市场吸引力小。③历史毛利率，一般用年销售毛利率表示。历史毛利率高，说明某行业产品的市场需求旺盛，消费者可接受的价格水平高，预期资本收益率高，市场吸引力大。④市场竞争的激烈程度。市场竞争激烈程度高，说明该行业产品已处于成熟期，市场供给过剩，产品同质化程度高，企业获利空间较小，市场吸引力小。⑤技术要求，即技术门槛，表明技术获得和掌握的难易程度和代价的高低。进入某行业的技术门槛高，意味着企业需要投入的资本量大，投资周期长，经营风险高，则该行业的吸引力就小。⑥通货膨胀率。如果某国或地区通货膨胀率高，则意味着预期资本收益贬值的可能性大，经营的不确定性高，市场吸引力就小。⑦能源要求。在环境保护政策越来越严格的情况下，高耗能行业不仅对能源供给的要求高，还可能受到更多的监管和限制，市场吸引力就小。由于低碳环保行业受到政策鼓励，其市场吸引力就大。⑧环境影响，即影响行业发展外部环境的好坏。影响某行业发展的外部环境在不同国家或地区之间有显著的差异，直接影响到市场吸引力的大小。⑨社会政治法律必须是可接受的。如果一个国家或地区不允许某种产业发展，则该行业根本无法生存，其市场吸引力为零。

企业的业务能力的评价一般包括以下 12 个指标：①市场份额。企业占有市场的份额高，特别是相对市场占有率高，表明企业在现有市场上的业务能力强，市场优势大。②份额成长。市场份额的成长性表明企业持续开拓市场的能力。如果能够实现市场份额的稳定增加，就说明企业的业务能力很强。③产品质量。产品质量是产品价值存在的基础，也是产品的生命线和市场竞争力的源泉性因素。产品质量的高低直接表明企业业务能力的大小。④品牌声誉。品牌声誉的好坏综合反映了企业的业务能力的强弱。⑤分销网络。分销网络的完善程度决定顾客能否方便地接触和购买到企业的产品，也直接影响到企业产品能否顺利地到达顾客手中。分销网络越完善，企业的业务能力越强。⑥促销效率。促销效率高表明企业能够准确地将企业的产品信息快速地传递给顾客，并激发其购买欲望，采取购买行动。⑦生产能力，表明了企业向市场供给产品的保障能力，反映出企业对顾客需求反应的能力。⑧生产效率，表明了企业在单位时间内向市场供给产品的保障能力，反映出企业对顾客需求即时/瞬时反应的能力。⑨单位产品成本。其既反映了企业成本管控的水平，也决定了企业定价的基础。⑩供应保障。其反映企业是否能够采购到合适的原材料和零部件，并及时地供应到企业的生产部门，以保证生产的需要。⑪开发研究。表明企业开发新产品、新工艺、新技术的成效，也反映出企业的创新发展的能力。⑫管理人员素质和能力。这直接决定了企业市场业务开拓的能力的大小和市场营销管理的水平的高低。

在选取了评价指标后，还要给出各指标量化评价的尺度。一般来说，采用李克特五级量表的方法，各类评价指标所包含的子指标在 1~5 之间取值，由选聘的专家分别给出各指标的评分。由于各指标的重要性不同，还需要通过专家评价法或其他方法确定其权重。每个指标的权重大于 0 小于 1，每类评价项目所有指标权重之和等于 1。根据各指标的评价值及权重计算出各指标的综合值（评价值×权重）。每个专家的市场吸引力或企业业务能力的综合评价值等于其各评价指标综合值之和。在选聘多位专家的情况下，如果不考虑专家的重要性因素，市场吸引力或企业业务能力的综合评价值等于各专家综合值的简单算术平均数。市场吸引力和业务能力的综合值在 1~5 之间，以 2.33 分、3.67 分作为市场吸引力划分大中小，企业业务能力划分高中低的分界线，由此就可将一个长方形分成 9 个区域，左上角的三个区域为绿色地带，用深灰色表示标识，右下角的三个区域为红色地带，用黑色标识，位于中间的三个区域为黄色地带，用浅灰色标识。对公司现有各类（种）产品各指标的评价值决定其坐标点，以该类（种）产品市场总销售量（额）为直径画圆，本企业的市场占有份额决定圆中扇形面积的大小。图 2-3 反映了通用电气公司法的分析原理。在上述分析的基础上，企业可以做出决策（见表 2-3）：对处于绿色地带的业务可以采取拓展战略，即增加投资、扩大生产规模，巩固和提升其市场地位；对处于黄色地带的业务可以采取维持战略，即保持现有的生产规模和市场营销决策不变，巩固其市场地位；对处于红色地带的业务，企业可以采取收割或放弃战略，以获取短期利益为主或转移到新的有利可图的业务领域。

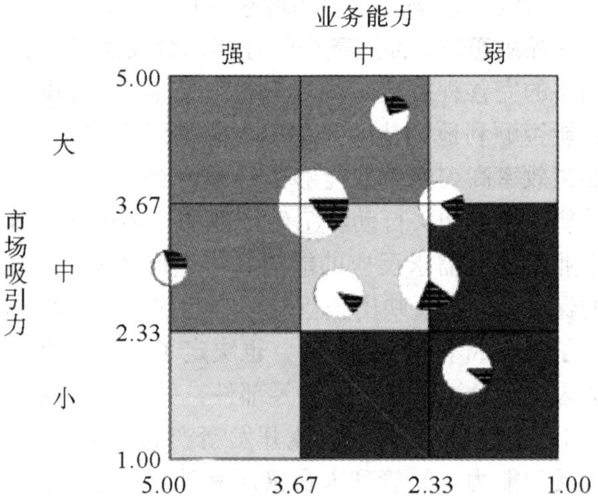

图 2-3　通用电气公司法的分析原理

表 2-3　通用电气公司法下的企业决策

业务所处区域	企业决策
绿色地带（深灰色）	拓展战略
黄色地带（浅灰色）	维持战略
红色地带（黑色）	收割/放弃战略

（二）通用电气公司法的应用

表 2-4 反映了某企业运用通用电气公司法对其 A 业务的评价情况。该企业 A 业务市场吸引力综合评价得分为 3.8 分，业务能力综合评价得分为 3.4 分，处于绿色区域（市场吸引力大、业务能力中等组合），应该采取拓展战略。

表 2-4　通用电气公司法评价示例

评价项目	评价指标	权重	评价值（1~5 分）	综合值
市场吸引力	市场总规模	0.20	5.00	1.00
	市场成长率	0.20	5.00	1.00
	历史毛利率	0.15	4.00	0.60
	竞争激烈程度	0.15	2.00	0.30
	技术要求	0.15	4.00	0.60
	通货膨胀率	0.05	3.00	0.15
	能源要求	0.05	2.00	0.10
	环境影响	0.05	1.00	0.05
	社会/政治/法律必须是可接受的			
	合计	1.00	—	3.80

表2-4(续)

评价项目	评价指标	权重	评价值（1~5分）	综合值
业务能力	市场份额	0.10	4.00	0.40
	份额成长	0.15	2.00	0.30
	产品质量	0.10	4.00	0.40
	品牌声誉	0.10	5.00	0.50
	分销网络	0.05	4.00	0.20
	促销效率	0.05	3.00	0.15
	生产能力	0.05	3.00	0.15
	生产效率	0.05	2.00	0.10
	单位成本	0.15	3.00	0.45
	供应保障	0.05	5.00	0.25
	开发研究	0.10	3.00	0.30
	管理人员素质和能力	0.05	4.00	0.20
	合计	1.00	—	3.4

第三节　新业务发展计划

发展新业务是实现企业成长的重要途径之一。企业通常可以采取三大类、九种成长战略。

一、密集型成长战略

密集型成长战略包括市场渗透、产品开发和市场开发三种类型。

（1）市场渗透型战略致力于挖掘现有产品在市场的潜力，可以通过降低产品售价、密植分销网络、提高分销效率、改进服务质量、加大促销力度等手段提高现有产品在市场上的占有率。

（2）产品开发型战略是在不改变产品基本性能形态的前提下，通过提高产品质量、丰富花色品种、增添功能、改善包装等方法赢得顾客，以增加产品销售量，提高产品的市场占有率。

（3）市场开发型战略是通过将现有产品推向新市场的方式实现企业产品销售量（额）的增长。

密集型成长战略见图2-4。

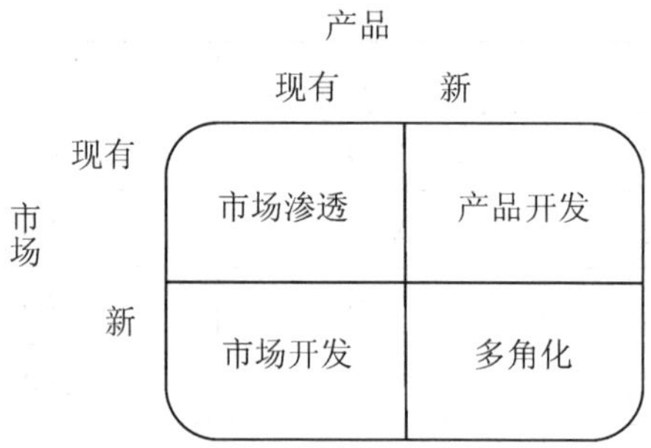

图 2-4　密集型成长战略

二、一体化成长战略

一体化成长战略包括前向一体化、后向一体化和水平一体化三种类型。

（1）前向一体化是根据市场需求和生产技术的可能，利用自身优势对成品深加工或者向前控制产品销售渠道。

（2）后向一体化是指企业利用自己产品的品牌优势，将原来外购的原材料或零部件等改为自己生产。

（3）水平一体化是指企业并购性质相同、生产同类型产品的其他企业。

图 2-5 反映了华光冷鲜肉加工公司（注：虚拟企业，如有重名，纯属巧合）可能通过前向一体化、后向一体化及水平一体化战略实现发展。

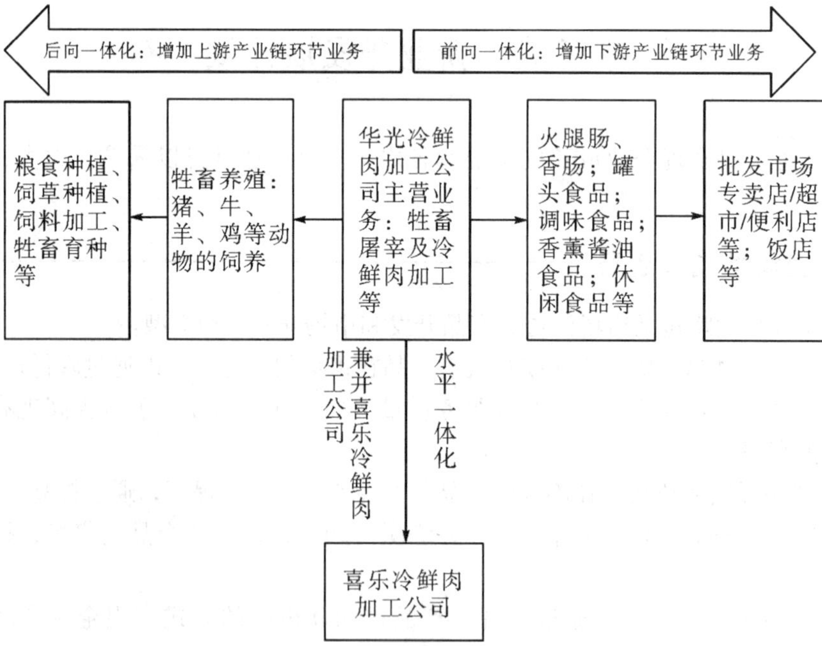

图 2-5　华光冷鲜肉加工公司的一体化成长战略

三、多角化成长战略

多角化成长战略包括同心多角化、水平多角化和综合多角化三种类型（见图 2-6）。

（1）同心多角化是指企业以现有技术为基础开发新产品，如某拖拉机制造企业开拓汽车制造业务。

（2）水平多角化是指企业面对同一个顾客群提供新产品，新产品与原有产品在顾客消费方面具有一定的关联性，如某服装厂开发皮鞋、皮带、皮包等新业务。

（3）综合多角化是指企业跨行业、跨领域拓展业务，新业务与原有业务的关联度较低，如某空调制造企业进入房地产开发领域。

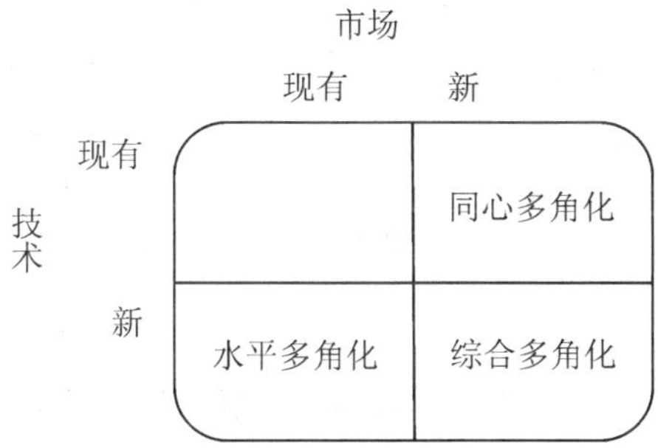

图 2-6　多角化成长战略图

上述关于企业成长战略的分类说明了企业发展的可能的路径或方式。每一种路径或方式都有其内在的优势和劣势，但本身并无好坏之分。关键在于其是否与企业的战略目标和内外条件相适应，更重要的是能否通过科学管理将美好的蓝图转变为客观现实。企业成长战略的选择也是因时而动的，有时还是多种方式的组合搭配。例如，我国的海尔集团公司（以下简称海尔）自 20 世纪 80 年代创立以来，历经了名牌战略发展阶段（1984—1991 年）、多元化战略阶段（1992—1998 年）、国际化战略阶段（1999—2005 年）、全球化品牌战略阶段（2006—2012 年）及网络化战略发展阶段（2013 年至今）五个阶段，每个阶段都有其重点聚焦的领域和突破的方面。在名牌战略阶段，海尔以“要么不干，要干就干第一”的经营理念为指导，专心致志做冰箱，通过“砸冰箱”创立了独特的海尔质量文化，以高质量产品赢得顾客，取得竞争优势。在多元化战略阶段，海尔在从电冰箱生产扩展到洗衣机等白色家电领域并站稳脚跟之后，采用资本兼并的方式收购了西湖彩色电视机厂，并注入海尔文化，使海尔顺利地将业务拓展到黑色家电领域，传颂了一段“海尔文化激活休克鱼”的佳话。在国际化战略阶段，海尔的重点是开拓国际市场，借助特许经销商制度很快构建起了较为完善的海外经销商网络和售后服务体系，使海尔产品迅速进入国际市场，也避免了在国内市场上的“价格战”。在全球化品牌战略阶段，海尔充分利用在东道国市场已经建立起来的品牌优势，开始布局在当地建立工厂生产产品，实现了“全球布局，本土生产”的目标，带动了企业所在地的投资和就业，迈向了跨国企业和品牌国际化之路。在网络化战略发展阶段，海尔提出“没有成功的企业，只有时代的企业”的观念，以“砸企业”的勇气创立网络化企业，力求做到三个“无”（企业无边界，创设平台型团队，按单聚散；管理无领导，建立动态优化的人单自推动；供应链无尺度，做到大规模定制、按需设计、按需制造、按需配送)，使企业发展进入了新阶段。

又如，英特尔公司（以下简称英特尔）自20世纪80年代以来，其发展战略也经历了四次大的转型：第一次转型（1980年），从存储芯片制造商向微处理器制造商转型；第二次转型（1990年），从微处理器制造商向互联网经济的构建商转型；第三次转型（2005年），从互联网经济的构建商向平台技术供应商转型；第四次转型（2016年），从平台技术供应商向移动云计算和智能互联设备公司转型。经过四次转型，英特尔已经从业务非常单一的芯片制造商，转型为提供互联网、人工智能、大数据等领域设备及解决方案的多元化经营公司。目前，英特尔的业务聚焦于八大领域：①精准医疗，提供将云计算与精准医疗相结合的解决方案；②无人驾驶，构建端到端无人驾驶解决方案的理想平台；③人工智能，提高人工智能应用的速度和易用性；④5G，提供设备、网络到云端的5G端到端解决方案；⑤虚拟现实，打造物理和虚拟环境的全新交互方式；⑥体育，优化运动锻炼、赛事观赏、健身管理等场景体验；⑦机器人，提供云端到终端计算和人工智能等技术；⑧工业4.0，为制造业智能互联带来更低的成本。英特尔通过战略转型，实现了企业活力常在，基业长青。

第四节　企业市场营销管理的过程

市场营销管理是企业围绕着市场营销活动进行的计划、组织、实施和控制工作。具体包含以下六个环节（见图2-7）：

一、分析市场机会

企业的一切市场营销活动都是从分析市场机会开始的。所谓市场机会就是顾客“未被满足的需要”，哪里有未被满足的需要，哪里就有市场机会。企业要从纷纭复杂变化的外部环境中找到适合自身利用的市场机会。

二、明确企业总体战略和经营战略

利用SWOT分析法，在找出企业自身的优势（strengths）和劣势（weakness）及机会（opportunities）和威胁（threats）的基础上确定企业总体战略和经营战略。

三、制定企业目标市场营销战略（STP战略）

目标市场营销战略包括市场细分、目标市场的选择和市场定位三个有机组成部分。市场细分就是企业按照某种变量将市场（顾客整体）划分成若干个需求不同的组成部分，以发现可资利用的市场机会，使企业的市场营销活动更具有针对性和有效性。目标市场选择是指企业选择自身打算进入的细分市场或致力于服务的顾客群。企业可以选择无差异市场营销、差异化市场营销或聚焦市场营销等市场覆盖战略。市场定位是企业在比较自身产品和竞争者产品优劣势的基础上在目标顾客心目中树立差异化的形象，可以从产品差异化、服务差异化、人员差异化和形象差异化等方面选择定位因素。

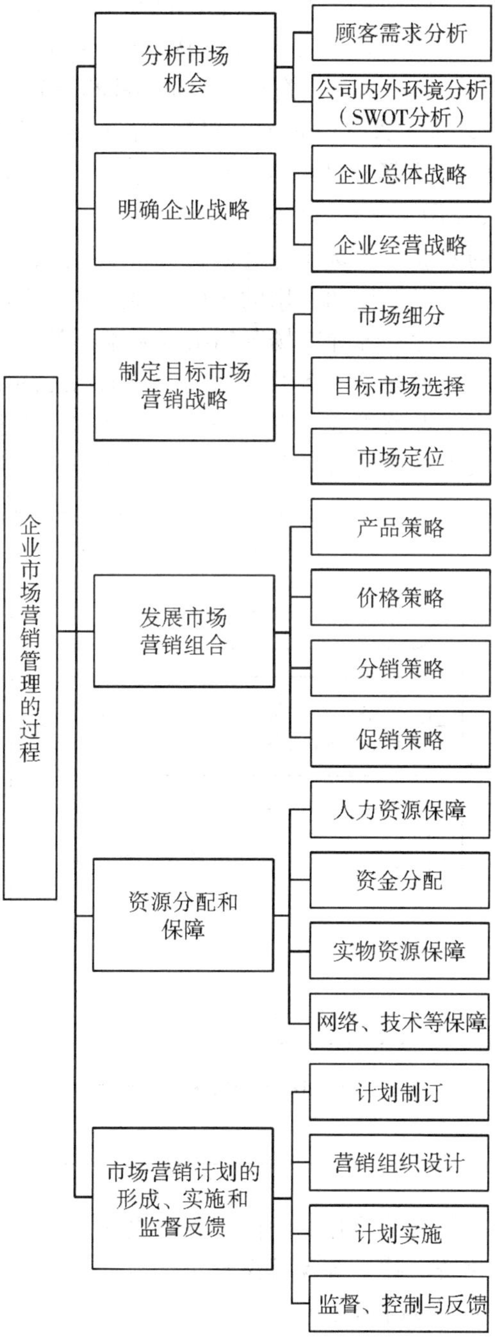

图 2-7　企业市场营销管理的过程

四、发展市场营销组合

企业将自身可以控制的市场营销要素和手段进行组合搭配，以期取得好的市场营销效果。市场营销组合这一术语由尼尔·鲍顿教授于 1953 年在美国市场营销协会发表的就职演说中率先提出，1960 年麦卡锡提出著名的 4P 市场营销组合，即产品（product）、价格（price）、地点（place）、促销（promotion）。之后，学者们不断丰富其内涵。菲利普·科特勒提出大市场营销（mega marketing）组合，在4P组合的基础上加入了政治权力（political power）和公共关系（public relations）。对于服务市场营销，学者们在4P组合的基础上增加了人（people）、过程（process）和有形展示（physical evidence）等要素，形成了7P市场营销组合。从目前来看，认可度最高、使用最广泛的还是4P市场营销组合（见图2-8），因为它基本上涵盖了企业市场营销决策的各个方面，符合市场营销管理的要求。市场营销组合具有四个特点：①可控性。市场营销组合中的所有要素都是企业可以掌控和利用的手段，通过这些手段的运用，可以提高企业赢得顾客的能力。②动态性。各种市场营销组合要素不是一成不变的，企业可以根据外部环境、顾客需求及市场竞争态势的变化灵活地加以运用。③复合性。每一个市场营销组合要素又由许多子要素组成，形成一个复合结构。④整体性。各种市场营销组合要素从不同侧面反映出企业的市场营销活动，但又是相互关联交织在一起的，只有整体谋划，形成市场营销合力，才能取得良好的市场营销效果。

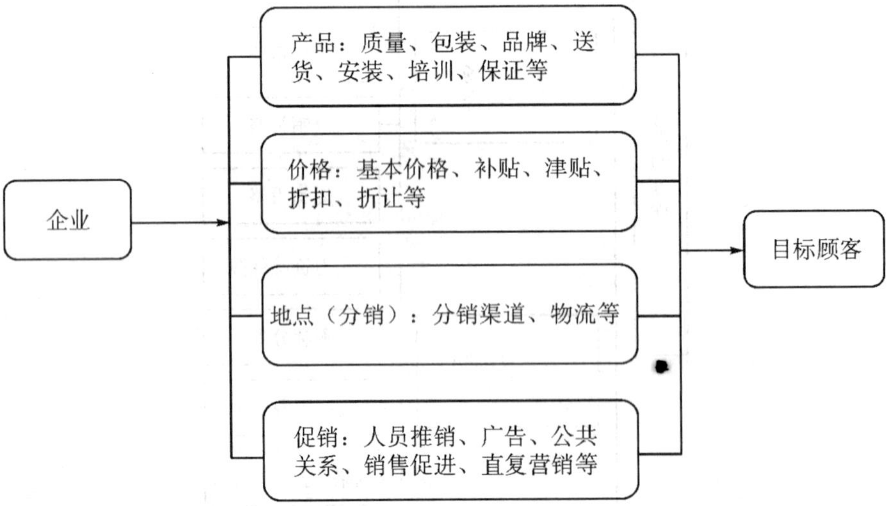

图2-8　4P市场营销组合要素

五、资源分配和保障

资源分配是保证市场营销活动开展的前提条件之一，主要是为企业市场营销活动提供人力资源、资金、物资、技术等保障条件。这需要企业高层统筹协调各部门、各环节，以保证各项所需资源按需到位。

六、市场营销计划的实施和控制

各项市场营销的决策最后均通过市场营销计划表现出来。企业的市场营销管理可以被看成是市场营销计划的拟定、实施和控制过程。企业应充分利用大数据技术实时动态监视企业的各项营销计划的实施进展和效果，及时跟进措施校调市场营销计划偏差，或者对已完全脱离市场实际的计划做出必要的调整。

【学科前沿】

市场营销组合理论的提出和演变

市场营销活动是企业经营活动的重要组成部分，涉及产品分类、包装、售后服务、定价、经销商的选择和管理、运输、库存及配送、销售人员的选聘、培训及管理、广告宣传、促销活动策划和实施、公共关系等庞杂的活动。如何将上述活动进行科学的分类，避免在管理上出现重复或遗漏，一直是学者们探索的重点。1912 年肖（Arch Shaw）在《经济学季刊》中第一次提出了职能研究的思想，当时他将中间商在产品分销活动中的职能归结为五个方面：①风险分担；②商品运输；③资金筹措；④沟通与销售；⑤装配、分类与转载。1917 年韦尔德在对市场营销职能也进行了研究，提出了装配、储存、风险承担、重新整理、销售和运输等职能分类。1935 年，弗兰克林（Franklin Ryan）撰文指出，已有的职能研究提出了 52 种不同的市场营销职能，但并未对分销过程中两大隐含的问题做出解释：一是哪些职能能使商品实体增加时间、地点、所有权、占有权等效用？二是企业经营者在分销过程中应当主要承担哪些职能？弗兰克林认为，在第一个问题上，主要有装配、储存、标准化、运输和销售五项职能；在第二个问题上，企业经营者则主要应履行承担风险和筹集市场营销资本两项职能。从职能角度对市场营销学的研究直接导致了对市场营销策略组合的研究。尼尔·鲍敦（Neil Borden）在美国市场营销学会的就职演说中创造了“市场营销组合”（marketing mix）这一术语，其意是指市场需求或多或少的在某种程度上受到所谓“市场营销变量”或“市场营销要素”的影响，强调了从企业整体市场营销目标的实现出发，对各种市场营销要素的统筹和协调，而企业的经理就是“各种要素的组合者”，这是从管理的角度提高市场营销效率的重要思想，他将企业的市场营销活动的相关因素归结为 12 个方面，包括：产品、品牌、包装、定价、调研分析、分销渠道、人员推销、广告、营业推广、售点展示、售后服务以及物流；之后，弗利又将这些因素归纳为同提供物有关的“基本因素”和同销售活动有关的“工具因素”；以后又有一些市场营销学者对市场营销策略提出过不同的组合方式，如佛利（Albert · W. Frey）的二元组合：一为供应物因素，即同购买者关系较为密切的因素，如产品、包装、品牌、价格、服务等；二为方法与工具，即同企业关系较为密切的因素，如分销渠道、人员推销、广告、营业推广和公共关系等。拉扎和柯利（Lazer&Kelly）的三元组合：一为产品和服务的组合；二为分销渠道的组合；三为信息和促销手段的组合等。1960 年杰罗姆·麦卡锡（Jerome Mccarthy）提出著名的 4Ps 组合。1967 年，菲利普·科特勒在其畅销书《营销管理：分析、规划与控制》中进一步确认了以 4Ps 为核心的市场营销组合方法，即产品（product），注重开发的功能，要求产品有独特的卖点，把产品的功能诉求放在第一位；价格（price），根据不同的市场定位，制定不同的价格策略，产品的定价依据是企业的品牌战略，注重品牌的含金量；地点（place），即企业并不直接面对消费者，而是注重经销商的培育和销售网络的建立，企业与消费者的联系是通过分销商来进行的；促销（promotion），包括广告、公共关系、销售促进（营业推广）等一系列活动。

4P 组合理论的提出标志着市场营销理论的成熟。其将企业庞杂的市场营销活动进行了科学的分类梳理，不仅基本涵盖了企业市场营销活动，也避免了以往概念交叉重复的问题，同时，也厘清了企业市场营销活动与其他活动的界限，从而科学地划定了市场营销理论的边界。当然，市场营销实践永无止境，各种市场营销新问题不断涌现，因而市场营销组合理论的探索也不会停止。之后，6P 组合理论、11P 组合理论、7P 组合理论、4C 组合理论、4R/3R 组合理论、4V 组合理论、4I 组合理论、4D 组合理论等不断被提出，不仅为解决市场营销新问题提供了崭新的工具，也极大地推动了市场营销组合理论的发展。表 2-3 反映了市场营销组合理论发展的时间节点、代表性人物、主要内容及演变过程。

表 2-3　市场营销组合理论的发展过程

市场营销组合理论类别	时间	主要代表人物	主要内容
4P 组合理论	20 世纪 50—60 年代	尼尔·鲍敦 杰罗姆·麦卡锡 菲利普·科特勒	产品（product）：产品质量、产品组合、品牌和包装、产品生命周期、新产品开发等。 价格（price）：基本价格、折扣、津贴、补贴。 地点（place）：分销渠道、物流系统。 促销（promotion）：人员推销、广告、公共关系、销售促进（营业推广）
6P 组合理论	20 世纪 80 年代	菲利普·科特勒	1986 年，菲利普·科特勒在《哈佛商业评论》（3~4 月号）发表了《论大市场营销》。他提出了“大市场营销”概念，即在原来的 4P 组合的基础上，增加两个 P：政治权力（political power）、公共关系（public relations）。他认为，21 世纪的公司还必须掌握另外两种技能，一是政治权力，也就是说，公司必须懂得怎样与其他国家打交道，必须了解其他国家的政治状况，才能有效地向其他国家推销产品。二是公共关系，市场营销人员必须懂得公共关系，知道如何在公众心中树立产品的良好形象
11 组合理论	20 世纪 80 年代	菲利普·科特勒	战略 4P：探查（probing）；细分（partitioning）；优先（prioritizing）；定位（positioning）。 策略 4P：产品（product）；价格（price）；地点（place）；促销（promotion）。 政治力量（political power）；公共关系（public relations）。 人（people）
7P 组合理论	1981 年	布姆斯（Booms） 比特纳（Bitner）	针对服务业等无形产品的市场营销，布姆斯（Booms）和比特纳（Bitner）在产品、价格、地点、促销四大要素基础上，增加了人员、过程、有形展示等要素，形成了 7P 组合理论。 人员（people）：所有的人都直接或间接地被卷入某种服务的消费过程中，员工甚至成为服务产品的一部分。 过程（process）：服务是通过一定的程序、机制以及活动得以实现的过程（亦即消费者管理流程），是市场营销战略的一个关键要素。 物质环境（physical evidence）：包括环境、便利工具和有效引导。有形展示的重要性在于顾客能从中得到可触及的线索，去体味你所提供的服务质量

表2-3(续)

市场营销组合理论类别	时间	主要代表人物	主要内容
4C 组合理论	20 世纪 90 年代	罗伯特·劳特朋	1990 年，罗伯特·劳特朋在《广告时代》上，对应传统的 4P 组合理论提出了 4C 组合理论。它强调企业首先应该把追求顾客满意放在第一位，产品必须满足顾客需求，同时降低顾客的购买成本，产品和服务在研发时就要充分考虑客户的购买力；其次要充分注意到顾客购买过程中的便利性；最后还应以消费者为中心实施有效的市场营销沟通。4C 组合要素包括： 消费者的需要与欲望（customer's needs and wants）； 消费者获取满足的成本（cost and value to satisfy consumer's needs and wants）； 用户购买的方便性（convenience to buy）； 与用户沟通（communication with consumer）
4R 组合理论	2001 年	艾略特·艾登伯格（Elliott Ettenberg） 唐·舒尔茨—（Don E. Schuhz）	2001 年艾略特·艾登伯格（Elliott Ettenberg）在其《4R 营销》一书中提出 4R 营销理论。唐·舒尔茨（Don E. Schuhz）在 4C 营销理论的基础上提出了 4R 营销理论。4R 组合要素包括： 关联（relevancy），即认为企业与顾客是一个命运共同体。建立并发展与顾客之间的长期关系是企业经营的核心理念和最重要的内容。 反应（reaction），即认为在相互影响的市场中，对经营者来说最难实现的问题不在于如何控制、制定和实施计划，而在于如何站在顾客的角度及时地倾听和从推测性商业模式转移成为高度回应需求的商业模式。 关系（relationship），即认为在企业与客户的关系发生了本质性变化的市场环境中，抢占市场的关键已转变为与顾客建立长期而稳固的关系。与此相适应产生了 5 个转向：从一次性交易转向强调建立长期友好合作关系；从着眼于短期利益转向重视长期利益；从顾客被动适应企业单一销售转向顾客主动参与到生产过程中来；从相互的利益冲突转向共同的和谐发展；从管理市场营销组合转向管理企业与顾客的互动关系。 报酬（reward），即认为任何交易与合作关系的巩固和发展，都是经济利益问题。因此，一定的合理回报既是正确处理营销活动中各种矛盾的出发点，也是市场营销的落脚点

表2-3(续)

市场营销组合理论类别	时间	主要代表人物	主要内容
4V 组合理论	20 世纪 80 年代	吴金明等	4V 组合的主要要素有： 差异化（variation）。差异化市场营销所追求的“差异”是产品的“不完全替代性”，即在产品功能、质量、服务、市场营销等方面，本企业为顾客所提供的是部分竞争对手不可替代的。差异化市场营销分为产品差异化、市场差异化和形象差异化等。 功能化（versatility）。一个企业的产品在顾客中的定位有三个层次：一是核心功能，二是延伸功能，三是附加功能。功能弹性化是指根据消费者消费要求的不同，提供不同功能的系列化产品供给，增加一些功能就变成豪华奢侈品（或高档品），减掉一些功能就变成中、低档消费品。消费者根据自己的习惯与承受能力选择其具有相应功能的产品。 附加价值（value）。企业之间的产品竞争已不局限于核心产品与形式产品，竞争优势已明显地保持在产品的第三个层次——附加产品，即更强调产品的高附加价值。 共鸣（vibration）。共鸣是企业持续占领市场并保持竞争力的价值创新给消费者或顾客所带来的“价值最大化”，以及由此所带来的企业的“利润极大化”
5E 组合理论	2008 年	马歇尔·科恩	马歇尔·科恩在其 2008 年企业管理出版社出版的《5E 营销》中提出了 5E 营销组合理论，即教育（educate）、探索（explore）、提高（elevate）、取悦（entertain）和评估（evaluate）
4I 组合理论	20 世纪 90 年代	唐·舒尔茨	4I 组合要素包括： 趣味原则（interesting）； 利益原则（interests）； 互动原则（interaction）； 个性原则（individuality）
4D 组合理论	2010 年	赵占波	4D 组合要素包括： 需求（demand），聚焦用户需求，直达用户痛点； 数据（data），为了解、预测和创造用户需求提供支撑； 传递（deliver），持续价值传递，提升用户黏性； 动态（dynamic），建立动态沟通，打造粉丝群体

【每章一练】

一、单项选择题

1. 企业战略的年限一般在（　　）。

A. 2 年以上　　B. 3 年以上　　C. 4 年以上　　D. 5 年以上

2. 企业市场营销战略属于（　　）。

A. 总体战略　　B. 经营战略　　C. 职能战略　　D. 竞争战略

3. 决定企业“做什么”和“为什么做”的问题属于下列（　　）要解决的问题。

A. 总体战略　　B. 经营战略　　C. 职能战略　　D. 竞争战略

4. 企业经营战略发挥（　　）。

A. 统领作用　　B. 承上启下作用

C. 具体落实作用　　D. 可有可无的作用

5. 波士顿矩阵分析法中的相对市场占有率的分界点是（　　）。

A. 1.0　　B. 1.5　　C. 2.0　　D. 0.5

6. 根据波士顿矩阵分析法，某企业的甲产品所在行业市场增长率为15%，本企业甲产品的相对市场占有率为0.8，则甲产品属于（　　）。

A. 明星类产品　　B. 问题类产品　　C. 金牛类产品　　D. 瘦狗类产品

7. 根据波士顿矩阵分析法，针对金牛类产品，企业应该采取的对策是（　　）。

A. 拓展战略　　B. 维持战略　　C. 收割战略　　D. 放弃战略

8. 根据通用电气公司法，对某公司的A产品的评价，业务能力得分4.2，市场吸引力得分4.0，则该产品处于（　　）。

A. 绿色地带　　B. 黄色地带　　C. 红色地带　　D. 白色地带

9. 我国某自行车厂将国内滞销的某款型自行车销往非洲国家的农村地区，深受当地居民欢迎。该成长模式（战略）属于（　　）。

A. 市场渗透型　　B. 产品开发型　　C. 市场开发型　　D. 水平多角化

10. 某零售商场引入快餐业务，该成长模式（战略）属于（　　）。

A. 市场开发型　　B. 同心多角化　　C. 水平多角化　　D. 后向一体化

11. 某家用电器制造公司设立房地产公司，从事商业地产开发和销售。该成长模式（战略）属于（　　）。

A. 前向一体化　　B. 同心多角化　　C. 水平多角化　　D. 综合多角化

12. 某钢铁公司收购了一家铁矿企业，以保证原料的供应。该成长模式（战略）属于（　　）。

A. 前向一体化　　B. 后向一体化　　C. 水平一体化　　D. 综合多角化

13. SWOT 分析法中的“O”是指（　　）。

A. 机会　　B. 威胁　　C. 优势　　D. 劣势

14. 市场营销组合（4P）包括产品、价格、地点及（　　）。

A. 人员　　B. 促销　　C. 过程　　D. 有形展示

15. 市场定位的核心是树立差异化的形象，包括产品差异化、服务差异化、人员差异化及（　　）。

A. 促销差异化　　B. 过程差异化　　C. 形象差异化　　D. 计划差异化

二、双项选择题

1. 促销策略包括人员推销、广告及（　　）。

A. 有奖销售　　B. 打折销售　　C. 销售促进

D. 公共关系　　E. 公益性演出

2. 下列属于企业职能层战略的有（　　）。
A. 人力资源开发战略
B. 成本领先战略
C. 差异化战略
D. 市场营销战略
E. 集中战略
3. 根据波士顿矩阵分析法，属于明星类业务的有（　　）。
A. 企业的甲产品所在行业销售增长率为15%，甲产品相对市场占有率为2.5
B. 企业的乙产品所在行业销售增长率为5%，乙产品相对市场占有率为0.5
C. 企业的丙产品所在行业销售增长率为5%，丙产品相对市场占有率为1.8
D. 企业的丁产品所在行业销售增长率为12%，丁产品相对市场占有率为2.0
E. 企业的戊产品所在行业销售增长率为8%，戊产品相对市场占有率为2.2
4. 企业下列活动属于密集型增长战略的有（　　）。
A. 企业在现有市场加大促销力度以提高现有产品的市场占有率
B. 企业将现有产品推广到国外市场以增加销售收入
C. 企业兼并同类企业以扩大生产规模
D. 企业自建销售公司以控制分销渠道
E. 企业跨界扩张以实现业务多元化
5. 企业的下列活动属于一体化成长战略的有（　　）。
A. 零售商场引入快餐业务
B. 汽车整车制造商设立汽车发动机生产厂
C. 空调制造公司跨界生产汽车
D. 煤炭开采企业投资建设坑口发电厂
E. 乳制品加工企业开发新品种乳制品
6. 企业的下列活动属于多角化成长战略的有（　　）。
A. 吉利汽车公司兼并沃尔沃汽车公司
B. 棉纺织公司投资设立针织服装公司
C. 家用电器公司设立房地产开发公司
D. 汽车制造厂投资设立拖拉机制造公司
E. 汽车制造厂对现有产品升级换代
7. 根据通用电气公司法，企业的下列业务处于绿色地带的是（　　）。
A. 甲产品所在行业市场前景好，企业的业务能力中等
B. 乙产品所在行业市场前景中等，企业的业务能力中等
C. 丙产品所在行业市场前景中等，企业的业务能力强
D. 丁产品所在行业市场前景差，企业的业务能力强
E. 戊产品所在行业市场前景中等，企业的业务能力差
8. SWOT 分析法，包括的主要要素有（　　）。
A. 优势和劣势　　B. 价格和质量　　C. 机会和威胁
D. 竞争和合作　　E. 成本和收益
9. STP 战略，除了市场细分外，还包括（　　）。

A. 市场调研　　B. 选择目标市场　　C. 产品定价
D. 选择经销商　　E. 产品的市场定位

10. 下列属于以市场（顾客）为导向的经营理念的是（　　）。
A. 我们是任何人和货物的运输者　　B. 我们出版纸质书籍和电子书籍
C. 我们帮助企业提高效率　　D. 我们生产和销售软饮料
E. 我们生产和销售款式新颖的服装

三、判断题

1. 企业使命反映出企业的价值观和存在的理由。（　　）
A. 正确　　B. 错误

2. 企业经营战略也可称为竞争战略，说明企业如何获得竞争优势。（　　）
A. 正确　　B. 错误

3. 对于明星类产品，一般应采取维持战略。（　　）
A. 正确　　B. 错误

4. 处于红色地带的产品，企业应该采取收割或放弃战略。（　　）
A. 正确　　B. 错误

5. 一体化成长模式（战略）有利于企业控制供应链上下游环节，获得更多的利益。（　　）
A. 正确　　B. 错误

6. 某电冰箱厂设立空调生产线，制造和销售家用空调。该成长模式（战略）属于水平多角化成长模式（战略）。（　　）
A. 正确　　B. 错误

7. 市场机会是指未被满足的顾客需要。（　　）
A. 正确　　B. 错误

8. 市场细分是指根据产品特点将产品分成不同的类别。（　　）
A. 正确　　B. 错误

9. 高收益的业务都是理想业务。（　　）
A. 正确　　B. 错误

10. 根据通用电气公司法，市场前景好、公司业务能力弱的业务处于黄色地带。（　　）
A. 正确　　B. 错误

四、理论分析题

1. 简述企业总体战略、企业经营战略与企业职能层战略三者的关系。
2. 简述波士顿矩阵分析法的原理。
3. 简述通用电气公司法的原理。
4. 简述企业成长（增长）战略的主要类型。
5. 简述企业一体化成长（增长）战略的类型和意义。
6. 试分析企业采用多角化成长（增长）战略的优势和风险。
7. 简述市场营销管理的本质和管理过程。

8. 试分析成本领先战略和差异化战略各自的优势和适用范围。

9. 试分析市场营销组合的意义和特点。

10. 近年来，许多企业热衷于“跨界”经营（多元化经营），如家电企业“跨界”造汽车、白酒巨头“跨界”软件开发、汽车制造商“跨界”手机制造等。试分析企业为何采取跨界经营的战略？企业跨界经营成功的条件是什么？

【案例分析】

吉利汽车集团的市场营销策略

吉利汽车集团隶属于浙江吉利控股集团，总部位于中国浙江杭州，在浙江台州及宁波、湖南湘潭、四川成都、陕西宝鸡、山西晋中等地建有汽车整车和动力总成制造基地，并在白俄罗斯等国家和地区建有海外工厂。吉利汽车集团是中国领先的汽车制造商，立志成为最具竞争力和受人尊敬的中国汽车品牌。吉利汽车集团旗下现拥有吉利汽车品牌、领克品牌和几何品牌，拥有宝腾汽车49.9%的股份及全部经营管理权，以及豪华跑车品牌路特斯51%的股份。吉利汽车集团秉承“战略协同、推动变革、共创价值”的使命和“奋斗者文化、问题文化、对标文化、合规文化”四大文化，长期坚持可持续发展战略，带动了大量产业链上下游企业共同发展，为实现中国汽车强国梦、创造超越期待的出行体验而不懈努力。

吉利汽车集团起步于1986年，先后生产过冰箱配件、高档装潢材料、豪华型踏板式摩托车。1996年5月，吉利汽车成立吉利集团有限公司，走上了规模化发展的道路：1997年进入汽车产业，成为中国第一家民营轿车生产企业；1998年8月8日，第一辆吉利汽车在浙江省临海市下线。起初，吉利汽车集团的创办人李书福怀揣着“造中国老百姓能够买得起的好车”的梦想起步。还有一个关于李书福谈汽车的段子——“汽车就是一个遮风避雨的东西；造汽车很简单，无非是四个轮子上面装了几个沙发，外加一个顶棚”。因此，吉利汽车以低价、实用的品牌形象示人。2010年发生了一件轰动世界的事件，颠覆消费者的认知，这就是在该年3月28日，吉利汽车集团收购世界著名的汽车公司之一沃尔沃轿车公司的最终股权收购协议在哥德堡签署，获得沃尔沃轿车公司100%的股权以及相关资产（包括知识产权）。2014年，吉利汽车集团发布了全新品牌战略，提出了“造每个人的精品车”的品牌使命。吉利汽车品牌全新LOGO延续了品牌3.0时代的六块宝石设计理念，以延展的宇宙为设计源点，将星光银、深空灰和地球蓝融汇其中，展示了吉利汽车从品牌3.0时代的蓝天大地，升级为对广袤宇宙的追求。全新LOGO更具质感和科技感，令吉利汽车品牌的形象焕发全新气息，象征着吉利汽车将迈入年轻化、科技化、全球化战略新时代。吉利汽车集团秉承“快乐人生，吉利相伴”的核心价值理念，长期坚持可持续发展战略，通过领先的安全、智能、新能源、车联网及环保健康技术的应用，为用户提供高品质产品和高增值服务，致力于成为中国新能源节能技术引领者，打造具有全球影响力和国际竞争力、受人尊敬的中国汽车品牌。吉利汽车的产品组合十分丰富，拥有轿车、SUV、MPV及新能源汽车四大车系，几十个品种的汽车，价格覆盖3万元人民币至30万元人民币，可以满足不同类别消费者的需求。吉利汽车采取“主品牌+子品牌+副品牌”的品牌策略，使得其不同类别、不同档次的产品既能壮大主品牌的力量，又能突出其特点进行品牌推广宣传。例如，吉利博越 pro、吉利博越百万款、吉利帝豪 GL 等。2018 年，吉利汽车集团累计销量达 1 500 838 辆，同比增长 20.3%，市场占有率从 2017 年的 5%提升到 6.3%，实现首次年销超 150 万辆的里程碑式跨越，名列乘用车第四、中国品牌第一。

吉利汽车集团以“自主突破创新，融合全球智慧，掌握核心技术”为研发理念，实施“产品平台化”“安全第一”“能源多元化”“智能化技术”战略，已形成全球化的研发体系，在中国上海、瑞典哥德堡、西班牙巴塞罗那、美国加州、英国考文垂建有五大设计造型中心，在中国杭州、中国宁波、中国上海、瑞典哥德堡、英国考文垂建有五大工程研发中心。自主研发的 1.4T 涡轮增压发动机，1.8TD、1.0TD 增压直喷发动机被评为“中国心”年度十佳发动机，7DCT 双离合自动变速器被评为世界十佳变速箱；吉利汽车与沃尔沃汽车联合开发的 1.5TD 发动机，技术位居国际领先水平。“吉利战略转型的技术体系创新工程建设”荣获国家科技进步奖二等奖（一等奖空缺）；“吉利轿车安全技术的研发与产业化”荣获中国汽车工业科学技术一等奖；吉利汽车集团获得了 2017 年度浙江省政府质量奖。

吉利汽车集团十分重视销售服务网络建设，已有 1 000 多个国内销售网点及 400 多个海外销售和服务站点，产品销售及服务网络遍布世界各地。吉利汽车以专卖店销售模式为主，同时也关注互联网销售工作，在淘宝、京东等网络平台开设了商城。在搜狐、新浪、凤凰网等门户网站都有专门的汽车栏目。

吉利汽车集团重视广告宣传工作，除电视、广播、杂志、报纸传统媒介外，互联网广告也无处不在。其广告词清新优雅，清澈自然，贴近顾客。“造老百姓买得起的好车，让吉利汽车走遍全世界”“快乐人生，吉利相伴”“走向太阳才能吸取无穷的热量；经过竞争的洗礼，才能百炼成钢；弘扬民族精神，才能征服世界；超越不止，才拥有空间无限；不舍不弃，造老百姓买得起的好车；真情愿望，快乐人生，吉利相伴”“沉稳中，毫不掩饰自己的热情，演绎人生每一个自由的梦想。”“有一种触动心弦的风度，给心一万个奔腾的理由”。

吉利汽车集团积极履行社会责任，每年发布社会责任报告，成立了李书福公益基金会。基金会以“致力公益慈善事业，营造公益氛围，推动社会和谐进步”为宗旨，主要开展扶贫、济困、扶老、救孤、恤病、助残、救灾、助医、助学等公益慈善活动，公益支出总额近 3 亿元。近三年，吉利汽车集团的主要项目有：2020 年 1 月，李书福公益基金会携手吉利控股集团设立 2 亿元疫情防控专项基金；2019 年 11 月，基金会向浙江大学教育发展基金会捐资 100 万元专项用于“小黄人”项目；2019 年 11 月，基金会向河北省燕山大学教育基金会捐资 500 万元，设立“燕山大学李书福教育发展基金”；2019 年 8 月，基金会向台州慈善总会捐赠人民币 1200 万元专项用于台州风灾；2019 年 5—11 月，基金会与吉利联手 2022 年亚运会亚组委、“吉行天下”吉利车友俱乐部、曹操出行等平台开展“绿跑道”活动；2019 年，浙江吉利汽车有限公司向基金会捐赠人民币 2 000 万元，设立“全联扶贫工作委员会专项基金”；2019 年，基金会继续深入开展“吉时雨”精准扶贫项目；2018 年 8 月，基金会与台州市路桥区慈善总会联合设立“吉利集团 · 尿毒症患者慈善救助专项基金”；2018 年 3 月，基金会捐资 500 万元设立“北京大学李大钊研究基金”，坚持非营利办学，努力践行产学研结合和技师、技工等应用型人才培养，创办 9 所院校，输出人才超过 15 万名。吉利汽车集团积极响应党中央号召，在集团党委的直接领导下，不断探索和实践，启动“吉时雨”精准扶贫项目。四年来，吉利在产业、教育、就业、农业、消费扶贫方面累计投入资金近6亿元，帮扶10省20地30 000余人次，在全国20县43村开展农业扶贫项目31个，为打赢脱贫攻坚战贡献了力量。

2019年4月，吉利控股集团成为第19届杭州亚运会官方合作伙伴。以此为契机，吉利汽车启动主题为“科技吉利，悦行亚运”的亚运战略，通过绿色科技、智能科技、人文责任等举措，将在2022年实现区域范围内完全自动驾驶，全方位赋能杭州亚运会。

资料来源：

1. 吉利汽车，百度百科，https://baike.baidu.com/item/%E5%90%89%E5%88%A9%E6%B1%BD%E8%BD%A6/216408?fr=aladdin.

2. 吉利汽车网站，https://www.geely.com/?mt=9508232092485765&gsadid=gad_184_fex08t8w.

3. 吉利控股集团，http://zgh.com/li-shufu-charity-foundation/.

案例思考题

1. 试分析吉利汽车集团公司经营理念演变的内在逻辑。
2. 吉利汽车集团公司是如何进行产品的市场定位的？未来会面临什么挑战？
3. 试分析吉利汽车集团公司的市场营销策略的特点。

【能力测试】

测试题：试对以下说法做出判断，即在您认为合适的空格处画○，多选、少选均不得分。

序号	题干	同意	较同意	中立	不太同意	不同意
1	战略决定干什么，策略决定如何干					
2	明星类业务多，企业的现金流会吃紧					
3	企业业务应该榨干吃尽变成困难业务后再出售					
4	一体化战略能提高企业的经济效益					
5	多元化（多角化）战略能增强企业对产业链的控制力					
6	企业的任务不是问顾客需要什么，而是告诉顾客应该买什么					
7	差异化战略可以降低顾客对产品价格的敏感度					
8	市场营销组合中各要素都是企业可掌控利用的手段/工具					
9	量力而行是企业市场营销决策的第一原则					
10	放弃机会是企业战略决策的重要内容					

【延伸阅读】

1. 吴建安. 市场营销学［M］. 6版. 北京：高等教育出版社，2017：1-50.

2. 菲利普·科特勒，加里·阿姆斯特朗. 市场营销：原理与实践［M］. 16版. 楼尊，译. 北京：中国人民大学出版社，2015：1-34.

3. 张云起. 市场营销学［M］. 北京：高等教育出版社，2018：1-37.

4. 迈克尔·波特. 竞争战略［M］. 陈小悦，译. 北京：华夏出版社，2005.

第三章 市场营销环境分析

【学习导引】

市场营销环境是相对于企业市场营销职能而言的外部不可控的因素和力量。市场营销环境是企业开展市场营销活动的前提性条件，其中蕴含着市场机会和潜在威胁。因此，市场营销环境分析成为市场营销理论体系的重要组成部分。通过学习，要了解市场营销环境的含义和特点，把握市场营销环境的构成要素及变动趋势，掌握市场营销环境的分析方法，初步具备分析市场营销环境、提出市场营销决策建议的能力。

【营销箴言】

市场已经没有时间等待我们成长，她不是母亲，没有耐心也没有仁慈。

——任正非

大环境改造不了，你就努力去改造小环境。小环境还是改造不了，你就好好去适应环境，等待改造的机会。

——柳传志

【营销故事】

“一带一路”助力中国企业走向世界

“一带一路”（The Belt and Road，缩写 B&R）是“丝绸之路经济带”和“21 世纪海上丝绸之路”的简称。2013 年 9 月和 10 月，中国国家主席习近平分别提出了建设“丝绸之路经济带”和“21 世纪海上丝绸之路”的合作倡议。2015 年 3 月 28 日，国家发展改革委、外交部、商务部联合发布了《推动共建丝绸之路经济带和 21 世纪海上丝绸之路的愿景与行动》。截至 2020 年 11 月，中国已经与 138 个国家、31 个国际组织签署 201 份共建“一带一路”合作文件。经过 5 年的实践探索，“一带一路”为中国企业拓展国际市场和开展国际合作提供了很好的平台和广泛的发展机会，取得了令人瞩目的成就。2019 年我国对“一带一路”沿线国家进出口总额 92 690 亿元人民币，占年货物进出口总额的 29.38%，分别比 2015 年增加了 30 484 亿元人民币，累计增长了 46%，占比提高了 3.91 个百分点。对“一带一路”沿线国家非金融类直接投资额 2015—2019 年保持在 150 亿美元左右。2019 年我国对“一带一路”沿线国家对外承包工程完成营业额 980 亿美元，比 2015 年增加了 287 亿美元，增长了 41.41%。与之相适应，中欧班列常态化开行，2020 年开行 1.24 万列、发送 113.5 万标箱，比上年分别增长了 50%、56%，综合重箱率达 98.4%。年度开行数量首次突破 1 万列，单月开行均稳定在 1 000 列以上，单趟班列时间 15 天，不到海运时间的三分之一，距离缩短 60% 以上，为中国产品进入欧洲市场提供了便捷安全的陆路通道。

资料来源：根据中国国民经济和社会发展统计公报及有关新闻报道整理。

【理论概述】

任何企业的市场营销活动都是在一定的环境下进行的，会受到各种市场环境因素的影响，一个企业只有在波谲云诡的市场营销环境中及时准确地识别和利用市场机会，正确地应对潜在的威胁，才能取得良好的市场营销效果。本章有四节内容：第一节市场营销环境的含义和特点；第二节微观市场营销环境分析；第三节宏观市场营销环境分析；第四节市场营销环境分析及市场营销对策。

第一节　市场营销环境的含义和特点

一、市场营销环境的含义

市场营销环境是相对于企业市场营销职能而言外部的不可控的因素和力量。这些外部因素和力量既是不可控制或难以控制的因素，又是不可超越的因素，会对企业的市场营销目标及能力的实现产生影响。

任何环境因素的变化都可能给企业带来发展的机会，也可能带来一定的威胁。企业开展市场营销活动总是以一定的环境为前提条件的。因此，市场营销环境分析是制定和实施市场营销战略和策略的基础。市场营销环境分析的意义在于可以帮助企业发现市场机会和潜在的威胁，使企业的市场营销活动与市场营销环境保持战略性的适应关系。

二、市场营销环境的内容

市场营销环境可以从不同视角进行分类研究。市场营销环境从时间维度看，可以区分为长期环境和短期环境。长期环境表明了环境变化的长期趋势，短期环境反映了环境变化的短期波动。企业开展市场营销活动，需要立足当前，面向未来，特别是需要透过现象看本质，把握好主题主线，处理好生存和发展的关系。市场营销环境从空间维度看，可以分为国内环境和国外环境。国内环境可细分为不同大区、省（自治区、直辖市）、市（自治州、省辖市）、县（区、县级市）、乡镇等层次。国外环境可细分为洲、大区、国别等层次。国外环境中所蕴含的人口、经济、科技、自然、政治法律、社会文化等因素都与国内环境有较大的区别。许多在国内看似理所当然、习以为常的事情到了国外环境可能会大费一番周章。当前经济全球化是主流主线，深度促进了产业合作的全球化和交易规则的通用化，但是贸易保护主义也是暗流涌动，有些国家打着保护本国产业的名义，甚至不惜动用国家安全手段阻止他国企业资本和产品进入本国，“长臂管辖”现象愈加常态化。市场营销环境从内容角度看，可以分为微观市场营销环境和宏观市场营销环境，如图 3-1 所示。微观市场营销环境又称为直接环境，主要包括企业内部环境、供应商、中间商、顾客、竞争者和公众等因素，其中的诸因素和力量都与企业发生直接或密切的经济关系，对企业的市场营销能力产生直接影响与制约。宏观环境又称为间接环境，具体包括人口、经济、政治法律、科学技术、自然及社会文化等因素，其中的诸因素及其组合对企业所在产业产生重要影响，进而为企业市场营销活动带来市场机会或潜在的威胁。

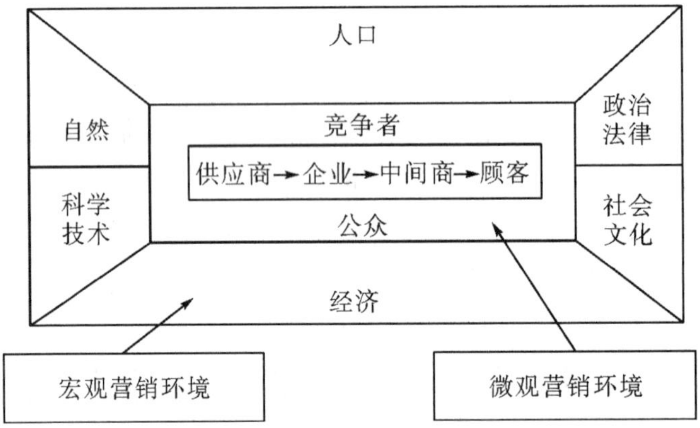

图 3-1　市场营销环境构成

三、市场营销环境的特征

市场营销环境具有四个方面的突出特征。

（1）不可控性。对企业来说，市场营销环境往往是其无法改变或很难改变的。例如，一个国家的政治法律制度、人口增长及社会文化习俗，企业是无法随意改变的。企业的任务在于适当安排市场营销组合，使之与不断变化的外部环境相适应。尽管市场营销环境具有不可控性，企业仍然可以通过自身努力来适应，甚至对市场营销环境变化施加一些影响，最终促使某些环境因素朝着有利于组织目标实现的方向转变。

（2）动态性。市场营销环境始终处于动态变化之中，其构成要素会随着社会经济的发展而不断变化。例如，由于收入的增加，消费升级加速，消费者的所需所欲之物以及消费理念、消费习惯及偏好都会发生变化。如何收集、挖掘和分析井喷式的消费大数据以发现消费者需求，如何利用数字新技术创新传统生产和服务形式，如何布局与数字化时代相契合的市场营销战略及策略以抓住稍纵即逝的市场机会，应对随时可能出现的环境威胁，是企业面对动态市场营销环境时必须思考与解决的问题。

（3）差异性。差异性主要体现在企业所处的地理环境以及相应的经济发展水平、政治法律制度、社会文化等方面。这不仅表现在不同企业受不同环境影响，而且同一环境对不同企业的影响也不尽相同。例如，海尔进入巴基斯坦后，针对巴基斯坦家庭人口规模大推出了大容量的冰箱，面向美国市场推出变温对开门冰箱，迎合德国市场销售全开式冷藏抽屉冰箱。

（4）系统性。市场营销环境是一个复杂系统，其内部诸要素之间相互影响、相互制约，某一因素的变化会带动其他因素的连锁变化，形成新的市场营销环境。例如，随着互联网、大数据、人工智能、5G 等网络技术的变革与发展，企业面临新的环境，市场营销组合策略不断升级迭代，市场充满了无限机遇与挑战。

第二节　微观市场营销环境分析

微观市场营销环境是指那些能够对企业服务其目标市场的市场营销能力构成直接影响的各种因素的集合，包括企业内部环境、顾客、供应商、营销中介、竞争者和社会公众等众多与企业营销活动息息相关的各类组织或个人。分析微观市场营销环境的目的在于更好协调企业与这些相关组织或群体的关系，促进企业市场营销目标的实现。

一、企业内部环境

市场营销微观环境中最重要的力量就是企业组织内部的环境力量。良好的企业内部环境是企业市场营销工作得以顺利开展的重要条件。内部环境由企业高层管理和企业内部各种组织构成，如图 3-2 所示。从市场营销部门角度看，市场营销活动能否成功，首先要受企业内部各种因素的直接影响。

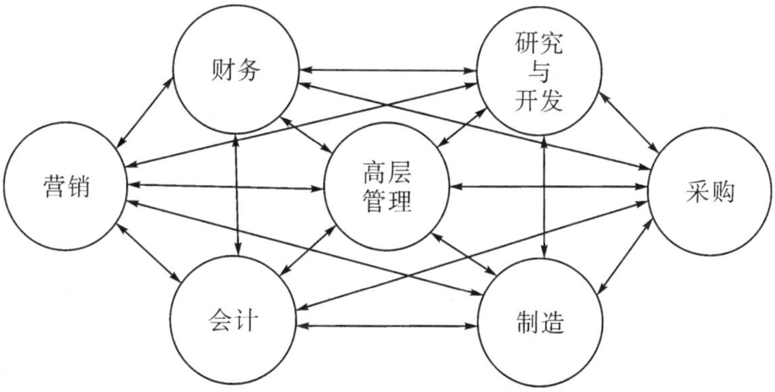

图 3-2　企业内部环境

市场营销部门与财务、研发、采购、制造、会计等多个部门既存在合作，也存在争取资源的矛盾。例如，生产部门关注的是长期生产的定型产品，要求品种规格少、批量大、订单标准、质量管理较稳定，而市场营销部门注重的是能适应市场变化、满足目标顾客需求，要求多品种规格、少批量、个性化订单、特殊的质量管理。市场营销部门希望根据市场营销任务灵活聘用员工，人力资源部门则希望建立较为稳定的员工队伍，建设忠诚奉献的企业文化。财务会计部门希望销售货款回收周期越短越好，广告费用越低越好，市场营销部门则可能希望通过适当的赊销稳定市场销售份额，借助大力度的广告提高产品的知名度，影响顾客购买偏好，建立品牌资产。研发部门希望尽快将新产品推入市场，市场营销部门则可能更乐意加强现有产品的销售。上述矛盾的产生是现代企业管理中职能分工导致的利益部门化的必然结果。这就需要企业高层统筹协调，从企业的经营现状、目标和计划、优势和劣势、资源和条件、运营管理等方面综合分析，使得各部门之间协调一致，凝聚起制定与实施市场营销决策的磅礴力量。

二、供应商

供应商是向企业提供特定的原材料、辅助材料、设备、能源、劳务、资金等资源的单位或个人。这些资源的变化直接影响到企业产品的产量、质量、成本、价格以及利润，从而影响企业市场营销目标和计划的完成。作为企业所在价值链的上游企业，供应商是非常重要的一环。"小米"科技的创始人雷军在接受记者采访时表示，"我在做小米手机时提的第一个要求就是要用第一流的供应商，要用顶级的元器件和材料，一定要奔着做世界级的产品去做，价格却是同行的一半。"因此，企业应密切关注供应商供应能力及供应品的价格变动趋势，选择那些能保证质量、交货期准时和低成本的供应商，并且避免对某一家供应商的过分依赖，以免受该供应商提价或限制供应的限制。

三、市场营销中介

市场营销中介是指协助企业进行策划、促销和物流等活动，使其产品能顺畅地传送给最终购买者的机构，包括：①中间商，是把产品从生产商流向消费者的中间渠道，主要包括批发商和零售商；②市场营销实体分配机构，是帮助企业进行保管、储存、运输的物流机构，主要包括批发零售环节的运输企业、仓储企业等；③市场营销服务机构，是为企业提供专业服务的机构，主要包括广告公司、网商平台、咨询公司等；④财务中介机构，是为企业提供融资和保险服务，主要包括银行、信托公司、保险公司等。只有借助有关市场营销中介提供的服务，企业才能将产品顺利地送达到消费者的手中。

四、顾客

顾客就是企业的目标市场，是企业服务的对象，也是市场营销活动的出发点和归宿点。企业微观市场营销环境中最重要的因素是顾客。具体而言，顾客分析的市场类型包括以下六种：生产者市场、消费者市场、中间商市场、非营利组织市场、政府市场及国际市场，如图 3-3 所示。

生产者市场是指企业为了生产过程需要而购买产品和服务的市场。消费者市场包括为了个人消费而购买产品或服务的个人和家庭。中间商市场是为了转卖而购买产品和服务的市场。非营利组织是不以盈利为目的的组织，包括履行国家职能、促进群体交流和提供社会服务的非营利组织三个类别，其购买目的是为了满足其履行职能的需要。非营利组织市场是非营利组织购买形成的市场，包括政府市场和其他非营利组织市场。国际市场是指其他国家的购买者，包括消费者、生产者、中间商和政府。企业整个价值链传递系统的目的在于向目标顾客提供服务并与他们建立强有力的顾客关系。正因为不同类型的市场都有自身的特点，这就要求企业针对其需求特点和购买行为进行分析。

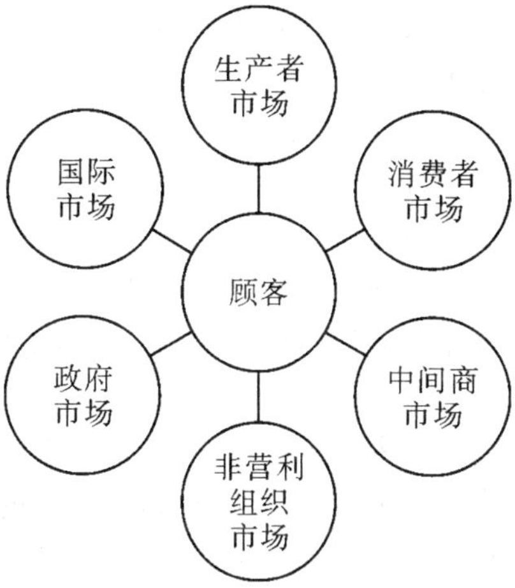

图 3-3 顾客的类型

五、竞争者

竞争者是指为一家企业所服务的目标市场提供产品的其他企业或个人。从顾客做出的购买决策分析，企业的竞争者包括以下四种类型（详见表 3-1）：

表 3-1 竞争者的类型

类型	含义	示例
愿望竞争者	提供不同产品满足不同欲望的竞争者	手机制造商、家具制造商、空调制造商之间属于愿望竞争者
属类竞争者	提供满足同一消费欲望的不同产品的竞争者	为满足出行需要的汽车、电动车、摩托车制造商之间属于属类竞争者
产品形式竞争者	满足同一消费欲望不同产品形式之间的竞争者	汽车制造商生产的不同档次、性能、型号的汽车之间属于产品形式竞争者
品牌竞争者	产品、规格、型号相同，不同品牌的竞争者	“大众”“比亚迪”“丰田”“本田”等汽车品牌之间属于品牌竞争者

竞争是市场经济的普遍规律，现代企业都处在不同的竞争环境中。企业在目标市场进行市场营销活动时，不可避免地会遇到竞争者的挑战。竞争者的市场营销战略及策略的变化会直接影响到本企业的市场营销活动。例如，竞争者的新产品的上市、产品价格变动、促销策略的调整等都将对企业造成影响，企业必须密切关注竞争者的任何细微的变化，并采取相应的对策和措施。

六、社会公众

社会公众是企业微观环境中能够影响企业达到预期目标能力的组织和个人。社会公众不一定与企业的市场营销活动发生直接的联系，但其对企业及其产品的态度会对企业的市场营销活动产生较大的影响，可能是正面的影响，也可能是负面的影响。因此，企业必须处理好与主要社会公众的关系，争取社会公众的支持和偏爱，为自己营造和谐、宽松的社会环境。例如，企业的慈善行为经媒体正面报道后，就能帮助企业树立良好的社会形象，赢得更多的潜在顾客。又如，广西玉林居民有夏至前后食用狗肉喝桂花酒的习俗，但近年来在爱狗人士及组织的反对声浪中，相关企业举步维艰。

企业所面临的社会公众主要有以下六类：

（一）融资公众

融资公众是指影响企业融资能力的金融机构，如银行、投资公司、证券经纪公司、保险公司等。融资公众影响企业从资本市场上获得资金的能力，从而可能影响企业市场营销活动的正常开展。企业应该通过发布真实而乐观的年度财务报告，回答关于财务问题的咨询，稳健地运用资金等在融资公众中树立起良好的信誉。

（二）媒介公众

媒介公众是指报纸、杂志、广播电台、电视台和互联网络平台等传播媒体。企业必须与媒体建立友善关系，争取有更多更好的有利于企业的新闻、特写及社论。自媒体的兴起使得信息的传播速度更快、传播范围更广、传播成本更低、可控性更低，同时，顾客、企业、竞争者、社会公众等都可以利用自媒体传播企业及其产品的信息，信息传播的叠加效应更强。因此，企业要做好传统媒介的公共关系工作，更要利用好自媒体为企业的市场营销服务。

（三）政府公众

政府公众是指负责管理企业市场营销业务的有关政府机构。企业应主动与政府部门沟通，将自身的市场营销活动与政府的发展战略、产业政策、法律法规保持一致，遵纪守法，守住底线，不碰红线，也可向有关部门反映诉求，争取有利于产业发展的立法和政策。

（四）社团公众

社团公众是指消费组织、劳动权益保护组织、未成年人保护组织、各类学会、协会、动物保护组织等群众团体。他们是企业必须重视的力量，需要重视他们的社会影响力，关注并尊重他们的活动。

（五）社区公众

社区公众是指企业所在地邻近的居民和社区组织。企业必须重视保持与当地公众的良好关系，避免同社区公众发生冲突。企业应指派专人负责社区部门关系，并努力为公益事业作出贡献。

（六）一般公众

一般公众是指上述各种关系公众之外的社会公众。一般公众虽然不会对企业采取有组织的行动，但他们的价值取向和态度会影响企业的顾客或潜在的顾客对本企业产品的购买。

以上市场营销微观环境要素都会对企业的市场营销活动产生直接的影响，这些要素有时又交互影响，企业需要进行统筹分析，协调各方，为市场营销活动创造和谐的外部条件。

第三节　宏观市场营销环境分析

宏观市场营销环境主要是由人口环境、经济环境、自然环境、政治和法律环境、科学技术环境以及社会文化环境所构成的。宏观环境一般会对某一个产业的发展产生重大影响，其不会直接对特定企业的市场营销活动产生影响，但可以通过那些对企业的市场营销活动产生直接影响的微观环境因素起作用。

一、人口环境

人口是构成市场的首要因素。人口数量的多少、人口结构的特点、人口的动态变化及地区分布等直接决定市场的规模、结构及变动趋势等。人口数量越多，市场的潜在规模就越大。而人口的年龄结构、地理分布、婚姻状况、出生率、死亡率、人口密度、人口流动性及其文化教育程度等人口特征因素则会对市场结构产生深刻影响，并直接影响企业的市场营销活动。

（一）人口总量及其增长

人口总量及其增长是决定一个国家或地区市场需求总规模的第一因素。一般来说，人口总量越大，市场规模越大，人口增长越快，市场增长越快，从而经济发展潜力越大，企业成长空间越大。据第七次全国人口普查公报（注：以下人口数据，如无特别说明均引证自第七次全国人口普查公报资料），2020 年 11 月 1 日零时，我国总人口数为 144 349. 737 8 万人，其中：普查登记的大陆 31 个省、自治区、直辖市和现役军人的人口共 141 177. 872 4 万人；香港特别行政区人口为 747. 42 万人；澳门特别行政区人口为 68. 321 8 万人；台湾地区人口为 2 356. 123 6 万人。全国人口（不含港澳台人口）与 2010 年第六次全国人口普查的 133 972. 485 2 万人相比，增加 7 205. 387 2 万人，增长 5. 38%，年平均增长率为 0. 53%。我国历次人口普查数据情况见图 3-4。

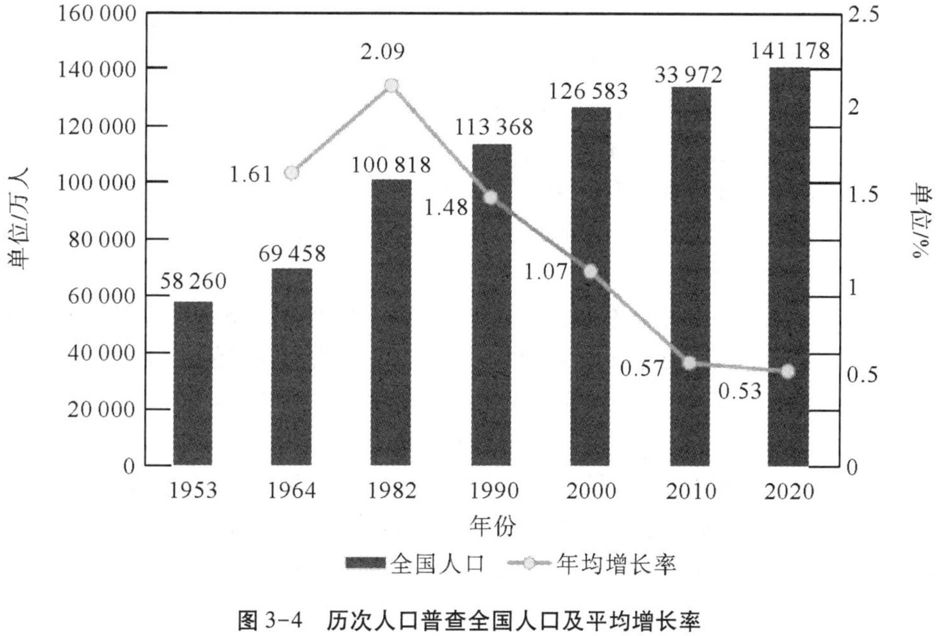

图 3-4　历次人口普查全国人口及平均增长率

资料来源：第七次全国人口普查统计公报。

（二）家庭总数及结构

家庭是消费的基本单元，许多产品都是以家庭为单元购买的。家庭的总数、类型、户均人口数等会对市场消费总量、结构及方式产生影响。我国共有家庭户 49 415. 742 3 万户，集体户 2 853. 184 2 万户，家庭户人口为 129 280. 93 万人，集体户人口为 11 896. 942 4万人。平均每个家庭户的人口为 2. 62 人，比 2010 年第六次全国人口普查的 3. 10 人减少 0. 48 人。

（三）民族结构

我国是多民族统一的国家，各民族生活在多元一体的中华民族大家庭中。各民族交往交流交融，相互学习，和谐相处，在生活消费方面也相互借鉴学习。同时，在漫长的历史发展及地域环境、文化等的熏陶下，也形成了各自的民族消费特色。认识民族元素，有利于企业细分市场，使市场营销活动更具有针对性。我国有 56 个民族，其中，汉族人口为 128 631. 133 4 万人，占 91. 11%；其他民族人口为 12 546. 739 万人，占 8. 89%。与 2010 年第六次全国人口普查相比，汉族人口增加 6 037. 869 3 万人，增长 4. 93%；其他民族人口增加 1 167. 517 9 万人，增长 10. 26%。

（四）年龄结构

一个国家或地区处在不同年龄段的人口数量及所占比重对其市场需求结构会产生重要影响，因为一个人在不同年龄段的需求有很大的差别。同时，处于劳动年龄段的人口数量及其所占比重对劳动力市场供给、大学教育、职业技能教育等产生影响。我国人口（不含港澳台人口）中，0～14 岁人口为 25 338. 393 8 万人，占总人口的 17. 95%；15～59 岁人口为 89 437. 602 万人，占总人口的 63. 35%；60 岁及以上人口为 26 401. 876 6 万人，占总人口的 18. 70%，其中 65 岁及以上人口为 19 063. 528 万人，占总人口的 13. 50%。与 2010 年第六次全国人口普查相比，0～14 岁人口的比重上升 1. 35 个百分点，15～59 岁人口的比重下降 6. 79 个百分点，60 岁及以上人口的比重上升 5. 44 个百分点，65 岁及以上人口的比重上升 4. 63 个百分点。从以上数据看，我国劳动力人口比重下降，老年人口比重上升，未来服务老年人口的养老、医疗、保健、旅游、教育等市场需求会增加，而劳动力供给会短缺，可能会引发企业用工成本的上升。

（五）城乡及地区结构

新中国成立以来，我国经济社会面貌发生了根本性变化，城乡人口结构随之而变。我国人口中，居住在城镇的人口为 90 199. 116 2 万人，占总人口的 63. 89%（2020 年我国户籍人口城镇化率为 45. 4%）；居住在乡村的人口为 50 978. 756 2 万人，占总人口的 36. 11%。与 2010 年第六次全国人口普查相比，城镇人口增加 23 641. 585 6 万人，乡村人口减少 16 436. 198 4 万人，城镇人口比重上升 14. 21 个百分点。城镇化加速可能会使城市住房、公共设施、商业、服务业、基础教育等需求增加，相应地，引发农村“空心化”及相关的市场需求萎缩。我国历次人口普查城乡人口变化情况见图 3-5。

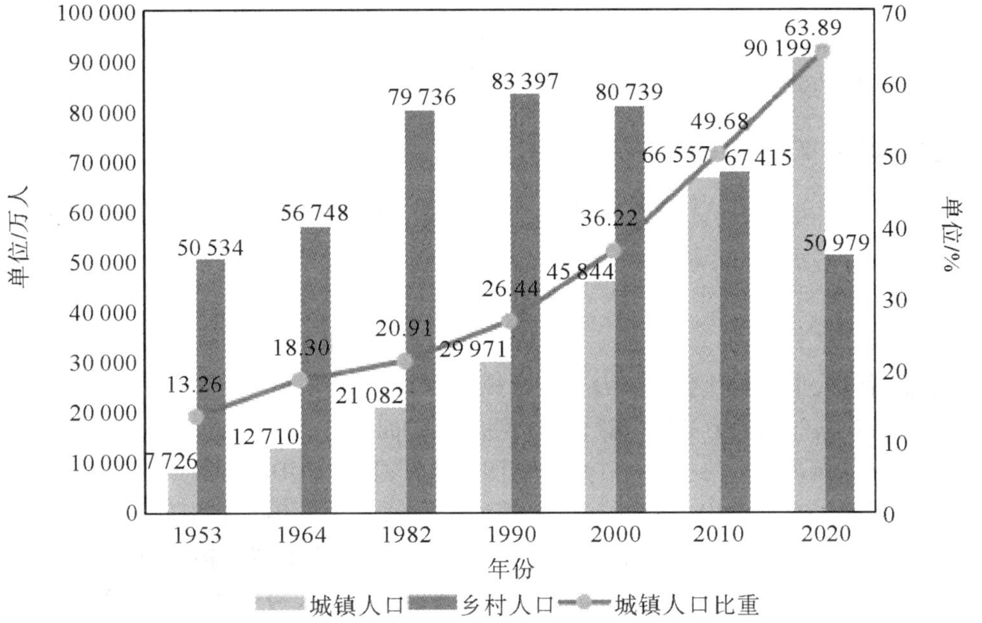

图 3-5　历次人口普查城乡人口

资料来源：第七次全国人口普查统计公报。

（六）人口流动

随着市场经济的发展，人口的区域流动加快。我国人口中，人户分离人口为492 762 506人，其中，市辖区内人户分离人口为 11 694.574 7 万人，流动人口为37 581.675 9万人。流动人口中，跨省流动人口为 12 483.715 3 万人，省内流动人口为25 097.960 6万人。与 2010 年第六次全国人口普查相比，人户分离人口增加23 137.643 1万人，增长 88.52%；市辖区内人户分离人口增加 7 698.632 4 万人，增长 192.66%；流动人口增加 15 439.010 7 万人，增长 69.73%。我国 31 个省份中，人口超过 1 亿人的省份有 2 个，5 000 万人至 1 亿人的省份有 9 个，1 000 万人至 5 000 万人的省份有 17 个，少于 1 000 万人的省份有 3 个。其中，人口居前五位的省份合计人口占全国人口比重为 35.09%。分区域看，东部地区人口为 56 371.711 9 万人，占总人口的 39.93%；中部地区人口为 36 469.436 2 万人，占总人口的 25.83%；西部地区人口为38 285.229 5万人，占总人口的 27.12%；东北地区人口为 9 851.494 8 万人，占总人口的 6.98%。与 2010 年第六次全国人口普查相比，东部地区人口所占比重上升 2.15 个百分点，中部地区人口所占比重下降 0.79 个百分点，西部地区人口所占比重上升 0.22 个百分点，东北地区人口所占比重下降 1.20 个百分点。人口的地区间流动会导致地区间人口结构发生重大变化，人口净流入地的人口结构会趋于年轻化，净流出地人口会加速老龄化，从而对区域市场需求总量、结构、水平及社会心理、劳动力供给等产生重大影响。

（七）人口预期寿命

人口预期寿命直接影响一个人的终身消费水平。预期寿命增加不仅意味着人口消费的终身需求总量增加，而且人的消费心理也会发生变化。据国务院新闻办 2021 年 8 月 12 日发表的《全面建成小康社会：中国人权事业发展的光辉篇章》白皮书、中国统计年鉴（2020）等资料，我国人口平均预期寿命从 1981 年的 67.8 岁增长到 2019 年的 77.3 岁，与 1949 年的 35 岁相比翻了一番多。我国人口预期寿命的上述变化会对市场需求产生积极的影响。

二、经济环境

经济环境是指影响消费者购买力和消费方式的经济因素，主要包括消费者收入与支出、经济发展水平及经济形势等因素。

（一）收入与支出

1. 收入

消费者收入是影响社会购买力、市场规模以及消费者支出和支出模式的重要因素之一。衡量收入对购买力的影响时，通常使用以下四个指标：

（1）人均国内生产总值。一个国家的国内生产总值（GDP）反映了该国市场的总容量和总规模，人均 GDP 是一个国家核算期内（通常为一年）实现的 GDP 除以这个国家的常住人口数得到的。人均 GDP 从总体上影响和决定消费结构和消费水平。2021 年我国 GDP 总量为 1 143 669.7 万亿元，居世界第二位，人均 GDP 为 80 976 元，在国际上属于中上水平。

（2）个人收入。个人收入指城乡居民从各种来源所得的收入，包括工资、津贴、补贴、奖金、退休金、利息、租金和馈赠等。居民收入可以用来衡量当地消费市场的容量，人均收入反映了购买力水平高低。

（3）可支配个人收入。可支配个人收入是指个人收入中扣除消费者个人缴纳的各种税款和交给政府的非商业性开支后可用于个人消费和储蓄的那部分个人收入。可支配个人收入是影响消费者购买力和消费者支出的决定性因素。据 2020 年中国国民经济和社会发展统计公报数据，2020 年，全国居民人均可支配收入为 32 189 元，比 2016 年累计增加了 8 368 元，实际累计增长了 23.44%，为居民生活水平再上新台阶打下了坚实基础。图 3-6 反映了中国 2016—2020 年城乡居民的人均可支配收入及增长情况。

图 3-6　中国城乡居民人均可支配收入及动态变化

资料来源：2020 年中国国民经济和社会发展统计公报。

（4）可随意支配个人收入。可随意支配个人收入是指可支配个人收入减去消费者用于购买生活必需品的固定支出（如房租、保险费、分期付款、抵押贷款）所剩下的那部分个人收入。可随意支配个人收入一般都用来购买奢侈品、汽车、大型器具及度假等，所以，这种消费者个人收入是影响奢侈品、汽车、旅游等商品销售的主要因素。

2. 支出

支出主要体现在消费者支出模式和消费结构上。

（1）消费者支出模式主要受消费者收入的影响，这个问题涉及恩格尔定律。恩格尔定律主要表现的是食品支出占总消费支出的比例随收入变化而变化的趋势。19 世纪德国统计学家恩格尔根据统计资料，从消费结构的变化得出一个规律：一个家庭收入越少，家庭收入中（或总支出中）用来购买食物的支出所占的比例就越大，随着家庭收入的增加，家庭收入中（或总支出中）用来购买食物的支出比例则会下降。推而广之，一个国家越穷，每个国民的平均收入中（或平均支出中）用于购买食物的支出所占比例就越大，随着国家的富裕程度的提高，这个比例呈下降趋势。简单地说，一个家庭或国家的恩格尔系数越小，就说明这个家庭或国家经济越富裕。根据联合国粮农组织提出的标准，恩格尔系数在 59%以上为贫困，50%~59%为温饱，40%~50%为小康，30%~40%为富裕，低于 30%为最富裕。改革开放以来，我国城镇和农村居民家庭恩格尔系数已由 1978 年的 57.5%和 67.7%分别下降到 2019 年的 26.7%和 30.0%，仅就这一数据而言，中国已经走进了物质较丰裕的时代。表 3-2 反映了城乡居民人均可支配收入与恩格尔系数的动态变化情况。

表 3-2　城乡居民人均可支配收入与恩格尔系数

年份	城镇居民人均可支配收入/元	城镇居民恩格尔系数/%	农村居民人均可支配收入/元	农村居民恩格尔系数/%
1978	316	57.5	166	67.7
1990	1 387	54.3	686	54.9
2000	6 280	39.4	2 253	49.1
2010	19 109	35.7	5 919	43.0
2015	31 195	34.8	11 422	37.1
2019	42 359	26.7	14 389	30.0

资料来源：根据中国统计年鉴 2020 年整理。

消费者支出模式除了主要受消费者收入影响外，还受以下两个因素影响：一是家庭生命周期的阶段。有子女与没有子女的年轻人家庭的支出情况有所不同。二是消费者家庭所在地点。所在地点不同的家庭用于住宅、交通、食品等方面的支出情况也会有所不同。例如，住在中心城市的消费者和住在农村的消费者相比，前者用于日常交通方面和住宅方面的支出较多，后者用于日常交通方面和住宅方面的支出就少得多。

（2）消费结构是指各类消费支出在总费用支出中所占的比重。一般来说，发达国家消费结构的特征是：基本生活必需品的支出在家庭总费用支出中所占比重很小，而服装、交通、娱乐、卫生保健、旅游、教育等的支出在家庭总费用支出中占很大比重。发展中国家消费结构的特征是：基本生活必需品在家庭总费用支出中占有很大比重，但这种情况会随着经济的发展、家庭收入水平的提高不断变化。我国总体的消费结构反映了发展中国家的一般特征，但由于经济改革的不断深化，市场消费也呈现出多层次性，少数家庭的消费已达到富裕型、比较富裕型，大部分家庭达到小康型，极少数家庭为温饱型。随着我国居民收入水平的不断提高，居民消费结构升级是大势所趋。居民消费升级的重点将集中在医疗、教育、文娱等服务业领域，耐用品及非耐用品中需求稳定的行业将进入因消费者追求品质与性价比而导致的集中度快速提升的阶段。图 3-7 反映了中国 2020 年城乡居民的人均消费支出及结构情况。

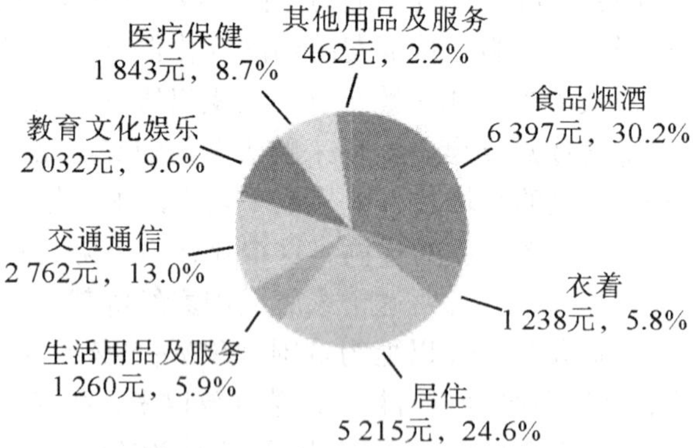

图 3-7　中国城乡居民 2020 年人均消费支出及结构

资料来源：2020 年中国国民经济和社会发展统计公报。

3. 储蓄和信贷

储蓄源于顾客的货币收入，其最终目的还是为了消费。顾客储蓄一般有两种形式：一是银行存款，二是购买有价证券。当收入一定时，储蓄越多，现实消费量就越小，但潜在消费量越大；反之，储蓄越少，现实消费量就越大，但潜在消费量就越小。企业应当全面了解顾客的储蓄情况，尤其是要了解顾客储蓄目的的差异。储蓄目的不同，往往影响到潜在需求量、消费模式、消费内容及消费发展方向。这就要求企业在调查、了解储蓄动机与目的的基础上，制定不同的市场营销策略，为顾客提供有效的产品和劳务。

信贷就是顾客凭借信用先取得产品使用权，然后按期归还贷款。消费者信贷由来已久，主要形式包括短期赊销、住房按揭以及分期付款、信用卡信贷等。信贷消费允许人们购买超过自己现实购买力的产品，从而创造了更多的就业机会、更多的收入以及更多的需求。

（二）经济发展水平与形势

经济发展水平表现为国民生产总值、工农业生产总值、国民收入、发展速度、主要产品产量等因素。经济发展水平高，人均收入高，社会购买力就大，市场营销的机会就多；反之，经济衰退，市场就会萎缩，对企业的市场营销活动就会造成威胁。以消费品为例，经济发展水平高，消费者侧重产品的款式、性能和特色，非价格竞争重于价格竞争；经济发展水平低，消费者则侧重实用性，对产品价格就比较敏感。目前，中国是世界第二大经济体，已经成为拉动世界经济增长的最大引擎之一。中国正积极发展新兴产业，这不仅可以创造新的市场需求，而且将为全球经济复苏做出贡献。

随着世界经济形势的不断发展变革，特别是2020年席卷全球的新冠病毒感染疫情引发世界经济陷入“大萧条”以来最严重的衰退，世界经济形势复杂严峻。得益于中国特色社会主义制度优势，在中国，疫情得到基本控制后，经济运行整体上保持稳中有进的发展态势。“一带一路”倡议的实施为中国经济新一轮发展注入了动力，进一步提升了国家对外开放水平，这无疑给企业的市场营销带来了新的契机。但全球疫情长期化、贸易摩擦、逆全球化危机等为中国企业的发展带来了巨大挑战和阻碍，企业应及时调整市场营销战略，以适应严峻的国际环境。

三、自然环境

自然环境是指自然资源及地理环境等影响企业的市场营销活动的因素。矿产、森林、土地、水力等资源是进行经济活动的基础，有时这种影响对企业的生存和发展起决定性作用。企业要最大限度地利用环境变化可能带来的市场营销机会，应对由自然环境带来的威胁，需要根据不同的自然环境情况来设计、生产和销售产品。一个地区的自然资源状况往往是吸引外地企业前来投资建厂的重要因素。例如，农夫山泉以“大自然的搬运工”为市场营销诉求点，十分重视水源地的选择，把浙江千岛湖、吉林长白山、湖北丹江口、广东万绿湖、陕西太白山、新疆天山（玛纳斯）、四川峨眉山以及贵州武陵山作为水源地是充分利用自然资源开展市场营销活动的典型案例。

企业应该意识到自然环境的四种趋势，即原料的短缺、能源成本的增加、日益严重的污染和政府在解决环保问题方面角色的变化。以对环境污染问题进行控制为例，一方面限制了某些行业的发展，另一方面也为企业提供了两种市场营销机会：一是为治理污染的技术和设备提供了一个大市场；二是为不破坏生态环境的新生产技术和包装方法创造了市场营销机会。因此，企业要了解政府对资源使用的限制和对污染治理的措施，力争做到既能减少环境污染，又能保证企业发展，提高经济效益。

此外，不同地区的地形地貌及气候条件也会对企业的市场营销活动产生影响。我国地域辽阔，南北跨度大，东西幅度宽，各种地形地貌复杂，气候多变，企业必须根据各地的自然地理条件生产与之相适应的产品，才能适应市场的需要。因此，企业开展市场营销活动，必须考虑当地的气候与地形地貌，使其能适应当地的地理环境。

四、政治法律环境

（一）政治环境

政治环境主要包括政治制度与体制、政局稳定、政府所持的市场道德标准等。在国内，安定团结的政治局面不仅有利于经济发展和城乡居民收入的增加，而且能够影响城乡居民的心理预期，导致市场需求的变化。党和政府的方针、政策对国家的发展方向、速度及质量提出要求，会直接关系到社会购买力的提高和市场消费需求的增长变化。对国际政治环境进行分析，应了解“政治权力”与“政治冲突”对企业市场营销活动的影响。政治权力对市场营销的影响，往往表现为由政府机构通过采取某种措施约束外来企业或其产品，如进口限制、外汇控制、劳工限制、绿色壁垒等。政治冲突是指国际上的重大事件与突发事件，这类事件也会对企业市场营销活动产生或大或小的影响，有时带来机会，有时带来威胁。

（二）法律环境

法律环境是指国家或地方政府制定和实施的法律、法规，与其他组织签订的贸易协定等，对市场消费需求的形成和实现具有一定的调节作用。在经济日益全球化的时代，跨国性组织不断涌现，其所制定的规则、达成的协议等也都是企业需要遵守的约束性条件。目前影响比较大的跨国性组织有世界贸易组织、欧盟、北美自由贸易区、中国-东盟自由贸易区、石油输出国组织等。许多跨国性组织的成员国之间存在交叉重叠。还有一些影响比较大的非政府组织制定的标准体系，如ISO9000、ISO18000等，也成了企业开展对外经贸投资合作的必备条件。企业应该熟悉并研究法律法规，这样既可以保证自身严格依法经营管理，也可运用法律手段保障自身权益。各个国家的社会制度不同，经济发展阶段和国情不同，体现统治阶级意志的法治也不同，开展国际市场营销活动的企业，必须对相关国家的法律制度和有关的国际法规、国际惯例和准则进行学习研究并在实践中遵循。

五、科学技术环境

科学技术作为最重要的市场营销环境因素，是一种“创造性的毁灭力量”。它不仅改变城乡居民的消费观念、消费内容及消费方式，也会引起企业市场营销手段及方式的大变革。当前，互联网、云计算、人工智能等技术的出现颠覆了传统商业形态、商业模式和商业逻辑，互联网+零售、餐饮、教育、旅游、医疗、交通等喷涌而出，重新定义了产品和服务，蕴含着无穷无尽的商业机会，同时也使得实体店铺、有形市场等面临着前所未有的挑战。

（一）科学技术进步，加快了产品更新换代的速度

科学技术突飞猛进，新工艺、新材料、新技术不断涌现，使得炙手可热的技术和产品转瞬间成了明日黄花。这种情况要求企业不断地进行技术革新，赶上技术进步的浪潮。如果企业的产品跟不上更新换代的步伐，跟不上技术发展和消费需求的变化，就会被市场无情淘汰。

（二）科学技术进步，改变了传统的消费生态

以人工智能为基础的消费活动，每个人的衣食住行都在网络上被记录、被保留，由此形成的超大数据和区块链，能够精确计算出个体及其家庭生活消费需求、购买习惯、更新周期及消费环境等，从而能构建精准的消费品和服务的市场营销模式。所有人通过共同的数字网络彼此相连，它不仅带来消费的便捷与舒适，而且革新了消费者与生产者的相互关系。消费者不再是单纯的购买者，还是消费对象的设计者，同时也可以是生产过程的参与者，以及生产、市场营销的全程监控者。由此创建消费者与经营者信息能够完全对称的环境，从而宣告消费者主权时代的真正到来。

（三）信息技术推动网络零售快速发展

进入21世纪，信息技术引发零售业变革，网络零售发展迅速，不断挤压传统零售企业的市场份额。从2013年起，中国连续七年成为全球最大的网络零售市场。受疫情影响，网络零售市场的支撑能力进一步显现，据2020年中国国民经济和社会发展统计公报，2020年中国实物商品网上零售额97 590亿元，按可比口径计算，比上年增长14.8%，占社会消费品零售总额的比重为24.9%，比上年提高4.0个百分点。随着互联网技术和设备的提升和普及，网络购物规模持续增加，用户人群不断增多。据第46次

《中国互联网络发展状况统计报告》，截至 2020 年 6 月，我国网络购物用户规模达 7.49 亿，移动网络购物用户 7.47 亿。方便快捷的网购模式越来越受到消费者的认同，对于工作、生活节奏较快的人群，网上购物具有独特的吸引力。

六、社会文化环境

社会文化是指一个社会的民族特征、价值观念、生活方式、风俗习惯、伦理道德、教育水平、语言文字、社会结构等的总和。社会文化也反映出一个国家或地区的社会文明程度，是人在创造物质财富过程中所积累的精神财富总和。社会文化环境对消费者的需求和消费行为产生强烈而持续的影响，直接或间接地影响产品的设计、包装、信息的传递方式、产品被接受程度、分销和促销等。企业在从事市场营销活动时，应重视对社会文化的调查研究，并做出适宜的市场营销决策。

（一）教育水平

教育水平是指消费者的受教育程度。不同教育程度表现出不同的生活方式、审美观念，消费的行为和方式也不同。一般来讲，教育水平高的地区，消费者对产品的鉴别力强，对产品的文化内涵、包装和附加值要求较高，容易接受广告宣传和接受新产品，购买的理性程度高。在受教育水平比较低的地区，适合推出操作、维修和保养都简单的产品。因此，教育水平高低影响着消费者心理、消费结构，影响着企业市场营销组合策略的选取。

（二）语言文字

语言文字是人类交流的工具，它是文化的核心组成部分之一。不同国家、不同民族往往都有自己独特的语言文字，即使同一国家，也可能有多种不同的语言文字，即使语言文字相同，表达和交流的方式也有不同，这些对企业的市场营销活动都会产生影响。宝马进入中国时最初为品牌命名“巴依尔”，让中国消费者不知何意，后来改名为“宝马”既有实际意义，又和汽车相关。“百度”“楼外楼”“红豆”这些源自中国古诗词中的品牌命名，会让消费者产生美好的联想，进而形成对品牌的好感。因此，企业在开展市场营销活动时，应尽量了解所在国家的文化背景，掌握其语言文字的差异，这样才能使市场营销活动顺利进行。

（三）价值观念

价值观念是人们对社会生活中各种事物的态度、评价和看法。在不同的文化背景下，人们的价值观念差别很大，而消费者对商品的需求和购买行为深受其价值观念的影响。在西方一些国家，大多数人追求高品质生活，超前消费司空见惯。在我国，勤俭节约是中华民族的传统美德，量入为出是常见的消费方式。对于具有不同的价值观念的消费者，企业应采取不同的策略。对于乐于变化、喜欢猎奇、富有冒险精神、较激进的消费者，应重点强调产品的新颖性、时尚性和奇特性；而对一些注重传统、喜欢沿袭传统消费习惯的消费者，企业在制定促销策略时应把产品与目标市场的文化传统联系起来。

（四）宗教信仰

不同的宗教信仰有不同的文化倾向，从而影响人们认识事物的方式、价值观念和行为准则，影响人们的消费行为，并带来特殊的市场需求。不同的宗教有自己独特的礼仪、商品使用要求和禁忌。企业应充分了解不同宗教信仰消费者的特殊需求，提供适合其要求的产品，制定适合其特点的市场营销策略。在开展市场营销活动时，不得触犯宗教禁忌；否则，不仅会失去市场机会，而且还会引发不必要的冲突。

（五）审美观念

审美观念通常是指人们对事物的好坏、美丑、善恶的评价。不同的国家、民族、社会阶层和个人，往往因社会文化背景不同，其审美标准也不尽一致。例如，中国妇女喜欢把装饰物品佩戴在耳朵、脖子、手指上，而印度妇女却喜欢在鼻子、脚踝上佩戴各种饰物。消费者在购买决策过程中受到其审美观念的支配。因此，企业应针对不同的审美观所引起的不同消费需求开展自己的市场营销活动，特别要把握不同文化背景下的消费者审美观念及其变化趋势，制定有效的市场营销策略以适应市场需求的变化。

（六）风俗习惯

风俗习惯是人们根据自己的生活内容、生活方式和自然环境，在一定的社会物质生产条件下长期形成的，并世代相袭的风尚和由于重复练习而巩固下来并变成需要的行为方式等的总称。它在饮食、服饰、居住、婚丧、信仰、节日、人际关系等方面都表现出独特的心理特征、伦理道德、行为方式和生活习惯。正所谓“十里不同风，百里不同俗”。不同的国家、不同的民族都有不同的风俗习惯，它对消费者的消费偏好、消费模式、消费行为等具有重要的影响。例如，不同国家或民族消费者对图案、颜色、数字、动植物等都有不同的喜好和不同的使用习惯，如中东地区禁忌带六角形包装，英国忌用大象、山羊做商品装潢图案。在我国，红色、黄色代表着喜庆、富贵，常被用于节日庆典、婚庆等场合，黑色、白色则代表着肃穆、哀伤，常被用于葬礼场合。各地区的饮食习惯也有很大的差异，饮食口味繁杂，有“南甜北咸，东辣西酸”的说法。企业应了解和注意不同国家、民族的消费习惯和爱好，做到入境问俗。当然，风俗习惯也不是一成不变的，各国、各地区、各民族居民之间的相互学习、交流借鉴也会经常发生。例如，在中式婚礼上，看着着黑色燕尾服的新郎牵手着白色婚纱裙的新娘浪漫地走向宾客的场景，人们也不会感到奇怪。

第四节　市场营销环境分析及市场营销对策

市场营销环境总是处于动态变化之中，由此孕育着市场机会和环境威胁。所谓市场机会，就是环境变化中有利于企业发展的因素或变动趋势，也就是“未被满足的顾客需要”，哪里有未被满足的顾客需要，哪里就有市场机会。环境威胁则是环境变化中不利于企业发展的因素或变动趋势，通常意味着风险、挑战，如果企业不能恰当应对就可能遭受损失，甚至被淘汰出局。因此，企业必须密切关注市场营销环境变化，深入分析其中所蕴含的市场机会和环境威胁，并采取恰当的应对措施。

一、找出影响企业营销活动的相关环境因素

市场营销环境中因素复杂多变，相互之间关联性强，但它们并不一定都与企业的市场营销活动相关，企业也不可能全部详细分析、评价。因此，企业有必要先从各种环境因素中找出与本企业市场营销活动密切相关的重要因素，由熟悉市场营销环境的专家和市场营销人员组成环境扫描小组，将所有可能出现的与市场营销活动有关的因

素都列举出来，最后将比较一致的意见作为环境扫描的结果，即发现相关的主要环境因素。

二、分析环境威胁和市场机会的影响

在找出影响企业市场营销的主要环境因素后，还必须确定其重要程度。因为并不是所有的威胁因素对企业的威胁程度都一样，也不是所有的机会对企业具有同样的吸引力。企业可以用环境威胁矩阵图（见图 3-7）和市场机会矩阵图（见图 3-8）来加以分析、评价。

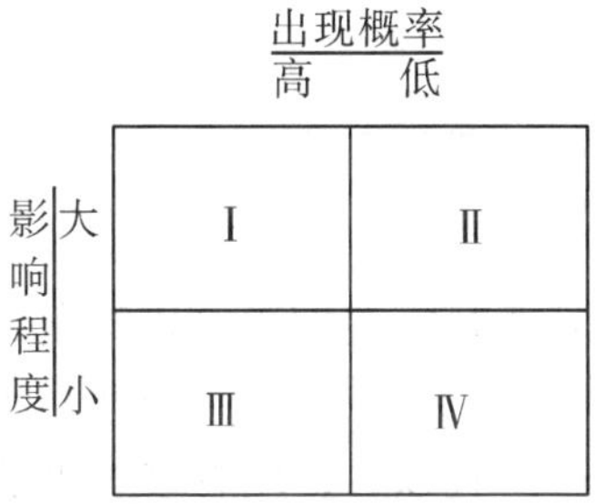

图 3-7　环境威胁矩阵

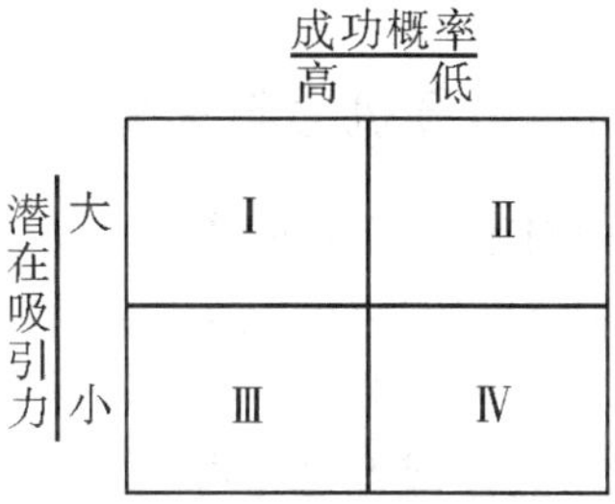

图 3-8　市场机会矩阵

环境威胁矩阵图的横轴反映出现威胁的可能性，分为高低两个类别；纵轴反映威胁的影响程度，分为大小两个类别。由此，环境威胁就被分成四个类型。第一种类型是威胁影响程度大，出现的可能性也大，企业必须加以重视，积极应对；第二种类型是威胁影响程度大，出现的可能性小，企业也必须加以重视，防患于未然；第三种类型是威胁影响程度小，出现的可能性大，企业要防止出现“蚁穴溃堤”现象，可以通过制度性的常规检查和日常维护加以应对；第四种类型是威胁影响程度小，出现的可能性小，企业不必过度担忧，有所警惕即可。

市场机会矩阵图的横轴代表成功的可能性，分为高低两个类别；纵轴代表潜在吸引力，分为大小两个类别。由此，市场机会被分成四种类型。第一种类型是潜在吸引力大、成功可能性高的市场机会，企业应该有“机不可失，时不再来”的紧迫感，积极筹措资源，马上利用；第二种类型是潜在吸引力大、成功可能性小的市场机会，企业需要从战略高度评估其利用价值，结合企业的战略目标、资源能力等综合考虑后做出决策；第三种类型是潜在吸引力小、成功可能性大的市场机会，一般不会引起竞争者关注，适合于中小企业加以利用；第四种类型是潜在吸引力小、成功可能性小的市场机会，只是企业在理论分析时的选项，在实践中可以忽略。

三、评价企业现有业务

综合考虑市场机会和环境威胁两个因素，可以将企业的现有业务分成四个类别（见图 3-9）：①理想业务，即高机会和低威胁的业务；②冒险业务，即高机会和高威胁的业务；③成熟业务，即低机会和低威胁的业务；④困难业务，即低机会和高威胁的业务。

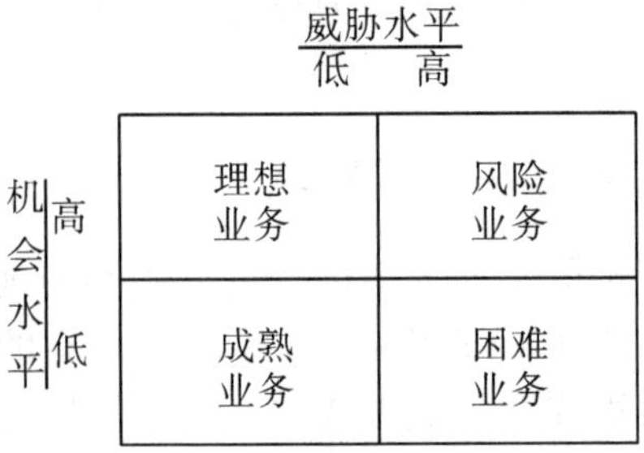

图 3-9　环境分析综合评价

四、面对市场机会与环境威胁的对策

（一）面对市场机会的对策

企业对所面临的市场机会，必须慎重地评价其质量。美国著名市场营销学者西奥多·莱维特曾告诫企业家，要小心谨慎评价市场营销机会。他说："这里可能是一种需要，但是没市场；或者这里可能是一个市场，但是没有顾客；或者这里可能有一些顾客，但目前实在不是一个市场。又如，这里对新技术培训是一个市场，但是没有那么多的顾客购买这种产品。那些不懂得这种道理的市场预测者对于某些领域（如闲暇产品、住房建筑等）表面上的机会曾做出惊人的错误估计。"

企业面对市场机会通常有三种选择：

（1）马上利用。当企业具备利用市场机会的资源能力条件，市场机会又与企业的战略目标相契合时，企业应采取积极措施占据"市场先机"。

（2）等待。当企业不十分具备利用市场机会的资源能力条件或者该市场机会与企业的战略目标不十分契合或者利用该市场机会的条件还不成熟时，企业会做一些准备工作而不急于向市场推出产品。

（3）放弃。当企业不具备利用市场机会的资源能力条件或者该市场机会与企业的战略目标不一致，企业希望将资源投入到更有利可图的产品上时，企业可以放弃利用该市场机会。此所谓"有所为有所不为""舍得，有所舍才有所得"。

（二）面对环境威胁的对策

企业面对环境威胁，可能有三种选择：

（1）反抗，即通过自己的能力限制或扭转环境中不利因素的发展。

（2）减轻，即通过改变自己的市场营销组合适应环境，以降低环境威胁对企业的负面影响程度。

（3）转移，即通过改变自己受到威胁的主要产品的现有市场，或转移投资方向来避免环境变化对企业的威胁。如果行业中面临的环境威胁危及整个行业的发展，且又无法扭转和减轻，企业就必须对目前的经营方向等重大问题进行审定，做出决策，退出或部分退出目前的经营领域，寻找新的发展机会。

【学科前沿】

市场营销风险管理

一、市场营销风险的含义和特点

（一）市场营销风险的含义

风险，是指在一定时间、一定环境下，一个组织或个人从事某项活动时由于意外事件遭遇损失的可能性，也指人们的期望的目标与实际结果之间的差异的可能性。市场营销风险，简单地讲，就是企业在开展市场营销活动中存在的风险，也就是企业在进行市场营销决策及其实施过程中存在的利益损失的可能性。企业的市场营销活动总是在一定的环境中进行的。市场营销环境在变化过程中蕴含着发展的机会和潜在的挑战。企业的市场营销管理者根据市场营销环境诸要素的过去和现状预测其未来的变化趋势，在此基础上做出较为满意的市场营销决策，并推动其执行。但是，由于市场营销环境的“变化”是常态，其复杂性也使得决策者的判断和预测存在失误的可能性，两者的叠加必然使得市场营销工作的目标与结果之间存在偏差。如果市场营销工作的实际成果高于计划目标，亦即实际收益高于预计收益，则是市场营销管理者所期望的结果。如果市场营销工作的实际成果低于计划目标，但实际收益大于零，则会使市场营销管理者感到失望，存在发生机会损失的可能性。如果市场营销工作的实际成果远低于计划目标，且发生了实际的损失，则不仅使市场营销管理者感到失望，而且还可能要承担决策失误的责任。所以，市场营销风险是与市场营销活动相生相伴的现象。

（二）市场营销风险的特点

市场营销风险有以下几个特点：

（1）客观性。市场营销活动涉及顾客、竞争者、市场营销中介组织、社会公众等各方面的利益关系，还受到人口、经济、政治法律、国家战略和政策、社会文化、自然、科学技术等诸多外部条件的影响。因此，市场营销风险是客观存在的，是无处不在的，是不以人们的意志为转移的。

（2）不确定性。导致市场营销风险的因素及其产生的损失都具有不确定性，需要市场营销管理者尽可能全面地梳理各类风险因素，并根据发生的可能性及后果的严重性等标准进行甄别和分级，为风险管理提供依据。

（3）可识别性。任何事物的发生发展都有其从量变到质变的演化过程，都存在一定的征兆性因素。通过这些征兆性因素，可以对事件发生的可能性及产生后果的严重性做出一定的分析判断，从而采取一定的预防性措施。管理者在长期的市场营销实践中积累了丰富的经验，掌握了一定的规律性，对可能产生的风险不是茫然无知的，而是具有认识、识别和判断的能力。

（4）可预防性。市场营销风险的发生具有不确定性，但管理者可以通过预防性措施消除或降低风险隐患，也可以通过风险应对预案把风险可能产生的损害性后果降到最低程度，如一线销售人员与顾客之间存在冲突或纠纷的风险。企业虽然不能事先确定某一具体的风险会因何事、何人，在何时、何地发生，但可以通过员工培训、企业文化建设、冲突或纠纷处理流程和制度等预防风险发生或降低其发生引致的后果。

二、市场营销风险的类别

市场营销风险可以从不同角度加以认识。

1. 按照风险发生的可能性可划分为：大概率风险、中概率风险和低概率风险。

（1）大概率风险，即在市场营销工作中经常可能发生的风险，如产品价格异议、交易纠纷、物流延误损失等。

（2）中概率风险，即在市场营销工作中可能性中等的风险，是介于大概率风险和低概率风险之间的风险。

（3）低概率风险，即在市场营销工作中可能性比较低的风险，如地震、洪涝灾害、火灾、盗抢等风险。

2. 按照风险发生产生的后果可划分为：高烈度风险、中烈度风险和低烈度风险。

（1）高烈度风险，即一旦发生，可能给企业利益造成重大损失的风险。如重大自然灾害风险、国家重大法律政策变化风险、重大技术进步风险等。

（2）中烈度风险，即一旦发生，可能给企业利益造成中等损失的风险，是介于高烈度风险和低烈度风险之间的风险。

（3）低烈度风险，即一旦发生，可能给企业利益造成轻微损失的风险。如个别顾客所购产品的延迟供货、部分品种产品的缺货、个别顾客对本企业产品或服务的不满意态度等。

3. 按照引发风险的原因可划分为：宏观环境风险、微观环境风险和企业内部风险。

（1）宏观环境风险，即由于企业宏观市场营销环境要素变化引致的风险，包括人口风险、经济风险、国家战略、法律及政策风险、科技进步风险、自然环境风险、社会文化风险等。

（2）微观环境风险，即由于企业微观市场营销环境要素变化引致的风险，包括供应链风险、市场竞争风险、顾客需求变化及流动风险等。

（3）企业内部风险，即由于企业内部要素变化引致的风险，包括企业主要领导人因病或去世不能履职、管理层内讧、管理层与员工矛盾、经营管理不善、财务状况不佳等。

4. 按照风险发生的领域可划分为：目标市场选择风险、市场定位风险、产品策略风险、价格策略风险、分销策略风险、促销策略风险等。

（1）目标市场选择风险，即目标市场选择不合适引致的风险。目标市场选择不恰当，会使企业错失市场开发的机会。

（2）市场定位风险，即市场定位不恰当引致的风险。市场定位要素选择及表达未能很好地向顾客传递出产品的价值所在，树立差异化的市场形象，顾客对企业的定位概念认可度低。

（3）产品策略风险，即产品策略未能与顾客需要有效对接引致的风险，包括产品质量不合格、服务不达标、产品组合不合理、新产品开发工作滞后、品牌建设不到位、包装不合理等。

（4）价格策略风险，即产品价格未能与顾客价值有效对接引致的风险，包括产品价格偏高或偏低、价格形式单一、价格策略不灵活、对竞争对手的产品价格变化应对不力等。

（5）分销策略风险，即分销策略未能满足顾客便利性购买产品的要求引致的风险，包括分销渠道模式不合理、分销渠道冲突、物流配送价格高、效率低、经常错误送货、延迟送货、物流过程中损耗大等。

（6）促销策略风险，即促销策略未能事先与顾客进行有效的信息沟通引致的风险，包括促销活动中冒犯某些顾客群体的价值观、文化禁忌，违反国家的法律法规，触碰社会公众的道德底线等。

三、市场营销风险管理过程

市场营销风险管理是包含着树立风险意识、识别风险、建立风险预警方案、启用风险预警方案、评估风险应对效果的过程。

（一）树立风险意识

企业应开展常态化的市场营销风险宣传和培训工作，使承担市场营销工作的人员，特别是决策者牢固树立风险意识，充分认识到收益与风险并存的残酷现实，要有“防患于未然”的心理准备，谨慎做好有关决策。

（二）识别风险

市场营销风险无处无时不在，但风险有不同的类别，不能“胡子眉毛一把抓”，需要市场营销管理者仔细鉴别，分类应对。市场营销管理者可以运用头脑风暴法、德尔菲法、决策树分析法、蝶形图分析法、故障树分析法、马尔可夫分析法等找出市场营销决策及其实施过程中可能发生的风险及其概率、引致风险的原因及发生风险可能产生的后果等，为拟定风险预警方案提供依据。

（三）拟定风险预警方案

风险预警方案是指一旦发生某种类型、某种等级的市场营销风险时所应该采取的对策方案。在实际的市场营销实践中，各类风险发生的概率及其产生后果的严重性是不同的，不能平均分配资源，应重点关注那些“黑天鹅”类的风险（即虽然发生的概率极小，但是一旦发生却会产生极其严重的后果的风险）和“灰犀牛”类的风险（即发生概率大，产生后果严重，但由于熟视无睹而容易被人们忽视的风险）。企业还要注意防止蝴蝶效应似的风险（即由于某一微小事件经过互联网的信息传播的叠加效应产生足以压垮企业的轰动的社会事件）。如安徽某饭店老板娘在与人争执视频中“人不如狗金贵”的一句气话引爆了社会舆论的口诛笔伐，也使得经营了几十年，在当地颇具口碑的饭店一夜垮台。真可谓是“祸从口出”“城头失火殃及池鱼”“一根稻草压死了一头骆驼”。

风险预警方案包括风险预警指标、风险预警等级阙值及应对机制三个紧密关联的内容。风险预警指标是对可能发生的市场营销风险的可度量的工具，具有先兆性或征兆性特征，据此可以引起市场营销管理者的警觉。它可以是定性指标，也可以是定量指标。风险预警等级阙值是触发应对机制的极限值，即根据风险预警指标波动范围划定风险等级的依据。任何风险预警指标都不可能一成不变，动态波动是常态。只要风险预警指标变化不超过风险预警等级阙值的范围，可视市场营销活动处于无风险区域。一旦风险预警指标变化超过了风险预警等级阙值的范围，则可根据预先划定的阈值找到对应的风险等级，激发应对机制。应对机制包括组织机构、责任人员、处置流程、处置标准、处置结果评价反馈等内容。

（四）风险预警方案的评估和选择

企业需要在多种可行的市场营销风险预警方案中选择出比较满意的方案作为拟执

行方案。市场营销风险预警方案的评估和选择一般应遵循以下三个原则：

（1）效益原则。企业需要比较各方案应对风险付出的成本和风险发生可能带来的损失。一般来说，企业应该选择应对风险付出的成本远远小于风险发生可能带来的损失的方案。过度的风险防范是对企业资源的不当分配，也是得不偿失的。

（2）速度原则。企业应该选择能够对可能发生的风险做出快速反应的方案。只有快速地处置风险，才能消除顾客及利益相关者的疑虑，把风险可能造成的损失降到最低程度。

（3）科学原则。企业处置风险应该搞清楚风险发生的原因和可能演变的规律，提出匹配的应对措施，主要应设计出科学的处置流程、明确有关组织和人员的权责、储备好应对风险的资源等。

（4）人本原则。企业采取的任何市场营销风险应对方案都必须符合市场营销理念的基本要求，与社会价值观念和社会公众的期待相一致，不能为了化解或应对市场营销风险而采取损害顾客及社会公众利益的措施。

（五）风险的应对、评价及反馈

从理论上讲，市场营销风险是企业在开展市场营销活动时潜在的、可能的利益损失；一旦发生了，风险就变成了危机。所以，风险管理的核心要义是防止风险的发生，重点工作在于预防风险的发生，把可能发生的利益损失降到最低程度，而不是对发生的危机进行应对和管控。但在实际的市场营销工作中，企业在评价风险预警成效时，不仅要评价预防风险的成效，更要评价某一风险发生后的应对效率的大小和效果的好坏。在评价的基础上，企业还要总结经验教训，进一步完善市场营销风险预警方案。

【每章一练】

一、单项选择题

1. 与企业紧密相连，直接影响企业市场营销能力的组织或个人，被称为（　　）。

A. 市场营销观念　　B. 宏观市场营销环境
C. 微观市场营销环境　　D. 市场营销组合

2. 企业市场营销人员根据消费者的审美观念的不同开展市场营销活动，这种影响其市场营销决策的市场营销环境因素属于（　　）。

A. 自然环境　　B. 科学技术环境
C. 政治法律环境　　D. 社会文化环境

3. 市场营销环境是相对于企业市场营销职能外部的因素和力量，包括宏观环境和微观环境，其具有的特点是（　　）。

A. 可改变　　B. 无法认知的　　C. 可控制　　D. 不可控制

4. 向企业提供原材料、零部件、能源、劳动力和资金等资源的企业被称为（　　）。

A. 供应商　　B. 商人中间商
C. 辅助商　　D. 代理中间商

5. 某汽车制造商向顾客提供几十种款式的汽车，它们之间存在一定的竞争关系，这属于（　　）。

A. 愿望竞争者　　B. 属类竞争者

C. 产品形式竞争者　　D. 品牌竞争者

6. 铁路公司和航空公司在提供客运服务方面存在竞争关系，这属于（　　）。

A. 愿望竞争者　　B. 属类竞争者

C. 产品形式竞争者　　D. 品牌竞争者

7. 企业所在地邻近的居民和社区组织是（　　）。

A. 社团公众　　B. 政府公众

C. 社区公众　　D. 社会公众

8. 金融机构、广告公司、市场营销咨询公司属于（　　）。

A. 供应商　　B. 销售代理商

C. 企业代理商　　D. 辅助商

9. 市场营销环境中（　　）被称为是一种创造性的毁灭力量。

A. 自然资源　　B. 科学技术

C. 社会文化　　D. 政治法律

10. 人口老龄化可能会对（　　）产业带来正面影响。

A. 小学教育　　B. 休闲旅游

C. 儿童食品　　D. 劳动技能培训

二、双项选择题

1. 市场营销环境（　　）。

A. 是企业能够控制的因素　　B. 是企业不可控制的因素

C. 可能形成机会也可能造成威胁　　D. 不可了解和预测

E. 企业面对市场营销环境是无能为力的

2. 下列选项中属于微观环境要素的有（　　）。

A. 政治　　B. 人口　　C. 供应商

D. 公众　　E. 经济

3. 企业的理想业务具有（　　）特征。

A. 市场机会水平高　　B. 市场机会水平低

C. 环境威胁水平高　　D. 环境威胁水平低

E. 企业可以改变市场营销环境

4. 企业的市场营销环境中，属于经济环境的有（　　）。

A. 经济发展水平　　B. 科技发展水平

C. 居民可支配收入　　D. 世界贸易组织规则

E. 人口增长率

5. 从满足人们休闲娱乐需要角度看，以下选项中属于属类竞争者的有（　　）。

A. 房屋装修　　B. 服装　　C. 电影

D. 家庭音响设备　　E. 蔬菜水果

6. 对市场机会的分析，主要应该考虑（　　）。

A. 机会出现的可能性　　B. 成功的可能性
C. 机会存在的时间　　D. 潜在吸引力
E. 机会到来的时间

7. 以下因素与企业的市场营销活动不直接相关但会产生一定的影响的是（　　）。
A. 顾客　　B. 员工　　C. 新闻媒介
D. 社区居民　　E. 竞争者

8. 面对环境威胁，企业的做法可取的是（　　）。
A. 游说政府部门改变政策　　B. 将企业转移到其他国家或地区
C. 暗中对抗不利于己的政策　　D. 听天由命
E. 无所作为地等待

9. 面对市场机会，企业的以下做法可取的是（　　）。
A. 马上利用　　B. 熟视无睹　　C. 放弃
D. 对抗　　E. 转移

10. 下列选项中属于机会水平低的业务的是（　　）。
A. 风险业务　　B. 理想业务　　C. 困难业务
D. 成熟业务　　E. 核心业务

三、判断题

1. 城市化导致农村消费需求减少。（　　）
A. 正确　　B. 错误

2. 市场营销环境蕴含着市场机会或环境威胁。（　　）
A. 正确　　B. 错误

3. “一方水土养一方人”蕴含着社会文化因素的影响。（　　）
A. 正确　　B. 错误

4. 企业面对市场营销环境是无能为力的。（　　）
A. 正确　　B. 错误

5. 企业的低市场机会、低环境威胁的业务属于理想业务类型。（　　）
A. 正确　　B. 错误

6. 市场营销环境是一个动态系统，每一环境因素都处于不断变化之中。（　　）
A. 正确　　B. 错误

7. 在一定条件下，企业可以运用自身的资源，积极影响和部分改变环境因素，创造更有利于企业市场营销活动的空间。（　　）
A. 正确　　B. 错误

8. 文化影响消费者的审美情趣，进而影响消费者的消费偏好。（　　）
A. 正确　　B. 错误

9. 企业在开展国际市场营销时只需要遵守东道国的法律法规，接受合规性审查。（　　）
A. 正确　　B. 错误

10. 对一个消费者来说，服装和餐饮也存在一定的竞争关系，互为愿望竞争者。（　　）

A. 正确　　　　　　B. 错误

四、理论分析题

1. 什么是市场营销环境？它对企业的市场营销活动会带来哪些影响？
2. 简述市场营销环境的构成要素。
3. 试分析人口老龄化会对哪些产业发展带来影响。
4. 举例说明企业面临哪些不同类型的竞争者。
5. 举例说明文化环境是如何影响企业市场营销活动的。
6. 试分析移动互联网、大数据、人工智能等新技术发展对企业市场营销活动产生的影响。
7. 简述如何分析市场营销机会和环境威胁。
8. 面对市场机会或环境威胁，企业可以采取哪些对策？

【案例分析】

因时而变、因地制宜：可口可乐深耕中国市场

可口可乐公司（The Coca-Cola Company）成立于1886年5月8日，总部设在美国佐治亚州亚特兰大，是全球最大的饮料公司，拥有全球48%的市场占有率以及全球前三大饮料的二项（可口可乐排名第一，百事可乐第二，低热量可口可乐第三）。可口可乐在200个国家拥有160种饮料品牌，包括汽水、运动饮料、乳类饮品、果汁、茶和咖啡等产品。可口可乐公司在2018年《财富》世界500强中排行第328位、2019年《财富》世界500强榜单位列第395位。在Interbrand公司发布的品牌价值排名前100名的品牌中排名第5位，可口可乐2019年和2020年品牌价值分别为663.41亿美元和633.65亿美元。在世界品牌实验室发布的《世界品牌500强》榜单中，可口可乐2019年和2020年分别位列第33位和第32位，位列食品饮料类第一名。

可口可乐公司十分重视中国市场的开发。其曾在20世纪初首先在菲律宾生产，并运来中国，在上海等城市销售。1927年，可口可乐在上海及天津设厂生产，稍后在青岛及广州生产。1933年，在上海的可口可乐生产厂就是美国以外最大的“可口可乐”厂，在1948年，其更是美国境外第一家年产量超过一百万箱的工厂。1979年，可口可乐采取了特许经营的方式重返中国大陆市场，与中国粮油进出口公司共同成立了合资企业——中粮可口可乐公司。自1981年起，可口可乐先后在北京、大连、南京、西安、武汉、杭州、广州等地建立合资瓶装企业，并于1988年在上海建立可口可乐浓缩液厂，除使中国大陆装瓶厂摆脱使用进口浓缩液外，还出口到东南亚国家。2008年中国市场成为可口可乐公司全球第三大市场。2009年，可口可乐亚太创新与技术中心暨中国总部在上海成立，成为其在世界上的第二大研发创新中心。截至2019年，该公司从最初的单一产品已经发展到拥有20个品牌，100多种产品，从“可口可乐就是这个味”发展到“可口可乐不止这个味”。

可口可乐公司在中国市场开发过程中，一直在标准化策略和本土化策略之间寻求平衡。其一方面在经营理念、产品定位、产品质量和标准等方面坚持标准化策略；另一方面，在品牌名称、产品包装、产品开发、渠道建设、促销等方面坚持本土化策略。

可口可乐公司在国内外市场都秉持“令全球人们的身体、思想及精神更怡神畅快；让我们的品牌与行动不断激励人们保持乐观向上；让我们所触及的一切更具价值”的企业使命，将公司业务持续增长的基础建立在顾客（提供推陈出新的产品满足消费者需要）、合作伙伴（建立双赢的合作模式，坚定合作伙伴关系）、股东（在回报股东的同时不忘企业公民责任）、员工（激励员工发挥自身潜能）、地球（成为全球企业公民典范）等多方共赢的基础之上。可口可乐公司每年定期发布公司社会责任报告，检视公司履行企业社会责任情况。公司始终以满足大众消费需求作为其经营目标，产品价格十分亲民，无论什么收入阶层的消费者都能购买和消费，不同国家或地区的消费者都能喝到质量、风味等完全相同的产品。

可口可乐在开发中国市场时，重视跨文化市场营销问题，采取了本土化策略。在品牌名称上，充分考虑中英文在语义上的对接，做到了“信达雅”的完美结合，既保留了品牌名称原义中的“冰爽”，又使中国消费者乐意接受。例如，可口可乐（Coca-Cola）、雪碧（Sprite）。有些品牌直接采用了中文命名习惯，如美汁源果粒橙、美汁源果粒奶优、冰露、纯悦、水动乐、乔雅、爆锐等。在洞悉中国消费者对热饮偏好的基础上，适时开发了“可口可乐生姜+”汽水，为中国消费者带来一款口味亲切、体验独特的暖冬饮料。这也是可口可乐公司在全球市场上的第一款可加热饮用的汽水产品，打破了消费者对汽水冷饮的固有印象。据前瞻产业研究院发布的《2018—2023 年中国软饮料行业产销需求与投资预测分析报告》，2013—2017 年，中国碳酸饮料市场呈下滑趋势，产销量几乎平均每年下滑一个百分点。中国咖啡消费呈现出快速上升态势，据前瞻产业研究院发布的《2018—2023 年中国咖啡行业市场需求与投资规划分析报告》，2017 年的中国市场消费量达到 13.41 万吨，2013—2017 年复合增长率达 26.59%，在亚洲处于领先水平，也远高于咖啡消费大国美国 2%的增长速度。为适应这一变化，可口可乐公司在中国市场推出了可口可乐“咖啡+”产品，使可口可乐的冰爽与咖啡的醇厚浑然一体。为了改变一些消费者认为“可口可乐”虽“冰爽”但无营养的固有印象，公司推出了可口可乐“纤维+”系列产品，以满足消费者“冰爽+营养”的需求。可口可乐除经典口味外，公司还推出了无糖型健怡可口可乐、樱桃味可口可乐等产品以及大中小微四种不同包装规格的产品，进一步扩大了产品的顾客适应面及适应场合。

可口可乐公司与中国粮油进出口公司合资设立中粮可口可乐公司，采取特许经营的方式授权合资公司开发中国大陆市场。产品价格略高于竞争对手，既树立了市场领导者的形象，获得品牌溢价，又能够维持最大份额的忠诚顾客。在渠道建设上，充分发挥经销商的作用，实现了线下零售渠道全覆盖，大型超市、便利店、烟酒店、杂货店、酒店、快餐店、饮品店、小吃店、街边摊等都可见到其身影，做到了与消费者接触“零距离”。公司产品在京东、淘宝、苏宁易购等大型互联网销售平台等线上渠道也已经布局，实现了线上线下联动。在促销方面，为适应中国消费者接受商品信息的习惯，除了传统的街头路牌广告外，可口可乐推出了大量电视广告。公司重视开展公共关系活动，树立良好的企业形象。例如，1993 年，可口可乐参与了希望工程项目，是参与时间最早、支持时间最长的合作伙伴；2013 年，启动“520”计划，为中国女性提供学习成长机会；公司关心员工发展，2017—2019 年，连续三年获得“中国杰出雇主”称号。党的十九大以来，绿色发展成为中国国家发展战略和社会共识，每年上百亿个可乐塑料瓶受到政府部门和社会公众的关注。可口可乐公司近期试推出了可自然降解的纸质瓶可乐，以期实现经济效益、社会效益和生态效益的完美结合。

可口可乐公司已经成为深深根植于中国市场大地的外国公司！

资料来源：

1. 百度百科，https://baike.so.com/doc/4412136-4619394.html.

2. 可口可乐收购全球知名咖啡企业高调切入咖啡市场，碳酸饮料需求下降是主因，https://www.qianzhan.com/analyst/detail/220/180904-62b8e0d3.htm.

3. 中粮可口可乐吉林厂为外卖小哥送去“可口可乐生姜+”汽水，https://www.coca-cola.com.cn/stories/kkklzgjmrysc.

案例分析题

1. 跨国公司在开拓国外市场时可采取哪两种策略？各有什么优缺点？

2. 可口可乐公司开发中国市场时在产品市场定位和市场营销组合方面有哪些特点？

3. 近年来，中国市场营销环境发生的哪些重大变化促使可口可乐公司越来越根据中国市场情况开展市场营销活动。

【能力测试】

测试题：试对以下说法做出判断，即在您认为合适的空格处画○，多选、少选均不得分。

序号	题干	同意	较同意	中立	不太同意	不同意
1	企业面对市场营销环境是无能为力的					
2	文化环境是影响企业市场营销活动最深厚的因素					
3	地理因素会对企业的产品设计及市场营销模式产生影响					
4	机不可失时不再来。企业利用市场机会越早越好					
5	企业需要了解社会公众态度，及时回应其关切					
6	企业可以利用自媒体平台引导顾客口碑					
7	科学技术是创造性的毁灭力量					
8	企业对任何环境威胁都需要高度关注并采取严密的措施加以应对					
9	有时，放弃是企业面对市场营销机会的最佳选择					
10	“长臂管辖”是当前和今后企业必须面对的市场营销环境因素					

【延伸阅读】

1. 菲利普·科特勒，凯文·莱恩·凯勒. 营销管理［M］. 15 版. 何佳讯，于洪彦，牛永革，等，译. 上海：格致出版社，上海人民出版社，2016：59-76.

2. 张云起. 市场营销学［M］. 北京：高等教育出版社，2018：71-104.

3. 吴健安，聂元昆. 市场营销学［M］. 北京：高等教育出版社，2017：75-97.

4. 赵占波，苏萌. 智慧营销：4D 营销理论及实践［M］. 北京：电子工业出版社，2020.

第四章 消费者市场及购买行为分析

【学习导引】

人类的一切经济活动都是由人类自身的需要引起的，也是围绕着满足自身的需要来开展的。在市场经济条件下，消费者的需要是各类需要中的最基础性的需要，因而消费者市场是最终市场，它决定着市场的最终趋势。通过学习，要认识到消费者市场的特点、影响消费者行为的因素及消费者的决策过程，初步具备分析消费者市场的技能，从而奠定拟定市场营销方案的基础。

【营销箴言】

客户最关心的是质量、服务和价值。

——菲利普·科特勒

只花一元的顾客比花一百元的顾客，对生意的兴隆更具有根本的影响力。

——松下幸之助

【营销故事】

微醺消费风靡年轻一代

我国是酒的故乡，历经五千余年的沉淀，形成了浓郁的酒文化，渗透到了社会生活的各个方面。酒已经成为国际交往、商务洽谈、亲情聚会、庆典祭祀等活动不可或缺的道具。酒的品种多样，白酒、黄酒、葡萄酒、啤酒、果味酒等不一而足。在我国正式的社交场合，白酒占据着主导地位，被赋予了身份、地位、面子、诚意等外在的符号化的含义。但随着时代的变迁，那种等级分明、年轻人只能坐在角落位置被动饮酒的酒桌文化越来越不被年轻人喜欢。年轻人喜欢饮酒后的精神亢奋和快感，但不喜欢被迫饮酒后难以自控的无奈的醉酒。白酒的醇厚浓烈让部分消费者神往，但让大多数年轻人特别是女性消费者望而却步。年轻人喜欢自由自在的选择和个性的放飞，于是饮酒无醉的微醺消费应运而生。据第一财经商业数据中心《2020年轻人群酒水消费洞察报告》分析，目前90/95后年轻消费群体的饮酒习惯正从“不醉不归”转向“浅酌微醺”。另据《2020年天猫酒水线上消费数据报告》显示，90/95后也是酒水消费提升最快的两大消费群体。这或许意味着国内酒水市场赛道在转变之中，我们将迎来一个微醺消费的时代。为适应这一消费变化，许多企业抢滩登陆，谋得先机。据统计，天猫2020年新加入的低度酒品牌就有5 000多家。一方面，新品牌次第崛起。2012年，江小白“走心”的品牌形象使之迅速受到年轻群体的青睐，成功带动了低度酒品类的崛起。其在2019年又推出了仅12度的青梅酒品牌“梅见”品牌。另一方面，传统白酒品牌企业也纷纷加入低度酒赛道。茅台在2017年推出低度鸡尾酒“悠蜜”(UMMET)，2019年推出了“悠蜜”蓝莓酒；泸州老窖成立了果酒公司，在2019年推出了“青语”“花间酌”“拾光”三款低度果酒之后，还联名汉服国风文创品牌听月小筑，推出了“仕女图鉴青梅果酒”。

酒与各种食品的嫁接联合也成了微醺消费浪潮中不可或缺的一浪。2017年，哈根达斯推出威士忌松露巧克力、兰姆酒香草焦糖布朗迪、爱尔兰奶酒咖啡脆饼、伏特加柠檬派等五款烈酒口味冰激凌。2019年其又推出了7种口味的烈酒冰激凌。网红奶茶店“琉璃鲸”推出“五粮液冰激凌”，蒙牛与江小白合作推出了“随变”品牌的白酒冰激凌，冰激凌内含酒精，包括白桃味酒心和焦糖味酒心巧克力两个口味，售价为16.8元，是普通“随变”品牌产品价格的5倍多。可口可乐公司于2021年6月在中国市场上首次推出柠檬青柠味、草莓番石榴味和缤纷菠萝味三种口味的含酒精的托帕客(Topo Chico)硬苏打气泡酒，试图以其低糖、0脂肪、低酒精度等属性迎合现代年轻人追求轻负担的生活方式。

微醺，酒水消费大潮中的主流还是昙花一现的泡沫？这一难题只能留待时间检验！

资料来源：根据快资讯等网络资料编写。

【理论概述】

消费者市场是个人或家庭为了生活消费而购买产品和服务所形成的市场，也被称为最终产品市场。消费者市场的动态决定着整体市场的发展走向。认识消费者市场是企业开展市场营销活动的先导性环节。本章有三节内容：第一节消费者市场的含义和特点；第二节影响消费者购买行为的因素和行为模式；第三节消费者购买决策过程。

第一节　消费者市场的含义和特点

一、消费者市场的含义

消费者市场是个人或家庭为了生活消费而购买产品和服务所形成的市场，也被称为最终产品市场。消费者市场是相对于组织市场而言的。组织市场是指以某种组织为购买单位的购买者所形成的市场，购买目的是为了生产、转卖或履行组织职能。消费者市场与组织市场是根据购买产品的目的不同来划分的，同一种产品由于购买的目的不同而可能归属于不同的市场。例如，面粉，如果个人购买后用于自身或家庭生活需要则属于消费者市场，如果一家食品加工厂购买后用于加工制作成各种糕点用来出售，则属于生产者市场，如果一所学校购买后作为学生食堂的原料，则属于非营利组织市场，如果政府部门购买后作为救灾物资发放则属于政府市场。

二、消费者市场的特点

与组织市场相比，消费者市场具有以下特点：

（1）广泛性。消费者市场人数众多、范围广泛。社会中的每一个人都是消费者，涉及其生命周期的每一个阶段。消费者需要的产品涉及范围极为广泛，包括食品、服装、住房、交通、医疗、教育、保险、娱乐、旅游等多个方面。

（2）分散性。消费者市场的主体是个人或家庭，其购买决策过程是独立进行的。在消费者决策过程中，可能会受到他人或社会氛围的影响，但购买决策的最终决定权在消费者个人，因而呈现出分散性的特征。

（3）复杂性。消费者受到年龄、性别、身体状况、性格、习惯、文化、职业、收入、教育程度和市场环境等多种因素的影响，表现为不同的消费需求和消费行为，所购产品的品种、规格、质量、花色和价格也千差万别。此所谓“萝卜白菜各有所爱”。

（4）易变性。消费者具有喜新厌旧的心理，要求产品的品种、款式要有新奇感。在互联网时代，信息的叠加效应爆表，许多商家的产品一夜爆红，时尚流行，成为人们趋之若骛的网红打卡地，也可能某个偶然事件就让其名誉扫地，迅速垮台。

（5）发展性。人类社会的生产力和科学技术总是不断进步的，新产品不断出现。消费者收入水平不断提高，消费需求也就呈现由少到多、由粗到细、由低级到高级的发展趋势。例如，在我国20世纪50到70年代，自行车、手表、缝纫机和收音机是典型的家庭标志性产品；20世纪80到90年代，彩色电视机、电冰箱、洗衣机等产品成为典型的家庭标志性产品；进入2000年后，家用住房、汽车、计算机、智能手机等成为典型的家庭标志性产品。

（6）情感性。消费品有千千万万，消费者对所购买的产品大多缺乏专门的甚至是必要的知识，常常根据个人好恶和感觉做出购买决策，受情感因素影响较大。哪家企业在产品设计和宣传推广中能够触发消费者情感中最柔弱的部分，与消费者产生情感共鸣，其产品就会受到消费者的追捧。同时，有许多消费者购买产品的目的在于满足其情感方面的需要。

（7）伸缩性。消费需求受消费者的收入、生活方式以及产品价格和储蓄利率影响较大，在购买数量和品种选择上表现出较大的需求弹性或伸缩性。

（8）替代性。消费者市场产品种类繁多，不同产品往往可以相互替代，这与组织市场差异较大。例如，面粉、大米、杂粮等，牛肉、羊肉、鸡肉、鱼肉等，菜籽油、花生油、大豆油等，各类中的产品之间都有一定的替代性。相对而言，各类组织对其所购买的产品一般都有特定的技术标准约束，具有一定的指向性，产品之间的替代性就略低一些，甚至不能替代。

（9）地区性。“一方水土养一方人”。各地区不同的地理环境和气候特征使得地区间的物产差异很大，从而形成适宜各地区消费者的生活方式和风土人情。同一地区的消费者在生活习惯、收入水平、购买特点和产品需求等方面有较大的相似之处，而不同地区消费者的消费行为则表现出较大的差异性。例如，“舌尖上的中国”展示了中国各地区食品制作及消费的地区性特性及其背后的逻辑。

（10）季节性。一年四季，春夏秋冬，人们的消费也呈现出明显的季节性消费的特征。季节性消费特征体现在三个方面：一是季节性气候变化引起的季节性消费，如冬天穿棉衣、夏天穿单衣；二是季节性生产引起的季节性消费，如春夏季是蔬菜集中生产的季节，也是蔬菜集中消费的季节；三是风俗习惯和传统节日引起的季节性消费，如端午节吃粽子、中秋节吃月饼等。当然，随着现代农业科技、现代物流业、现代信息技术等的发展，某些生活消费的季节性特征在减弱，过去人们只能应季消费的新鲜果品现在可以常年消费，某些节令性消费的产品变成了常年消费品。

（11）非专业性。消费者购买具有自发性、冲动性、情感性等特征，消费者大多也缺乏相应的产品知识和市场知识，其购买行为属非专业性购买，他们对产品的选购受广告、促销宣传影响较大。

第二节　影响消费者购买行为的因素及行为模式

一、影响消费者购买行为的因素

消费者由于在年龄、收入、心理特征、性别、教育水平、生活方式等方面有很大的差异，同时所处的外部环境各不相同，因此存在不同的审美观念和偏好。影响消费者行为和购买决策的主要因素有文化因素、社会因素、个人因素和心理因素四大因素。这些因素呈阶梯状排列，越是接近购买者的因素越体现出个性化的特征，越是远离购买者的因素，越体现出群体性的特征，如图 4-1 所示。

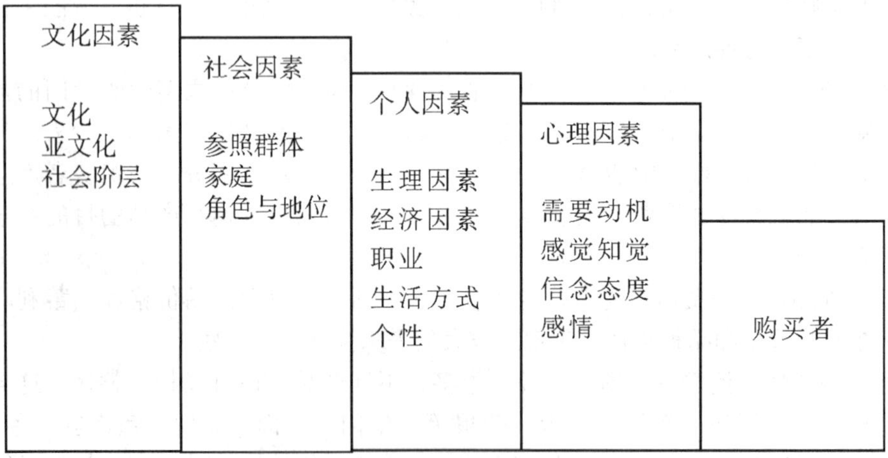

图 4-1　影响消费者行为的主要因素

（一）文化因素

1. 文化

文化，从广义来看，是人类在一定的社会经济条件下所创造的物质文明和精神文明的总和。从狭义来看，文化是人类社会中某一群体在长期的生产生活中所形成的、所共有的价值观念、道德观念、审美情趣和风俗习惯等的总和。文化是影响人类欲望和行为的最基本的因素，对消费者的行为具有最广泛和最深远的影响。

2. 亚文化

亚文化是指某一文化群体所属次级群体的成员共有的独特信仰、价值观和生活习惯等。每种文化都由一些更小的文化组成，它既包含主流文化，又包含自己的独特文化。亚文化群共同遵守较大的文化规范，但也保持着自己独特的信念、态度和生活方式，由此会表现出消费行为的差异。亚文化主要包括以下几类：

（1）民族亚文化。同一国家或地区往往存在众多不同的民族，每个民族在其自身发展过程中形成了独特的文化，如语言、文字、审美、风俗习惯等。

（2）宗教亚文化。世界上存在各种不同的宗教，每种宗教都有自己的教规戒律和风俗习惯。宗教的文化禁忌和习惯会影响其信众的购买行为和消费方式。

（3）种族亚文化。不同的种族也有不同的生活习惯和传统。世界上有白种人、黑种人、黄种人、棕种人等人种，各个种族都有自己独特的文化和传统生活习惯，他们的购买行为各不相同。

（4）地区亚文化。不同的区域具有不同的地理特征、气候特点，赋予了人们不同的体质和性格。譬如，我国北方人体格魁梧、性格豪爽，而南方人相对身材小巧、性格细腻。这种差异可能会在产品购买过程中表现为不同的消费决策模式。

3. 社会阶层

社会阶层是指在一个社会中具有相对同质性和持久性的群体，它是按等级排列的，每一阶层成员具有类似的价值观、兴趣爱好和行为规范等。消费者往往把产品的品牌和服务与特定的社会阶层相联系，许多产品也是针对特定社会阶层而设计生产的。低阶层的消费者通常从实用角度评价产品，而中高阶层的消费者则更看重产品的风格和时尚。

市场营销大师菲利普·科特勒认为，社会阶层有四个特点：一是来自同一社会阶层的消费者的行为要比来自不同的社会阶层更加相似；二是人们往往以自己所处的社会阶层来判断各自在社会中所处的地位的高低；三是一个人所处的社会阶层并不仅仅由一个变量决定，而且还受到职业、收入、教育和价值观等多种变量的制约；四是一个人的社会阶层并不是一成不变的。人在一生中可以改变自己所处的社会阶层，既可能迈向高阶层，也可能跌至低阶层，这种升降变化的程度随着所处社会的阶层森严程度的不同而不同。

（二）社会因素

人们在做出购买决策时，常常会听取所信赖之人的意见以降低购买决策中的潜在社会风险，并从他人的想法和行为中获取慰藉。消费者购买行为及决策受到诸如参照群体、家庭、角色与地位等社会因素的影响。

1. 参照群体

参照群体也称为参考群体，指一个人在认知、情感的形成过程和行为的实施过程中用来作为参照标准的某个人或某些人的集合。只要某一群人在消费行为、态度或价值观等方面存在直接或间接的相互影响，就构成一个参照群体。

（1）按照成员之间接触的密切程度不同，参照群体可以分为主要群体和次要群体。主要群体可称为直接参照群体，主要指有日常密切接触关系的人员所构成的群体，如家庭成员、亲朋好友、邻居、同事、同学等，这类群体对消费者的认识和行为发生重要的影响。次要群体可称为间接参照群体，指没有或者极少发生直接接触的人员所构成的群体，如公益组织、学会协会、宗教组织等，这类群体对消费者认识和行为的影响低于主要群体。

（2）按照是否存在较为正式的组织，参照群体可以分为正式群体和非正式群体。正式群体指存在正式组织的群体，如单位同事、同学、球迷协会会员、俱乐部会员等，非正式群体指不存在正式组织的群体，如朋友、亲属、各界名人及其粉丝等。

（3）按照群体的吸引力性质不同，参照群体可以分为正相关群体和负相关群体。参照群体吸引力性质指该群体的价值观和行为得到消费者的认同还是反对，即该群体的作用力是导致消费者趋近还是远离。正相关群体指其行为被消费者认同的群体，即该群体对消费者的吸引力为正，人们常会仿效其消费方式。负相关群体指其行为被人否定或厌恶的群体，即该群体对消费者的吸引力为负，人们通常避免与其发生关联，尽可能不购买那些与之有关的产品。

（4）按照消费者是否属于特定参照群体成员，参照群体可以分为成员群体和非成员群体。成员群体指该消费者属于某特定群体，是其成员之一。非成员群体指消费者不属于某特定群体，并非其成员。如某大学生对汉服比较喜好，但并非该校“汉服社”的成员。

参照群体的活动、价值观以及目标直接影响消费者的行为。对市场营销人员来说，参照群体有三个重要的影响：

（1）参照群体对消费者的消费心理产生影响。参照群体为消费者展示出新的生活方式和行为模式，从而引起消费者效仿，或对某些产品的态度发生改变。效仿使消费者的消费行为与相关群体趋于一致。

（2）参照群体对消费者信息判断的影响。当消费者已经产生对某种产品的购买动机时，参照群体对其在品牌选择、购买场所、购买时间方面会产生影响。一般而言，参照群体提供的信息权威性越高，消费者对此信息的依赖程度就越高。

（3）参照群体对消费者行为规范的影响，主要是指对消费者购买或不购买某种产品的影响。由于消费者不想让自己的行为与群体相悖而使自己疏远于这个群体，为了保持与群体的一致性，从而采取购买行为。研究表明，参照群体对汽车、摩托车、服装、香烟、啤酒、食品和药品等产品的购买行为影响较大，而对家具、冰箱、杂志的影响较小，对洗衣粉、收音机几乎没有影响。

2. 家庭

家庭可以分为婚前家庭与婚后家庭。前者指父母与兄弟姐妹构成的家庭，后者指夫妻与子女构成的家庭。此外，还有各种边缘家庭，如未婚同居家庭、离婚共负监护权家庭、单亲家庭等。在中国，妻子通常是家庭日常用品的购买者；贵重产品如汽车、房屋、家用电器等产品较多地由夫妻双方共同做出决策。随着女性知识水平与经济地位的提高，她们也成为高新技术产品的重要购买者。研究显示，男性与女性对市场营销信息的反应不同，女性比较看重家庭与朋友关系，男性则更加看重竞争。儿童少年的花费与购买影响在日益增加，市场营销人员应当设法利用多种可能的渠道与儿童少年进行沟通。

3. 角色与地位

角色与地位是指个人在群体、组织及社会中的地位和作用。一个人在其一生中会参加许多群体，如家庭、学校、协会等各种组织。每个人在各个群体中的位置可用角色和地位来确定，其地位随着阶层和地理区域不同而变化。社会角色的不同在某种程度上会影响消费者的购买行为。例如，一个年龄 35 岁的男士在家庭关系中可能具有儿子、女婿、侄子、外甥、丈夫、父亲、哥哥（或弟弟）、姐夫（或妹夫）、伯伯（或叔叔）、舅舅、姑父、姨父等角色，如果再考虑上间接的堂、表亲戚关系，则会有几十种复杂的角色关系，这就使得他在面对不同的亲戚关系时呈现出不同的购买行为。

角色与地位对消费者行为和购买决策的影响体现在三个方面：

（1）不同角色的消费者在购买选择时，一方面往往选择与自己的角色和地位相匹配的产品，即要考虑社会对其的期望；另一方面，产品或服务要满足其自身的使用价值或功能需要。

（2）消费者原有角色转换，或是获取了一个新的角色时，其消费行为亦随之改变。如一名男士成为爸爸之后，其原本不关注婴幼儿奶粉的行为转变为极其关注和大量购买。

（3）角色冲突和角色紧张会引起对缓和这类冲突与紧张的产品的需求，使加强感情沟通与联络的产品和服务应运而生。如大学生从学校步入社会之时，还留恋在大学附近就餐和消费，享受大学的慵懒时光。因此，市场营销人员应明确哪些产品有变成地位标志的可能性，如何使产品具有标志地位的特征，有针对性地对目标市场供应适合不同角色和地位的产品。

（三）个人因素

购买者决策活动也受其个人特征的影响，特别是受其年龄所处的生命周期阶段、职业、经济环境、生活方式、个性以及自我观念等方面的影响。

1. 生理因素

生理因素是指消费者的年龄（含所处家庭生命周期的阶段）、性别、身高、体重、健康状况、嗜好等生理特征及其差别。市场营销人员常常通过定义目标市场人群的生理因素，制定适合不同生理特征的产品和市场营销计划。消费者的年龄会对其购买行为产生显著的影响。消费者的年龄通常是决定其需求的重要因素。人从出生到死亡一般要经过婴儿期、儿童期、青年期、成年期、中年期和老年期六个阶段，处于不同年龄阶段的消费者有着不同的消费心理和行为，而产品和服务的提供者通常只吸引某一个特定年龄段的人群。例如，医疗和保健用品的消费者主要是老年人，而摩托车和体育用品的消费者主要是年轻人。现代社会信息的扩散范围与影响力迅速增大，使不同年龄段的人群在信息获取、心态和行为上有趋同倾向，年龄界限逐渐模糊。因此，市场营销者除了需要注意消费者的生理年龄外，还要注意研究消费者的心理年龄。

男性和女性在生理上的先天差别导致了不同的心理和行为，使两性的消费产品及购买决策过程存在显著的差异。一般来说，女性消费者的购买行为容易受到外界因素的影响，注重产品价格和实际利益，具有浓厚的感情色彩；男性消费者购买的主动性较差，购买过程中较少会有耐心去精挑细选和询问产品细节，理性化较强，感情色彩较弱。例如，男性是烟、酒、茶等嗜好性产品的主要购买者，而女性则是化妆品、时装等产品的经常惠顾者。不过，随着社会经济的发展，性别之间的消费差异正在逐渐减少，许多企业已经开始研究如何把与性别有关的产品转变为对两性同样适用，从而扩大市场容量。

2. 经济因素

经济状况是指个人或家庭的可支配收入、储蓄、资产和信贷能力。消费者的经济收入的高低在很大程度上决定了消费者的购买数量、品种及品牌。一般而言，收入较低的消费者往往更关心产品价格的高低，特别是生活必需品的价格。企业应注意消费者的收入、储蓄和消费倾向，并据此开发和定位产品的种类，必要时需要对产品进行重新定位和重新定价，以吸引和保留目标顾客。经济状况的好坏、收入水平的高低对消费者的购买行为也有着直接的影响，人们的消费心理和购买模式往往随着其经济状况的变化而变化。收入水平决定了消费者的购买能力，也决定了需求层次和倾向。

3. 职业

不同职业的消费者扮演着不同的社会角色，承担并履行着不同的责任和义务，有着不同的价值观和行为准则，对产品的需求和兴趣也各不相同。例如，政府官员、企业家、教师、军人、工人、医生、农民等，他们的职业不同，需求也千差万别。

4. 生活方式与个性

生活方式是指人们生活、花费时间和金钱的方式的统称。即使属于同一种文化背景和同一社会阶层，相同职业的人也会因为生活方式的不同产生不同的购买行为方式。每个企业在制定市场营销策略时，都应对目标消费者的生活方式有清晰的了解，设计生产与消费者的活动、兴趣和意见等相适应的产品。个性是指一个人经常的、稳定的、本质的心理特征的总和。由于消费者不同的个性，使得其购买行为复杂多样，变化多端。企业依据个性因素细分市场，可以为其商品更好地赋予品牌个性，以期与相对应的消费者个性相适应。

（四）心理因素

1. 需要

需要是消费者未得到某种满足物时的心理紧张状态。德国心理学家勒温认为，个人与环境之间有一定的平衡状态，如果这种平衡状态遭到破坏，就会引起一种紧张，产生需要或动机。如果需要得不到满足或受到阻遏，紧张状态就会保持，推动着人们从事消除紧张、恢复平衡、满足需要的活动。需要满足后，紧张才会消除。因此，需要是行为的动力。需要是多层次的，美国的心理学家亚伯拉罕·马斯洛在《动机与人格》一书中提出的需要层次理论把人的需要按由低级到高级的顺序分为五个不同的层次：生理需要、安全需要、社交需要、自尊需要和自我实现需要。

马斯洛认为，一个人同时存在多种需要，但在某一特定时期每种需要的重要性并不相同。人们首先追求满足最重要的需要，即需要结构中的主导需要，它作为一种动力推动着人们的行为。当主导需要被满足后就会失去对人的激励作用，人们就会转而注意另一个相对重要的需要。一般而言，人类的需要由低层次向高层次发展，低层次需要满足以后才会追求高层次的满足。例如，一个食不果腹、衣不蔽体的人可能会铤而走险而不考虑安全需要，可能会向人乞讨而不考虑社交需要和自尊需要。根据马斯洛需要层次理论，对于满足低层次需要的购买者一般要提供经济实惠的产品，对于满足高层次需要的购买者应提供能显示其身份、地位的高档消费品。另外，还要注意需要层次随着经济发展而由低级向高级的发展变化。

2. 动机

动机是一种驱使人们满足需要、达到目的的内在动力。人的需要和动机是多种多样的，但人的需要总是反映着有机体内部环境和外部生活条件的要求，动机总是与需要及实现需要的行为相联系。动机是由需要引起的，并使人们的行为指向特定目标的心理机制。人们的购买行为是由购买动机引发的。人们的购买动机主要有以下几种类别：

①求实动机。顾客购买产品时注重其实用功能，追求价廉物美，实惠耐用。②便利动机。顾客经常选择到邻近自己住房或工作地点的商家购物，以节省时间、体力和精力。顾客到便利店购物、点外卖餐食、购买方便食品等都是便利动机的体现。③趋美动机。顾客通过购物来体现其对美好事物和环境的追求，或向他人展现其美的形象。顾客购买鲜花布置房间、购买化妆品扮靓自己等都是这一动机的体现。④时新动机。许多顾客喜欢追求新鲜事物，跟随消费热点，尝试新产品。适应这一动机要求企业不断开发新产品，丰富产品的花色品种，把技术更新、性能更优、功能更全的产品呈现给顾客。⑤认同动机。人是群体性动物，生活在一定的社会群体或社会网络之中。每个人都有与其他群体成员，尤其是与舆论领袖在消费上保持一致的内在要求。否则，就可能会遭到其他成员的嘲讽、奚落或孤立，甚至不得不退出这一群体。此所谓“物以类聚人以群分”。⑥图名动机。在经济条件允许的情况下，人们总是希望购买名牌产品来满足其对高品质生活的追求。通过购买和消费名牌产品也是满足其成就感的重要方式。⑦炫耀动机。与认同动机不同，部分顾客总是喜欢通过购买和消费名牌产品展示自己与群体其他成员的不同，以显示其优越感或权威性。⑧惠顾动机。这是顾客长期购买和消费某企业的产品而形成的忠诚行为，表现为深信不疑的自然而然的习惯性购买行为。⑨癖性动机。顾客由于某种生理或心理原因形成的对某种产品或品牌的持久性的偏好，甚至偏见，从而引发极端性的购买行为。如有些顾客对古玩、字画、邮票、钱币、票证、善本等有特殊的癖好，常常会倾囊购买。⑩隐秘动机。有些顾客存在不愿示人的一些生理或心理需求，试图通过购买产品来满足其需要。如某顾客年轻时曾经做过伤害他人的事情，当成为成功人士时会隐秘地资助其曾伤害过的人以求得内心的平衡。消费者在购买过程中所呈现的动机是复杂多样的。人们的各种需要和动

机往往交织在一起，同一购买行为可能与多种需要和动机相联系。有些需要和动机决定着人们对某一事物的态度，企业要善于抓住主导需要和动机开展有针对性的市场营销活动，以提高市场营销工作的效率。人的某种需要和动机往往可以通过不同的产品形式、服务形式来满足，由于许多产品与服务之间具有相互替代性，导致相关产品或服务之间存在竞争，企业应加以识别。由于人们的购买动机不同，购买行为必然是多样的、多变的。这就要求市场营销人员深入细致地分析消费者的各种需求和动机，针对不同的需要层次和购买动机设计不同的产品和服务，制定和实施有效的市场营销策略，以取得优良的市场营销效果。

3. 感觉和知觉

感觉是人对客观事物个别属性的反映。人的感觉是多种多样的，主要有视觉、听觉、嗅觉、触觉、味感等。心理学家研究发现，在人所接受的全部信息当中，其中有83%源于视觉，11%来自听觉，其他6%分别来自嗅觉、触觉和味觉。消费者的感官直接接触产品、广告等市场营销刺激物所获得的关于其外观形状、背景等属性的直观反应，构成消费者的感觉。对刺激物的感觉能力称为感受性，不同强度的刺激物所引起的感受性不同，如对价格进行变动，变动太小引不起消费者的注意，太大又会引起消费者的怀疑，刺激过度也不能引起感觉。因此，市场营销人员要研究不同的刺激强度引起的消费者的反应。

知觉是对感觉到的材料经过大脑的综合分析，形成对刺激物或情境的整体反应。知觉具有以下三个特点：

（1）选择性注意。选择性注意是指消费者更倾向于注意与自己相关或与原有态度较为一致的信息，尽量回避那些与自己意见不合的信息。人们在日常生活中会面对众多刺激物，不可能对所有刺激物都加以注意，绝大多数都会被筛选掉。一般来说，能引起人们注意的信息主要有：一是与目前需要有关的信息；二是预期将出现的信息；三是变化幅度大于一般的、较为特殊的信息，如降价50%比降价5%的广告会引起人们更大的注意。选择性注意意味着在激烈的市场竞争中，市场营销的重点是调查研究人们会注意哪些刺激物。

（2）选择性曲解。选择性曲解是指消费者有选择地将某些信息加以扭曲，使之符合自己的意向。例如，某消费者自己使用的是某品牌手机，在他口中就可能夸大该品牌手机的优点，而无视其他品牌手机所具有的长处。总之，人们倾向于用自己已有的观念来解释信息，而非与自己的偏见做斗争。

（3）选择性保留。选择性保留是指人们会倾向于保留那些能够支持其观念和态度的信息。由于选择性保留，因此我们很可能因为记住一个产品的优点，而忘记了其竞争对手同类产品的优点。选择性保留对强势品牌很有用，这也解释了为什么很多市场营销人员都在不断地向目标市场传递消息——这是为了确保自己的品牌信息被消费者所关注。

4. 态度和信念

态度是指消费者对某些事物或观念持有的好与坏的认识上的评价、情感上的感受和行动上的倾向。消费者的态度受到三个方面的影响：一是消费者自己与产品或服务直接接触；二是受其他消费者（如亲戚、朋友、同事等）的直接或间接影响；三是家庭教育和本人的生活经历。市场营销人员研究消费者态度形成的原因，目的在于利用市场营销策略或手段，让消费者了解企业和产品，帮助消费者树立对企业的正确态度，培养消费者对企业的情感，让企业的产品或服务尽可能符合消费者的意向，使消费者的态度朝着企业所预期的方向发展。

信念是指在态度得到不断强化的基础上所产生的对客观事物的稳定认识和倾向性评价。消费者对品牌的信念就是顾客对品牌的总体看法，它的形成可以基于消费者的消费经历，也可以基于信仰和情感。例如，消费者想到海尔，就可能觉得质量可靠、服务到位。消费者行为的产生受到消费者个人信念强度的影响。只有对目标对象有了显著信念，才能形成对对象的态度，进而产生相应的行为。人们对品牌的信念越强，对该产品的态度就会越积极，从而采取购买行为；如果对产品产生负面的信念，就会消极对待。

5. 感情

感情是人的情绪和情感的总称，是一个人对外界刺激的比较强烈的心理反应、动作流露、对人或事物关切、喜爱的心情等。感情也是对一系列主观认知经验的统称，是多种感觉、思想和行为综合产生的心理和生理状态。人的情绪会有喜怒哀乐静恐之分，情感会有喜爱厌恶羡慕贬损等之分。感情则是一种肯定认同的正面性的情绪和情感，可以影响顾客对某企业产品的认知，促进其采取购买行动，也会直接影响其对与产品相关事项的态度。感情按照来源或依恋对象不同可以分为以下六类：①爱国感情。这是根植于顾客内心深处的对祖国的依恋感、认同感和自豪感。爱国感情使顾客更乐于购买和使用本国生产的产品，并且以此为荣，而对国外生产的同类产品有一种天然的排斥感。②乡土感情。这是根植于顾客内心深处的对家乡的依恋感、认同感和自豪感。乡土感情使顾客更乐于购买和使用家乡生产的产品，并且以此为荣，而对其他地区生产的同类产品有一种天然的排斥感。③留恋感情。游客常常被异国他乡的风土人情、异域文化、优美的景色所吸引，表现出流连忘返的情感，从而促使其购买和消费与此相关的产品和服务。④纪念感情。人生苦短，有时“回忆总是美好的”。人们通过对重要人物、重大事件、重要节日等的纪念活动将流失的碎片化的情感记忆串联起来。各种寄托纪念感情的活动引发顾客特殊的购买需求和行为。⑤祝愿感情。由于未来具有一定的不确定性，人们总是希望通过寄予美好愿望的仪式性活动或祝福性的语言等表达对未来美好生活的向往之情，由此带来相关的购买需求和行为。⑥宗教感情。信仰某种宗教的顾客可能有一定的宗教依恋情感，会认同宗教教义所倡导的价值观和行为准则，从而引发对相关产品的购买和消费行为。

二、消费者行为模式及消费者购买类型

消费者行为是指消费者在内在和外在因素影响下挑选、购买、使用和处置产品和服务以满足其自身需要的过程。消费者行为的产生，直接受到消费者内部因素（包括心理特征、个人特性、社会文化特性因素等）的影响，同时也受到一系列外部环境因素特别是企业市场营销活动的影响。消费者行为实际上就是这些错综复杂的内、外部

因素相互制约和相互作用的结果。

（一）消费者行为模式

1. 霍金斯消费者行为总体模式

美国俄勒冈大学教授霍金斯在其所著的《消费者行为学》一书中提出“消费者行为的总体模型”（也称为霍金斯模型）（如图 4-2 所示）。霍金斯模型表明，消费者的购买决策行为受到外部和内部两方面因素的影响，外部因素包括文化、亚文化、人口环境、社会阶层、参照群体、家庭及企业的市场营销活动等，内部因素包括消费者的知觉、学习、动机、情感、人格、个性、态度等，但这种影响不是直接产生的，而是通过这两方面的因素共同作用形成消费者的自我观念和生活方式，进而激发出消费者的需要或欲望发生作用的。消费者通过购买和使用产品使其欲望得到满足，进而又反向对内外部因素产生影响。内外部因素之间也存在着复杂的交互影响。消费者决策过程包括：情境问题识别、信息搜集、评价与选择、经销商选择与购买、购后评价五个阶段。

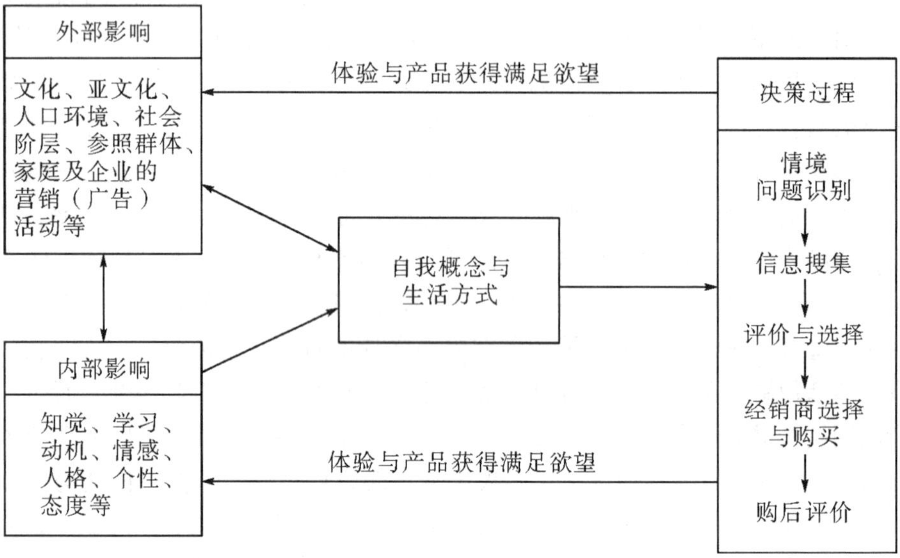

图 4-2　霍金斯模型

2. 刺激-反应模式

刺激-反应模式一般由三部分构成：外部刺激、购买者黑箱及购买者的反应。如图 4-3 所示。“黑箱”是系统科学（含系统论、信息论、控制论等）中的一个重要概念。在系统科学中，人们根据对系统掌握信息的程度不同，将系统分为白箱和黑箱两大类。白箱一般是指人造系统，人们对其系统结构、各部分功能及运行规律等信息了如指掌。对于白箱，人们可以实现前馈控制。黑箱，一般是指自然或人体系统，人们对其系统结构、各部分功能及运行规律等信息一无所知或者知之甚少，但是对于输入信息和输出信息却是可以测量的，这样，对于黑箱就可以根据输出结果调节输入信息的强度以实现对系统的反馈控制。刺激-反应模式认为，消费者的购买决策是一个复杂的心理过程，可以被看成是一个难以窥视的“黑箱”。但是，消费者的购买行为及其各种外部刺激因素却是可以观测的，企业可以根据消费者的购买行为信息调整外部刺激中可以掌控的因素（市场营销因素）作用于购买者黑箱，再根据购买者的反应保持或调整市场营销刺激的力度，从而起到引导消费者行为的作用。

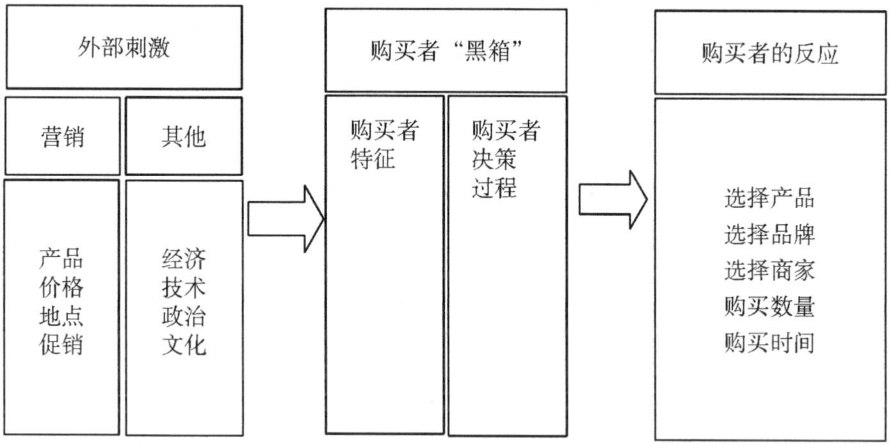

图 4-3　刺激-反应模式

三、消费者购买决策的类型

根据消费者购买参与程度及品牌差异的大小，可以将消费者购买行为分为四种类型（如表 4-1 所示）。

表 4-1　消费者购买的类型

品牌差异程度	购买参与程度	
	高	低
大	复杂性购买行为	寻求多样性购买行为
小	减少失调感购买行为	习惯性购买行为

1. 复杂性购买行为

复杂性购买行为是指消费者对价格昂贵、品牌差异大、功能复杂的产品，由于缺乏必要的产品知识，需要仔细对比，慎重选择，以求降低风险的购买行为。消费者在购买此类产品的过程中，一般会经历收集信息、产品评价、慎重决策，用后评价等阶段，其购买过程就是一个学习过程，在广泛了解产品功能、特点的基础上，才能做出购买决策。如购买汽车、住房、家用电器等。

2. 习惯性购买行为

假如消费者在购买时介入度低，且认为各品牌之间没有显著差异，就会产生习惯性购买行为。习惯性购买行为是指消费者并未或者不需要深入收集信息和评估品牌，只是习惯于购买自己所熟悉的品牌，在购买后可能评价也可能不评价产品。例如，消费者购买牙膏、啤酒、餐巾纸、瓶装水、袋装方便面等。

3. 减少失调感购买行为

减少失调感购买行为指消费者对品牌差异小，不经常购买的单价高、购买风险大的产品，需要花费大量时间和精力去选购，购买后又容易出现不满意等失衡心理状态，需要商家及时化解的购买行为。如购买名牌手表、旅游度假等。

4. 寻求多样性购买行为

寻求多样性购买行为指消费者对产品品牌差异大、功效近似的产品，不愿多花时间进行选择，而是随意购买的一种购买行为。这种购买行为的消费者，表现为朝三暮四，经常变换品牌。例如，消费者对零食、化妆品等产品的购买行为。

第三节　消费者购买决策过程

消费者购买决策过程是消费者购买动机转化为购买活动的过程。消费者购买决策过程一般分为确认问题、搜集信息、产品评估、购买决策、购后行为五个阶段（如图 4-5所示）。

图 4-5　消费者购买决策过程五阶段模式

一、确认问题

确认问题指消费者确认自己的需要是什么。需要产生于消费者实际状态与理想状态的差距，实际状态指消费者目前所处的状态。理想状态指消费者想要达到的状态。“状态”可以指消费者内在的生理或心理状态，也可以指外在的商品或服务状态。例如，消费者手机坏了，这是产品当前的实际状态；需要有一台能够正常使用的手机，这是产品的理想状态，两者之间的差距产生了购买手机的需要。消费者手机依然完好如初，这是产品当前的实际状态；看到朋友都用了新款智能手机，自己也想拥有，这是理想状态，两者之间的差距也产生了购买手机的需要。

二、信息收集

信息收集的前提条件是累积需要的存在。被唤起的需要立即得到满足须有三个条件：这个需要很强烈；满足需要的物品很明显；该物品可立即得到。这三个条件具备时，消费者满足被唤起的需要无须经过信息收集阶段，也可理解为这个阶段很短、很快、接近于零，如果这三个条件有一项不具备，被唤起的需要就不能马上得到满足，而是先存入记忆中作为未满足的项目，称为“累积需要”。随着累积需要由弱变强，会出现两种情况：一是“高亢的注意力”，指消费者对能够满足需要的产品信息变得敏感。虽然并不有意识地收集信息，但是留心接收信息，比平时更加关注该产品的广告、别人对该产品的使用和评价等。二是“积极的信息收集”，指主动地、广泛地收集该产品的信息。

消费者的信息一般有四种来源途径：

（1）个人来源。个人来源指家庭成员、朋友、邻居、同事和其他熟人所提供的信息，这方面来源的信息对消费者的购买决策影响很大。

（2）公共来源。公共来源指社会公众传播的信息，如消费者权益组织、政府部门、新闻媒介传播的信息等，这方面来源的信息极具客观性和权威性。

（3）商业来源。商业来源指企业提供的信息，如广告、销售人员介绍、产品包装的说明、产品展销会等，这方面来源的信息量最大。

（4）经验来源。经验来源指消费者个人购买和使用产品的经验以及对产品的认知等，这方面来源的信息对决策初期和最后是否做出购买决策具有决定性影响。

三、产品评估

消费者在获得产品信息后就会根据这些信息和一定的评价方法对同类产品的不同品牌加以评价并做出选择。一般而言，消费者的评价行为主要涉及四个方面的内容：

（1）产品属性。产品属性指产品所具有的能够满足消费者需要的特性。产品在消费者心中表现为一系列基本属性的集合。例如，电冰箱的制冷效率高，耗电少，噪声低，经久耐用。计算机信息储存量大，运行速度快，图像清晰，软件适用性强都是消费者感兴趣的产品属性。

（2）品牌信念。品牌信念指消费者对某品牌优劣程度的总的评价。每一品牌都有一些属性，消费者对每一属性实际达到了何种水准给予评价，然后将这些评价连贯起来，就构成其对该品牌优劣程度的总的评价，即对该品牌的信念。

（3）效用要求。效用要求指消费者对该品牌每一属性的效用功能应当达到何种水准的要求，或者说，该品牌每一属性的效用功能必须达到何种水准其才会接受。

（4）评价模式。消费者会运用一些评价方法对不同的品牌进行评价和选择。例如，某人打算购买手机，他收集了 A、B、C、D 四种品牌的资料，要求价格不超过 5 000 元，则 A 品牌超过此价格被淘汰；还要求手机外观漂亮，带机时间长达三天，则 C 品牌未达要求而被淘汰，最后剩下两种品牌可供选择。

四、购买决策

顾客一旦决定实现购买意向，就需考虑购买决策。一般来说，消费者进行的决策有：产品种类决策，即在资金有限的情况下优先购买哪一类产品，该产品应具有哪些属性；产品（品牌）决策，即在诸多同类产品中购买哪一品牌；时间决策，即在什么时间购买；经销商决策，即到哪一家经销商处购买；数量决策，即买多少；付款方式决策，即一次性付款还是分期付款，现金购买还是其他方式购买等。

经过对可供选择品牌的评价，消费者就形成了对某种品牌的偏好和购买意向。但是还会受到一些因素的干扰，如他人态度、意外因素、预期风险等（如图 4-5 所示）。因此，消费者不一定能实现或立即实现其购买意向。

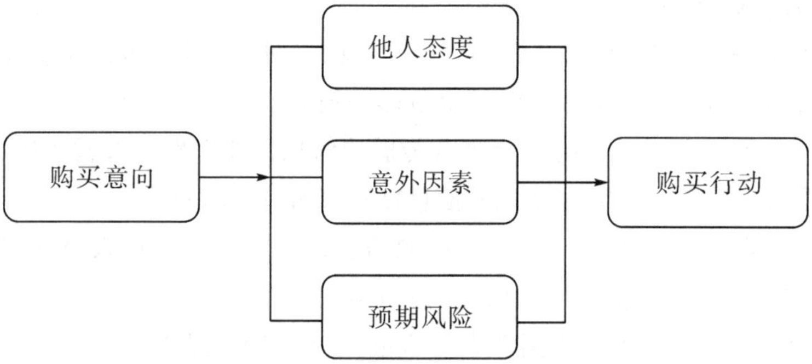

图 4-5　从购买意向到行为的影响因素

（1）他人态度。他人的肯定态度会促进消费者尽快做出决策。但是，他人的否定意见则可能改变消费者的购买意愿。他人态度的影响力取决于三个因素：第一，他人肯定/否定态度的强度。肯定/否定态度越强烈，影响力就越大。第二，他人与消费者的关系。关系越密切，影响力越大。第三，他人的权威性。他人对此类产品拥有的专业水准越高，则影响力越大。

（2）意外因素。如果出现各种意外情况，如家庭变故、品牌负面信息或谣言等，消费者也可能会改变购买意向。

（3）预期风险。在所购产品比较复杂、价格昂贵因而预期风险较大的情况下，消费者可能采取一些避免或减少风险的习惯做法，包括暂不购买，甚至会改变购买意向。

五、购后行为

（1）购后评价。消费者购买产品后，会根据自己的感受进行评价，评价的结果有满意、部分满意或不满意等。消费者的购后满意程度不仅取决于产品质量和性能情况，还包括心理因素。预期满意理论认为，顾客满意是消费者将产品可感知效果与自己的期望值相比较后所形成的心理感受状态，即消费者购买产品以后的满意程度取决于购前期望得到实现的程度。可用函数式表示为 $S=f(E, P)$，其中，S 表示消费者满意程度；E 表示消费者对产品的期望；P 表示产品可觉察性能。如果 $P=E$，则消费者会感到满意；如果 $P>E$，则消费者会很满意；如果 $P<E$，则消费者会不满意，差距越大就越不满意。假如所购买的产品完全符合消费者的期望，甚至比预期的还要好，消费者会满意，不仅自己会重复购买，还会积极地向他人宣传和推荐；相反，假如所购买的产品不符合消费者的期望，消费者会不满意，消费者不仅自己不会再购买，还会发泄对产品的不满情绪，竭力阻止他人购买。

（2）购后使用与处置。对于购后满意的产品，消费者可能会一直使用。对于不满意的产品，消费者可能的处理方式有丢弃、转让、闲置，或要求企业调换产品，甚至退货。如发生质量问题，消费者可能会向有关部门投诉。

【学科前沿】

顾客画像及其应用

顾客画像是在互联网大数据时代进行顾客行为分析的重要手段，是在充分收集顾客多方面信息的基础上对顾客特征的整体性的描画，以便为企业精准定位顾客、有针对性地进行产品设计、制定和实施恰当的市场营销策略提供可靠的依据。

顾客画像包括以下三个紧密联系的过程：顾客信息的搜集；顾客信息的分析与画像；顾客画像结果的应用。顾客有个人顾客和组织客户之分，在画像方面差异很大，这里仅就个人顾客（即消费者）行为进行研究。

一、顾客信息的搜集

顾客画像需要全面系统的信息，通常包括人口属性信息、行为特征信息、旅程轨迹信息及交易消费信息四个大的类别，其下又包括多级细目（详见表4-2）。

表4-2　顾客画像信息类别表

人口属性信息	行为特征信息	旅程轨迹信息	交易消费信息
身份信息：姓名、性别、年龄、民族、籍贯、证件号码等 地理信息：工作地点、家庭住址等 信用信息：资信等级、收入水平、信用记录等 历史信息：上述信息的历史记录和动态变化情况	设备信息：使用的设备类型、品牌型号、使用频率等。 联络信息：电话号码、电子邮箱、社交账号、邮寄地址等。 浏览点击：在线登录时间、浏览页面、访问深度等。 内容偏好：内容类型、点击内容偏好、停留时间等。 位置记录：登录网络IP地址、所处的地理位置等。 兴趣爱好：经常关注和收藏的内容、评论互动偏好等。 生活方式：生活阶段、习惯方式、态度品位等	浏览路径：跨平台、跨渠道、跨应用的用户轨迹等。 社交偏好：社交范围、朋友类型、分享内容类型等。 互动内容：在线评论、讨论话题、分享内容、收藏等。 社交表现：粉丝数量、登录记录、点赞、转发记录等。 触发原因：引发用户行为的触发原因，如促销奖励、新品登录等。 位置轨迹：基于用户位置和位置变化轨迹的地理围栏信息等	消费记录：用户购买产品或使用服务的记录等。 支付信息：用户使用的支付方式、支付条款等。 消费特征：基于用户消费记录的消费特征等。 忠诚奖励：用户积累积分或兑换奖励的记录等。 服务记录：用户对产品或服务的故障报修或申诉的记录等。 服务交互：用户联络客户服务中心或在线服务的记录等

资料来源：根据知乎等互联网资料编写。https://zhuanlan.zhihu.com/p/61835422.

二、顾客信息的分析与画像

在顾客信息收集的基础上，运用现代数学和统计学方法进行顾客信息分析，以便对顾客进行分类，将看似杂乱无章的信息建立起逻辑关系链条，找出影响顾客行为的主要因素，从而建立起顾客具象化的描述，为进行产品定位、制定和实施恰当的市场营销策略提供依据。常用的顾客信息分析方法有：

（1）聚类分析，即将顾客总体划分为若干兴趣偏好、行为方式等相对同质群组。聚类分析被用来发现不同的顾客群，并且通过购买模式刻画不同的顾客群的特征。聚类分析是细分市场的有效工具，同时也可用于研究消费者行为，寻找新的潜在市场，选择实验的市场，并作为多元分析的预处理工作。

（2）关联分析，即从大量数据中发现项集之间有趣的关联和相关联系。关联分析的一个典型例子是购物篮分析。该过程通过发现顾客放入其购物篮中的不同商品之间的联系，分析顾客的购买习惯。通过了解哪些产品频繁地被顾客同时购买，可以帮助零售商依据产品关联关系制定市场营销策略。其他的应用还包括价目表设计、产品促销、产品的摆放和基于购买模式的顾客划分。关联分析可从数据库中找出“由于某些事件的发生而引起另外一些事件的发生”之类的规则。如“67%的顾客在购买啤酒的同时也会购买尿布”，因此，通过合理的啤酒和尿布的货架摆放或捆绑销售可提高超市的服务质量和效益。关联分析最常用的算法有：①Apriori 算法，即挖掘产生布尔关联规则所需频繁项集的基本算法，也是最著名的关联规则挖掘算法之一；②FP-growth 算法，是对 Apriori 算法的改进，是通过两次扫描事务数据库，把每个事务所包含的频繁项目按其支持度降序压缩存储到 FP-tree 中。在以后发现频繁模式的过程中，不需要再扫描事务数据库，而仅在 FP-Tree 中查找即可，并通过递归调用 FP-growth 的方法来直接产生频繁模式，因此在整个发现过程中也不需产生候选模式。

（3）因子分析，即研究从变量群中提取共性因子的统计技术，可在许多变量中找出隐藏的具有代表性的因子。将相同本质的变量归入一个因子，可减少变量的数目，还可检验变量间关系的假设。因子分析可以研究消费者习惯和态度、品牌形象和特性、市场划分识别、顾客行为分类、顾客个性测试等。

（4）文本挖掘，即提取有效、新颖、有用、可理解的、散布在文本文件中的有价值知识，并且利用这些知识更好地组织信息的过程。文本挖掘利用智能算法，如神经网络、基于案例的推理、可能性推理等，并结合文字处理技术，分析大量的非结构化文本源（如文档、电子表格、客户电子邮件、问题查询、网页等），抽取或标记关键字概念、文字间的关系，并按照内容对文档进行分类，获取有用的知识和信息。文本挖掘是一个涵盖了数据挖掘技术、信息抽取、信息检索、机器学习、自然语言处理、计算语言学、统计数据分析、线性几何、概率理论、图论等多种技术多学科混杂的领域。通过文本挖掘可以对顾客整体形象、主要特征、行为偏好及其相互联系等作出具象化的描述，为市场营销决策提供依据。

（5）回归分析，即在相关分析的基础上确定两种或两种以上变量间相互依赖的定量关系的一种统计分析方法。回归分析所建立的回归方程不仅可以解释顾客的某种行为受哪些因素影响，并根据回归系数指出影响的方向及程度大小，也可以根据新获得的信息在一定程度上对顾客行为做出预测，从而为市场营销资源的投放提供依据。

三、顾客画像结果的应用

顾客画像的结果可以在以下领域改进和完善企业的市场营销工作：

（1）市场细分及市场定位。根据顾客聚类信息，选择合适的目标顾客群，再根据目标顾客群的需求偏好和行为特征确定产品的市场定位的要素和定位方式，使得产品形象更符合目标顾客的口味。

（2）设计新产品或改进原有产品。根据不同类别顾客的特征和需求偏好，使产品设计更具有针对性，做到有的放矢。

（3）改善产品布局。根据顾客购物偏好和行为特点，改善产品品类管理，优化产品货架摆放布局，方便顾客挑选产品和快捷结账。

（4）顾客跟踪。根据顾客搜索和阅读网络信息的情况，借助大数据和人工智能工具，快速猜测顾客的信息需求偏好，向其推送相似信息，以增加顾客驻留网络的时间。也可在当时及日后顾客上网时向其推送关联商品广告链接，以增加广告阅读概率。

（5）优化市场营销组合。根据顾客消费能力、消费偏好、行为特征等信息，优化产品组合，采用合适的价格策略、渠道模式和促销方式向顾客精准地推送其所需要的产品，以提高市场营销组合的效率和效果。

【每章一练】

一、单项选择题

1. 消费者不断追求更高品质的产品，体现消费者市场的特征是（　　）。

A. 易变性　　B. 发展性　　C. 广泛性　　D. 地区性

2. 如果购买目的是为了通过转卖而获得利差，这是以下（　　）的购买行为。

A. 消费者市场　　B. 生产者市场　　C. 中间商市场　　D. 政府市场

3. 我国消费者在消费偏好方面有“南甜北咸、东辣西酸”之说，这体现了消费者市场的（　　）特征。

A. 分散性　　B. 易变性　　C. 地区性　　D. 季节性

4. 消费者对于有些产品品牌差异明显，但消费者不愿花长时间来选择和估价，而是不断变换所购产品的品牌，这种购买行为称为（　　）。

A. 习惯性的购买行为　　B. 多样性的购买行为

C. 减少失调感的购买行为　　D. 复杂的购买行为

5. 对于减少失调感的购买行为，企业应提供完善的（　　），通过各种途径提供有利于企业及产品的信息，使顾客确信自己购买决定的正确性。

A. 售前服务　　B. 售后服务　　C. 售中服务　　D. 无偿服务

6. 下列选项中，影响消费者购买行为最深刻的因素是（　　）。

A. 文化因素　　B. 社会因素　　C. 自然因素　　D. 个人因素

7. 消费者购买行为常常受到明星代言的影响。在这里，明星属于影响消费者购买行为的（　　）。

A. 文化因素　　B. 社会因素　　C. 情感因素　　D. 心理因素

8. 购买目的是为了个人或家庭生活消费，这样的市场被称作（　　）。

A. 消费者市场　　B. 生产者市场

C. 中间商市场　　D. 组织市场

9. 根据霍金斯模式，起到中介或传导作用的因素是（　　）。

A. 文化和亚文化　　B. 社会阶层

C. 促销活动　　D. 自我概念和生活方式

10. 某人在参加公司酒会时西装革履，在周末钓鱼时一身休闲服饰，在家里时穿着睡衣。这体现出影响消费者行为的（　　）因素。

A. 参照群体　　B. 角色　　C. 亚文化　　D. 个性

二、双项选择题

1. 消费者市场的特点有（　　）。

A. 易变性　　B. 季节性　　C. 批量购买性

D. 转卖性　　E. 直接购买性

2. 人们对刺激物产生的知觉有（　　）等几种层次的理解。

A. 选择性注意　　B. 选择性曲解　　C. 选择性淘汰

D. 选择性理解　　E. 选择性放弃

3. 复杂的购买行为的两个特征是（　　）。

A. 品牌差异度大　　B. 品牌差异度小

C. 顾客介入度高　　D. 顾客介入度低

E. 产品价格高

4. 以下产品购买行为可能是习惯性购买行为的是（　　）。

A. 彩色电视机　　B. 中低档家用轿车

C. 啤酒　　D. 袋装方便面

E. 名牌服装

5. 以下选项中因素属于心理因素的是（　　）。

A. 社会阶层　　B. 信念和态度　　C. 动机

D. 职业　　E. 角色

6. 消费者获取产品信息的商业渠道有（　　）。

A. 产品广告　　B. 消费者在微信群中的分享信息

C. 企业微信公众号的专题新闻　　D. 消费者家人的推荐

E. 一般性的新闻报道

7. 影响消费者购买行为的社会因素有（　　）。

A. 收入　　B. 家庭　　C. 角色

D. 年龄　　E. 职业

8. 一般来说，顾客（　　）属于复杂的购买行为类型。

A. 购买一箱啤酒　　B. 购买一瓶洗发水

C. 购买一辆汽车　　D. 购买一套名牌时装

E. 购买一杯奶茶

9. 下列选项中，不属于消费者市场的突出特点的是（　　）。

A. 购买活动分散，单次购买量少　　B. 影响购买活动的组织和人员多

C. 购买活动易受情感性因素影响　　D. 购买者具备丰富的专业知识

E. 购买活动具有明显的季节性

10. 在以下产品的购买活动中，决策者、购买者和使用者等在角色上可能会分离的是（　　）。

A. 婴幼儿奶粉　　B. 外出旅游　　C. 老年保健品

D. 蔬菜水果　　E. 瓶装酸奶

三、判断题

1. 一般而言，人类的需要是由低层次向高层次发展的。（ ）
A. 正确　　B. 错误
2. 家人、亲属、朋友、伙伴等是最典型的主要的非正式群体。（ ）
A. 正确　　B. 错误
3. 由于购买目的不同，大米可能会归属于不同类型的市场。（ ）
A. 正确　　B. 错误
4. 一个消费者可能具有多种社会角色，进而影响其购买行为。（ ）
A. 正确　　B. 错误
5. 品牌之间差异性大、顾客介入度低的购买行为属于复杂的购买行为。（ ）
A. 正确　　B. 错误
6. 消费者市场的一个重要特征是租赁。（ ）
A. 正确　　B. 错误
7. 民族是影响消费者购买行为的个人因素之一。（ ）
A. 正确　　B. 错误
8. 根据马斯洛需要层次理论，自尊是介于安全需要和社交需要之间的因素。
（ ）
A. 正确　　B. 错误
9. 企业不仅应该关心消费者购买什么产品，还应关心其如何使用和处置购买的产品。
（ ）
A. 正确　　B. 错误
10. 消费者对其购买的产品满意与否直接决定着其以后的购买行为。（ ）
A. 正确　　B. 错误

四、理论分析题

1. 结合实例说明消费者市场有何特点。
2. 结合自己的某次购买经历，说明消费者购买决策的过程。
3. 结合实例说明影响消费者购买行为的因素有哪些。
4. 顾客购买产品的信息来源有哪些?
5. 企业为什么要关注消费者如何使用和处置产品?
6. 请结合具体企业的例子说明生活方式如何影响消费者的购买决策。
7. 请举例说明消费者的购买行为有哪些类型。

【案例分析】

三只松鼠“萌”营销

2012 年 2 月，章燎原在安徽芜湖国家高新区创立的三只松鼠股份有限公司（以下简称三只松鼠公司）是中国第一家定位于纯互联网食品品牌的企业，也是当前中国销售规模最大的食品电商企业之一，其主营业务覆盖坚果、肉脯、果干、膨化等全品类休闲零食。2019 年，三只松鼠全年销售额达 102 亿元人民币，成为零食行业首家迈过百亿门槛的企业。2019 年 7 月，三只松鼠公司在深交所挂牌上市，被誉为“国民零食第一股”。

2012 年，刚成立的三只松鼠公司通过高价竞拍淘宝首页钻石位，给其带来巨大的流量，加上本身产品的优良品质，三只松鼠公司迅速成长。发展至今，三只松鼠公司已形成覆盖坚果、干果、果干、花茶及零食等多个门类共计超过 500 款单品的产品组合，构建了“互联网新农业生态圈”产业链合作模式，打造了线上线下一站式休闲食品购买平台。

随着年轻人对网络购物方式逐步青睐，包括食品在内的各种商品的主要消费模式正随着人口的更替逐渐由线下转为线上，小摊、超市、便利店、专卖店等零售模式已不能满足年轻一代的消费需求，加之“宅”文化的兴起也进一步加大了送货上门的需求。三只松鼠公司 2012 年成立之初就将目标客户群体瞄准当时使用网络最多且对休闲食品需求最大的 80 后及 90 后，在产品研发、包装、广告及客服等方面都围绕年轻人的购物习惯和偏好展开，以满足年轻消费群体的需求为目标。三只松鼠公司抓住互联网机遇，在前端市场营销上下足了功夫。在品牌形象方面，三只松鼠公司采用了萌态十足的松鼠作为品牌的 Logo，并成为三只松鼠公司的形象代言人，通过拟人的手法，设计了具有“萌”特色的卡通形象。除了在形象和设计上形成差异外，三只松鼠公司还给三只性格迥异的松鼠赋予了不同的人格特征和名字，分别叫小美、小酷、小贱，且都是萌萌哒的外表，其中松鼠小贱爱卖萌，代表坚果类产品；松鼠小酷是技术宅，代表干果类产品；松鼠小美则是现代女性的典型代表，代表花茶类产品。三个形象深得人心，在赢得消费者喜爱的同时拉动了产品消费。“三只松鼠”无论是线上的店铺页面，还是线下的实体店面，从进去的那一瞬间就可以感受到一种可爱的“萌”文化。这种视觉上的冲击可以瞬间引起消费者的兴趣，并且具有浓浓的新鲜感。

三只松鼠公司通过市场调查发现，人们购买坚果主要是为了打发时间，给生活增添点滋味，其次才是饱腹感和补脑强身。从这个需求出发，三只松鼠公司让产品变得更简洁，吃起来更方便。除了省心，还要让消费者吃得开心，这就要保证产品的品质，确保颗颗饱满，吃起来没有坏的才更开心。好原料，才有好品质产品。三只松鼠公司在产品原料采购环节，有三个“非不选”标准，即非原产地不选，非好营养不选，非好口感不选。为确保产品质量上乘，给顾客带来健康天然新鲜的真正好食品，它的原料均选自全球各地的原产地农场。三只松鼠公司在产品原产地统一采取订单式合作方式，坚持三道检验：原料检验，过程品控，出厂检验。同时，三只松鼠公司设有专门的食品研究院进行食品研发，研究聚焦在如何令食物更新鲜、更美味的主题上。三只鼠公司建立了完善的信息系统，构建了一个安全可追溯的供应链系统，食品安全一直控制到上游，实现了资源透明，消费者可以对食品安全进行追溯。在品牌定位方面，三只松鼠公司也十分有特色，凭借“森林系”“慢食快活”等宣传语，深入消费者的心扉。

三只松鼠公司十分重视服务工作。从消费者登录三只松鼠的页面开始，客服就化身为鼠小弟，亲切地称顾客为“主人”，当顾客付款时，一句“萌语”：“主人，小松鼠正在快马加鞭，正在飞驰而来……”让消费者心情愉悦。在客服沟通环节，消费者体会到的只有耐心细致的解答和体贴入微的超贴心想法；同时，“今天下单同城当天或隔天就能送到”的高速的物流配送让消费者足不出户就能体验零食的乐趣；到货开箱，让消费者接到货物的那一刻就感受到了三只松鼠的满满诚意和惊喜，如附在包装盒上做成松鼠尾巴造型的开箱器、盒内搭配的擦手湿巾、方便实用的果壳袋和夹子，还有送给消费者的赠品，如钥匙链、明信片等。这些附属品上全部都有三只松鼠的专属印记，使消费者牢牢地将品牌刻进了脑海中。为了适应顾客的服务需求，三只松鼠公司特意将位于销售链前端的售前客服进行了分组，分组的标准，则是根据客服的性格与个人偏好决定。想听高端大气上档次、奔放洋气有内涵的话题，可以找小清新文艺骚年组松鼠接待。而热衷各种段子，重口味、无底线和无下限的，则由丧心病狂组负责招待。这样的客户接待，便于把卖萌耍贱的文化发挥到极致。

三只松鼠公司精心设计零食包装，采取在高大上的牛皮纸外包装上印制清晰的松鼠形象、系列性的动漫、卖萌的小段子等元素，为消费者打造出与众不同的外观感受，让年轻人吃个零食都有回头率。只有精准地掌握和体味到主流消费群体的消费水平、使用习惯、需求心理以及接受习惯、消费能力等元素，才能有针对性地设计出一个好的营销氛围。三只松鼠公司与松鼠萌工场动漫子公司和安徽商贸职业技术学院艺术设计系合作，对三只松鼠进行动漫编剧与运营，制作了“松鼠萌动漫”、App 开发、UI 设计等，将单纯的三只松鼠品牌 logo 发展成为一个完整的“萌”系品牌形象和故事。从线上店铺、公司官网、微博到线下的产品内外包装、赠品、宣传单等，不断强化品牌卡通形象，给消费者以难忘的视觉体验。另外，将公司的官网打造成一个令人向往的松鼠世界，在介绍公司产品、经营范围的同时，传播品牌文化。

为实行品牌动漫化战略，拉近与消费者的距离，三只松鼠公司于 2014 年 4 月成立了一家全资子公司——松鼠萌工场动漫文化有限公司，目前，松鼠萌工场动漫文化有限公司已经推出了《萌贱三国》《奋斗吧！松鼠小贱》等多部以卖萌耍贱为主要风格的动漫作品，实现了将粉丝转变成顾客，提升了品牌知名度。同时，公司还推出了《松鼠小日常》《三只松鼠之鸣泣的月光》两部漫画、《三只松鼠之欢乐地球行》童话故事绘本，在啪啪、荔枝 FM 等电台开设了《松鼠树洞》栏目。

为了传播自己的萌贱文化，除了自制剧外，三只松鼠还广泛采用 IP 植入的方式。几乎大多数青春偶像剧中都能看到三只松鼠的身影，除了产品外，还有三只松鼠的周边抱枕，甚至连台词都可以光明正大的出现，且毫无违和感。

京东和天猫是三只松鼠公司电商的最大销售渠道，两家销量占其营销八成以上。普通商家面对天猫和京东这样的巨头，议价能力差，话语权小，在维持高销售额的同时需要向平台支付巨大的流量费用，影响了企业利润。三只松鼠公司针对此问题，开始加强线下渠道建设，增加实体店数量，同时开始建设自己的物流体系。在线上业务增速放缓的情况下，线下业务开始稳步增长，到 2020 年年初，三只松鼠公司的“投食店”已开设了 139 家，营业收入达 3.1 亿元，联盟店新设了 209 家，累计开设了 478 家，营业收入达 1.57 亿。目前，两类线下业务营业收入占比仅为 5.9%和 2.9%，还难以支撑大局。同时，实体门店带来了管理费用的上升，2020 年三只松鼠公司上半年管理费用增长了 63.9%。

资料来源：

1. 三只松鼠成功背后的故事，https://www.sohu.com/a/328093846_99949244.

2. 三只松鼠，百度百科，https://baike.baidu.com/item/%E4%B8%89%E5%8F%AA%E6%9D%BE%E9%BC%A0/1817195? fr=aladdin.

案例分析题：

1. 三只松鼠从哪些方面满足了消费者的需求？
2. 试结合消费者行为理论，分析三只松鼠“萌营销”成功的秘诀。
3. 试从消费者行为的角度为三只松鼠面临的问题提供解决方案。

【能力测试】

测试题：试对以下说法做出判断，即在您认为合适的空格处画○，多选、少选均不得分。

序号	题干	同意	较同意	中立	不太同意	不同意
1	消费者市场是最基本和最终的市场					
2	在互联网时代，消费风潮的变化加快，流行周期加长					
3	在不同的社会阶层之间，人们的消费观念和生活方式有很大的差异					
4	消费者对其购买产品满意与否直接决定着以后的购买行为					
5	不怕不识货，就怕货比货。消费者可能不懂技术，但常常是产品购买和使用的专家					
6	网红产品持续走红的关键在于产品的品质					
7	老年人在购买产品时普遍倾向于购买价廉实用的产品					
8	明星的私德及行为会影响其代言产品的形象					
9	乡土感情会影响消费者对产品的选择和判断					
10	尽可能地向顾客提供多样化的产品是减少顾客失调感的手段					

【延伸阅读】

1. 吴健安. 市场营销学［M］. 6版. 北京：高等教育出版社，2017：99-128.

2. 菲利普·科特勒，凯文·莱恩·凯勒. 营销管理［M］. 15版. 何佳讯，于洪彦，牛永革，等，译. 上海：格致出版社，上海人民出版社，2016：141-168.

3. 张云起. 市场营销学［M］. 北京：高等教育出版社，2018：41-68.

4. 郭国庆. 市场营销通论［M］. 7版. 北京：中国人民大学出版社，2017：96-105.

5. 杨洪涛. 市场营销-网络时代的超越竞争［M］. 3版. 北京：机械工业出版社，2019：109-138.

第五章

组织市场及购买行为分析

【学习导引】

组织市场及其购买行为分析是市场分析的重要内容之一。通过学习，要了解组织市场的含义、分类、特点及影响组织市场购买的因素，掌握各类组织市场购买决策的类型及过程，为企业制定正确的营销决策提供依据。

【营销箴言】

没有商品这样的东西。顾客真正购买的不是商品，而是解决问题的办法。

——特德·莱维特

不要过度承诺，但要超值交付。

——戴尔

【营销故事】

冠脉支架价格骤降近95%引爆医药器械供应体系革命性变革

目前，我国已经建成了世界上最大的医疗保障体系，医疗保健支出位列城乡居民第五大支出项目。据2019年中国国民经济和社会发展统计公报资料，到2019年年底，全国参加基本医疗保险人数135 436万人。全国居民人均医疗保健支出1 902元，占消费总支出的8.8%，总支出额约26 600亿元。为了提高医疗保险支出的效果，降低医疗保险支出成本和居民医疗支出负担，国家制定了政府招标采购法及配套制度，对医药医疗器械等实行统一招标，各医院实行零毛利供应患者。但在实际运行中，政府统一招标价高于市场价、低价中标药品供应短缺、药品医疗器械回扣等问题屡禁不止，大大影响了政府统一采购制度的公信力。2020年11月5日上午10点，冠脉支架全国集采结果在天津市陈塘区科技商务区服务中心一间会议室内公布的报价最低的10个产品出炉，涉及中外共8家企业。令人大跌眼镜的是，冠脉支架从均价1.3万元下降至中位价700元左右，平均降幅94.6%。与以往集中招标采购不同，本次是医院与生产厂商直接对接，取消了代理商和医药（医疗器械）代表等中间环节，医院按照年需求量带量采购。这样就实现了多方共赢的局面：生产厂商获得了稳定的订单，可以集中精力组织生产和供应产品；医院获得了可靠的供应来源，保证了产品质量；患者减轻了医疗负担，国家医疗保险节约了支出成本。

资料来源：根据中国统计公报、中国网（http://www.china.com.cn/news/2020-11/27/content_76954015.htm）等资料编写。

【理论概述】

除消费者市场外，市场上还存在以生产企业、商业企业、政府、学校、社会团体等为主体的组织市场，它们不仅出售产品或服务，也进行生产资料（如煤炭、轴承、化工产品）或生活资料（如文具、电脑、轿车）的购买与使用，形成了一个庞大的交易市场。由于不同组织的性质和购买目的不同，组织市场不仅与消费者市场有较大的差异，而且不同类型组织之间职能职责差异也很大，因而在研究组织市场共性的基础上还需要分类研究不同组织市场的特点和购买行为。本章有三节内容：第一节组织市场的含义、分类及特点；第二节组织市场购买行为；第三节非营利组织市场及购买行为。

第一节　组织市场的含义、分类及特点

一、组织市场的含义和类型

（一）组织市场的含义

组织市场是指工商企业为从事生产、销售等业务活动以及政府部门和非营利组织为履行相应职责而购买产品和服务所构成的市场。也就是说，组织市场是以某种组织为购买单位的购买者所构成的市场，它是与消费者市场相对应的。就买者而言，消费者市场是个人市场，组织市场是法人市场。

组织市场和消费者市场的区别主要表现在：

（1）构成主体不同。组织市场的购买者主要是企业或社会团体等组织，也称法人市场。在我国，个体工商户、农户等会因为开展生产经营活动而购买产品或服务，因而也是组织市场的重要组成部分。消费者市场由个人或家庭消费者组成，也称个人市场。

（2）购买目的不同。组织市场的购买目的是用于生产或转卖以获取利润以及为履行某种职责。消费者市场的购买目的是为了满足个人或家庭的生活需要。

（3）决策方式不同。组织市场购买决策过程的参与者往往不只是一个人，而是由很多人组成决策中心，甚至连采购经理也很少独立决策而不受他人影响。消费者市场购买决策的参与者是个人或家庭。

（二）组织市场的分类

组织市场通常由生产者市场、中间商市场、非营利组织市场和政府市场四类市场构成。

（1）生产者市场是指购买产品或服务用于制造其他产品或服务，然后销售或租赁给他人以获取利润的单位或个人。组成生产者市场的主要由工业、农业、林业、渔业、采矿业、建筑业、运输业、通信业、公共事业、银行业、金融业、保险业和服务业等产业的生产经营者组成。

（2）中间商市场也称转卖者市场，是指购买产品用于转售或租赁以获取利润的单位或个人，包括批发商和零售商。

（3）非营利组织市场是指所有不以营利为目的、不从事营利性活动的组织。非营利组织市场是指为了维持正常运作和履行职能而购买产品和服务的各类非营利组织所构成的市场。

（4）政府市场是指为了执行政府职能而购买或租用产品的各级政府及下属各部门。各国政府通过税收、财政预算掌握相当部分的国民收入，形成潜力巨大的政府采购市场，成为非营利组织市场的主要组成部分。

二、组织市场的特点

相对于消费者市场而言，组织市场具有以下特点：

（一）购买者数量较少，但购买量大

消费者市场的购买者是个人或家庭，而组织市场的购买者绝大多数是企、事业单位及政府部门。因此，组织市场上的购买者比消费者市场上的购买者要少得多，但单次购买的数量大。

（二）购买者的地理位置相对集中

由于产业集群效应以及自然资源、气候、运输条件的限制，组织市场的购买者的地理分布相对集中。在我国，重工业主要集中在东北地区，小商品和纺织业主要集中在江浙一带，而汽车生产相对集中于吉林、上海和湖北等地。

（三）衍生需求

衍生需求也称引申需求或派生需求。组织市场对产业用品的需求，归根到底是从消费者对消费品的需求引申出来的。一旦最终消费者的需求发生变化，组织市场需求也会随之发生变化。

（四）需求缺乏弹性

由于组织市场的需求是衍生需求，各类组织主要根据最终消费者的需求状况来确定自己的采购品种和数量，供应品的价格变化对其购买量的影响较小。在多数情况下，需求品的价格波动都可以转移到最终消费品中，因此，组织市场具有需求缺乏弹性的特征。

（五）需求波动大

组织市场需求的波动幅度大于消费者市场需求的波动幅度。有时消费品需求仅上升10%，就可导致生产这些消费品的企业对有关生产资料的需求增长200%；而若消费品需求下降10%，也可导致有关生产资料的需求下降200%，甚至更多。这种现象在经济学上被称为“加速原理”（acceleration principle）。一般来说，衍生需求的层次越多，

需求链条越长，其波动幅度也就越大。

（六）供需双方关系密切

由于组织市场的购买者数量较少且购买量较大，一旦建立业务关系，供需双方的转换成本就较高，相互依赖性也较强。有些购买者在产品的花色品种、技术规格、质量、交货期和服务项目等方面提出特殊要求，并希望介入设计和生产环节，供需双方常常需要相互沟通、通力合作。因此，经过一段时间的磨合后，组织市场供需双方通常会建立起一种长期的、互信的合作关系。

（七）专业性采购

组织市场的购买业务通常由经过专门培训、具有丰富专业知识和技能的采购人员完成。专业性采购人员对所购产品的性能、质量、规格以及技术细节上的要求都较为明了，其购买行为是建立在对产品质量、品种、价格、售后服务及交货期的理性分析基础之上的。因此，供应商需要向他们提供详细的技术资料和特殊的服务，从技术的角度说明本企业产品和服务的优点，以获得订单。

（八）直接采购

直接采购的成本低，有利于降低组织市场的采购成本；同时，组织市场的购买活动在售前、售后都需要由供应商提供技术服务。因此，组织购买往往是直接向企业采购所需用品，而不通过中间商。特别是那些技术复杂、价格高昂的产品，或需按照特定规格制造的产品尤其如此。

（九）租赁

企业有时候采取租赁方式获得大型设备、交通运输工具、专用生产线等资产的使用权。租赁是指在约定的时间内，出租人将资产使用权让渡给承租人以获取租金的行为。出租人将自己所拥有的某种物品交与承租人使用，承租人由此获得在一段时期内使用该物品的权利，但物品的所有权仍保留在出租人手中。承租人为其所获得的使用权需向出租人支付一定的费用（租金）。相对于直接购买方式，企业通过租赁的方式获得大型设备、交通运输工具、专用生产线等资产的使用权可以缓解资金压力，降低运营成本。从企业作为承租人的角度看，主要可以选择以下几种租赁方式：①服务租赁。企业从租赁公司或其他企业直接租用资产，并按照合同约定支付租金。②回租。企业为了缓解流动资金压力，将自己的资产出售给租赁公司，然后将资产再回租回来。③综合租赁。企业从产品采购商处以租赁的方式获得先进的加工设备，以加工贸易、补偿贸易的方式抵扣租金。④金融租赁。企业与供货商（或制造商）先就所购买的资产初步洽谈，然后由租赁公司出面从银行贷款购买资产再出租给企业使用，企业按照合同约定分别向银行支付贷款本金及利息，向租赁公司支付租金。⑤多方租赁。企业先与大型设备或专用设备等资产的供货商初步洽谈租赁事宜，然后供货商将资产卖给租赁公司，同时将资产从租赁公司反租回来再租给企业。这样，企业获得了资产的使用权，供货商卖出了设备，租赁公司获得了一定的租金，实现了多方共赢。⑥供货商租赁。大型设备或专用设备等资产的供货商直接与客户签订资产租赁合同，客户获得资产的使用权，并按照合同约定定期向供货者支付租金。一般来说，客户在一定时期内按照合同约定支付完租金后，可以获得资产的所有权。

第二节　组织市场购买行为

一、组织市场购买类型

不同的组织存在不同的需求，并且需要不同的信息，这决定了不同的组织购买行为具有不同的特点。只有深入了解组织购买者的具体情况，供应商才能采用不同的市场营销策略，进而产生不同的效果。组织购买可分为 3 类：直接重购、修正重购、新购。

（一）直接重购

当供应商能够及时准确地完成送货服务、保证产品质量以及提供合理而有竞争力的价格时，购买者往往进行直接重购。直接重购是建立在购买者和供应商之间良好的关系基础上的。在直接重购中，购买组织往往已经具备了丰富的购买经验和完善的采购标准，操作起来显得相对简单。但是，当出现新问题，或者其他供应商能够提供更好的服务、更优的产品以及更低的价格时，购买组织也存在转向新供应商的动机。

（二）修正重购

修正重购是指组织购买者对产品的规格、价格、交货条件或者其他条款等要素进行修正的购买行为。通常修正重购可能的原因有：计划外的发展问题（如质量、供应状况、存货）、环境的变化（如经济法律、最终用户需求、技术变革等）、客户需求的变化（如数量、服务水平、交付期限）、供应商供应的变化（如价格、产品开发）等。当决策者认为通过对可供选择的产品和供应商的再评估能够获得重大利益的时候，诸如质量改进或者成本降低，组织采购者倾向采取修正重购。在这种情形下，虽然组织购买者具备一定的经验和具体详细的采购标准，但是由于与现有供应商之间的不愉快关系，以及是否转到新供应商和在寻求新供应商的过程中存在的不确定性，信息收集工作也显得很重要。此时，不同供应商的市场营销策略重点也会有所不同，如果原供应商被列入重购名单，此时用户会与原供应商协商新的供货协议，如果原供应商能满足新的供货协议，交易就能继续，否则用户就可能会更换供应商；如果原供应商未被列入重购名单时，此时新的供应商会感到这是获得交易的最好机会。

（三）新购

新购是指组织购买者第一次购买某种产品和服务（如新办公设施、新设备）。这是组织购买中最复杂、成本风险也相对较大的一种类型。当组织因为受到内外方面的刺激，例如，新的产品线的扩充会导致企业对新的原材料、新部件的需求，或者为了满足客户的新需求而添置新的设备等，而使得组织需要采购以往从未使用过的产品和服务时，借助于经验通常很难达到满意的效果，一般情况下，组织需要在采购之前收集最广泛的信息以做出购买决策。

二、组织市场购买决策的参与者及影响因素

（一）组织市场购买决策的参与者

组织中会有许多人参与到购买决策之中，他们扮演着不同的角色，发挥着不同的

作用。具体详见图 5-1。

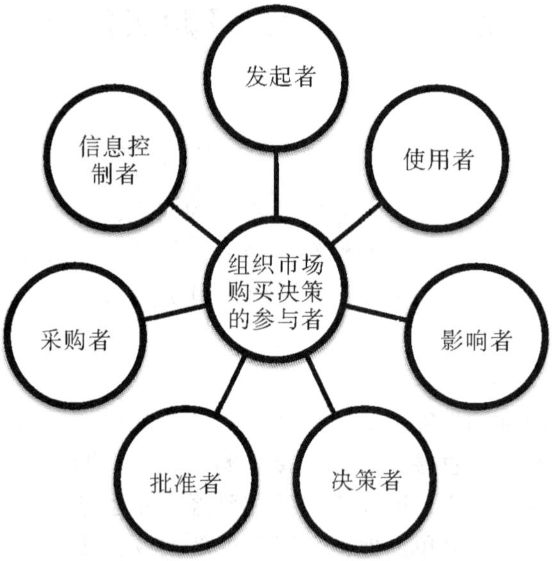

图 5-1　组织市场购买决策的参与者

（1）发起者，即提出购买要求的人。他们可能是组织内的产品的直接使用者、专业技术人员及其他相关人员。

（2）使用者，即组织内将直接使用所购产品或服务的人员。使用者通常是采购方案的倡议者，并协助确定产品的规格。

（3）影响者，即组织内能够直接或间接影响购买决策的人，如技术人员等。他们协助明确采购产品的规格，从技术角度提供方案选择的有关信息。

（4）决策者，即有权决定产品规格、购买数量和供应商的人员。在常规的采购工作中，采购者通常就是决策者，而在较复杂的情况下，特别是在新购中，决策者通常是组织的负责人。

（5）批准者，即有权批准采购决定或采购者所提采购方案的人员，通常是组织的负责人。

（6）采购者，即组织中被赋予职权，按照方案选择供应商及商定采购条款的人员，一般由组织的采购部门人员具体落实采购任务。

（7）信息控制者，即组织内能够控制信息影响采购决策的人员。如采购代表、技术人员、接待员等。他们有时会阻止销售人员与本组织的使用者或决策者接触，或控制信息流入。

为了实现成功销售，市场营销人员必须分析在企业的采购过程中，谁是购买决策的主要参与者？他们影响哪些决策？他们的影响程度如何？他们使用的评价标准是什么等问题，只有搞清楚这些问题，才能使市场营销工作更具有针对性。

（二）影响组织市场购买决策的因素

影响组织市场购买决策的因素有很多，主要有环境因素、组织因素、人际因素和个人因素，如图 5-2 所示。

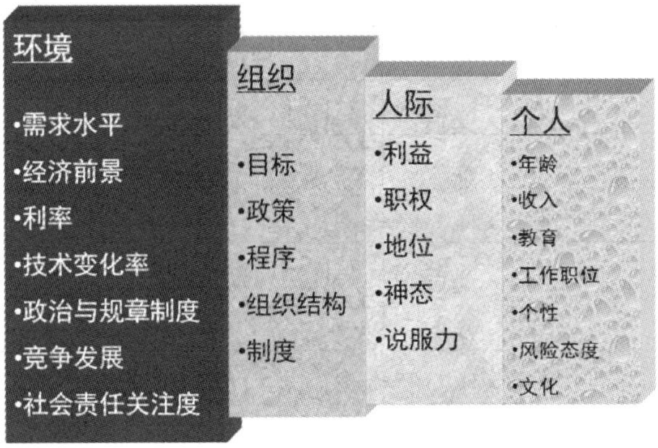

图 5-2 影响组织市场购买决策的主要因素

（1）环境因素。环境因素包括需求水平、经济前景、利率、技术变化率、政治与规章制度、竞争发展和社会责任关注等。例如，如果经济不景气，生产企业就会压缩和减少投资，减少生产资料的采购；技术的进步会使企业增加投资，而工艺的改进将节省材料，使企业减少生产资料的采购。环境因素是供应商无法控制的，但必须重视环境因素的作用，测定这些因素将如何影响组织采购的有效性和经济性，并使问题转化为机会。

（2）组织因素。组织因素是指企业自身有关的因素，如客户的目标、政策、程序、组织结构和制度等。市场营销人员必须尽量了解有关方面的信息，以便做到有的放矢。近年来，在组织市场购买领域发生了一些值得关注的趋势：组织购买者的采购部门升级、集中采购、长期合同、网上购物、小额项目权力下放、零库存生产系统的运用等。

（3）人际因素。人际因素是指参与客户购买决策的各种角色的地位、职权、态度、说服力以及他们之间的关系对购买行为的影响。供应商的市场营销人员需要了解客户购买决策人员的决策风格、评价标准、相互关系等，有针对性地促成交易，获得订单。

（4）个人因素。个人因素是指在购买决策过程中，各个参与者的年龄、收入、受教育程度、职位、个性、同乡情结及风险意识等个人因素。这些因素的差异会最终影响客户的购买决策和购买行为。

三、组织市场的购买决策过程

组织市场的购买决策过程是一个组织用户收集、分析大量信息进而做出各种各样决策的复杂过程。这一过程需要经过提出需求、确认需求、说明需求、寻找供应商、征求建议、选择供应商、正式订购和绩效评估八个阶段。每个阶段还可以进一步细分。随着云计算、大数据、人工智能、移动终端等技术的不断发展，这些技术手段可以帮助组织用户简化复杂的购买过程。不同类型组织购买行为所经历的阶段的主要任务见表 5-1。

表 5-1 不同类型组织用户购买行为所经历的阶段

	新购	修正重购	直接重购
提出需求	是	可能	否

表5-1(续)

	新购	修正重购	直接重购
确认需求	是	可能	否
说明需求	是	是	是
寻找供应商	是	可能	否
征求建议	是	可能	否
选择供应商	是	可能	否
正式订购	是	可能	否
绩效评估	是	是	是

（一）提出需求

与消费者市场相同，组织市场的购买过程是从组织用户的各级人员认识到其对某种产品的需要开始的。需求识别是由组织用户的内部因素或外部因素的刺激而引起的。内部因素主要源于对组织内部资源的有效使用，如生产新产品所需的设备和原料，组织设备报废后所需的新设备，提高质量和改进工艺所需的新原料与新设备等；外部因素主要源于竞争和市场需求，如广告促销、顾客关系管理、为提高市场营销效率进行的流程再造等。

（二）确认需求

组织用户在提出自身的某种需求之后，接下来的工作就是确认所需产品的需求要项，即对购买数量、可靠性、耐用性、价格等因素及其重要程度做出恰当的描述。需求要项的描述要契合组织的实际需要和财务能力。一般而言，简单项目的需求要项较易确定；某些复杂项目就需要组织的决策、采购、管理、技术和客户等各方人员共同研究，以便对需求要项做出科学满意的描述。

（三）说明需求

需求要项确认后，组织用户会对所购产品的品种、性能、数量、价格和服务要求做出详细说明，形成产品采购说明书，并以此作为采购人员的采购依据。同时，产品采购说明书应对采购人员的技术选择权和供应商的技术责任加以规范。作为供应商，也应运用价值分析突出自身产品的优势、强化自身的竞争力。

（四）寻找供应商

组织用户在拟定了购买对象和相应的产品采购说明书后，就可以通过各种途径寻找供应商或发布采购招标书。寻找的途径有内部采购档案、咨询、工商企业名录、网络搜索、电话、广告、博览会和展览会等。在接触供应商后，组织会对供应商所提供产品的质量、价格、售后服务等进行全面、系统的分析比较，最终筛选出一些较理想的供应商。

（五）征求建议

供应商名单确立后，组织用户就会邀请名单中各供应商提交供应建议书。供应建议书应对组织用户的产品采购说明书的各项采购条款做出回答，供应商也可以提出其他交易条件。组织用户可以进行数次征求报价、筛选和淘汰，并要求候选供应商提交正式的交易条件。组织用户的采购部门会及时掌握市场行情，了解供应商的财务和资信情况，以便货比三家。

（六）选择供应商

组织用户会通过对备选供应商的正式交易条件进行细致评估，并结合实际需要，最后确定供应商的名单。正式交易条件一般包括产品、价格、信誉、交货条件、技术服务、供应商灵活性等因素。在采购过程中，组织用户往往会采用各种手段来取得更有利的交易条件，如让供应商相互竞争。组织用户一般会同时选择几个供应商，这样既可以拥有若干供应渠道，以免受制于人，又可以对交易条件保持动态比较，以使供应商保持相互竞争的态势。

（七）正式订购

组织用户与被选定的供应商经过协议签订采购合同，也就是组织用户向供应商下订单。其主要内容应包括需求量、交货日期、退货条件、价格、运输、维修、保养和担保等方面。越来越多的组织用户乐于采用“无存货采购计划”，即与某些优秀的供应商签订长期有效的采购合同，这样组织用户不仅可以节省因签订新订单而发生的交易费用，而且可以要求供应商在较长时期内以合同中的交易条件向自己随时供货，从而节约大量的库存费用。

（八）绩效评估

绩效评估就是组织用户对各供应商履行合同的绩效进行评价，以此作为修正组织用户采购成本和重新选择供应商的依据。

第三节　非营利组织市场及购买行为

非营利组织市场是组织市场的一种特殊类型，其购买行为与生产者市场、中间商市场有共同之处，也有其一定的特殊性。

一、非营利组织的类型

（一）履行国家职能的非营利性组织

该类组织是指履行国家职能，服务于国家和社会，以实现社会整体利益为目标的有关组织，包括各级政府及下属部门、军队、警察、监狱等。

（二）促进群体交流的非营利性组织

该类组织是指由民间发起，自我管理、自我发展，旨在促进思想交流，宣传普及某种知识，推动某项事业的发展，维护群体利益的各种非营利性组织，包括各种群众团体、宗教组织、专业学会和行业协会等。

（三）提供社会服务的非营利性组织

该类组织是指为满足某些公众的特定需要而提供服务的有关组织，包括学校、医院、红十字会、卫生保健组织、新闻机构、图书馆、博物馆、基金会、福利和慈善机构等。

二、非营利性组织的购买特点和方式

（一）非营利性组织的购买特点

1. 经费预算约束严格

非营利性组织不以追求利润为目标，其正常运转所需经费主要来自政府拨款、收费或者社会捐赠，经费的预算与支出受到严格的控制。因此，非营利性组织的采购必须量入而出，不能突破预算总额。有时，对组织的单项办公设备、运输工具，甚至办公座椅等的单价都有上限约束。

2. 采购程序复杂受控

非营利性组织的购买过程要经过许多部门的审核，参与者众多，程序也较为复杂；同时，采购人员只能严格按照规定的程序和条件购买，缺乏自主性。

3. 注重价廉物美

由于受到经费预算的限制和维持组织运行、履行组织职能的需要，保证质量和价格低廉是影响购买决策的最关键因素。因此，非营利性组织在采购时往往更倾向于选择报价较低且质量符合要求的供应商。

（二）非营利性组织的购买方式

1. 公开招标

通过公开招标方式选择供货商是非营利性组织常用的购买方式之一。这种购买方式有利于控制预算，保证质量。采用这种购买方式时，非营利性组织处于主动地位，而供应商之间会产生激烈竞争。各供应商要想从中胜出，必须仔细研究招标单位对产品品种、规格的具体要求，结合自身条件和长远利益，合理确定报价。

2. 议价合约

在复杂的采购项目中，经常涉及巨大的研究与开发费用，且风险较高。此时，非营利性组织可以采用议价合约方式，同时和初选出来的若干供应商就某一采购项目的价格及有关交易条件进行谈判，从中选择符合要求的供应商签订采购合同。

3. 日常采购

为了维持组织的正常运转，非营利性组织通过例行采购方式购买办公桌椅、文具纸张、小型办公设备等。这类采购所需资金少，购买者对产品也比较熟悉，类似于产业市场的“直接重购”。

三、政府市场及购买行为分析

（一）政府市场的特点

政府市场属于非营利性组织市场。由于政府采购者的特殊身份，其购买行为既具有组织购买的某些共性，又呈现出以下特点：

1. 购买目的的非营利性和多重性

消费者购买是为了满足生活需要，工商企业购买是为了营利，而政府采购是非商业性购买行为，不以营利为目的。政府通过购买为政府部门提供办公用品或向社会提供公共产品，从而履行职能及维持自身的正常运转。政府在购买时不仅要考虑经济性因素，还要考虑其他政治性、军事性及社会性目标。

2. 遵循国家利益至上原则，倾向于照顾本国的公司

尽管质量和价格是政府部门选择供应商的重要标准，但是有时非经济标准的作用也很大。政府购买决策过程中往往优先选择本国产品，保护中小企业发展、保护环境等，以刺激国内需求，保护和支持本国工业的发展。有时，出于国家安全的考虑，国家有关部门会对军事装备、通信设备、办公软硬件设备等做出禁止性规定，明确将有一些供应商排除在外。

3. 资金来源的公共性

政府采购的资金来源为财政拨款和需要由财政偿还的公共借款，其购买行为受社会公众的监督。因此，政府采购必须遵循公开透明、公平公正和诚实信用原则，严格按照批准的预算执行，以提高政府采购资金的使用效益，维护国家利益和社会公共利益。

（二）政府采购的方式

一般的政府采购方式与非营利性组织的采购方式是一样的，即公开招标、议价合约和日常采购三种。在我国，2002 年通过的《中华人民共和国政府采购法》中明确指出，政府采购主要通过公开招标、邀请招标、竞争性谈判、询价和单一来源采购等方式来选择合适的供应商，并对每种方式的适用情况做出了相应的规定。

1. 公开招标

公开招标是政府采购的主要方式。其具体做法是：向社会发布招标公告，公布拟采购产品的具体要求，在规定的期限内进行投标和开标，择优选择供应商。公开招标时不限定投标企业，要求至少有三家符合投标资格的供应商参加投标。

2. 邀请招标

邀请招标是指政府采购部门主动邀请事先预选的符合条件的供应商参加投标的购买方式。邀请招标应当向三家以上的供应商发出投标邀请书，并至少有三家供应商参加投标。符合下列情形之一的货物或者服务，可采用邀请招标的方式采购：①具有特殊性，即只能从有限范围的供应商处采购的；②采用公开招标方式的费用占政府采购项目总价值的比例过大的。

3. 竞争性谈判

竞争性谈判是指政府采购部门组成谈判小组与多家供应商同时进行谈判，从中确定最优供应商的采购方式。竞争性谈判采购要求谈判小组由采购人的代表和有关专家共三人以上的单数组成，其中专家的人数不得少于成员总数的 2/3。符合下列情形之一的货物或者服务，可以采用竞争性谈判的方式采购：①招标后没有供应商投标或者没有合格标的或者重新招标未能成立的；②技术复杂或者性质特殊，不能确定详细规格或者具体要求的；③采用招标所需时间不能满足用户紧急需要的；④不能事先计算出价格总额的。

4. 询价采购

询价采购是指由询价小组根据采购需求，从符合相应资格条件的供应商名单中确定不少于三家的供应商，并向其发出询价通知书让其报价，在报价的基础上进行比较，从而确定供应商的采购方式。询价采购一般适用于货物规格标准统一、现货货源充足且价格变化幅度较小的政府采购项目。对于某些急需采购项目或招标谈判成本过高的项目，也可采用询价采购的方式。

5. 单一来源采购

单一来源采购也称定向采购，是指政府采购部门与供应商在保证采购项目质量和双方商定合理价格的基础上进行的采购。符合下列情形之一的产品或者服务可以采用单一来源采购方式：①只能从唯一供应商处采购的；②发生了不可预见的紧急情况，不能从其他供应商处采购的；③必须保证原有采购项目一致性或者服务配套的要求，需要继续从原供应商处添购，且添购资金总额不超过原合同采购金额10%的。

（三）政府市场购买过程的参与者

各个国家、各级政府都设有采购组织，一般分为两大类。

1. 行政部门的购买组织

在我国，国务院各部、委、局；省、自治区、直辖市所属各厅、局；市、县所属的各局、科等。这些机构的采购经费主要由财政部门拨款，由各级政府机构的采购部门具体经办。

2. 军事部门的购买组织

军事部门采购的军需品包括军事装备（武器）和一般军品（生活消费品）。各国军事部门都会依照法律设立专门的各级军品采供部门负责军事装备及生活用品的采供工作。

（四）影响政府购买行为的主要因素

政府市场与其他组织市场一样，也受到环境、组织、人际和个人因素的影响，但是在以下方面有所不同：

1. 受到社会公众的监督

虽然各国的政治经济制度不同，但是政府采购工作都受各方面的监督。主要的监督者有：

（1）国家权力机关和政治协商会议，即国会、议会或人民代表大会、政治协商会议。政府的重要预算项目必须提交国家权力机关审议通过，经费使用情况也必须受到监督。

（2）行政管理和预算办公室。有的国家成立专门的行政管理和预算办公室，审核政府的各项支出并试图提高使用的效率。

（3）新闻媒体。报纸、杂志、广播、电视等传播媒体密切关注政府经费的使用情况，对于不合理之处予以披露，起到了有效的舆论监督作用。

（4）公民和民间团体。国家公民和各种民间团体对于自己缴纳的税赋是否切实地用之于民也非常关注，通过多种途径表达自己的意见。

2. 受到国际国内政治形势的影响

在国家安全受到威胁或出于某种原因发动对外战争时，军备开支和军需品需求就大，而在和平时期用于建设和社会福利的支出就大一些。

3. 受到国际国内经济形势的影响

在经济疲软时期，政府会缩减支出，经济高涨时期则增加支出。国家经济形势不同，政府用于调控经济的支出也会随之增减。

4. 受到自然因素的影响

各类自然灾害会使政府用于救灾的资金和物资大量增加。

【学科前沿】

系统购买与采购外包

随着社会分工的深化，组织顾客的采购方式也发生着变化，各种新型采购方式和合作方式不断出现，系统购买与采购外包方式渐成趋势，这里仅介绍三种。

一、交钥匙工程项目

交钥匙工程是企业系统采购的一种方式，通常在国际商务合作领域广泛应用。跨国公司为东道国建造工厂或其他工程项目，在设计与建造工程完成、设备安装、试车及初步操作顺利运转后，即将该工厂或项目所有权和管理权的“钥匙”依合同完整地“交”给对方，由对方开始经营。站在供给方角度看是“交钥匙”，站在需求方角度看是系统购买。

站在需求方角度看，交钥匙工程的优点有：①省心省力。需求方只需要面对一家供给方来谈判，整个工程项目的勘察设计、招投标、原材料采购、工程建设及监理、设备采购安装调试、试生产（试运营）、管理人员及员工培训、管理制度设计及运营体系的构建等都由供给方全权负责，需求方只看“结果”就行了。②质量保证。交钥匙工程的中标方一般都拥有悠久的历史、良好的声誉、丰富的经验、雄厚的技术和管理团队及严格的质量管理体系，会确保工程按时按质交付。③获得经验。需求方可以在参与工程项目建设培训中获得锻炼的机会，在工程项目完成之后的技术及管理培训中学习到先进的技术和管理经验。

交钥匙工程的缺点有：①成本高。采用交钥匙工程项目方式购买，需求方要比自行主导建设花费更多的成本，因为供给方在每一个环节都要考虑获得利润，有些核心设备还可能存在垄断利润。②需求方的话语权受到一定的限制。在交钥匙工程项目方式下，供给方一般都会提供一定的融资担保，会选择从供给方认可的、关系密切的厂商采购原材料和设备，需求方也由于自身经验和能力所限很难提出太多的要求。

从需求方角度看，交钥匙工程项目的运作包括以下内容：①充分调查。需求方要进行充分的调查研究，论证工程项目的必要性、可能的建设运营方式的优缺点、融资方式和资金保障、初步收集和筛选优质的供给方等信息，以备招标时评价所用。②对外招标。需求方应组建工程招投标机构，对外发布招投标公告，详细说明工程项目的性质和要求，在规定时间内征召合格的投标单位。③评价标书。需求方要公开开标，对投标单位提供的标书进行科学公正的评价，从中选择合适的中标单位。④需求方与中标单位签订一揽子合作协议，规定好各方的权利义务及例外事项的处理等，全权授权中标方进行项目的建设和运作。⑤供给方（中标方）按照合同要求完成工程项目的勘察设计、施工、设备采购安装调试、管理人员技术人员及员工培训、试生产、运营制度的建立等。⑥供给方在完成合同规定任务、需求方验收后，将工程项目（钥匙）整体移交给需求方。

二、BOT 项目

BOT 是英文 Build-Operate-Transfer 的缩写，通常直译为“建设-经营-转让”。BOT 模式实质上是基础设施投资、建设和经营的一种方式，以政府和私人机构之间达成协议为前提，由政府向私人机构颁布特许，允许其在一定时期内筹集资金建设某一基础设施并管理和经营该设施及其相应的产品与服务。

BOT 项目的优点有：①降低政府的财政负担。②政府可以避免大量的项目风险。③组织机构简单，政府部门和私人企业协调容易。④项目回报率明确，严格按照中标价实施。政府和私人企业之间的利益纠纷少。⑤有利于提高项目的运作效率。⑥BOT 项目也是发展中国家吸引外资的重要方式，通常由外国的公司来承包，这样会给项目所在国带来先进的技术和管理经验，既给本国的承包商带来较多的发展机会，也会促进国际经济的融合。BOT 项目的缺点有：①公共部门和私人企业往往都需要经过一个长期的调查了解，谈判和磋商过程，以至项目准备期过长，使投标费用过高。②投资方和贷款人风险过大，没有退路，使融资举步维艰。③参与项目各方存在某些利益冲突，对融资造成障碍。④机制不灵活，降低私人企业引进先进技术和管理经验的积极性。⑤在特许期内，政府对项目减弱甚至失去控制权。

BOT 项目需要多方参与才能完成，主要的参与者有：①项目发起人。作为项目发起人首先应作为股东，分担一定的项目开发费用。在 BOT 项目方案确定时，就应明确债务和股本的比例，项目发起人应作出一定的股本承诺。同时，应在特许协议中列出专门的备用资金条款，当建设资金不足时，由股东们自己垫付不足资金，以避免项目建设中途停工或工期延误。②购买商服务者。BOT 项目产品或服务的实际购买者，其必须有长期的盈利历史和良好的信誉保证，并且其购买产品的期限至少与 BOT 项目的贷款期限相同，产品的价格也应保证使项目公司足以回收股本、支付贷款本息和股息，并有利润可赚。③债权人。债权人是 BOT 项目提供贷款的组织或个人。债权人按照协议规定的时间、方式支付提供项目公司所需的所有贷款，同时获得合理的利息。④建筑发起人。建筑发起人是实际承担 BOT 项目建设任务的企业，其必须拥有很强的建设队伍和先进的技术，按照协议规定的期限完成建设任务，因其本身原因未按照合同规定期限完成任务，或者完成任务未能通过竣工验收，将会被罚款。⑤保险公司。保险公司是 BOT 项目顺利实施不可或缺的角色，其责任是对项目中各个角色不愿承担的风险进行保险，包括建筑商风险、业务中断风险、整体责任风险、政治风险（战争、财产充公等）等。⑥供应商。供应商负责供应项目公司所需的设备、燃料、原材料等。供应商必须具有良好的信誉和较强而稳定的盈利能力，能提供至少不短于还贷期的一段时间内的燃料（原料），同时供应价格应在供应协议中明确注明，并由政府和金融机构对供应商进行担保。⑦运营商。运营商负责项目建成后的运营管理，为保持项目运营管理的连续性，项目公司与运营商应签订长期合同，期限至少应等于还款期。⑧政府。政府是 BOT 项目成功与否的最关键角色之一，其对于 BOT 的态度以及在 BOT 项目实施过程中给予的支持将直接影响项目的成败。

BOT 项目的实施步骤：①项目发起方成立项目专设公司（项目公司），专设公司同东道国政府或有关政府部门达成项目特许协议。②项目公司与建设承包商签署建设合同，并得到建筑商和设备供应商的保险公司的担保。专设公司与项目运营承包商签署项目经营协议。③项目公司与商业银行签订贷款协议或与出口信贷银行签订买方信贷协议。④进入经营阶段后，项目公司把项目收入转移给一个担保信托，担保信托再把这部分收入用于偿还银行贷款。

三、PPP 模式

PPP（Public-Private Partnership）模式，即政府和社会资本合作，是公共基础设施中的一种项目运作模式，是指在公共服务领域，政府采取竞争性方式选择具有投资、运营管理能力的社会资本，双方按照平等协商原则订立合同，由社会资本提供公共服务，政府依据公共服务绩效评价结果向社会资本支付对价。在该模式下，私营企业、民营资本与政府进行合作，参与公共基础设施的建设。与 BOT 相比，狭义 PPP 的主要特点是，政府对项目中后期建设管理运营过程参与更深，企业对项目前期的科研、立项等阶段参与更深。政府和企业都是全程参与，双方合作的时间更长，信息也更对称。

PPP 模式的优点有：①PPP 模式可以实现更高的经济效率和时间节约，实现物有所值。PPP 项目依靠利益共享、风险共担的伙伴关系，可以有效降低项目的整体成本。②PPP 模式有助于增加基础设施项目的投资资金来源。PPP 模式可以为政府提供表外融资。PPP 模式下，项目融资更多地由私营机构完成，从而缓解了公共部门增加预算、扩大债务的压力。③PPP 模式可提高公共部门和私营机构的财务稳健性。由于 PPP 模式下的项目融资在整个项目合同期间是有保障的，且不受周期性的政府预算调整的影响，这种确定性可以提高整个项目的生命周期。投资计划的确定性和效率，将提高公共部门的财务稳健性。此外，PPP 项目的性质决定了项目需求所产生的风险相对较低，项目的未来收入比较确定，提高了社会资本的财务稳健性。④PPP 模式可使基础设施/公共服务的品质得到改善。一方面，参与 PPP 项目的私营机构通常在相关领域积累了丰富经验和技术，私营机构在特定的绩效考核机制下有能力提高服务质量；另一方面，PPP 模式下，私营机构的收入和项目质量挂钩。⑤PPP 模式有助于公共部门/私营机构实现长远规划。在 PPP 模式下，项目的设计、建设和运营通常都由同一个联合体执行，各个参与者需要为同一个目标和利益工作，项目的不同参与者之间可以得到充分整合，实现良好的协同。由于项目的收益涉及整个生命周期，在利益驱动下，私营机构将基于更长远的考虑，选择最合适的技术，实现设施长期价值的最大化和成本的最小化。⑥PPP 模式有助于树立公共部门的新形象，也可以使私营机构得到稳定发展。

PPP 模式的缺点有：①PPP 模式导致私营机构融资成本较高。与公共部门相比，私营机构的融资成本通常要高于公共机构的融资成本。②PPP 模式普遍采用的特许经营制度可能导致垄断，可能会削弱私营机构降低成本、提高服务质量的动力。③PPP项目复杂的交易结构可能降低效率。PPP 项目需要多个独立参与者通力合作，而多个参与者会导致整个项目的约束条件增加。由于每个参与项目的商业机构都会在咨询、会计和法律等方面产生支出，这部分支出会包括在投标价格中，从而传导给公共部门。④PPP 的长期合同缺乏足够的灵活性。为了项目长期运行稳定，PPP 合同可能会比较严格，从而导致灵活性不够。

PPP 模式一般包含以下三个核心要素：①融资要素。私人部门参与投融资以有效减轻政府财政负担，加快基础设施建设。②项目产权要素。PPP 项目产权包含所有权、经营权和收益权等权利。特许私人部门拥有项目所有权或项目经营权和收益权，可以激励私人部门进行管理和技术创新，从而提高项目的建设运营效率。同时，特许私人部门运营基础设施，有利于促进公共部门机构改革，消除冗员现象。③风险分担要素。共同分担风险是 PPP 模式与传统方式的重要区别所在，PPP 模式中公私部门按照各自承担风险能力的大小来分担风险，不仅能够有效地降低各自所承受的风险，还能加强对整个项目的风险控制。

【每章一练】

一、单项选择题

1. 以下选项属于营利组织的是（　　）。

A. 企业　　B. 慈善机构　　C. 学会　　D. 政府部门

2. 一般来说，组织市场需求的波动幅度会（　　）消费者市场需求的波动幅度。

A. 小于　　B. 大于　　C. 等于　　D. 都不是

3. 组织用户最复杂的购买类型是（　　）。

A. 直接重购　　B 修正重购　　C. 重购　　D. 新购

4. 组织市场购买决策的特点是（　　）。

A. 购买者数量巨大　　B 直接购买

C. 购买决策简单　　D. 影响决策的人数少

5. 组织用户自身的有关因素称为（　　）。

A. 人际因素　　B. 个人因素　　C. 组织因素　　D. 环境因素

6. 对于技术变化较快的电子元器件，企业会倾向于（　　）。

A. 随用随买　　B. 大批量购买

C. 大量库存　　D. 年初一次性订购

7. 一般情况下，火力发电厂采购电煤一般适合于（　　）。

A. 新购　　B. 修正重购　　C. 直接重购　　D. 系统购买

8. 按照不同的职能，下列非营利组织中属于履行国家职能的有（　　）。

A. 学术团体　　B. 商业银行　　C. 高等学校　　D. 国防部门

9. 非营利组织自己邀请若干家供应商就某种产品进行购买洽谈，从中比较确定供应商的购买方式是（　　）。

A. 公开招标选购　　B. 议价合约选购

C. 日常选购　　D. 私下购买

10. 政府部门在采购办公用小汽车时，小汽车的单价（　　）。

A. 有下限限制　　B. 有上限限制

C. 可自主确定　　D. 按照市场均价确定

二、双项选择题

1. 非营利组织市场的购买方式主要包括（　　）。

A. 新购　　B. 公开招标　　C. 议价合约

D. 修正重购　　E. 直接重购

2. 影响组织市场购买决策的因素不包括（　　）。

A. 环境因素　　B. 市场因素　　C. 人际因素

D. 服务因素　　E. 组织因素

3. 组织市场不包括（　　）。

A. 生产者市场　　B. 消费者市场　　C. 中间商市场

D. 政府市场　　E 竞争者市场

4. 组织市场的特点有（　　）。

A. 最终需求　　B. 直接购买　　C. 间接购买

D. 中间需求　　E. 需求波动小

5. 政府购买的特点有（　　）。

A. 预算控制　　B. 随时变动　　C. 多方监督

D. 领导决定　　E. 自主决定

6. 组织市场购买决策的参与者不包括（　　）。

A. 发起者　　B. 影响者　　C. 竞争者

D. 垄断者　　E. 采购者

7. 非营利组织购买时，下列产品适合于日常购买方式的是（　　）。

A. 打印纸　　B. 打印机　　C. 小汽车

D. 笔记本电脑　　E. 一次性纸杯

8. 某钢铁厂采购（　　）时通常会选择直接重购类型。

A. 铁矿石　　B. 炼钢炉　　C. 轧钢机

D. 焦炭　　E. 自动控制软件

9. 在我国，以下选项中属于非营利组织的是（　　）。

A. 工商银行　　B. 公立中小学

C. 中国人民银行　　D. 互联网门户网站

E. 百度

10. 在（　　）情况下，政府购买可能会增加。

A. 国内经济不景气　　B. 友好国家发生重大自然灾害

C. 国内风调雨顺　　D. 国家面临严重的军事冲突

E. 社会关系和谐

三、判断题

1. 组织市场是最终市场，直接决定消费者市场需求。（　　）

A. 正确　　B. 错误

2. 组织市场的购买者往往经过中间商进行采购。（　　）

A. 正确　　B. 错误

3. 组织市场需求的波动幅度大。（　　）

A. 正确　　B. 错误

4. 租赁是组织市场的重要特点之一。（　　）

A. 正确　　B. 错误

5. 非营利性组织市场的经费均来自政府拨款。（　　）

A. 正确　　B. 错误

6. 企业购买新的机器设备一般属于修正重购类型。（　　）

A. 正确　　B. 错误

7. 组织购买者与供应商的关系十分紧密。 ( )

A. 正确 B. 错误

8. 中间商采购时更关注产品品种的齐全性。 ( )

A. 正确 B. 错误

9. 生产者采购时对产品的质量和技术性能不太关注而更关心成交价格。 ( )

A. 正确 B. 错误

10. 政府部门采购产品时会倾向于选购价廉物美的产品。 ( )

A. 正确 B. 错误

四、理论分析题

1. 简述组织市场的特点。
2. 简述组织市场购买的主要类型。
3. 简述组织市场购买决策过程。
4. 简述政府市场购买的主要方式。
5. 试述影响组织市场购买决策的因素。
6. 简述影响政府购买行为的主要因素。

【案例分析】

海尔的采购供应管理

海尔集团创立于1984年，是一家全球领先的美好生活解决方案服务商。在持续创业创新过程中，海尔集团始终坚持以“人的价值第一”的发展主线，以用户体验为中心，踏准时代的节拍，连续两年作为全球唯一物联网生态品牌蝉联BrandZ最具价值全球品牌100强。2018年，海尔集团全球营业额达2 661亿元，同比增长10%；全球利税总额突破331亿元，同比增长10%；生态收入达151亿元，同比增长75%。海尔集团拥有3家上市公司，成功孵化5家独角兽企业和32家瞪羚企业，全球设立了10+N开放式创新体系、25个工业园、122个制造中心和24万个销售网络，深入全球160个国家和地区，服务全球10亿+用户家庭。拥有海尔、卡萨帝、Leader、GE Appliances、Fisher& Paykel、AQUA、Candy、卡奥斯COSMOPlat 、日日顺、盈康一生、海尔生物医疗、海纳云、海创汇、海尔兄弟等众多生态品牌和新物种（数据截至2021年1月）。海尔连续12年稳居欧睿国际世界家电第一品牌，子公司海尔智家位列《财富》世界500强和《财富》最受赞赏公司，旗下新物种卡奥斯COSMOPlat，在中国工信部双跨工业互联网平台中排名榜首，被ISO、IEEE、IEC三大国际标准组织指定牵头制定大规模定制模式的国际标准。在物联网时代，海尔生态品牌和海尔人单合一模式正在实现全球引领。

作为一家跨国公司，产品面向全球用户，原材料和服务也面向全球供应商。因此，符合便捷、高效、低成本等要求的供应链体系至关重要。海尔集团在这方面也做了有益的探索。从1998年开始，海尔就提出要注重供应链的管理，以优化供应链为中心，在全集团范围内对原业务流程进行了重新设计和再造，与国际化大公司全面接轨，强化了企业的市场应变能力，大大提升了海尔的市场快速反应能力和竞争能力，保证了企业的可持续发展。海尔的供应链纽带离不开技术系统的支撑，在1998年，公司第一次通过订单处理集中化的方式进行业务重组，由按库存生产转向了按订单生产，开始了真正意义上的海尔现代采购供应链模式。

海尔采购管理体系的特点：①交易过程简化，降低成本。由于供应商与海尔建立了合作伙伴关系，签订供应合同的手续大大简化，不再需要双方多次的协商，交易成本也因此降低。同时，质量和交货期也能得到保证，使得采购物料直接进入海尔制造部门，简化了许多不增值的采购工作流程。②资格认证，确保质量。海尔采购部采购的原材料的质量对海尔最终产品的质量有很大的关系，海尔和供应商是供应链上的合作伙伴关系——意味着供应商的资格认证、产品质量、信用程度都是可靠并值得信赖的，这有助于产品质量的保证。③建立采购平台，互利双赢。海尔物流与供应商搭建起了公平、互动、双赢的采购协作平台，通过采购平台，海尔集团不但加快了整条供应链的反应速度，而且与供应商真正实现了双赢。④零库存管理，即用即采即供。海尔集团按照零库存标准采购供应产品，以满足JIT（Just In Time）要求。

海尔集团的供应商管理有两种模式：一是竞争关系模式，二是双赢关系模式，而现代供应链管理思想的集中表现就是合作与协调。因此，在现代供应链管理趋势下，海尔集团选择了双赢关系模式。双赢关系模式是一种合作的关系，它强调在合作的供应商和海尔集团之间共同分享信息，通过合作和协商协调相互的行为。海尔集团在选择供应商时主要考虑以下几个条件：①供货历史，即具有在行业内给国际化企业或知名企业2年以上的批量供货配套经验（注：知名企业为行业内市场占有率前十名企业）。②设计与开发能力，即具有提供先进母本借鉴并能够参与前端设计开发的能力。③质量保证体系，即具有完善的质量保证体系，企业通过ISO9001或IS09000认证，产品通过UL、VDE、CSA等国家的认证。④信息能力，企业内部有信息系统，并且具有网上接单、网上招标、网上结算、网上交流的能力。⑤价格水平，即在保证质量一致性的情况下，具有同类产品市场最低水平。⑥交货期，即可满足JIT（Just In Time）的供货模式要求。

海尔集团供应商管理的成效：①海尔集团对供应商给予协助，帮助供应商降低成本、改进质量、加快产品开发进度；②通过建立相互信任的关系提高效率，降低交易/管理成本；③以长期的信任合作取代了短期的合同，确保了合作的持续性和稳定性；④常态化的信息交流，确保双方沟通顺畅化。2014年，海尔设立海尔大买家采购频道，将超过500亿的年采购开放给全球供应商，领跑“系统深度对接、实时坐收报价”的采购新风尚。海尔集团这种与时俱进的采购与供应链管理，帮助海尔连续13年蝉联行业第一，连续16年保持80%的增长速度，资金周转一年达到15次之多，实现了零库存、零运营成本和与顾客的零距离。

资料来源：根据百度百科、360百科、海尔集团网站及相关新闻等资料编写。

案例分析题：

1. 试分析采购供应管理体系在促进海尔集团发展中的作用。

2. 如果您是一家家用电器元器件供应商，如何才能成为海尔的采购供应体系中的一员？

【能力测试】

测试题：试对以下说法做出判断，即在您认为合适的空格处画○，多选、少选均不得分。

序号	题干	同意	较同意	中立	不太同意	不同意
1	制造商比较关注所购买产品的质量性能是否符合技术要求					
2	中间商采购产品时对价格十分敏感					
3	非营利组织倾向于采购价廉物美的产品					
4	组织市场的购买活动大多为理性购买，受采购人员情绪影响小					
5	在发生重大自然灾害时，政府购买会减少					
6	组织用户的购买决策过程可以被看作是确认需求、寻求供给、实现供需平衡的过程					
7	组织中的高级技术人员是影响采购决策的重要力量					
8	政府购买的目的是维护国家安全和社会公众的利益					
9	组织市场购买决策程序复杂，速度慢					
10	组织市场的需求是派生需求，市场需求波动小					

【延伸阅读】

1. 吴健安. 市场营销学［M］. 6 版. 北京：高等教育出版社，2017：129-142.

2. 菲利普·科特勒，加里·阿姆斯特朗. 市场营销：原理与实践［M］. 16 版. 楼尊，译. 北京：中国人民大学出版社，2015：1-34.

3. 汪涛. 组织市场营销［M］. 北京：清华大学出版社，2005：54-69.

4. 许以红，李双玫. 市场营销学［M］. 3 版. 北京：机械工业出版社，2019：95-103.

5. 王永贵. 市场营销学［M］. 北京：中国人民大学出版社，2019：153-168.

第六章 市场竞争者分析

【学习导引】

知己知彼，百战不殆。竞争是市场中存在的普遍现象，企业开展市场营销活动就必然涉及如何应对竞争的问题，也就是如何比竞争对手更出色地向顾客创造和传递价值，并长期地赢得顾客的青睐。通过学习要树立市场竞争意识，了解市场竞争者的含义、类型及识别竞争者的方法，初步掌握拟定市场竞争战略的技能。

【营销箴言】

21 世纪企业的竞争，不再是产品与服务之间的竞争，而是商业模式之间的竞争。

——彼得·德鲁克

我们与竞争对手最大的区别就是我们知道他们要做什么，而他们不知道我们想做什么。我们想做什么，没有必要让所有人知道。

——马云

【营销故事】

差异化战略使拼多多在激烈的市场竞争中脱颖而出

与淘宝、京东等电商巨头相比，拼多多只是一个后来者。拼多多成立于 2015 年 9 月，是一家专注于 C2B 拼团的第三方社交电商平台，用户通过发起和朋友、家人、邻居等的拼团，可以以更低的价格拼团购买优质商品，其中，通过沟通分享形成的社交理念，形成了拼多多独特的新社交电商思维。拼多多是第三方的、全品类的社交电商平台，提供了一种非目的性购物方式，类似于一个人逛一个大型购物中心，您去的时候可能没有明确目的，逛着逛着就可能购买了。在其他电商模式下，当顾客想要买某种商品的时候就会登录一个或多个平台使用搜索引擎去搜自己所需要的产品，然后通过比较商家提供的优惠条件做出购买决定。拼多多的交易过程与其他电商平台是不同的。顾客在其他电商平台购物时处于被动地位，拼多多的顾客则是主动作为。每次交易的完成，拼多多的发起顾客不仅买到了实惠的产品，而且还颇有成就感，极大地增强了顾客与平台的黏性。同时，其他参与本次交易的顾客在买到实惠产品的同时也可能成为下一次交易的发起顾客，由此形成正向“马太效应”，使拼多多的顾客群迅速扩大，号称每天有“3亿人都在拼的App”。与其他电商平台更关注一、二线城市市场不同，拼多多重点开发三线、四线城市及农村市场，满足那些对商品要求“能用就行”但对价格十分敏感的顾客，从而迅速占据了空白市场。据拼多多2019年年报，2019年营业收入达301.4亿元，较上一年同比增长130%，其中活跃买家5.8亿人。另据胡润研究院2020年1月9日发布的《2019胡润中国500强民营企业》，拼多多以市值2 930亿元位列第14位。2020年7月10日，拼多多位列《2020胡润中国10强电商》第4位。

资料来源：根据百度百科及相关新闻报道资料整理。

【理论概述】

在现代市场经济条件下，企业开展市场营销活动不仅要呼应顾客的需求，还要时刻应对来自竞争者的压力。准确地识别竞争者，分析自身及竞争者的优势和不足，采取正确的竞争战略和策略是实现市场营销目标的基础性工作。本章有三节内容：第一节，识别市场竞争者；第二节，分析市场竞争者；第三节，市场地位与竞争战略。

第一节　识别市场竞争者

“知己知彼，百战不殆”，商场如战场。竞争是市场经济的主要特征之一。如何正确识别市场竞争者，选择恰当的市场竞争战略是企业经营成功的关键。企业在开展行之有效的市场营销活动时，若只将服务顾客，满足顾客作为第一目标，不去探究分析市场中的竞争者，是远远不够的。在日益变化的市场中，一个企业要在竞争中获得成功，就要分析市场中的竞争对手，探究采用什么样的竞争策略，以取得在市场中的有利地位。

一、市场竞争者的内涵

市场竞争者，一般是指那些与本企业提供的产品或服务相似，并且所服务的目标顾客也相似的其他企业。竞争者就是在同类行业销售同类产品的企业。例如，康师傅方便面与统一方便面就互为竞争者；联想、戴尔、惠普等销售同类电子产品，也互为竞争者；华为、小米、ViVo等互为手机市场的竞争者。

通常，从两个方面理解竞争者，一个方面是竞争企业处于同一个行业；另一个方面是企业竞争者所需要竞争的顾客具有同样的需求。但是，随着行业与科技的进步，竞争者未必都来自同类行业，也可能来自潜在竞争者。

二、市场竞争者的类型

如果不想竞争，那就去垄断这个行业，但实际上是不可能做到的。如今各个行业都充斥着从世界各地而来的市场竞争者，企业开展市场营销活动时必须深刻意识到，不是你想做什么就能做什么，而是要充分关注和应对竞争者的反应。

市场竞争者可以从不同的角度进行分类（见图 6-1）。

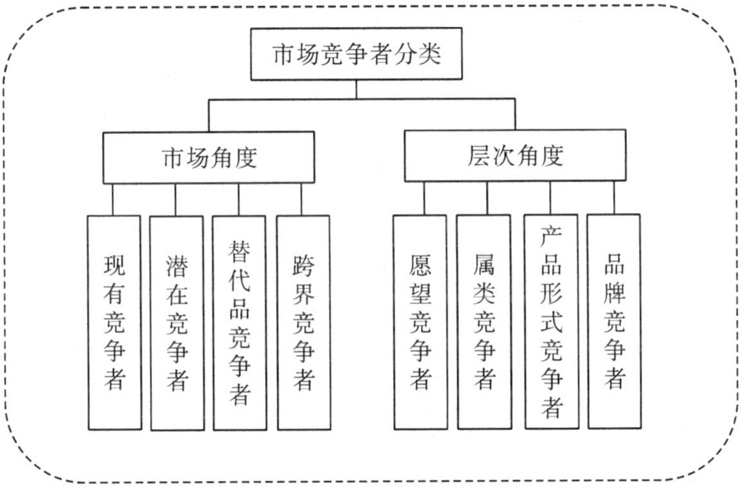

图 6-1　竞争者的分类

（一）从市场角度划分

从市场角度来划分，市场竞争者可分为现有竞争者、潜在竞争者、替代品竞争者和跨界竞争者。

（1）现有竞争者，指本行业内现有的与企业生产同样产品的其他厂家，这些厂家是企业的直接竞争者。

（2）潜在竞争者。当某一行业前景乐观、有利可图时，会引来新的竞争企业，使该行业增加新的生产能力，并要求重新瓜分市场份额和主要资源。另外，某些多元化经营的大型企业还经常利用其资源优势从一个行业侵入另一个行业。新企业的加入，可能导致产品价格下降，利润减少。

（3）替代品竞争者。与某一产品具有相同功能、能满足同一需求的不同性质的其他产品，属于替代品。随着科学技术的发展，替代品将越来越多，某一行业的所有企业都将面临与生产替代品的其他行业的企业进行竞争。

（4）跨界竞争者。这类企业是互联网时代的产物，在互联网技术及信息的应用下，这类企业可以延伸至任何领域。比如，小米手机跨界竞争电视、农业、智能家居行业，阿里巴巴延伸至金融领域引起银行界恐慌。一句话，哪里有高毛利，巨头就会毫不犹豫地跨界竞争。

（二）从层次角度划分

从竞争层次角度来划分，市场竞争者可以分为愿望竞争者、属类竞争者、产品形式竞争者和品牌竞争者。

（1）愿望竞争者。愿望竞争者是广义上的竞争者，企业可以将所有与自己争夺同一市场购买力的企业视为竞争者。例如，某汽车制造公司可以将食品公司、旅游公司、房地产公司等看作竞争者，因为在顾客收入一定的情况下，顾客在某个方面的支出变多后，购买汽车的能力就会降低。

（2）属类竞争者。属类竞争者是指能够满足顾客同一需求的不同类别产品之间的竞争者。例如，能够满足顾客周末休闲娱乐需求的产品很多，如短途旅游、观看电影、外出钓鱼、朋友聚餐打牌等，这样，旅游公司、加油站（自驾游方式）、休闲鱼塘、餐馆、棋牌室等都可能互相成为竞争者。

（3）产品形式竞争者。产品形式竞争者是指生产同种产品但提供不同规格、型号、款式的竞争者。由于这些同种但形式不同的产品在同一种需要的具体满足上存在着差异，购买者有所偏好和选择，因此这些产品的生产经营者之间便形成了竞争关系，互为产品形式竞争者。自行车就有男式车、女式车、轻便车、加重车、平车、山地车、助力车、赛车等。自行车购买者做出的选择山地车的购买决策，实际上就是产品形式竞争的结果。

（4）品牌竞争者。品牌竞争者是指满足相同需求的、规格和型号等相同的同类产品的不同品牌之间在质量、特色、服务、外观等方面所展开的竞争的企业。因此，当其他企业以相似的价格向同一顾客群提供类似产品与服务时，营销者将其视为竞争者。品牌竞争者指生产相同规格、型号、款式的产品，但品牌不同的竞争者。品牌竞争者之间的产品相互替代性较高，因而竞争非常激烈，各企业均以培养顾客品牌忠诚度作为争夺顾客的重要手段。以家用汽车为例，奔驰、宝马、奥迪、吉利、比亚迪、大众、福特、通用等厂商生产的产品就互为品牌竞争者。

第二节　分析市场竞争者

企业参与市场竞争，不仅要了解谁是自己的顾客，而且还要弄清谁是自己的竞争对手。

从表面上看，识别竞争者是一项非常简单的工作，但是，由于需求的复杂性、层次性、易变性，技术的快速发展和演进，产业的发展等使得企业面临复杂的竞争形势，一个企业可能会被新出现的竞争对手打败，或者由于新技术的出现和需求的变化而被淘汰。企业必须密切关注竞争环境的变化，了解自己的竞争地位及彼此的优劣势，只有知己知彼，方能百战不殆。

一、市场竞争者分析的步骤

（一）确认竞争者的目标

在识别了主要竞争者之后，企业经营者接着应回答的问题是：每个竞争者在市场上寻求什么？什么是竞争者行动的动力？最初经营者推测，所有的竞争者都追求利润最大化，并以此为出发点采取各种行动。但是，这种假设过于简单。不同的企业对长期利益与短期利益各有侧重。有些竞争者更趋向于获得“满意”的利润而不是“最大利润”。尽管有时通过一些其他的战略可能使他们取得更多利润，但它们有自己的利润目标，只要达到既定目标就满足了。也就是说，竞争者虽然无一例外关心其企业的利润，但它们往往并不把利润作为唯一的或首要的目标。在利润目标的背后，竞争者的目标是一系列目标的组合，对这些目标竞争者各有侧重。所以，我们应该了解竞争者对盈利的可能性、市场占有率的增长、资金流动、技术领先、服务领先和其他目标所给予的重要性权数。了解了竞争者的这种加权目标组合，我们就可以了解竞争者对自己的财力状况是不是满意，其对各种类型的竞争性攻击会作出什么样的反应等。如一个追求低成本领先的竞争者对其竞争对手因技术性突破而使成本降低所作出的反应，比对同一位竞争者增加广告宣传所作出的反应强烈得多。

企业必须跟踪了解竞争者进入新的产品细分市场的目标。若发现竞争者开拓了一个新的细分市场，这对企业来说可能是一个发展机遇；若企业发现竞争者开始进入本企业经营的细分市场，这意味着企业将面临新的竞争与挑战。对于这些市场竞争动态，企业若了如指掌，就可以争取主动，有备无患。

（二）分析市场竞争环境

关于市场竞争环境，迈克尔·波特指出，有五种力量影响和决定行业与市场的吸引力（见图6-2）。

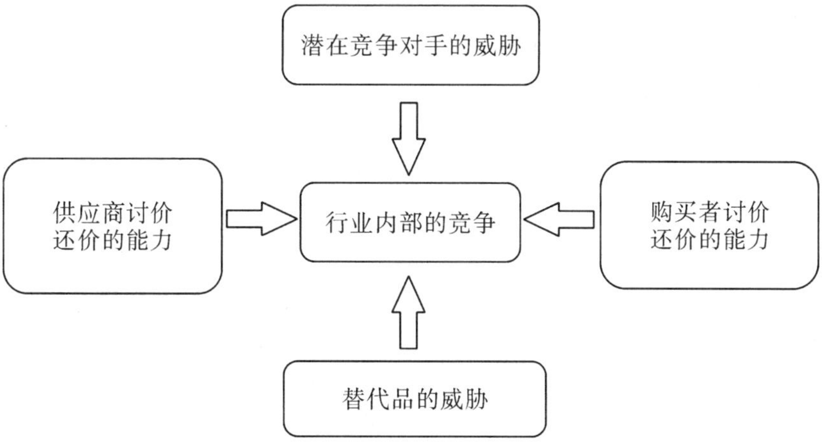

图6-2 迈克尔·波特五力模型

1. 行业内部竞争

导致行业内部竞争加剧的原因可能有以下几种：①行业的增长缓慢，对市场份额的竞争过于激烈；②竞争者数量较多，竞争力量大致相当；③竞争对手提供的产品或服务大致相同，或者体现不出具体的差异；④某些企业为了规模经济的利益，扩大其生产规模，市场竞争平衡被打破，产品大量过剩，企业开始诉诸削价竞销等。

2. 潜在竞争对手的威胁

潜在竞争对手指那些可能进入行业参与竞争的企业。新的进入者将带来新的生产能力和对资源与市场的需求，其结果可能使行业的生产成本上升，市场竞争加剧，产品售价下跌，行业利润减少。

潜在竞争对手的可能威胁，取决于进入行业的障碍程度及行业内部现有企业的反应程度。进入行业障碍程度越高，现有企业的反应越激烈，潜在竞争对手就越不易进入或不想进入，从而对行业构成的威胁也就越小。

3. 替代品的威胁

替代产品同样会影响行业的竞争力度。替代产品是指具有相同功能，或者能满足同样需求从而可以相互替代的产品。如石油与煤炭，铜与铝，咖啡与茶叶，天然原料与合成原料等互为替代品。

4. 购买者讨价还价的能力

行业顾客可能是行业产品的消费者或者用户，也可能是商业买主。顾客的议价能力主要体现在是否可以使卖方降低产品的价格，提高产品的质量或者提供更好的服务。行业顾客的议价能力受以下因素的影响：

（1）购买数量。如果顾客购买数量多，批量大，作为买方的大客户，就有较强的讨价还价能力。如果顾客购买的是重要的原材料，或者顾客购买的支出比重大，顾客就必然会广泛寻找货源，货比三家，从而拥有更强的议价能力。

（2）产品性质。如果是标准化的产品，顾客在货源上有更多的选择，可利用卖主之间的竞争加强自己的议价力量。如果是日用消费品，顾客更关心产品的售价。如果是工业用品，产品的质量和可能提供的服务则是顾客关注的重点。

（3）顾客的特点。消费品的购买者，人数多而分散，每次购买的数量较少；工业品购买者人数少且分布集中，因此每次购买产品的数量较多；经销商不仅大批量长期进货，而且还可直接影响消费者的购买决策。因此经销商或工业用户相对消费品购买者而言具有更强的议价能力。

（4）市场信息。如果顾客了解市场供求状况、产品价格变动趋势，并掌握卖方生产成本或市场营销成本等有关信息，就会有很强的讨价还价能力，就有可能争取到更优惠的价格。

5. 供应商讨价还价的能力

供应商的议价能力，表现在供货厂商能否有效地促使买方接受更高的价格、更早的付款时间或更可靠的付款方式。供货厂商的议价能力受以下因素的影响：

（1）对货源的控制程度。若货源由少数几家厂商控制或垄断，这些厂商就处在有利的竞争地位，就有能力在产品价格、付款时间或方式等方面对购货厂家施加压力，索取高价。

（2）产品的特色。若供货厂商的产品具有特色，或购买厂家转换货源供应需要付出很大的代价或很长的适应时间，则供货厂商就处于有利的竞争地位，就有能力在产品上议价。

（3）用户的特点。若购货厂家是供货厂商的重要客户，供货厂商就会采取各种积极措施来搞好与用户的关系。例如，合理的定价水平、优惠的付款条件、积极的产品开发活动或各种形式的产品服务，争取稳定的客户关系或长期的供货关系。

（三）找出市场竞争者的优势和劣势

企业可以借助比较分析法找出市场竞争者在产品质量、品种、花色、品牌、包装、新产品开发、价格、分销渠道、物流供应、促销及市场营销管理等方面的优势和劣势，以正确判断企业自身及竞争者目前的市场地位。根据市场地位的不同，企业一般可以划分为市场领导者、市场挑战者、市场跟随者及市场利基者四种类型。

（四）拟定恰当的市场竞争战略

企业在上述分析的基础上，可以根据自身的战略目标、掌控资源的状况，结合环境变化带来的机会和威胁，拟定恰当的市场竞争战略。判断企业的市场竞争战略是否恰当的标准主要有三个：一是合法性。企业的任何市场竞争战略都不得违反国家的法律法规，要遵循一定的商业道德规范。二是效益性。企业拟定市场竞争战略时应该充分考虑预期收益与付出成本，只有预期收益高于付出成本的市场竞争战略才是值得实施的。三是细致性。企业拟定的市场竞争战略应该具体细致，具有可执行性。

（五）推动实施市场竞争战略

企业要充分考虑到实施市场竞争战略可能带来的各种风险，特别是市场竞争对手的反应方式和策略，拟定和落实各种应对措施，以取得良好的竞争效果。

二、市场竞争者分析的内容

（一）分析与判定竞争者战略

一家企业的战略与另一家的越相似，它们之间的竞争就越激烈。通常在大多数行业，竞争者可以分为实行不同战略的群组，每个群组由那些实行相同或相似战略的企业组成。区别这些战略群组有其特殊的价值。例如，当一家企业准备加入其中的某一群组时，这个群组的成员就将成为该企业的主要竞争者。通常这些群组会设置各不相同的障碍，阻止新的竞争者加入。所以，企业必须认真考虑这些群组成员的实力与战略特征，以求突破障碍而进入。一般作为新进入的企业，只有比原来的企业做得更出色，才有可能获得成功。

区分战略群体可以分为以下两个方面：一是进入各个战略群体的难易程度不同。一般小型的经营者很难进入大的、资金雄厚、声誉高的群组，而实力雄厚、有实力的企业，则会选择有较强的竞争对手的群组。二是企业决定选择进入某一战略群组时，该群组成员则会成为主要的竞争对手。因此，当它进入到某一个行业时，必须具备一定的竞争优势，才能吸引相同的目标顾客。随着市场环境的不断变化，企业应当不断审视竞争者的战略，并相应地调整自己的战略。

（二）判定竞争者的目标

每个竞争者都有侧重点不同的目标组合，企业只有了解到每个竞争者的重点目标是什么，才能正确判断他们对不同的竞争行为将如何反应。企业还必须监视竞争者的拓展计划，如果发现竞争者开拓了一个新的细分市场，那么，这可能是一个市场营销机会；反之，如果发觉竞争者正试图打入属于自己的细分市场，那么，就应及早加强该细分市场的业务力量。

（三）SWOT 分析（优劣势及机会威胁分析）

所谓 SWOT 分析，即基于内外部竞争环境和竞争条件下的态势分析，就是将与研究对象密切相关的各种主要内部优势、劣势和外部的机会和威胁等，通过调查列举出来，并依照矩阵形式排列，然后用系统分析的思想，把各种因素相互匹配起来加以分析，从中得出一系列相应的结论，而结论通常带有一定的决策性。SWOT 分析法示意图见图 6-3。

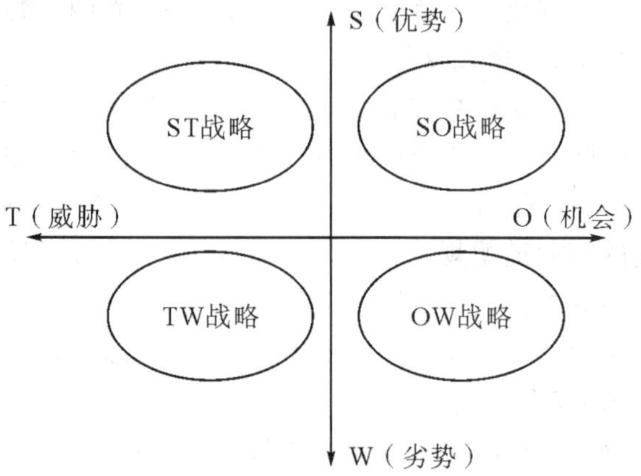

图 6-3　SWOT 分析法图示

运用这种方法，可以对研究对象所处的情景进行全面、系统、准确的研究，从而根据研究结果制定相应的发展战略、计划以及对策等。S（strengths）是优势、W（weaknesses）是劣势、O（opportunities）是机会、T（threats）是威胁。按照企业竞争战略的完整概念，战略应是一个企业“能够做的”（即组织的强项和弱项）和“可能做的”（即环境的机会和威胁）之间的有机组合。

1. 优势与劣势分析（SW）

优势，是企业的内部因素，具体包括：有利的竞争态势；充足的财政来源；良好的企业形象；技术力量；规模经济；产品质量；市场份额；成本优势；广告攻势等。劣势，也是企业的内部因素，具体包括：设备老化；管理混乱；缺少关键技术；研究开发落后；资金短缺；经营不善；产品积压；竞争力差等。

由于企业是一个整体，并且由于竞争优势来源的广泛性，所以，在做优劣势分析时必须从整个价值链的每个环节上，将企业与竞争对手做详细的对比。如产品是否新颖，制造工艺是否复杂，销售渠道是否畅通，以及价格是否具有竞争性等。如果一个企业在某一方面或几个方面的优势正是该行业企业应具备的关键成功要素，那么该企业的综合竞争优势就强一些。需要指出的是，衡量一个企业及其产品是否具有竞争优势，只能站在现有或潜在顾客角度，在与竞争者比较中得出结论。

市场竞争者优势与劣势分析过程包括三个阶段：首先，企业要搜集竞争者近期的业务数据，包括销售额、市场占有率、发展战略等。对于竞争者情况的分析要借助一些调查数据，对整个行业的竞争者进行分析，通过数据了解竞争者的长处与缺点以及自己的竞争地位。其次，分析评估竞争者。在搜集信息的基础上，对竞争对手的产品属性、客户群体、产品质量、服务水平等维度要进行综合考量与评测。最后，在分析竞争者的劣势时，要注意竞争者对市场或对自身策略的判断失误，争取利用竞争对手的弱点来开拓新的细分市场。

2. 机会与威胁分析（OT）

机会，是企业的外部因素。机会是指对企业有利的因素，但是这些因素往往具有时效性，这就需要企业决策层把握机会了。机会主要表现：新市场、新需求、竞争小、进入行业暂时没有壁垒、对手出现严重失误、技术方面暂时领先、政府支持等。发现机会就需要企业高层具有敏锐的洞察力和果断的决策力，迅速把握和利用。

威胁，也是企业的外部因素，具体包括：新的竞争对手；替代产品增多；市场紧缩；行业政策变化；经济衰退；客户偏好改变；突发事件等。

企业可能同时面临着机会与威胁，通过进行 OT 分析，让企业认清所处的环境与位置，是充分发挥优势，把握机会，开拓市场，还是考虑威胁，采用保守策略，保持市场。这需要根据企业实际情况进行综合分析。

企业在 SWOT 分析的基础上可以做出四种战略选择：①SO 战略，即在保持和提升现有优势的基础上充分利用市场机会，实现企业发展；②ST 战略，即在保持和提升现有优势的基础上采取有力措施应对市场威胁，力求危中寻机，化危为机；③OW 战略，即在分析市场机会与企业发展目标匹配性的基础上采取有力措施增强企业薄弱环节，补足能力短板，将市场机会变为企业发展机会，以拓展企业发展空间；④TW 战略，即企业如果在现有业务领域存在明显的薄弱环节和能力短板，同时又面临严重的市场威胁的情况下可以选择收割或放弃战略。

（四）判断市场竞争者的反应模式

竞争者的目标、战略、优势和劣势决定了其对降价、促销、推出新产品等市场竞争战略的反应。此外，每个竞争者都有一定的经营理念，因此，为了估计竞争者的反应及可能采取的行动，企业的市场营销管理人员需要深入了解竞争者的思想和信念。当企业采取某些措施和行动之后，竞争者会有不同的反应。

1. 从容不迫型竞争者

一些竞争者反应不强烈，行动迟缓，其原因可能是认为顾客忠实于自己的产品；也可能重视不够，没有发现对手的新措施；还可能是因缺乏资金无法做出适当的反应。

2. 选择型竞争者

一些竞争者可能会在某些方面反应强烈，如对降价竞销总是强烈反击，但对其他方面（如增加广告预算、加强促销活动等）却不予理会，因为他们认为这对自己威胁不大。

3. 凶猛型竞争者

一些竞争者对任何方面的进攻都迅速强烈地做出反应，一旦受到挑战就会立即发起猛烈的全面反击。对这样的企业，同行都会避免与它直接交锋。

4. 随机型竞争者

有些企业的反应模式难以捉摸，它们在特定场合可能采取也可能不采取行动，并且无法预料它们将会采取什么行动。

第三节　市场地位与竞争战略

通常情况下，采用什么样的竞争战略取决于企业在市场上的地位，而企业往往也会根据自己的市场地位来调整竞争战略。市场地位与竞争战略是相互联系、相互制约、密不可分的。正确的市场竞争战略是企业实现其市场营销目标的关键。企业要想在激烈的市场竞争中立于不败之地，就必须树立竞争观念，制定正确的市场竞争战略，努力取得竞争的主动权。每个企业都要依据自己的目标、资源和环境以及在目标市场上的地位，来制定竞争战略。即使在同一企业中，不同的业务、不同的产品也有不同的要求，不可强求一致。因此，企业需要先确定自己在目标市场上的竞争地位，然后根据自己的市场地位选择适当的市场营销战略和策略。一般来说，根据企业在目标市场上所起的领导、挑战、跟随或拾遗补阙的作用，可以将企业分为以下四种类型：市场领导者、市场挑战者、市场跟随者和市场利基者。

一、市场领导者战略

市场领导者是指在相关产品的市场上占有率最高的企业。如美国汽车市场的通用汽车公司、电脑软件市场的微软公司、软饮料市场的可口可乐公司以及快餐市场的麦当劳公司等。一般来说，大多数行业都有一家企业被认为是市场领导者，它在价格变动、新产品开发、分销渠道的覆盖面和促销力量等方面处于主导地位，为同行所公认。市场领导者为了维护自己的优势，保住自己的领先地位，会选择适合自己的竞争战略。

市场领导者是市场竞争中的引领者，在市场中起到导向作用。同时，市场领导者是其他同类行业企业的主要竞争对手。市场领导者是其他企业挑战、效法或回避的对象。因此，市场领导者相对于其他市场地位的企业，面临更多的威胁。市场领导者必须保持高度警惕并且采取适当的竞争战略，才能在市场竞争中立于不败之地。在一般情况下，市场领导者的竞争战略分为以下三种：一是想方设法扩大市场需求量；二是凭借良好的防御和进攻手段，保持现有市场占有率；三是保持市场规模不变的情况下，提高市场占有率。

（一）扩大市场需求量

当市场空间扩张时，受益者肯定是市场领导者。若中国人更喜欢吃快餐，那么麦当劳、肯德基和德克士这些企业的收益则更多。需求量扩大将对市场领导者有极大的益处。一般来说，市场领导者可以从发现新用户、开辟新用途和增加产品的使用量等方面来扩大市场需求量。

1. 发现新用户

当产品具备吸引新购买者的潜力时，寻找与发掘其他潜在用户是扩大市场需求量的主要途径之一，并且是一种有效扩大市场需求量的手段。重点是通过说服或者启发尚未使用产品的用户群体开始使用产品。例如，化妆品公司可以通过说服男性使用化妆品来扩大化妆品市场的总需求量。

2. 发现产品新用途

开发产品的新用途，可以吸引更多的潜在顾客购买产品以扩大市场需求量。美国有一家专门生产牙刷的公司，最初的生意很是艰难，但后来有一段时间突然销量大增，企业很奇怪，就进行调查，这才发现售出的牙刷并没有去清洁人们的牙齿，而是由部队买去交由军人刷枪炮了。后来，企业灵机一动，干脆就专门生产刷枪炮的毛刷了。由此例可见，任何一种产品的功能都不是单一的，只要你用心去发掘，就会找到一个潜在的大市场。如香水除了可以除去身上的异味，香水还可以驱蚊。

3. 增加使用频率或者使用量

促进使用者增加使用量是扩大市场需求量的重要手段之一。就增加产品使用量而言，培养顾客的生活习惯很重要。提高消费者的使用频率与使用次数均能扩大市场需求。例如，日本铃木公司曾将盛有味精的小瓶打了许多小孔，使之不仅方便消费者，又使人们在不知不觉中增加消费量。某洗发水生产企业在产品包装说明中告诉顾客使用两包洗发水分两次洗发效果更好，结果产品销售量大增。

（二）保持市场占有率

保持市场占有率是市场领导者的战略之一。在竞争者尚未开始挑战之前，市场领导者可以主动向相关市场发起全方位出击。如日本一家公司把其两种多个款式的手表分销世界各地，以使挑战者无隙发起攻击。一旦竞争者首先发起攻击，那么市场领导者则应对发起进攻者的主要市场或主要产品发起报复性猛攻，迫使其防御，最终屈服。例如，美国西北航空公司最有利的航线是明尼波里斯到亚特兰大航线，可是其却受到了另一家航空公司的大减价攻击，西北航空公司对此没有做出任何反应，却在明尼波里斯到芝加哥的航线上降价以作报复。由于该航线是发起进攻者的主要市场，结果迫使进攻者不得不恢复原价，停止进攻。一家企业往往生产许多种类的产品，因而存在许多业务单位，但往往并非每一个业务单位都能够盈利。企业应在审慎调查的基础上，坚决撤并营利能力较差或根本就是亏损的业务单位。

（三）提高市场占有率

在市场经济发展的今天，市场地位举足轻重，它决定着生产的规模和类型。在瞬息万变的市场中，占有一定的市场份额是硬道理。提高市场占有率是市场领导者增加收益和保持市场地位的重要方法之一。市场占有率提高一个百分点，都可能会给企业带来巨大的收益。当然，市场份额的持续增高并不意味着利润一直增加，企业能否通过市场占有率获得利润，还取决于其为提高市场占有率所采取的策略。美国的一项研究资料表明，市场占有率达到50%时企业效益最佳。因此企业应设法提高市场占有率，这是增加利润和提高投资收益的重要途径。因此，企业在提高市场占有率时，应该从以下三个方面考虑应采取的战略：一是在市场经济比较发达的国家都制定有反垄断法，当企业的市场占有率达到一定数值，形成垄断时，就有可能遭到政府制裁；二是需要计算为提高市场占有率而付出的成本，如果成本高于提高市场占有率后而获得的利润，就得不偿失了；三是企业在提高市场份额时，未必所有的市场营销手段都是有效的，也不一定能增加收益；只有在企业提高产品质量，并且价格远远高于提高质量的投入与成本，或者是单位成本随着市场占有率的提高而下降的情况下，企业才能获得收益。最佳市场份额见图 6-4。

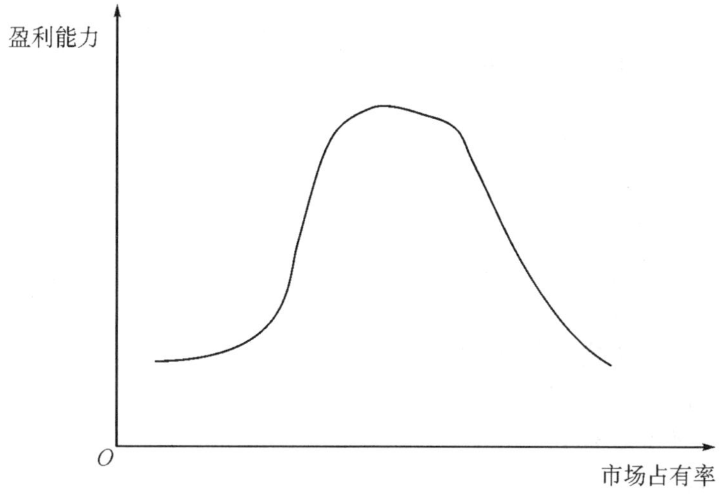

图 6-4　最佳市场份额

二、市场挑战者战略

市场挑战者一般是指在行业中处于第二或第三的地位，而且有意挑战市场领导者地位的企业。如百事可乐相对于可口可乐、蒙牛相对于伊利、福特汽车相对于通用汽车等公司，就处于挑战者地位。

（一）选择攻击对象

市场挑战者首先要明确其战略目标和打算挑战的竞争对手。在任何情况下，发动挑战者必须具备明确和可行的目标。如果以市场领导者为进攻对象，那么目标可以设定成为夺取某些市场的份额；若以小企业为进攻对象，其目标则可能是将其逐出市场。市场挑战者通常针对以下三种竞争者发起攻击：

1. 市场领导者

每一个市场挑战者都希望自己的挑战能获得成功，使自己取而代之，成为市场领导者。这就需要市场挑战者仔细分析市场领导者的优势和劣势，避实击虚，准确而有力地打击市场领导者。在市场竞争中，需要非常重视的是要有好的产品，甚至比市场领导者的产品还优胜的产品，只有这样，再配以适当的市场营销策略，才有可能夺取市场的领导地位。

2. 与自己实力相当者

市场挑战者可以对市场经营状况不好而又和自己实力相差无几的企业发起攻击，趁机夺取它们的市场份额，壮大自己的实力，积累力量，以便最终成为市场领导者。

3. 中小企业

市场挑战者可以采用“农村包围城市”的方法，先占领市场领导者周围地区的小市场，然后逐步蚕食，这样一方面增强了自己的实力，另一方面又对市场领导者形成了一个包围圈。

（二）决定进攻战略

在确定了战略目标和竞争对手之后，还必须运用正确的战术，这样才能取得最终的胜利。一般来说，有以下几种方法可以运用：

1. 正面进攻

如果挑战者实力很强，而且在主要产品方面的优势已经超过了竞争者，挑战者可以采取正面进攻，打击对手在市场上的主要力量。比如，竞争者的优势是成本低，因而具有价格优势。而这时挑战者因为已达到了规模生产，而且因为管理水平要高于对手，因而单位产品的成本更为低廉，价格则有可能更具有优势，则挑战者可以同对方打一场价格战。如果挑战者通过仿效和改进之后，产品款式更新颖，性能更卓越，则可以考虑在产品形象上同对方一争高低。如果挑战者在产品方面一切都和竞争对手一样，但挑战者在公共关系方面比对方强，如与新闻媒介的关系比对方好，则可以考虑打一场公关战或广告战。

一般而言，正面进攻一方面可以显示自己的实力和信心；另一方面也易招致人们的反感，而且挑战者采取正面进攻后，往往会遭到其他竞争对手的群起攻击。所以，没有绝对把握，不要轻易采用。

2. 侧翼进攻

侧翼进攻较正面进攻有更多的成功机会。所谓侧翼进攻，就是在市场上找出竞争者尚未得到满足的需求并加以满足。其攻击的是敌人的弱点而不是强项。对于大多数企业来说，这种方法很实用。

3. 包围进攻

如果挑战者在各项资源方面都占据优势，则可以向对手的所有产品同时发起攻击，一举打垮对手。

三、市场跟随者战略

市场跟随者与挑战者不同，它不是向市场领导者发动进攻并图谋取而代之，而是跟随在市场领导者之后自觉地维持共处局面。但是，这不等于说市场跟随者就没有战略可言。每个市场跟随者都必须懂得如何保持现有客户，并争取一定数量的新客户；必须设法给自己的目标市场带来某些特有的利益，如地点、服务、融资等；还必须尽力降低成本并保持较高的产品质量和服务质量。具体来说，有以下三种战略可供市场跟随者挑选：

（一）紧紧跟随

这种方式是在各个子市场和市场营销组合方面，尽可能效仿市场领导者。这种跟随者有时好像挑战者，但只要它不从根本上侵犯领导者的地位，就不会发生直接冲突，有些甚至被看成是靠拾取领导者的残渣剩饭谋生的寄生者。

（二）距离跟随

这些跟随者是在主要方面如目标市场、产品创新、价格水平和分销渠道等方面都追随领导者，但仍与领导者保持若干差异。这种跟随者可通过兼并小企业使自己发展壮大。

（三）选择性跟随

这种跟随者在某些方面紧跟领导者，而在另一方面又自行其是。也就是说，它不是盲目跟随，而是择优跟随，在跟随的同时还发挥自己的独创性，但不进行直接的竞争。这类跟随者之中有些可能发展成为挑战者。

虽然跟随战略不存在太大风险，但是也存在着显著的缺陷。有关研究表明，只有市场份额排在第一或者第二位的企业能够获得较好的投资回报，但是市场份额排在第二以及以后的企业与第一位的企业在投资回报率上具有较大差距。

四、市场利基者战略

利基市场是在较大的细分市场中具有相似兴趣或需求的一小群顾客所占有的市场空间。大多数成功的创业型企业一开始并不在大市场开展业务，而是通过识别较大市场中新兴的或未被发现的利基市场而发展业务。菲利普·科特勒认为：利基是更窄地确定某些群体，这是一个小市场并且它的需要没有被服务好，或者说“有获取利益的基础”。通过对市场细分，企业集中力量于某个特定的目标市场，或严格针对一个细分市场，或重点经营一种产品和服务，创造出产品和服务优势。利基市场多是行业中相对较弱小的一些中小企业所关注的市场，它们专注于市场上被大企业忽略的某些细小部分，在这些小市场上通过专业化经营来获取最大限度的收益，在大企业的夹缝中求得生存和发展，对满足顾客需求起到拾遗补阙、填补空白的作用。市场利基企业通过生产和提供某种具有特色的产品和服务，赢得发展的空间，甚至可能发展成为“小市场中的巨人”。

市场利基者战略是指企业为了避免在市场上与强大的竞争对手发生正面冲突而受其攻击，选取被大企业忽略的、需求尚未得到满足、力量薄弱的、有获利基础的小市场作为其目标市场的市场营销战略。

市场利基者战略是适用于弱者或中小企业的成功战略，凝聚了以下战略思想与原则：

（1）避实击虚——不与大企业或强者展开硬碰硬的直接竞争，而是选择其忽视、不愿做或不会全力去做的业务范围为“战场”。

（2）局部优势——坚持“单位空间内高兵力比”原则，集中全力于某个狭窄的业务范围内，在这个局部形成相对于强大者的优势，努力成为第一。

（3）集中原则——分散是战略的大忌，利基战略要求集中于利基业务，集中于战略目标，集中于建造壁垒。

（4）根据地原则——在某地域市场获取第一并巩固之后，再向其他地域市场扩展，集中全力成为第一之后再扩展，如此持续下去，最终由各地的根据地组成一个大的根据地。

利基市场更应该发挥专业化的特长，将小众市场做强做大，填补空白以谋求更长远的发展。利基市场可以选择以下几种专业化的方案：

（1）最终用户专业化。企业专门为某类最终用户提供服务。

（2）专门为某一大企业生产零配件。

（3）特定顾客营销。企业只为一类或几类主要顾客服务。

（4）产品专业化。仅专注于一种产品或产品线。

（5）服务专业化。企业提供其他企业不愿或不能提供的特色服务。因为任何一个市场都不可能是铁板一块，总会留有空隙。

中小企业通过认真的研究和市场细分，总能找出适合自己生存的空间，取得成功并获得进一步发展。

【学科前沿】

竞合营销：合作取胜之道

对于传统的市场营销思维来说，市场营销就是竞争，就是要通过多种市场营销方式和手段击败竞争对手。但是，詹姆斯·穆尔在其《竞争的消亡》一书中提出了一种全新的市场营销理念——竞合营销，即强调同业间的互补、整合，在合作中突出协同创新达到聚变，不断增进双方市场竞争能力，以获得新的更多的发展机会。竞合理念的出现，改变了企业的市场营销观念，使企业与企业之间既有竞争，也有合作，像“生态链”那样集成企业上下游产业链，甚至所处同环节企业通过合作创造出更大的价值，实现“1+1>2”的聚合效应。

竞合营销的客观基础：①对一个企业来说，市场需要是无限的，而企业的资源是有限的。任何企业都不可能满足所有顾客的某一方面的需要，也不可能满足某一顾客的所有需要，更不可能满足所有顾客的所有需要。试图通过将竞争对手逐出市场，独占市场的想法是荒谬的，也是不现实的。恶性竞争带来的收益会远远小于合作带来的收益。②企业与竞争对手通过向顾客提供多样化的产品和服务，从不同角度、不同方面解决顾客的问题，不仅可以提高顾客的满意度，而且可以形成特色共生商业生态体系，拓展某一品类产品或服务的市场空间，使得商业生态系统中的所有企业获益。

竞合营销的方式：竞合营销主要是企业之间通过结成战略联盟的方式共同开展市场营销活动，以实现各自的市场营销目标。企业结成战略联盟的方式是多种多样的，可以是双边联盟，也可以是多边联盟；可以是股权参与联盟，也可以是非股权参与联盟；可以是涉及产业链上下游的纵向联盟，也可以是产业链同环节的横向联盟；可以是国内企业之间合作的联盟，也可以是跨国企业之间合作的联盟。

竞合营销的原则：①平等，即合作各方无论规模大小、实力强弱，都是平等的合作伙伴，在法律地位上是平等的。②互利，即各方应该都能够在合作中获得期望的利益。互利是竞合营销的基础。如果一方或若干方在合作营销中利益受损，联盟的破裂就会在所难免。③价值，即竞合营销能够创造出“1+1>2”的效应。创造价值是竞合营销追求的目标，也是实现互利共赢的基础。④规则，即竞合营销必须遵守国家的法律法规和国际规则，保证联盟的合法性。特别是注意不得触犯各国的反垄断和不正当竞争法、带有长臂管辖性质的国际制裁等。

竞合营销的实施步骤：①明确竞合营销的目的。②寻求竞合营销的对象，即合作伙伴。③洽谈竞合营销的内容，包括合作事项、合作方式、合作期限、知识产权保护、例外事项等。④建立组织机构或工作机制。⑤评估竞合营销的效果等。

【每章一练】

一、单项选择题

1. 一方水土养一方人反映出（　　）因素的影响。

A. 自然环境　　B. 经济环境　　C. 政治环境

D. 社会文化环境　　E. 科技环境

2. 在（　　）条件下，供应商讨价还价能力较强。

A. 供应商的产品对行业重要，稀缺、替代品少

B. 供应商目前没有前向一体化的计划

C. 供应商数量多，产品差异化小

D. 购买者更换供应商的转换成本较低

E. 某购买者数量少、实力强

3. QQ 和微信的出现，使移动通信的电话和短信业务急剧下降，根据波特五力模型，QQ 和微信属于（　　）。

A. 新进入者　　B. 行业内竞争者　　C. 潜在竞争者

D. 替代品　　E. 差异竞争者

4. 旅游业、体育运动业、图书出版业及文化娱乐业为争夺消费者一年内的支出而相互竞争，它们彼此之间是（　　）。

A. 品牌竞争者　B. 产品形式竞争者
C. 属类竞争者　D. 愿望竞争者
E. 非竞争者

5. 差异化战略的特点是（　　）。
A. 追求单位产品的成本低于竞争对手　B. 追求规模经济效益
C. 向顾客提供与竞争者相异的产品　D. 制定比竞争者产品较低的价格
E. 追求较大的市场份额

6. 下列选项属于市场利基者特点的是（　　）。
A. 市场份额大　B. 市场竞争力强
C. 在市场的某个细小领域占据优势　D. 主导行业发展方向
E. 常常成为市场模仿的对象

7. 有能力对市场领导者采取攻击行动，有望夺取市场领导者地位的公司属于（　　）。
A. 市场挑战者　B. 市场利基者　C. 广义竞争者
D. 市场跟随者　E. 愿望竞争者

8. 市场利基者竞争取胜的关键是（　　）。
A. 产品特色鲜明　B. 产品价格低　C. 产品成本低
D. 产品价格高　E. 市场份额大

9. 具有较强实力又不愿意与市场领导者发生正面冲突的是（　　）。
A. 市场挑战者　B. 市场跟随者
C. 市场利基者　D. 产品形式竞争者
E. 属类竞争者

10. “捷安特”自行车公司是“桑塔纳”轿车生产企业的（　　）。
A. 愿望竞争者　B. 属类竞争者
C. 产品形式竞争者　D. 品牌竞争者
E. 潜在竞争者

二、双项选择题

1. 企业对竞争对手分析需要明确的问题有（　　）。
A. 谁是顾客　B. 顾客需要什么
C. 顾客为什么购买　D. 谁是竞争对手
E. 竞争对手有哪些优势和劣势

2. 市场领导者保持和提高市场竞争优势的途径有（　　）。
A. 提高产品质量，增加花色品种　B. 提高产品价格
C. 寻求进入新市场　D. 投入大量广告
E. 限制顾客购买

3. 以下选项属于市场跟随者特征的是（　　）。
A. 寻求与市场领导者和平共处　B. 与市场领导者的产品有一定的差异
C. 争夺市场领导者的市场份额　D. 争夺市场利基者的市场份额
E. 争夺市场挑战者的市场份额

4. 以下选择中，属于用户专业化战略或是顾客规模专业化战略的是（　　）。

A. 超市提供送货上门服务

B. 出租车公司专为 4 口之家提供接送服务

C. 某旅行社只为老年人旅游服务

D. 医院为病人提供上门服务活动

E. 某培训学校提供小提琴培训课程

5. 市场利基者战略体现了（　　）原则或思想。

A. 擒贼先擒王　　B. 避实就虚

C. 集中力量打歼灭战　　D. 不战而屈人之兵

E. 瞒天过海

6. 市场挑战者的进攻策略有（　　）。

A. 正面进攻　　B. 侧面进攻　　C. 跟随进攻

D. 特色进攻　　E. 低价进攻

7. 根据迈克尔·波特的五力分析模型，以下（　　）属于家用轿车生产企业的替代品竞争者。

A. 新能源汽车生产企业　　B. 电动自行车生产企业

C. 高速铁路机车生产企业　　D. 家用电器生产企业

E. 其他家用轿车生产企业

8. 根据 SWOT 分析法，市场营销环境变化会给企业带来发展（　　）。

A. 优势　　B. 劣势　　C. 机会

D. 威胁　　E. 成效

9. 市场营销环境是企业市场营销活动的约束力量，其特征有（　　）。

A. 不可控制性　　B. 给企业发展带来优势或劣势

C. 给企业发展带来机会或威胁　　D. 可以控制和利用

E. 完全无法预见性

10. 市场挑战者可选择不同的攻击对象，一旦成功，获益最大的两个对象是（　　）。

A. 国外市场的大企业　　B. 市场领导者

C. 与自己实力相当者　　D. 中等企业

E. 小微企业

三、判断题

1. 市场机会是环境形成的对企业市场营销活动有吸引力和利益空间的因素或态势。（　　）

A. 正确　　B. 错误

2. 食品生产企业和服装生产企业之间互为愿望竞争者。（　　）

A. 正确　　B. 错误

3. 市场跟随者与市场领导者之间不存在竞争关系。（　　）

A. 正确　　B. 错误

4. 企业与供应商的关系，既是一种合作关系，也是一种竞争关系。（　　）

A. 正确　　　　　　B. 错误

5. 宏观环境一般以微观环境为媒介去影响和制约企业的市场营销活动，不会对企业的市场营销活动产生直接影响。　　（　　）

A. 正确　　　　　　B. 错误

6. 市场挑战者把市场领导者作为攻击对象，一旦成功，获利最大。　　（　　）

A. 正确　　　　　　B. 错误

7. 衡量一个企业及其产品是否具有竞争优势，关键在于其满足现有及潜在用户需求的能力。　　（　　）

A. 正确　　　　　　B. 错误

8. 市场利基者只要安于现状、自得其乐，不去招惹竞争者就可细水长流地获得满意的利润。　　（　　）

A. 正确　　　　　　B. 错误

9. 企业采取高质量、低价格策略可以有效阻止现在竞争者进入本行业。　　（　　）

A. 正确　　　　　　B. 错误

10. 顾客的集中度越高，企业对顾客的依存度就越高，顾客的讨价还价能力就越强。　　（　　）

A. 正确　　　　　　B. 错误

四、理论分析题

1. 简述市场领导者可以采用的防御战略。
2. 简述市场挑战者可以采用哪些进攻战略。
3. 市场领导者如何提高市场占有率？市场占有率是否越高越有利？
4. 简述理想的利基市场应该具备哪些特征。
5. 简述市场跟随者可选择的竞争战略有哪些。
6. 简述市场竞争者分析的步骤和内容。

【案例分析】

京东商城的市场竞争战略

1998年6月18日，刘强东在中关村创办了京东公司，主要代理销售光磁产品。2004年年初，他将京东公司带入电子商务领域，正式创办了“京东多媒体网”，也就是京东商城的前身，是主要零售3C、日用百货、图书等产品的零售商。自此，京东公司进入了一个高速发展时期，以年均300%以上的速度增长。京东商城2014年年度财务报表显示，其活跃用户数由2013年全年的4 740万增长至2014年全年的9 660万，同比增长104%。如今，京东已是中国较大的自营式电商企业之一。随着ID电子商务的发展，刘强东立志将京东商城打造成国内最具价值的B2C电子商务网站，更要成为中国3C电子商务领域的翘楚，引领高品质的时尚生活。在企业的发展过程中，京东商城以“以人为本”为公司的服务理念，全程为个人用户和企业用户提供人性化的“亲情360”全方位服务，努力为顾客营造亲切与舒适的消费环境；持续丰富产品的类别，最大化地满足消费者日趋多样的购物需求。

随着B2C电子商务的发展，新进入者会越来越多，原材料的竞争、市场份额的抢夺势必白热化；最主要的潜在进入者包括一些已经在其他领域获得成功的互联网企业和一些传统的零售企业。互联网零售市场上，目前最大的话语权还是在大的供应商手上，B2C电子商务企业的产品质量和价格，都会受到供应商的牵制，而一些关键供应商对B2C平台支持与否，对B2C电商企业影响巨大。由于各大B2C电商平台竞争激烈，网民的选择很多，他们可以对各个平台的价格、售后服务、物流以及评价等环节进行充分对比，这样就提高了其自身的议价能力。随着支付宝、财付通等一系列第三方支付手段的日益完善，以及各大C2C电子商务网站信用系统水平的提高，C2C行业已经赢得了越来越多消费者的信赖，C2C对B2C的威胁也逐渐加大。京东商城在B2C电子商务行业的主要竞争对手有：天猫、亚马逊中国、苏宁易购、当当、1号店和唯品会等。每个企业都有自己的长短板，竞争较激烈。

首先，京东的综合资源实力很强。京东商城自进入电子商务领域以来，实现了高速增长，从开始的3C产品专卖，扩展到现在的全品类。其次，京东拥有强大的客户资源。自京东成立以来，其注册用户每年都以接近2倍的速度增长，2008年年底注册用户超过100万人，2010年第四季度跨越1 000万人，而现在京东的注册用户已超过1亿人。除此之外，京东用户群不仅客单价高、黏性强，而且多为购买力强的白领用户，呈现高学历、年轻化等特点，未来消费额增长潜力很大。最后，京东具有强大的物流体系。到目前为止，京东的物流中心分为华北、华东、华南、西南四大物流中心，分别在北京、上海、广州、成都四个重要城市建立了物流平台，在6个重要城市设立二级库房，在60座重点城市设立配送站。可以说，京东的物流可以覆盖全国200座城市。京东自2007年开始至2013年，共进行了六次融资，融得投资额26亿元人民币。可见，京东的潜力是受到投资者的认可的。2013年，京东营业收入为693.4亿元人民币，运营亏损5.79亿元人民币，净亏损为4 990万元人民币。2014年，京东营业收入为1 150亿元人民币；全年交易金额突破2 600亿元人民币，但净亏损亦接近50亿元（8亿美元）。可见，京东的成长性是非常好的，虽然它的运营总体是亏损的，但这是因为京东在2013年及2014年有重大项目的投资。除此之外，众所周知，互联网公司是一个非常“烧钱”的行业，前期的投入巨大，后期的发展却是难以估量的。它的命脉是它的用户，只要拥有强大的用户群体，其市值和运营的优劣就不能单单只看财务报表的数据和股价。从京东注册用户的增长及用户黏度来看，京东的用户群体是非常大的。

“成为全球最值得信赖的企业”是京东商城的企业愿景。要实现这样的目标不仅要提高自身的核心竞争力，还要打败市场上强劲的对手——淘宝、天猫、苏宁易购等。那么，京东的战略选择就显得尤为重要。

B2C电商企业对传统零售业的冲击是巨大的，因为电商企业的运营成本可以低很多。此外，电商之间的竞争也主要集中在价格战上。低成本战略几乎成为电商企业不得不实施的战略之一。京东的存货周转率很高，几乎每11天就可以周转一次，京东的物流配送速度极快，这些都降低了运营成本。同时，京东的财务报表显示，得益于京东的物流投资规模，效应显著，京东的订单处理成本最近三年持续下降。因此，实施成本领先战略，是京东核心竞争力体现的重要方面。

自3C产品起，京东留给消费者的都是低价正品的品牌形象。京东也通过实施优质品牌线战略不断地加强自己的正品渠道供应链，对供应商的选择非常谨慎，从源头上保证了商品的质量。因此，在鳞次栉比的电商企业巨头面前，京东依然靠自己优质的商品和优质的服务脱颖而出。

案例思考题：

1. 请对京东商城的行业竞争力进行分析。
2. 京东商城采用了哪种竞争战略？

【能力测试】

测试题：试对以下说法做出判断，即在您认为合适的空格处画○，多选、少选均不得分。

序号	题干	同意	较同意	中立	不太同意	不同意
1	从广义看，任何其他企业及其产品都是本企业及其产品的竞争者					
2	企业和竞争者共同构成的商业生态系统有助于提高顾客的满意度					
3	超越竞争者是企业成功的关键					
4	提高企业的市场占有率可以取得规模经济效益					
5	市场跟随者战略适合于大企业精耕细小市场					
6	零和博弈是市场竞争的常态					
7	低价策略可以提高行业进入门槛，减少新进入者					
8	企业对竞争者的任何挑衅都应快速反应和有力回击					
9	差异化战略有助于企业赢得竞争优势					
10	出其不意攻其不备才能取得竞争奇效					

【延伸阅读】

1. 吴健安. 市场营销学 [M]. 6 版. 北京：高等教育出版社，2017：205-224.
2. 徐以洪. 市场营销学 [M]. 3 版. 北京：机械工业出版社，2019：129-137.
3. 翟凤勇. 博弈论：商业竞合之道 [M]. 北京：机械工业出版社，2020.
4. 布鲁斯·格林沃德，贾德·卡恩. 企业战略博弈：揭开竞争优势的面纱 [M]. 程炼，译. 北京：机械工业出版社，2007.

第七章 目标市场营销战略

【学习导引】

目标市场营销战略是市场营销学的核心内容之一。通过学习要了解市场营销战略的演变过程和发展趋势，掌握市场细分、目标市场选择及市场定位的理论和方法，初步具备为企业进行市场细分、选择恰当的目标市场及进行正确的市场定位提供决策建议的能力。

【营销箴言】

市场是不讲逻辑的，营销是占据人们心智的学问，营销创新是对于消费者心理变化的新发现和控制，单纯优化销售网点数量和布局不是营销创新。

——艾尔·里斯

用确定的逻辑，赢得不确定的市场。

——《人心红利》（江南春，2021）

【营销故事】

陶朱公开店

范蠡（公元前536年—公元前448年）是春秋末期政治家、军事家、经济学家和道家学者。其曾献策扶助越王勾践复国，成就霸业，被封为上将军；功成名就后急流勇退，化名鸱夷子皮，遨游于七十二峰之间；其间操计然之术（根据时节、气候、民情、风俗等，人弃我取、人取我予，顺其自然、待机而动）以治产，三次经商成巨富，又三散家财；后定居宋国陶丘（今山东省菏泽市定陶区南），自号“陶朱公”。这里仅以一个小故事来管中窥豹其精明的商业头脑。

话说他离开越国后，来到了齐国首都临淄。经过考察，他发现有一条街上有几家饭馆生意红火，于是也在那个地段开了家饭馆。令他始料未及的是，他的店和其他饭馆价格相当，却无人问津。陶朱公经过观察，发现光顾这条街的食客大多是为人担货的脚夫，而那些生意红火的饭馆，已经和脚夫形成了相对固定的惠顾关系，因而以回头客为多。于是，陶朱公把小号碗换成大号碗，增加了饭菜的分量，但价格不变。这一招产生了立竿见影的效果，一个月下来，相对固定的顾客就达到50多个。陶朱公再接再厉，改变了饭馆的采购时间，尽量避开早上和中午的高峰期（此时价格高），并将采购节省下来的开支用来改善饭菜的质量，加入更多的鸡蛋和蘑菇，而价格依然不变。结果，新面孔接踵而至，饭馆顾客盈门。陶朱公从小小的饭馆发家，三年间就在当地开了几十家分店。

【理论概述】

对一家企业来说，市场总需求是无限的，但企业所拥有的资源是有限的，不可能满足所有顾客的某一方面的需求，也不可能满足某一部分顾客的所有需求，更不可能满足所有顾客的所有需求，只能满足某一部分顾客的某一方面需求，这就需要企业按照某种标准将顾客整体划分成若干个需求不同的组成部分，然后选择为之服务的顾客群体，并树立差异化的市场形象，也就是要实施目标市场营销战略。目标市场营销战略包括市场细分、目标市场选择及市场定位三个方面的内容。本章有三节内容：第一节市场细分；第二节目标市场选择；第三节市场定位。

第一节　市场细分

一、市场营销战略的发展

（一）大量营销阶段（mass marketing）

早在19世纪末20世纪初，即资本主义工业革命阶段，整个社会经济发展的中心和特点是强调速度和规模，市场以卖方为主导。在卖方市场条件下，企业市场营销的基本方式是大量营销，即大批量生产单一品种、甚至单一规格的产品，通过广泛、普遍的分销渠道销售产品。在这样的市场环境下，大量营销的方式降低了产品的成本和价格，获得了较大的市场份额和丰厚的利润。

（二）产品差异化营销阶段（product differentiated marketing）

20世纪30年代，发生了影响深远的资本主义经济危机，西方企业面临产品严重过剩，迫使企业转变经营观念。市场营销方式从大量营销向产品差异化营销转变，即向市场推出许多与竞争者在质量、外观、性能和品种等方面不同的产品。产品差异化营销较大量营销是一种进步，在一定程度上满足了部分顾客的差异化需求，但是由于企业关注的重点是产品而不是顾客需求，因而导致多样化的产品不能与差异化的顾客需求相匹配。经常出现的市场现象是一方面企业辛辛苦苦设计研发生产的产品卖不出去，另一方面部分顾客因为买不到合适的产品而烦恼。

（三）目标营销战略阶段（target marketing）

20世纪50年代以后，一方面，在科学技术革命的推动下，生产力水平大幅度提高，产品日新月异，市场竞争异常激烈；另一方面，随着经济的发展，顾客在收入水平普遍提高的情况下，收入差距进一步拉大，市场需求进一步分化。于是，企业响应这一市场变化，由产品差异化营销战略转向目标营销战略，即企业在市场细分的基础上，结合自身的资源与优势，选择其中最有吸引力和最能有效为之提供产品和服务的细分市场作为目标市场，进而做好市场定位工作。

二、市场细分的作用

市场细分是指根据顾客需求的不同特性，把整体市场划分为若干个具有类似需求顾客群的过程。其中，每个顾客群就是一个细分市场，各个细分市场之间顾客需求具有显著的差异性，而每个细分市场内部顾客之间的需求具有相同（相似）性。市场细分的作用有三个方面：

（1）进行市场细分，有利于企业发现新的市场机会。在市场细分的基础上，企业可以深入了解各细分市场的不同需求，通过比较发现市场的“空白点”，找到有利于企业的市场营销机会。

（2）进行市场细分，有利于企业制定适当的市场营销方案。在深入了解市场特点的基础上，可以使企业制定的市场营销方案更符合实际，更具有针对性和有效性。

（3）进行市场细分，有利于企业更好地发现和满足顾客的潜在需要。在市场细分的基础上，企业可增强市场调研的针对性，切实掌握目标市场消费需求的变化情况，分析潜在需要，发展新产品，开拓新市场。

三、市场细分原理和依据

市场细分是根据顾客需求的差异，将整体市场划分为由需求大致类同的顾客群体所组成的子市场群。可以从三个角度理解这一概念：

第一，市场细分的客观依据是现实及潜在顾客对产品的需求的差异性。

第二，市场细分的对象是对某一产品有现实和潜在需求的顾客群体，而不是产品。

第三，若干个顾客群体常称为细分市场或子市场，是整体市场的一部分。

这也可以看出，根据顾客需求差异的程度，市场可以分为同质市场和异质市场。同质市场是指顾客对产品的需求差异性很小，而且对企业同一市场营销策略的反应也十分相似；异质市场是指顾客对产品的质量、款式、价格等方面的需求具有差异性。市场细分的理论依据就是：首先消费需求存在绝对差异，这是形成市场细分的必要性；其次，顾客需求又相对同质，这是形成市场细分的可能性。

根据顾客对产品各种属性的偏好程度，差异性与类似性常呈现出不同的形态，市场细分的依据基本可以分为三类，见图 7-1。

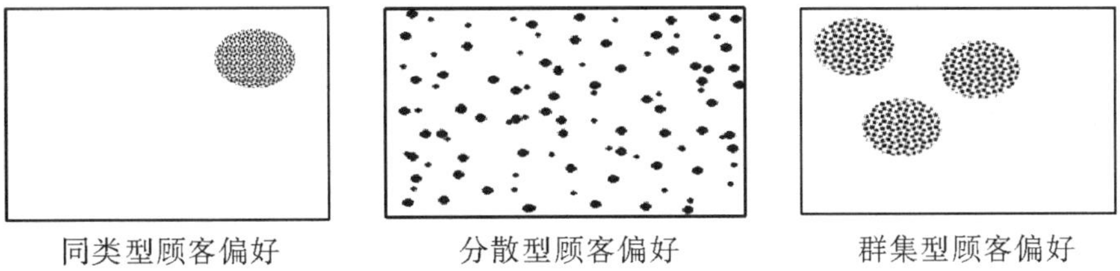

图 7-1　顾客偏好的类型

（1）同类型顾客偏好（homogeneous preferences）。所有顾客的偏好大致相同，不存在显著差别。对这类市场，可提供基本相似的产品和服务，满足偏好接近的所有顾客的需求。

（2）分散型顾客偏好（diffused preferences）。顾客偏好很不集中，类似性不明显，集合较为困难。对这类市场，必须适应众多顾客某些方面的需要，力求满足尽可能多的顾客的需求。

（3）群集型顾客偏好（clustered preferences）。整体市场上存在若干自然细分市场，细分市场间顾客偏好差异性大，但各细分市场内，顾客偏好类似性大。对这类市场，应根据企业的条件，发挥优势，提供某一个或少数细分市场所需的产品，设法先占领一个或数个细分市场。

四、市场细分标准

（一）消费者市场细分的变量

消费者市场可以按照地理变量、人口统计变量、心理变量和行为变量进行细分。

（1）地理细分，即把消费者市场按国家、地区、城市大小、人口密度、气候和地理特征等划分为不同的地理区域。因为处在不同地理区域的消费者对产品有不同的需求偏好，他们对企业采取的市场营销策略，对企业的产品、价格、分销渠道和促销等措施也有不同的反应。例如，美国希尔顿酒店会根据所处的地理区域设计个性化的房间：美国东北部酒店更雅致和全球化，而西南部的酒店更乡村化；海尔集团将家用电冰箱市场划分为普通家庭用户和单人家庭用户，为前者提供大容量冰箱，为后者提供小容量冰箱。

（2）人口细分，是指把消费者市场按年龄、性别、收入、职业、教育水平、宗教信仰、种族和国籍等划分为不同的群体。人口统计因素是市场细分的重要变量，因为人口变量比其他变量更容易测量，同时人口变量也与消费者的需要、欲望和使用频率密切相关。

（3）心理细分，是指根据消费者的社会阶层、生活方式、个性特点和价值观念等将市场划分为不同的群体。例如，DBSS 对欧洲 15 个国家进行研究，发现存在四类生活方式的人群：成功的理想主义者（5%~20%）、富有的物质享乐主义者、安逸的从属者（25%~50%）以及不满的幸存者。

（4）行为细分，是指根据消费者的购买时机、追求利益、使用状况、使用频率、品牌忠诚度和态度等方面将市场划分为不同的群体。如根据二八定律，商业银行 80%的利润都来自占顾客数量 20%的高端客户，剩余 20%的利润由普通储户提供，因此抓住这些“少量客户”就能实现利润的最大化。表 7-1 结合国内市场列出了消费者市场细分的常见标准。

表 7-1　消费者市场细分的常见标准

细分标准		市场细分的具体标准
地理变量	区域	东北、华北、西南、西北、华东；东部、中部、西部、东北地区等
	地区人口规模	10 万人以下、10 万~25 万人；25 万~50 万人；50 万~100 万人；100 万~400 万人；400 万人以上
	人口密度	城市、郊区、乡村
	气候	南方（湿润）、北方（干燥）
人口变量	年龄	6 岁以下、6~11 岁、12~19 岁、20~34 岁、35~49 岁、50~64 岁、65 岁以上
	性别	男性、女性
	家庭人口	1~2 人、3~4 人、5 人及以上
	家庭生命周期	未婚期、新婚期、满巢期、空巢期、孤独期
	职业	工人、农民、军人、机关干部、职员、学生、科技人员、教师、个体经营者等
	文化程度	小学、初中、高中、中专、大专、大学、硕士及以上
	年收入	2 万元以下；2 万~10 万元；10 万~50 万元；50 万元以上
心理变量	购买类型	实惠型、炫耀型、时髦型
	社会阶层	富豪、富裕、小康、贫困等
	生活方式	传统型、新潮型；节俭型、奢靡型；休闲型、安静型、冒险型、交往型等
行为变量	消费者与市场的密切程度	未使用者、曾经使用者、潜在使用者、初次使用者、重复使用者等
	使用数量	大量使用者、中量使用者、少量使用者
	购买时机与频率	日常购买、特别购买、节日购买、季节性购买；规则购买、不规则购买等
	追求利益	质量、服务、价格、品牌、安全、新奇等
	忠诚程度	完全忠诚者、适度忠诚者、无品牌忠诚者

（二）组织市场的细分变量

组织市场细分的对象是组织，在组织性质和利益诉求方面与消费者市场相比有很大的不同。组织市场细分通常按照顾客类型、地理位置、顾客规模、购买特点等进行细分。

（1）顾客类型。在组织市场上，不同类型的顾客对同一种产品有不同的要求。例如，名牌产品的制造商在采购时较重视的是产品质量、性能和服务，价格并不是他们要考虑的最主要因素，而另一些制造商则更关注采购价格，愿意采购价格低廉质量适当的产品。因此，对于不同类型的顾客，企业要运用不同的市场营销组合，投其所好，促进销售。

（2）地理位置。不同地区的顾客在购买产品方面有不同的偏好。一些市场趋向地域性，是因为购买者喜欢从当地供应商那里购买产品，远处的供应商在价格和服务方面通常没有竞争优势。

（3）顾客规模。购买量的大小是组织市场细分的依据之一。另一个细分依据是进行购买的组织的规模，它可能影响购买过程、所需要的产品类型和数量以及顾客对不同市场营销组合的反应。在现代市场营销实践中，许多企业都建立了适当的制度来分别与大客户和小客户打交道。

（4）产品用途。很多产品，尤其是像钢铁、木材、石油这样的原材料，都具有多种用途。顾客如何使用产品会影响他们的购买数量、购买标准以及对卖主的选择。

（三）细分市场标准的应用

在具体细分市场的过程中，往往不是采用单一变量，而是同时使用几个变量甚至一系列变量来进行市场细分。同时，从市场营销实践看，已有的细分变量及组合表明这些利益诉求或行为特征已为竞争者所熟知，相应的细分市场已被发现或开发。企业只有不断寻求、创造新的细分变量或组合运用细分变量，才能发现新的市场机会。

进行市场细分的方法主要包括：

（1）单一因素法，即选用一个因素进行市场细分。这个因素应当最能反映出购买者的需求差异。

（2）综合因素法，即采用两个以上的因素，同时从多个角度进行市场细分。例如，依据年龄（青年、中年、老年）、性别（男性、女性）和城乡居民月人均可支配收入（500 元以下、500~1 000 元、1 000~2 000 元、2 000 元以上）三个因素细分品牌羽绒服市场，可得到 24（3×2×4）个细分市场，如图 7-2 所示。这种方法适用于消费者需求差别性较为复杂，要从多个方面分析、认识市场的情况。

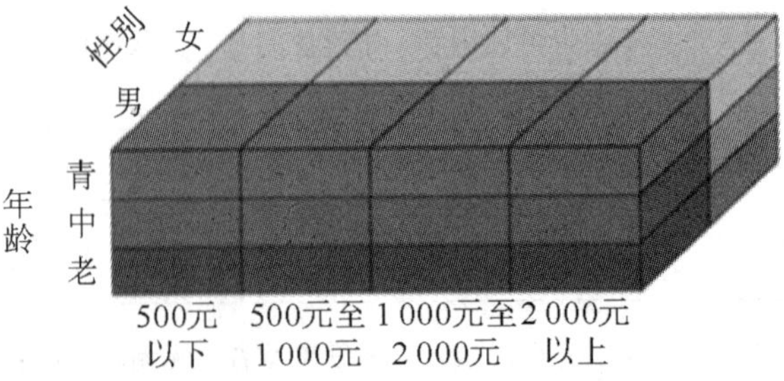

图 7-2　综合因素法细分羽绒服市场

此外，企业也可以运用一个或几个变量对国际市场进行细分。如根据经济因素、地理位置、政治和法律因素等进行细分。尤其是随着互联网等新兴技术的迅猛发展，消费者市场中的国家界限逐渐模糊，处在不同国家的消费者也可以形成相似的需求，因此可以运用数据挖掘中的聚类集成等方法进行跨市场的客户细分。

（3）系列因素法，即采用两个以上的因素，但根据一定的顺序逐次细分市场。细分的过程也是一个比较、选择细分市场的过程。下一阶段的细分，在上一阶段选定的细分市场中进行。

五、市场细分原则

从企业市场营销的角度看，并非所有的细分市场都有意义。企业必须衡量市场细分的有效性，为以后的市场营销战略实施提供保障。评价市场细分有效性的原则主要有四个：

（1）可进入性，即企业具有进入某一细分市场的客观条件，而非企业的“一厢情愿”。对有些细分市场，企业虽然具备一定的人力、财力、物力等资源条件，也能够制定相应的市场营销组合，但可能由于国家法律限制或禁止而无法进入，从而使市场细分失去意义。如卷烟厂无法开发和进入儿童卷烟市场，中国通信设备制造商无法进入美国市场。

（2）可区分性，即顾客对产品的需求的不同偏好及其产生不同的反应能被区分开来，这样才值得进行细分。相反，如果顾客对产品的需求差异不大或没有差异，就没必要进行细分。例如，人们对食盐、面粉的需求在年龄、性别等方面几乎没有实际的差异，如果进行细分市场，就没有意义。又如，一家手套生产企业若细分出左撇子市场和右撇子市场，就不是一个必要的细分市场，而一家剪刀生产企业专门生产一些适合左撇子使用的剪刀则就有一定意义。

（3）可盈利性，即具有盈利规模，容量及获利性是企业进行市场细分必须考量的因素。一个细分市场是否可以实现满意的利润，取决于这个市场的人数和购买力。市场划分范围必须合理，细分市场要有足够的销售量，保证企业有利可图。根据“长尾理论”，在工业时代企业以关注“头部”市场获利，到了网络经济时代，由于低交易成本，“尾部”市场才成为企业值得进入的细分市场。一个细分市场只有让企业能够获得满意的利润才值得进入。

（4）可衡量性，即细分市场的规模、购买力及其他特征是可以测量的，从而可进行科学的市场调查和预测。细分后的市场不仅范围比较明晰，而且能大致判断其市场容量和潜力。为此，细分市场时所参考的各种因素要有明显的特征，并有可能获得表明购买者特性的资料。

第二节　目标市场选择

一、目标市场的评估标准

在市场细分的基础上，企业需要根据自身的经营目标、资源及能力选择合适的目标市场。目标市场是企业决定为之服务的、具有共同需求或特点的顾客群体。这一市场应该是企业期望并有能力占领和开拓，能为企业带来最佳市场营销机会、取得最大经济效益，具有大体相近需求、企业决定以相应产品和服务去满足其需求，并为其服务的顾客群体。选择进入哪些细分市场，对企业市场营销战略及策略的选择至关重要。

目标市场这一概念包含两层含义：一是具有一定消费特征的一个或多个细分群体；二是企业选定的市场营销对象。因此企业要首先评估细分市场，然后选择市场进入的模式，进而选择具体的目标市场营销战略。一个理想的目标市场应具备三个条件：①从市场规模和增长潜力看，要有足够的销售量，以及一定要有尚未满足的现实需求和潜在需求，其销售规模能使企业有利可图。如果市场规模过小或趋于萎缩，贸然进入必定难以发展。②从企业资源和目标看，企业必须有能力满足目标市场的需求。企业必须根据人力、物力、财力和经营管理水平，有能力较好地满足目标顾客的需求，能立足该市场并求得发展，才可选定自己的目标市场。③从市场结构看，必须在选定的目标市场中拥有竞争优势。竞争优势可以表现为：要么没有或很少竞争，要么市场未被竞争对手控制，或有竞争但不激烈，有足够的实力可以击败竞争对手。

二、目标市场覆盖模式

对不同细分市场评价完成之后，企业需要根据自身情况，选择其想要覆盖的目标市场。目标市场的选择切不可随意，既要避免与竞争对手过于雷同，也不可过于宽泛。按照产品和市场两大指标划分，共有五种目标市场的覆盖模式，如图 7-3 所示。

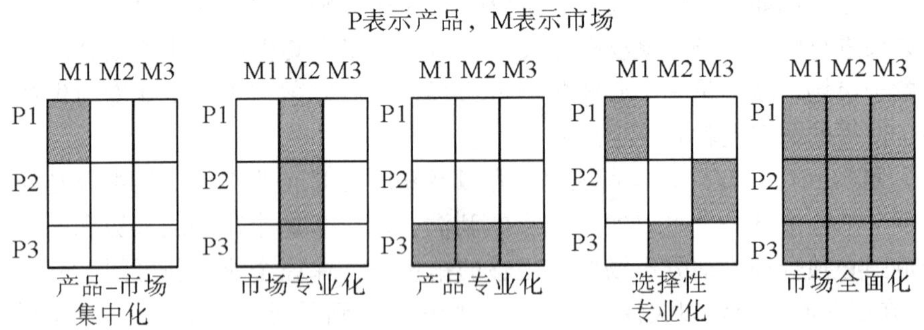

图 7-3　目标市场的覆盖模式

（1）产品-市场集中化。在产品-市场集中化模式下，企业为单一市场提供单一产品，是一种完全专业化模式。企业选取一个细分市场，生产一种产品，供应单一的顾客群，进行集中营销，可以更清楚地了解细分市场的需求，从而树立良好的信誉，在细分市场上建立巩固的地位。同时，通过生产、销售的专业化分工，可以实现规模经济效益。该模式适合企业具备在该细分市场从事专业化经营或取得目标利益的优势条件；或限于资金、能力，只能经营一个细分市场；或该细分市场没有竞争对手。如某煤矿只向发电厂生产和供应电煤。

（2）市场专业化。企业选择某一类顾客群为目标市场，并为这一市场生产开发所需要的各种产品。例如，某家电生产商为居民家庭提供各种产品，从冰箱、彩电、洗衣机、吸尘器到电熨斗、吹风机、电源插座等，应有尽有。市场专业化可以使企业能够满足顾客多方面的需求，既能够深入挖掘市场潜力，又能够在一定程度上分散市场风险。

（3）产品专业化。产品专业化是指企业集中生产一种产品，并向各类顾客销售这种产品。例如，福特汽车公司早期生产的 T 型车试图满足所有顾客的需要，供电公司、煤气公司、自来水公司等都以单一产品满足所有顾客的需要。产品专业化使企业能够集中资源和能力打造“精品”，树立良好的市场形象。产品专业化是一种“将所有的鸡蛋都放到一个篮子里”的模式，一般来说，市场竞争激烈，一旦市场需求发生大的变化，企业会猝不及防。

（4）选择性专业化。选择专业化是指企业选择若干个细分市场为其目标市场，并为各个市场分别提供所需的产品。选择性专业化的最大优点在于能够分散市场风险，但所选的细分市场之间有可能缺乏内在的逻辑联系，属于非相关的多元化发展，很难获得规模经济，对单个市场的规模要求比较高，还要求企业具备很强的驾驭市场的能力。

（5）市场全面化。市场全面化是企业生产多种产品去满足各种顾客群体的需要。该模式适合于实力雄厚的行业领导企业，如可口可乐公司在全球饮料市场、宝洁在全球消费日用品市场等都采取了市场全面化的战略。

三、目标市场营销战略选择

（一）目标市场营销战略的类型

企业通常会在三种目标市场营销战略中做出选择，即无差异市场营销、差异化市场营销及集中化市场营销。表 7-2 反映了不同目标市场营销战略之间的差异。

表 7-2　目标市场营销战略的差异

基本战略	适用条件和组织要求	所需的基本技能和资源	实施战略的基本途径
无差异市场营销战略	当企业不考虑细分市场间的差异性，把整体市场视为同质市场，用单一产品、单一营销组合方案开展市场营销活动	产品容易制造；低成本的分销系统	企业可以针对该市场采用统一的营销方案
差异化市场营销战略	差异化的途径很多，并且这种差异被顾客认为是有价值的；顾客需求是有差异的；采用类似差异化途径的竞争者很少；技术变革很快	企业资金雄厚；管理成熟；具有很强的基础研究能力；具有很强的各个销售渠道	以市场细分为基础，选取其中几个为目标市场，为这些市场设计不同产品和营销组合，以满足差异化需求
集中化市场营销战略	企业专注于某一个或几个细分市场，为该市场量身定做产品，实施高度专业化的生产和销售	企业灵活度较高，有较好的风险管理系统	集中资源于小的细分市场

（1）无差异市场营销战略。即企业忽略不同细分市场的特性，用一种产品或服务或市场营销组合去满足整个市场的需要。当年亨利福特说：“不论消费者需要什么，我只有一种黑色 T 型轿车”，这属于典型的无差异营销战略。无差异市场营销战略注重市场的共性，力求能够满足尽量多的顾客需求，有利于树立市场的统一形象，取得规模经济效益。但是，总有一些顾客的需求不能够得到完全满足，价格竞争会比较激烈。

（2）差异化市场营销战略。即企业在市场细分基础上，根据自身资源及实力选择若干个细分市场作为目标市场，并为各个细分市场制定不同的市场营销组合。其优点是，能够使企业的市场营销策略更具有针对性，最大限度地满足具有不同特征的顾客群的需要，从而提高其市场竞争力。当然，其市场营销成本费用也会提高，也不利于树立统一的市场形象，如果细分市场的规模过小，则会得不偿失。

（3）集中化市场营销战略。采用集中化营销战略的企业以一个或少数几个细分市场作为目标市场，试图在较少的细分市场中占有较大的市场占有率。其优点是专业化经营，集中资源，但风险较大，适合资源较少的小企业。

（二）选择目标市场营销战略时应考虑的因素

企业在选择目标市场营销战略时需要全面考虑企业自身的资源能力、产品差异性、市场差异程度、产品生命周期、竞争对手的策略等因素，然后在此基础上慎重选择具体的目标市场营销战略。

（1）企业资源能力。企业需要根据自身资源能力来进行决策。资源能力有限的企业不能将自己的有限的资源分散于众多细分市场，也不能进入自己所不能掌控的细分市场，而应采取集中市场营销战略，走专业化经营道路。如果企业资源丰富，市场掌控能力强，则可以考虑采取无差异营销战略或差异化市场营销战略。

（2）产品同质性。如果企业生产的是标准化的产品，所有的顾客都具有大体相同的需求特征，企业适合采取无差异营销战略，主要围绕产品或服务价格展开竞争。如果企业生产的是需求差异性较大的产品，如服装、化妆品、家用电器、汽车等，则适合采用差异性营销战略或集中化市场营销战略。

（3）产品生命周期。目标市场营销战略的选择需要结合产品所处的生命周期的阶段来考虑。当企业的产品处在产品生命周期的导入期时，企业一般应采用无差异营销战略或者集中市场营销战略，以探测市场需求和潜在的顾客情况；当企业的产品处于产品生命周期的成长期和成熟阶段时，市场竞争较为激烈，企业选择差异性市场营销战略较为适合，以扩大产品适应面，拓展市场空间；当企业的产品进入衰退期时，企业应采取集中市场营销战略，以集中力量于少数尚有利可图的目标市场。

（4）市场类同性，即看顾客需求偏好是否接近。如果一个市场中的顾客有类似的需求偏好，对市场营销组合有大体一致的反应，企业就应采用无差异市场营销战略，否则就应采用差异性市场营销战略或者集中市场营销战略。

（5）竞争对手的战略。市场竞争是一个相互博弈和制衡的过程，市场营销战略选择也需要根据竞争对手的不同战略选择而有所变化。如果竞争对手较弱，企业可以考虑采取无差异市场营销战略，否则，应尽量避免采取与竞争对手相同的市场营销战略，以防止加剧市场竞争，造成两败俱伤。

第三节　市场定位

一、市场定位的概念和方式

（一）市场定位的概念

市场定位指的是企业根据竞争者现有产品在市场上所处位置，针对顾客对产品某些特征或属性的重视度，在目标顾客心中为本企业产品树立独特的形象和个性，并传递给顾客，从而取得竞争优势。市场定位不是要“改变”产品，而是将产品中的某些要素“突出”出来。市场定位也是企业塑造自己的产品向顾客传递“卖点”的过程，也就是要给顾客一个购买本企业产品的理由。

市场定位不是创造某种新奇的或与众不同的东西，而是去操纵人们心中原本的想法，去打开联想之结。其实质是使本企业的产品与其他企业的产品区分开来，使顾客明显感觉和认识到这种差别，从而使本企业的产品在顾客心目中占有特殊的位置。

（二）市场定位的方式

市场定位的方式可以从不同角度进行分类：

1. 从市场定位的时间上看，可以分为初次定位和重新定位

（1）初次定位是指新成立的企业开始进入目标市场或者企业将新产品推入市场时对产品的定位。初次定位的关键是要给目标顾客留下美好的第一印象。

（2）重新定位。在出现下列情况时企业需要对其产品进行重新定位：一是竞争者和其竞争产品的出现，使本企业产品的市场占有率有所下降或者无力抵抗；二是由于多种原因顾客偏好发生了大的变化；三是由于市场的低迷或者饱和，企业需要开拓新的市场。企业进行产品的重新定位，会改变目标顾客对其原有的印象。恰到好处的重新定位能够给企业带来新的发展机会。

2. 从企业与竞争对手的关系角度来看，可以分为对抗定位和避强定位

（1）对抗定位。企业选择靠近现有竞争者市场位置，争夺同样的顾客，彼此在产品、价格、分销及促销等各个方面差别不大。这种定位方法有一定的风险性，但也能激励企业学习竞争者的长处，发挥自己的优势。

（2）避强定位。企业避开目标市场上强有力的竞争对手，将其位置确定于市场“空白点”，开发并销售目标市场上还没有的某种特色产品，开拓新的市场领域。如企业可以采取补缺定位，即寻找自己的空子，填补上去。

3. 按照市场地位的选择不同，可分为力争第一、承认第二及高级俱乐部

（1）力争第一。企业对外宣称其产品在市场上的第一的位置，以赢得顾客的关注和信赖，取得市场竞争优势。位居市场第一的位置可以使企业及其产品获得更多的信息优势，受到顾客的更多的青睐和信任，从而获得更大的竞争优势。

（2）承认第二。企业对外宣称其产品在市场上位居第二的位置。采取该种定位的企业，一般来说，与位居第一的企业及其产品在顾客认可度和品牌影响力方面具有较大的差距，但又希望借助位居第一的企业及其产品的名气为自己背书，从而吸引追求实惠型产品的顾客群。例如，蒙牛乳业曾在广告宣传时宣称“伊利第一、蒙牛第二”，郎酒集团宣称自己是中国两大酱香酒品牌之一，肖尔布拉克酒业宣称自己“与伊力特双双进入中国白酒 100 强”。

（3）高级俱乐部。企业对外宣称其产品在市场上位居第一品牌方阵。采取该种定位的企业，一般来说，与位居第一、第二的企业及其产品在顾客认可度和品牌影响力方面具有较大的差距，但又希望借助位居第一、第二的企业及其产品的名气为自己背书，从而吸引追求实惠型产品的顾客群。例如，在市场上，经常有企业宣称自己或其产品是三大企业之一、五大品牌之一等。其实质是告知顾客自己属于第一品牌方阵，故意模糊本企业及其产品与位居前列的企业及其产品的差距。

二、市场定位的步骤

（一）识别潜在竞争优势

识别潜在竞争优势，即分析整个外部环境，“确定我们的竞争对手是谁，竞争对手的价值是什么”。识别潜在竞争优势是市场定位的基础。企业的竞争优势通常体现在两个方面：成本优势和产品差异化优势。成本优势是企业能够以比竞争者低廉的价格销售相同质量的产品，或以相同的价格水平销售更高质量水平的产品。产品差别化优势是指产品独具特色的功能和利益与顾客需求相适应的优势，即企业能向顾客提供在质量、功能、品种、规格、外观等方面比竞争者更好的产品。为实现此目标，首先，企业 必须进行深入的市场调查，切实了解目标市场需求特点以及这些需求被满足的程度，这是能否取得竞争优势、实现产品差别化的关键。其次，企业要研究主要竞争者的优势和劣势。可以从三个方面来评估竞争者：①竞争者的业务经营情况，如近三年的销售额、利润率、市场份额、投资收益率等；②竞争者核心市场营销能力，主要包括产品质量和服务质量的水平等；③竞争者的财务能力，包括获利能力、资金周转能力、偿还债务能力等。

（二）企业核心竞争优势定位

企业核心竞争优势定位，即避开竞争对手在顾客心智中的强势地位，或利用其在顾客心智中蕴含的弱点，确立本企业产品的优势位置。准确地选择相对竞争优势是一个企业各方面实力与竞争者的实力相比较的过程。比较的指标应是一个完整的体系，通过分析、比较本企业与竞争者在经营管理、技术开发、采购、产品、生产、市场营销、财务等多方面的优势与劣势，知己知彼，才能准确地选择相对竞争优势。

（三）显示和传递独特的竞争优势

显示和传递独特的竞争优势，即要为这一定位寻求一个可靠的证明，如为本企业的产品设计和塑造某种个性或形象，并将这一定位整合进企业内部运营的方方面面，更要在传播上综合运用各种手段将这一定位植入顾客心智。为此，首先，企业应使目标顾客了解、熟悉、认同、喜欢和偏爱本企业的市场定位。其次，企业应通过保持对目标顾客沟通联系、稳定目标顾客的态度和加深与目标顾客的感情，从而巩固与市场定位相一致的形象。最后，企业应注意目标顾客对其市场定位理解可能出现的偏差或由于企业市场定位宣传上的失误而造成的目标顾客模糊、混乱和误会等情况，及时纠正与市场定位不一致的形象。

三、市场定位战略

市场定位战略就是企业选择定位要素及其组合，以形成可识别、可传播的形象的战略。其通常借助于标识、音乐、氛围、宣传语等或上述因素的组合体现出来，见图 7-4。例如，脑白金通过一对活蹦乱跳的老年夫妻舞蹈和“今年过节不收礼，收礼就收脑白金”的宣传语的组合传递出脑白金是一款以老年人为目标顾客的、可作为礼品馈赠的、效果优良的保健品。

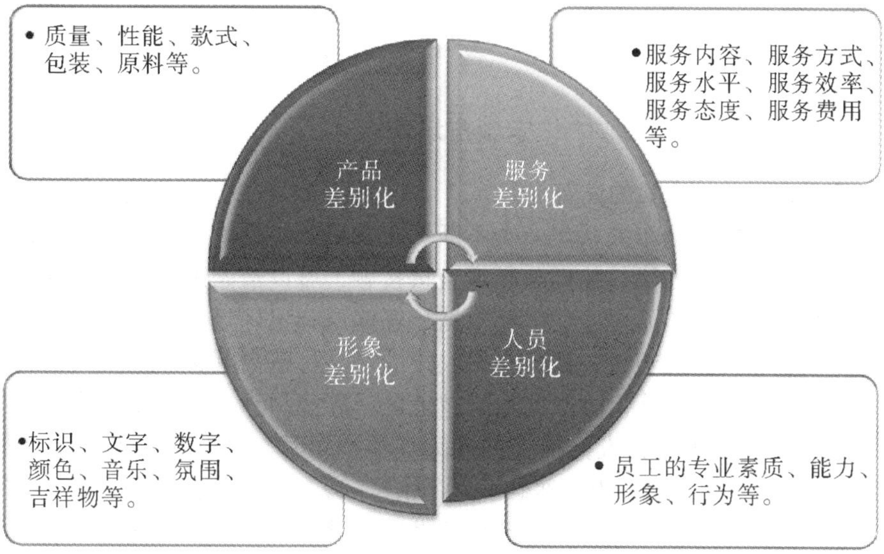

图 7-4　市场定位战略

1. 产品差别化战略

产品差别化战略是从产品质量、性能、款式、包装、原料等方面实现差异化。例如，宝洁公司的洗发水品牌海飞丝突出“祛除头皮屑”，潘婷强调“营养保湿”，飘柔则突出“柔顺光滑”；娃哈哈纯净水强调纯而又纯，不含任何杂质，农夫山泉突出“天然”元素，“只做大自然的搬运工”；康师傅矿物质水强调“健康”概念，在纯净水中添加有益的微量元素。

2. 服务差别化战略

服务差别化战略是从产品的服务方面实现差异化。服务差异化可以从服务内容、服务方式、服务水平、服务效率、服务态度、服务费用等方面入手。某家用电器生产企业推出 24 小时服务热线，承诺 24 小时内解决顾客的一切问题。某出租车公司宣称到其公司租车等待时间最短。

3. 人员差别化战略

人员差别化战略是从员工的专业素质、能力、形象、行为等方面与竞争者形成差异。充满自信、热情礼貌、形象靓丽、专业技能高超的员工会给企业及其产品加分，提升顾客对企业及其产品吸引力、信赖感及依恋度，并与竞争者及其产品形成差异。

4. 形象差别化战略

形象差别化战略是从企业或产品整体形象或其中的某些要素方面与竞争者形成差异。例如，麦当劳的金色拱门、万宝路的强壮牛仔、海尔兄弟等都成为形成差异化的元素。需要注意的是，在企业市场营销实践中，上述战略可以单独使用，也可组合使用，但总的要求是市场定位一定要简洁明了，便于顾客理解，并能给其留下深刻的印象。

【学科前沿】

定制市场营销

一、企业市场营销方式的演变

人类社会的分工和协作关系是一个不断深化发展的过程。在手工业时期，工匠们主要服务于附近村落的居民，他们与顾客直接接触，可以清楚地了解顾客的需求，并将其要求体现到制作的产品之中。裁缝根据顾客体型和偏好量体裁衣，理发师根据顾客要求决定发型和头发的长短，铁匠根据农户的要求打造出其称手的农具。随着机器大工业时代的到来，社会分工协作关系跨越地区，甚至国界，生产规模化、产品标准化、成本节约化成为主流，人类社会进入大规模市场营销时代，生产效率和低成本（低价格）成为竞争的主要手段。称雄于20世纪前20年的福特汽车公司是这一市场营销模式的代表性企业。之后，随着工业化的发展和人民收入水平的普遍提高，人类社会进入产品多样化市场营销时代，顾客需求从购买一件价格便宜的产品转化到希望购买一件质量好、有特色的产品。产品品种的丰富性成为市场竞争的主要手段。产品多样化市场营销在一定程度上适应了顾客多样化的需求，但由于企业更多地关注产品本身，因而常常存在着产需对接错位现象。随着市场竞争的加剧，企业开始更多地从顾客角度思考问题，通过研究顾客需求差异进行顾客分类，再结合企业自身条件选择合适的目标顾客群，并在目标顾客心目中树立差异化的形象，这就是目标市场营销战略阶段。目标市场营销战略使得企业能够根据不同类别的顾客群的需求设计和提供产品，在一定程度上缓解了产品供需之间的错位问题。但是，不同类别顾客（细分市场）中需求的共性只是相对的，而差异则是绝对的，根据细分市场中顾客共性需求设计和提供的产品一定还存在着供需错位问题。要真正彻底地解决这一问题，就必须采用定制市场营销方式，即将市场细分到每一个人，完全根据每个人的要求设计和生产产品，从而实现顾客满意的最大化。

二、定制市场营销的特点

定制市场营销是指企业在市场营销活动中，针对每个顾客与众不同的个性化需求，为其“量身定做”产品，从而最大限度地满足顾客需要的一种市场营销模式。主要有以下几个特点：

（1）定制市场营销建立在市场完全细分的基础之上，强调迎接“一个人”的市场。

（2）定制市场营销以现代信息技术和工业自动化生产为基础，能够将顾客需求信息迅速地收集起来并快速地传递给企业，进而设计和生产出合适的产品。

（3）定制市场营销以高效率分工协作和快速反应的供应链为基础，使企业能够即时获得所需要的原材料、元器件、能源、软件等供应品和物流、金融等生产性服务。

三、定制市场营销的模式

根据产品特性（刚性/柔性）和顾客需求特性（刚性/柔性）可以组合出四种模式：

（1）完全定制营销模式。当产品和顾客需求都具有刚性（注：产品刚性是指产品具有特定的技术性能要求，一旦生产出来不可随意改变；顾客需求刚性是指顾客对某种产品的需求具有特指性和不可变动性；柔性是与刚性相对应的概念）时，采用完全定制市场营销模式，即企业完全按照顾客要求设计和生产产品，实现企业产品与顾客需求的完全对接。如大型船舶、水电站、跨海（江）大桥、特种成套设备等。

（2）鸡尾酒营销模式。当产品具有柔性和顾客需求具有刚性时，采用鸡尾酒营销模式，即企业向顾客提供标准化的高质量的原料、元器件，然后由顾客自行完成调制或组合成其所需要的产品，也可以由企业根据顾客需求完成最终产品的调制或组装，如同调制鸡尾酒一般。

（3）多样化定制营销模式。当产品具有刚性和顾客需求具有柔性时，采用多样化定制营销模式，即企业为顾客提供多种功能、多种款式、多种风味的“产品菜单”，然后根据顾客“点单”进行生产，如同顾客到酒店根据菜单点菜，酒店安排厨师做菜一样。

（4）多样化选择营销模式。当产品和顾客需求都具有柔性时，采用多样化选择营销模式，即企业可以为顾客提供多样化的可组合的“产品菜单”，由顾客自己“点单”组合产品，或者由顾客点单，企业完成组合产品的工作。

四、定制市场营销的优势和局限性

1. 定制市场营销的优势

（1）可以充分利用市场机会。在目标市场营销战略模式下，只有细分市场达到一定规模，企业才会考虑研发、生产和供应产品（或服务），这样，一些小众市场机会由于不符合规模经济要求就被放弃了。在定制市场营销模式下，每个顾客的需求都受到重视，真正实现了市场机会的充分利用。

（2）提高企业的市场竞争能力。企业市场竞争能力从本质上讲是企业的产品满足顾客需要的程度。在定制市场营销模式下，企业完全按照顾客需要设计和生产产品，实现了供需的无缝对接，使顾客需要得到了最充分的满足，这样就可以维持稳定的忠诚顾客群，奠定企业可持续发展的基础，从而极大地提高企业的市场竞争能力。

2. 定制市场营销的局限性

（1）高成本、高价格可能会抵消产品质量和特色带来的竞争优势。在定制市场营销模式下，虽然产品的质量好、特色鲜明，但由于不能取得规模经济效益，单位产品的成本往往较高，导致产品价格较高，这样就会使得一部分对价格敏感的顾客流失。

（2）供应链的适应性和响应性可能会制约定制市场营销的实现。在定制市场营销的模式下，企业需要社会分工细致、协作关系紧密、快速响应的高度智能化供应链体系来支撑，这样才能既满足顾客个性化需要，又能够实现弹性化组织生产和供应的要求。但有时这样的供应链条件是不完全具备的，从而制约了定制市场营销的实现。

【每章一练】

一、单项选择题

1. 企业通过市场调研，根据顾客的需求与欲望、购买行为、消费习惯等方面的差异性，将某一产品的整体市场划分为若干个消费群体的过程是（　　）。

A. 市场细分　　B. 市场调研　　C. 市场营销　　D. 市场定位

2. 市场细分的客观基础是顾客需求的（　　）。

A. 完全差异　　B. 完全相同　　C. 群组性差异　　D. 与产品的匹配性

3. 市场细分后所形成的细分市场规模应该足够大，使企业能够从中盈利，并且有一定的发展潜力，这体现了市场细分的（　　）原则的要求。

A. 可衡量性　　B. 可进入性　　C. 可盈利性　　D. 可实施性

4. 根据消费者对利益、使用时机以及品牌的反应来对市场进行细分，其主要依据是（　　）。

A. 地理变量　　B. 人口统计变量　　C. 心理变量　　D. 行为变量

5. 根据消费习惯，湖南的居民喜欢吃辣，山西的居民爱吃醋，我国南方的居民喜欢红茶和绿茶，华北、华东地区的消费者更喜欢花茶。这种划分方法属于（　　）。

A. 地理细分　　B. 人口细分　　C. 心理细分　　D. 行为细分

6. 市场细分的对象是（　　）。

A. 产品　　B. 顾客　　C. 竞争者　　D. 社会公众

7. 对顾客分类的过程实际上就是（　　）的过程。

A. 选择目标市场　　B. 确定产品类型

C. 确定产品特色　　D. 市场细分

8. 企业只选择一个目标市场，只生产一种产品，供应单一的顾客群，这种目标市场覆盖方式叫（　　）。

A. 产品-市场集中化　　B. 市场专门化

C. 产品专门化　　D. 完全市场覆盖

9. 企业决定同时为若干个细分市场服务，并有针对性地分别设计产品和制定市场营销组合，这种目标市场营销战略称为（　　）。

A. 无差异市场营销　　B. 集中性市场营销

C. 差别化市场营销　　D. 单一化市场营销

10. 企业根据顾客对色彩的偏好设计和生产了不同包装的化妆品，这体现出的市场细分变量是（　　）。

A. 地理变量　　B. 人口统计变量　　C. 心理变量　　D. 行为变量

11. 通用汽车曾提出“为每一个钱包、目的和人格，分别生产一种汽车”的口号，这体现的市场营销战略是（　　）。

A. 无差异营销　　B. 差异性营销

C. 集中性营销　　D. 定制市场营销

12. 市场定位的本质是（　　）。

A. 树立差异化的形象　　B. 提供多样化的产品

C. 服务单一类型的顾客　　D. 树立统一的市场形象

13. “怕上火喝王老吉”中所蕴含的市场定位要素是（　　）。

A. 产品　　B. 服务　　C. 人员　　D. 形象

14. 某茶馆不仅为顾客冲泡上等的茶饮，更为顾客提供特色茶艺表演，这是为了体现（　　）。

A. 产品差异化　　B. 服务差异化

C. 人员差异化　　D. 形象差异化

15. 某工程机械公司专门向建筑业用户供应推土机、打桩机、起重机、水泥机、搅拌机等建筑工程中所需要的机械设备，这是一种（　　）策略。

A. 产品-市场集中化　　B. 市场专业化

C. 产品专业化　　D. 全面市场覆盖

二、双项选择题

1. 消费者市场细分标准有（　　）。

A. 地理因素　　B. 产品因素　　C. 科技因素

D. 人口统计因素　　E. 组织性质

2. 以下选项中属于市场专业化的模式有（　　）。

A. 供电公司向辖区内城乡居民和企业供电

B. 某服装厂针对中年女性白领提供系列化产品

C. 某汽车厂生产不同类型的高中低档产品试图满足所有顾客的需要

D. 某食品厂专注于生产系列化的儿童食品

E. 某机械厂只加工生产汽车底盘

3. 一家医院市场定位较为合适的要素有（　　）。

A. 治愈的病例　　B. 员工的年龄　　C. 员工的职称

D. 医疗价格　　E. 员工人数

4. 市场细分的原则包括（　　）。

A. 可控制性　　B. 可区分性　　C. 可衡量性

D. 可诱导性　　E. 适应性

5. 在目标市场营销战略的类型划分中，面向整体市场的有（　　）。

A. 差异化市场营销战略　　B. 成本领先战略

C. 无差异化营销战略　　D. 集中化市场营销战略

E. 聚焦营销战略

6. 产品专业化意味着企业（　　）。

A. 只生产和供应一种产品

B. 试图满足各类顾客的需要

C. 生产多种多样的产品

D. 满足某一特定顾客群的需要

E. 为不同类别的顾客提供不同的产品

7. 市场专业化意味着企业（　　）。

A. 只将某一类顾客作为自己的目标顾客

B. 将各类顾客作为自己的目标顾客

C. 为特定的顾客群提供系列化产品

D. 为不同类别的顾客提供不同的产品

E. 为不同类别的顾客提供一种的产品

8. 可供企业选择的市场覆盖方式包括（　　）。

A. 市场差异化　　B. 市场垄断化　　C. 产品专业化

D. 市场专业化　　E. 产品差异化

9. 以下选项中属于避强市场定位的主要方式有（　　）。

A. 高价格—实惠　　B. 高质量—实用

C. 高价格—高价格　　D. 高质量—高档次

E. 高技术—高技术

10. 以下选项中可作为服务差异化定位的要素有（　　）。

A. 产品性能　　B. 产品功能配置

C. 维修的便捷性　　D. 实时监控性

E. 员工技能的高超性

三、判断题

1. 市场细分的对象是顾客，与产品无关。（　　）

A. 正确　　B. 错误

2. 在我国饮食文化中有“南甜北咸、东辣西酸”之说，这体现了地理变量的细分。（　　）

A. 正确　　B. 错误

3. 不同细分市场之间的需求具有较大的差异性，每个细分市场内部需求具有相似性。（　　）

A. 正确　　B. 错误

4. 顾客需求完全无差异的市场无需进行市场细分。（　　）

A. 正确　　B. 错误

5. 某服装企业针对中等收入男性白领开发了西装、休闲装、衬衣、皮鞋、皮带系列化产品，这体现了市场全覆盖模式。（　　）

A. 正确　　B. 错误

6. 目标市场是企业打算满足的、具有某一需求的顾客群体。（　　）

A. 正确　　B. 错误

7. 银行通常设立普通服务窗口和 VIP 服务窗口，这体现了市场细分的组织类型标准。（　　）

A. 正确　　B. 错误

8. 市场细分可以帮助企业发现市场的空白点，找到市场机会。（　　）

A. 正确　　B. 错误

9. 实力雄厚的企业只适合采用无差异市场营销战略。（　　）

A. 正确　　B. 错误

10. 家用汽车市场可以根据顾客年龄、性别、收入水平等多变量进行细分。（　　）

A. 正确　　B. 错误

四、理论分析题

1. 什么是市场细分？举例说明其有何作用。
2. 简述市场细分的原则。
3. 企业选择进入目标市场有哪些方式？各有何优缺点？
4. 企业目标市场营销战略有哪些？各有何优缺点？
5. 市场定位的本质是什么？企业如何进行市场定位？

【案例分析】

芭比娃娃的不老传奇

芭比娃娃是世界知名玩具公司美泰公司开发的玩伴产品。第一个金发碧眼的美女芭比诞生于1959年3月9日，并根据创始人露丝·汉德勒的小女儿芭芭拉的昵称命名，从此这个金发塑料娃娃就叫作“芭比”。随着芭比在全球的风靡以及不断地丰富产品和兼并收购让美泰公司成为全球最大的玩具公司之一。

其他玩具公司生产的玩偶一般都是婴幼儿或者比玩偶主人更小年龄的形象，目的在于激发小女孩内心的母性情感。美泰公司的芭比娃娃则是成人形象的玩偶，目的在于激发女孩对未来的梦想。芭比娃娃的创意源于露丝·汉德勒的一次偶然发现。有一天，她发现其女儿和一个男孩子在玩一种成人形象的剪纸游戏，而且兴趣盎然。于是，她突发灵感：何不开发一种“面向女孩未来形象”的玩偶，使其成为追求完美与时尚的女性形象代言人呢？芭比娃娃除了有魔鬼的身材，还有阿玛尼、Vera Wang、Prada等知名设计师为她设计的上亿套高品位服装，她的衣橱是从女孩到女人的梦想。《芭比时尚》编辑葛伦·曼多维勒曾说：“许多女性购买‘芭比’是因为她们无法变成‘芭比’，她们经由打扮完美的‘芭比’，实现她们渴望自身变得苗条、美丽并且受欢迎等一切梦想。”美泰公司的口号是：“芭比娃娃不单单是一种玩具，而是一种时尚，一种生活方式。”经典的芭比娃娃形象是大眼睛、细腰、大长腿、金发碧眼的美人，还有各种漂亮衣裳可以更换。自推出芭比娃娃以来，历经60余年，全球销量超过了10亿余个。芭比娃娃自诞生以来，也在不断适应时代变迁，已经有了从医生、古生物学者、摇滚明星到宇航员、电脑程序员、科学家等150多种职业女性形象的产品。为适应社会热点的变化，2021年美泰公司开发了东京奥运会运动员形象及新冠肺炎（COVID-19）抗疫女英雄形象的芭比娃娃，受到消费者的追捧。

美泰公司运用“线式策划”的策略，围绕芭比娃娃开发出多元化的产品：一是围绕芭比情感开发了系列化的家族产品，如芭比爸爸、芭比妈妈、芭比妹妹、芭比表妹、芭比双胞弟妹、芭比小妹妹、芭比小小妹妹等，甚至还有一个芭比的男朋友等。二是将芭比看作一个有生命的、具有多方面需要的玩伴，为此开发出了芭比服饰、鞋包、化妆品、宠物、家居用品，甚至芭比房间等。具有吸引力的产品线的延展和新品的推出，使消费者从一次性购买的顾客转变为重复购买的高黏性的忠诚的消费者。三是在日益全球化背景下，美泰公司运用本土化策略，根据不同国家、不同民族的生活习惯和地域文化推出了黑人芭比、拉丁芭比、中国芭比等，并为她们配置了极具本土风情的房子、家具等，使“芭比娃娃”犹如获得了“全球通行证”，从美国出发，走进上百个国家的数亿个家庭。四是不断拓展新领域，出版了《芭比时尚》杂志、拍摄了芭比题材的电影、游戏等。五是美泰公司重视进行具有人物个性的公益营销。例如，“芭比娃娃”担当了联合国儿童基金会的“亲善大使”，还推出了“轮椅上的芭比”，以唤起人们对残疾人的关注与同情。

芭比娃娃风行市场的同时也引来了许多批评的声音。有人认为“完美”的芭比娃娃为小女孩设定了不切实际的目标，容易伤害她们的自尊心，使得她们对自己的容貌和身材感到自卑；芭比宣扬了过于完美的女性形象，孩子们的盲目模仿可能会使她们正在发育的身体受到伤害。在美国俚语中，甚至以“芭比”来形容女子头脑空空，类似愚蠢的“花瓶”。跨文化冲突也是芭比娃娃推广中面临的一个不小的挑战。例如，在中国，年轻的父母可能会给自己的女儿购买一个芭比娃娃，但是绝不会再为其购买一个芭比的男朋友玩偶。传统的中国父母也可能会认为女儿花大量的时间去打扮芭比娃娃，既浪费金钱，又耽误学习。

面对种种质疑，露丝·汉德勒十分坦然。正如她在其自传中所说：“我创造‘芭比娃娃’的理想就是，通过这种玩具的诞生，让所有的女孩子都意识到她们能够成为自己梦想中的任何一种人。‘芭比娃娃’代表了女性拥有同男性一样的选择权。‘芭比娃娃’已不仅仅只是一种玩具，她已经成为女性消费者生活当中的一部分，我为此而感到高兴。”

“让所有的女孩子都意识到她们能够成为自己梦想中的任何一种人”“‘芭比娃娃’已成为女性消费者生活当中的一部分”，这或许就是芭比娃娃风行市场，创造不老传奇的秘密所在吧！

资料来源：根据360百科、新浪财经等相关资料整理。

案例分析题：

1. 分析芭比娃娃为何能持续风靡市场。

2. 如果您是美泰公司的市场营销部门负责人，如何应对来自社会各方面批评的声音？

3. 未来芭比娃娃在目标市场选择和市场定位方面是否可以做出一些改变？请说明理由。

【能力测试】

测试题：试对以下说法做出判断，即在您认为合适的空格处画○，多选、少选均不得分。

序号	题干	同意	较同意	中立	不太同意	不同意
1	产品分类可以在一定程度上反映顾客需求差异，但与市场细分有本质差别					
2	市场细分可以帮助企业找到市场的空白点					
3	只要产品好就能进入任何细分市场					
4	产品专业化可以满足顾客多方面的需求					
5	站在目标市场营销战略的视角看，顾客需求完全差异化的市场不值得开发					
6	差异化市场竞争战略与差异化市场营销战略的立足点是不同的					
7	无差异市场营销战略实际上忽略了目标顾客需求的差异性					

表(续)

序号	题干	同意	较同意	中立	不太同意	不同意
8	市场定位是改变产品中的某些要素，使之更好地适应顾客需要					
9	市场定位是给顾客一个购买本企业产品的理由					
10	市场定位成功的关键是企业将自己产品的定位概念准确地传递给顾客，并获得其认可					

【延伸阅读】

1. 吴建安. 市场营销学［M］. 6 版. 北京：高等教育出版社，2017：1-50.

2. 菲利普·科特勒，加里·阿姆斯特朗. 市场营销：原理与实践［M］. 16 版. 楼尊，译. 北京：中国人民大学出版社，2015：191-220.

3. 张云起. 市场营销学［M］. 北京：高等教育出版社，2018：177-446.

4. 钱旭潮. 市场营销管理［M］. 北京：机械工业出版社，2021：168-210.

5. 张会锋. 里斯和特劳特定位理论反思：一个基于认知的实证研究［J］. 管理世界，2013（7）：113-122.

6. 张启明，杨龙志. 市场营销学［M］. 北京：机械工业出版社，2020：147-148.

第八章 产品策略

【学习导引】

产品策略是市场营销组合（4P 组合）的重要要素，也是市场营销学的核心章节之一。通过学习，要建立起产品整体观念，搞清楚产品生命周期的内涵、演变及营销对策，强化品牌意识，掌握品牌策划方法，明白新产品开发的意义及流程。

【营销箴言】

品牌不是打上苹果的标志而是苹果的品质，打上苹果的标志还需要信心和对客户的承诺。

——史蒂夫·乔布斯

顾客购买的不是产品本身，而是产品中所蕴含的利益。

——佚名

【营销故事】

天润酸奶的包装：在浪漫有趣中吸引顾客

产品包装集中体现了品牌信息，是顾客识别、挑选和购买产品的第一接触物，被称为“无声的推销员”。有特色的包装能够使产品在众多产品群中凸显出来吸引顾客的眼球，让顾客快速地识别品牌和了解产品的特点，激发其购买欲望。新疆天润乳业股份有限公司（以下简称“天润”）在其酸奶产品包装上的“情感注入”赢得了顾客的青睐，稳居新疆区域酸奶市场榜首。酸奶是一种很普通的乳制品，但顾客却有着不同的口味偏好。与其他乳制品企业仅仅将酸奶口味简单地标注在包装袋上不同，天润把酸奶的不同口味都变成了富有浪漫情调的副品牌，再加上商标、颜色、字体、“萌”语言等要素的组合，形成了特色鲜明的品牌信息传播系统，使不同口味的酸奶包装给顾客以强烈的视觉刺激，发挥了很强的心理暗示和购买引导作用，树立了独特的品牌形象，让人们味蕾顿开，情迷其中。例如，草莓味酸奶——“莓完莓了”、红白相间的颜色搭配、红色的美术字体、萌语言“快乐就是没完没了”；香蕉味酸奶——“蕉往甚欢”、香蕉黄的底色、绿色的美术字体、萌语言“香蕉牛奶，交往甚欢”；冰激凌味酸奶——“冰激凌化了”、浅黄色和浅蓝色的色彩搭配，红色的美术字体、萌语言“冰激凌化了，可以任性玩味”；葡萄味酸奶——“吸葡萄了”、紫红底色、白色的美术字体，萌语言“葡萄酸奶，喜欢就酱紫吸”。百果味酸奶——“百果香了”、紫红底色、白色的美术字体、萌语言“百香果味酸奶，时尚 in 款”；蜂蜜味酸奶——“蜂”芒毕露、蜂蜜黄底色、浅黄白色的美术字体、萌语言“蜂蜜芒果味酸奶、‘蜂’芒毕露之选”等。其他口味的酸奶，如巧克力味酸奶（巧克力碎了）、柚子味酸奶——“被柚惑了”、柠檬味酸奶（青柠）、榴莲味酸奶（要榴芒了）、山楂味酸奶（山楂恋爱了）等也都有浪漫或幽默的表达和个性化的包装设计，很好地表达了产品特点，传播了品牌形象，提高了促销效果。

资料来源：根据搜狐网、京东网及实地调查资料编写等。

【理论概述】

顾客每天都需要购买和使用产品来解决其面临的诸多问题。产品策略是市场营销策略组合中最重要的策略之一。企业只有深刻认识产品的内涵和本质，了解产品生命周期演变的规律，适时推出新产品，积极打造一流品牌，才能实现企业基业长青。本章有五节内容：第一节产品组合策略；第二节品牌策略；第三节包装策略；第四节产品生命周期；第五节新产品开发与推广。

第一节　产品组合策略

一、产品的内涵及分类

（一）产品的内涵和形式

产品是企业提供给市场用来交换的能够满足顾客某种需要的任何东西。产品包括实体产品、服务、活动、思想、组织等多种形式。实体产品是最重要的形式之一，如食品、服装、住房、家用电器、汽车、化妆品、洗涤用品、文化用品等。服务是用于出售或随同实体产品一起出售的利益、活动和满足感，主要有理发、照相、教育、卫生、广播电视、通信、物流、金融等。各种商贸洽谈会、博览会、体育赛事、文艺演出等活动成为产品的独特形式。各种思想借助文学作品、电影电视、商务策划书等成为产品。组织是各利益主体实现自身目标和价值的载体，成为一种特殊的产品。

（二）产品的整体概念

产品可以从五个层次来理解，即核心产品、基本产品、期望产品、附加产品和潜在产品，各层次之间的关系见图 8-1。

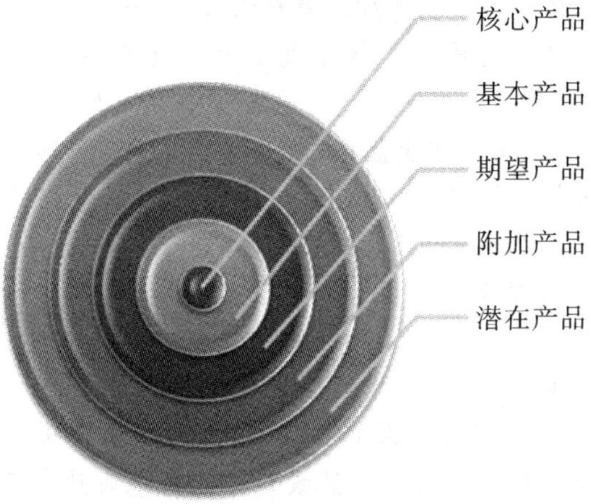

图 8-1　产品整体概念

（1）核心产品。它表明了产品所能给顾客提供的最基本的利益，也是顾客购买产品的最基本的理由所在。例如，手表是一种计时装置，电钻满足顾客打孔的需求，钢笔是一种书写工具，药品是解除患者病痛的手段，顾客购买医疗服务则是为了查清病因并获得治疗方案。

（2）基本产品。它表明了产品最基本的要素和组成。一只机械手表包括指针、刻度盘、机械装置、表壳、表带等要素，而且应保证上述要素组合起来后能够正常地运转并准确地指明时间。

（3）期望产品。它表明顾客在购买产品时所期望获得的东西。顾客的期望与他购买产品时所付出的代价密切相关，也同他所处的环境有关。入住普通招待所的顾客期望干净的床、普通的桌椅、简易的盥洗设备等，而入住五星级酒店的顾客则期望有宽大的席梦思床、舒适的沙发、互联网服务、高档盥洗设施及 24 小时热水服务、游泳健身娱乐服务等。

（4）附加产品。它表明随同产品购买获得的额外利益。例如，入住酒店的顾客获得免费的生日祝福鲜花，购买空调的顾客得到了免费的送货上门和安装服务，参加英语培训的学生获得了免费的培训课时等。

（5）潜在产品。它表明了产品未来发展方向。例如，人们期望全自动驾驶汽车、低噪音路面材料、动力更强劲的航空发动机等。

（三）产品分类

1. 按照产品是否有形和耐用性分为耐用品、非耐用品和服务

（1）耐用品。一般指单件产品价值大、使用耐久性长的产品，如汽车、计算机、彩色电视机、电冰箱、洗衣机等。

（2）非耐用品。一般指单件产品价值较低、使用耐久性短的产品，如食品、服装、化妆品、洗涤用品、纸张油墨等。

（3）服务。它是无形的、不可分割的、可变的、不能储存的产品。因此服务更需要质量控制、提供者的可信度以及适应性。如理发、法律咨询、设备修理等都属于服务。

2. 按照产品性质不同可以分为消费品和产业用品

（1）消费品。消费品是直接满足最终消费者需要的产品，可以分为便利品、选购品、特殊品和非渴求品等。①便利品，它是单件产品价格较低，消费者经常、即时购买的产品，而且购买时几乎不做什么比较，也较少花费精力，如口香糖、报纸、快餐、香烟、打火机等。这类产品一般来说价格低廉、消费者经常购买，非常熟悉，所以，消费者不需要也不想花费太多的精力去挑选。②选购品，它是单件产品价格较高，消费者购买频次较低、需要花费较大精力在质量、款式、颜色等方面比较、挑选的产品。例如，汽车、家具、服装、家用电器、自行车等。③特殊品，它是具有独特个性、品牌识别或特殊价值的产品，通常消费者会花费很大的精力仔细比较、挑选。例如，结婚戒指、婚礼服务、名牌手表、高档汽车等。④非渴求品，它是消费者不知道或知道了也不想购买的产品。这些产品通常需要企业花费更多的广告投入、人员推销或销售促进活动才能把产品销售出去。常见的非渴求品有人寿保险、墓地、百科全书、义务献血等。

（2）产业用品。产业用品是指用于进一步加工或者用于商业目的的产品，包括原材料和零部件、资本项目和供应品及劳务等。①原材料和零部件，包括未经加工处理过的农产品和矿产品，经过加工形成的材料（如钢材、木材、水泥、线缆等）以及工业构件（铸件、锻件、紧固件、轮胎等）。②资本项目，是在购买者的生产和运营过程中起辅助作用的工业用品，包括主要设备和辅助设备。主要设备包括厂房、大型机械加工设备、流水生产线、发电机组等，辅助设备包括手动工具、轻型卡车、计算机系统、打印机、传真机等。③供应品及劳务。供应品主要包括汽油、柴油、润滑油、煤炭、纸张、油漆等消耗品。劳务主要包括送货安装维修服务、法律顾问、管理等咨询服务等。

二、产品组合分析

（一）产品组合的内涵

产品组合是指不同类别产品的组合和搭配。产品组合通常可以用长度、宽度、深度和相关度四个维度加以描述。

产品组合的宽度是指一个企业所提供的产品线的数量，即提供的产品大类的多少。产品组合的长度是指企业每条产品线所包含的产品项目。产品组合的深度是指产品线中每种产品花色、规格的数量。产品组合的相关度是指企业不同产品线在最终用途、生产条件、分销渠道等方面的关联程度。例如，海尔集团生产了白色家电产品、数字及个人产品、整体厨房、地产和生活家电五个大类（产品组合的宽度）、27 种（产品组合的长度）和上千花色规格的产品（产品组合的深度），试图满足顾客家庭生活需求的方方面面。这些产品之间有一定的关系（关联度）。海尔集团的部分产品组合见表 8-1。

表 8-1 海尔集团的产品组合（部分产品）

产品组合的宽度	白色家电产品	数字及个人产品	整体厨房	地产	生活家电
产品组合的长度	电冰箱（柜） 洗衣机 空调 热水器	彩色电视机 手机 计算机	吸油烟机 燃气灶 消毒柜 洗碗柜 电烤箱 整体厨房 整体衣柜	工业地产 住宅地产 商业地产 文化地产 养生地产	吸尘器 电磁炉 电饭煲 电压力锅 微波炉 豆浆机 饮水机 挂烫机

资料来源：根据海尔集团网站资料整理。

（二）产品组合分析

产品组合分析的目的在于认识企业各产品线、产品线中各类产品的市场表现及对企业盈利的贡献情况，为产品组合优化决策提供依据。产品组合分析的方法主要有：

（1）统计指标法。即利用市场占有率、产品利润率等统计指标，采用动态比较、横向比较等方法，找出企业各产品线、产品项目等的市场表现及盈利贡献的变化及差异，为产品组合优化提供依据。

（2）波士顿矩阵法。即利用波士顿矩阵法分析企业产品组合的合理性。波士顿矩阵法根据市场增长率（以 10%作为划分增长率高低的界限）和相对市场占有率（以 1.0 作为划分市场地位高低的依据）两个指标可以将企业的产品（含产品线、或产品项目、或单个产品）划分成四个类别：明星类（高相对市场占有率、高市场增长率）、金牛类（高相对市场占有率、低市场增长率）、问题类（低相对市场占有率、高市场增长率）和瘦狗类（低相对市场占有率、低市场占有率）。对于明星类产品，可以采取拓展战略；对于金牛类产品，可以采取维持战略；对于问题类产品，可以采取拓展或收割战略；对于瘦狗类产品，可以采取收割或放弃战略。

（3）通用电气公司法。即利用公司业务能力（包括高、中、低三个选项）和行业市场潜力（包括大、中、小三个选项）两个指标，可以将企业的产品归到三大区域：绿色区域（包括高大、中大及高中三种组合），表明该产品企业的业务能力强、市场前景好；黄色地带（包括低大、中中及高小三种组合），表明该产品企业的业务能力及市场前景中等；红色地带（包括低中、中小及低小等三种组合），表明该产品企业的业务能力及市场前景较差。对处于绿色地带的产品可以采取拓展战略，处于黄色地带的产品可以采取维持战略，处于红色地带的产品可以采取收割或放弃战略。企业的业务能力通常根据相对市场占有率、企业地理位置、企业的销售能力、品牌知名度和美誉度及经验曲线等因素加权平均计算；行业市场潜力通常根据市场销售增长率、行业规模、市场竞争激烈程度、行业产品平均利润率等因素加权平均计算。

三、产品组合的优化

在产品组合分析的基础上，企业通常会对自己的产品组合做出优化决策。一般来说，企业产品组合优化的途径有四种：扩大产品组合；缩减产品组合；调整产品组合；产品线延伸。

（一）扩大产品组合

扩大产品组合包括增添新的产品线、增加新的产品项目或者丰富产品的规格花色等。企业做出扩大产品组合的决策主要受如下因素的影响：

（1）顾客对产品提出了新的要求，企业有能力生产出相应的产品。

（2）企业有过剩的生产能力，扩大产品组合可以提高企业生产能力的利用率。

（3）企业通过扩大产品组合来实现公司规模扩张的战略目标，增加企业新的利润点。

（4）扩大产品组合不仅有利于扩大公司服务顾客的范围，丰富的产品组合也可以更好地满足顾客差异化的需求。

（5）经销商更乐于经销那些产品组合丰富的企业的产品，也促使企业不断扩大其产品组合。

（二）缩减产品组合

缩减产品组合包括减少产品线、缩减产品项目或者产品的规格花色等。企业做出缩减产品组合的决策主要受如下因素的影响：

（1）某些产品线或产品项目长期亏损，市场前景黯淡，削减这些产品可以改善企业的盈利状况。

（2）某些企业战略目标及运营模式调整，希望将资源集中在企业主导产业上。

（三）更新产品组合

更新产品组合是指企业对现有的产品组合采取有增有减的优化调整策略或者对现有产品升级换代。更新产品组合包含现有产品组合数量上的变化，更着眼于质量上的优化。

（四）产品线的延伸

产品线的延伸是更新产品组合策略的一种特殊形式，意味着不同定位的产品项目或产品花色品种的增减。

1. 向上延伸

向上延伸是指原来生产中低档产品的企业开发生产高档产品的行为。例如，泸州老窖集团开发“国窖 1573”品牌，郎酒集团开发“青花郎”品牌等都是此种策略的应用。企业采取此种策略主要是考虑如下因素：①高档产品虽然顾客面较窄但利润丰厚，生产销售此类产品可以改善企业的财务状况；②开发高档产品可以提升整条产品线的品质，扩大品牌影响力；③满足部分忠诚顾客随着收入水平的提高对产品档次提升的需要。否则，此类顾客则可能转而购买其他品牌的高档产品。当然，采用此种策略也存在着一定的风险：①消费者不一定认可；②经销商基于风险考虑不愿经销或者缺乏经销高档产品的经验；③产品质量如果达不到同档次高档产品的品质，不仅此类产品市场不接受，而且还会连累原有产品的销售。

2. 向下延伸

向下延伸是指原来生产高档产品的企业开发生产中低档产品的行为。例如，茅台股份有限公司在茅台普通酒（飞天茅台酒）的基础上开发了“茅台王子酒”“茅台迎宾酒”“汉酱酒”“名酱酒”“仁酒”等 21 款中档酒品牌。企业采用向下延伸策略主要是基于如下因素考虑：①发挥高档产品的市场地位和品牌资产产生的影响力满足部分消费者追求名牌产品的需求；②中低档产品市场容量巨大，通过开发此类产品可以扩大企业产品的顾客面，实现企业的规模扩张的目标。但是，采取此类策略也存在较大的风险：①中低档产品由于品质通常会低于高档产品，所以，此类产品对企业品牌声誉只能起到减法作用。②中低档产品往往利润较低，与原有产品的目标顾客差异较大，经销商可能缺乏经验，也可能不愿意经销。

3. 双向延伸

双向延伸是指在原有产品定位的基础上既开发高档产品又开发低档产品的策略。双向延伸是向上延伸和向下延伸的集合，兼具两者的优势和风险。例如，茅台股份有限公司在茅台普通酒的基础上既开发了中档酒，也开发了高档的陈年酒，包括汉帝茅台、80 年茅台、50 年茅台、30 年茅台、15 年茅台、陈年茅台纪念六款白酒。

第二节　品牌策略

一、品牌的若干概念

（一）品牌的涵义

品牌是一种名称、术语、标记、符号或设计，或是它们的组合运用，其目的是借以辨认某个销售者或某群销售者的产品或服务，并使之与竞争者的产品和服务相区别。品牌有两层基本含义：①品牌是由名称、术语、标记、符号或设计等要素单独或组合使用后形成的一种识别系统。②创立品牌的目的在于使本企业的产品和服务与竞争对手的产品相区别，即让顾客借助品牌识别产品或服务。

品牌从本质上讲是卖者向买者长期提供的一组特定的特点、利益和服务。最好的品牌传达了质量的保证。一个品牌能够表达出六层意思：

（1）属性。一个品牌首先给人带来特定的属性。例如，梅塞迪斯表现出昂贵、优良制造、工艺精良、耐用、高声誉、高价格、快捷等。

（2）利益。顾客不是购买属性，他们是购买利益。属性需要转换成功能和情感利益。耐用属性可以转换成功能利益——顾客可以在较长时间内不必购买新产品，可以节约金钱和时间。昂贵或贵重属性可以转换成情感利益——顾客由于购买和使用该产品受到人们的尊重和羡慕，显示自己的个性和成功。

（3）价值。品牌表现了该制造商的某些价值观。例如，梅塞迪斯的高性能、安全、威信等。海尔的高质量、优服务、“真诚到永远”的价值追求。

（4）文化。品牌可能附加和象征了一定的文化。梅塞迪斯意味着德国文化——有组织、有效率、高品质。麦当劳则显示了美国文化——热情、外露、质量、效率等。

（5）个性。品牌是企业产品人格化的表现，可以代表一定的个性，只有个性鲜明的品牌才具有吸引力，给人留下深刻的印象，形成差别化的形象。华为显示阳刚之气，小米则表现出沉静和温馨。

（6）使用者。品牌还可以体现出购买或使用这种产品的是哪一类消费者。使用者代表某种产品的价值、文化和个性。例如，人们对一家大公司的总经理乘坐奥迪轿车不会感到奇怪，而对其乘坐公共汽车则会感到意外。又如，一个普通工人佩戴价格昂贵的瑞士劳力士手表，并且是高尔夫俱乐部的会员，或者驾驶法拉利跑车都会使人们感到惊奇，因为从一般意义上讲，他不是这些产品或服务的目标顾客。

品牌的六层次说有利于人们全面把握品牌的含义，防止认识和宣传上的偏差。品牌不仅仅是名称、标识、颜色及其集合，它实际上是企业产品内在素质的外在体现，是顾客对一个企业及其产品的综合评价。另外，顾客购买产品的目的是为了追求或获得利益，产品属性甚至品牌本身都只是顾客实现利益追求的工具。

（二）商标和驰名商标

1. 什么是商标

品牌或品牌的一部分到国家商标管理部门申请注册并获得认可，即为商标。商标一般由文字、图形、符号或者文字和图形的组合来表示，并且将其置于商品的表面或商品的包装上。商标按照其构成要素不同可以分为：文字商标、图形商标和组合商标三类。按照是否注册，商标可以分为注册商标和非注册商标两种。注册商标通常在商标旁有一个标记“®”。商标注册是指商标使用人将其使用的商标按照法律规定的条件和程序向国家商标管理机关提出注册申请，以取得商标专用权的行为。经国家商标管理机关核准注册的商标为注册商标，商标注册人享有商标专用权，受法律保护。根据我国《商标法》规定，商标注册制度是保护商标专用权的一项基本法律制度。商标注册申请采用“一类商品、一个商标、一份申请”的原则。申请注册商标必须按照商标注册用商品国际分类表规定的42个类别提出申请。如果同一申请人在不同类别的商品上使用同一商标的，应当按商品分类表提出注册申请。对于注册商标，如果需要扩大使用到其他类别的商品上，应当另行提出注册申请。商标注册的审查和核准要经过初步审定、公告、驳回、异议、复审五个步骤。经过初步审定公告的商标，在3个月内无人提出异议，或者经裁定异议不能成立的，即对申请注册的商标予以核准注册，并将核准的商标及核准注册的有关事项载入商标注册簿上，发给申请人商标注册证，并予以公告。至此，申请人即取得注册商标专用权。注册商标的专用权主要包括：①商标使用权。注册商标的专用人有权在其注册商标所核定的商品、包装及装潢上使用该商标，有权利用注册商标做商品广告。有权通过商标取得合法收益。②禁止权。注册商标专用权具有排他性，注册商标专用权人有权排除其他单位或个人擅自使用其注册商标。③商标转让权。注册商标专用权人在商标有效期内，有权依法将其注册商标转让给他人。注册商标一经转让，商标转让权人即丧失其专用权，而受让人则取得了该注册商标的专用权。④许可使用权。注册商标专用人可以通过签订商标许可合同，许可他人使用其注册商标。这属于商标使用权的转移，而非商标专用权的转移，商标专用权仍归注册商标专用人拥有。

我国商标法还规定，有下列行为之一的，均属侵犯注册商标专用权的行为：①未经注册商标所有人的许可，在同一种商品或类似商品上使用与其注册商标相同或近似的商标。②销售明知是假冒注册商标的商品的。③伪造、擅自制造他人注册商标标识或销售伪造、擅自制造的注册商标标识的。④给他人的注册商标专用权造成其他损害的。

2. 驰名商标的含义和特点

所谓驰名商标，是指在市场上享有较高声誉，为相关公众所熟知并且有较强竞争力的商标。驰名商标于1925年在修订的《巴黎公约》（海牙文本）中被正式确定下来。驰名商标是商标的一种特殊类型，其因内在的高信誉、高声望而获得了高的附加值。驰名商标是商标的一种特殊形式，它得到比普通商标更为宽泛的保护。相对于普通商标，驰名商标具有以下几个特点：

（1）驰名商标享有跨类别保护的权利。一般商标的保护限制在与注册商标所核定使用的商品相同或类似的商品上使用与注册商标相同或类似的商标，即一个商标侵犯了另一个商标的专用权，必须是在“同一类功用类似商品”前提下构成，每一个被核定了使用商品范围的商标只能在该商品所属类似群中享有商标专用权的排他权。而驰名商标则获得了更广泛和特别的保护，即在不同类别、性质的商品上也不允许使用与驰名商标相同或近似的标识。

（2）驰名商标的注册超越“优先申请”的原则。我国和世界上许多国家都实行商标注册及优先注册（同一商标，给予先申请者注册）的原则，就一般商标来说，只有注册后才受到法律保护，不注册的商标则不受法律保护。但是，驰名商标则不同。如果某商标被商标主管机关认定为驰名商标未注册，也在巴黎公约成员国内受到法律保护。对驰名商标而言，他人申请注册的商标与驰名商标相同或者相近，即使在非类似产品上注册，只要该拟注册的商标可能损害驰名商标所有人的权益，负责商标注册的部门就会将其驳回，不予注册；不仅如此，驰名商标注册的优先权还表现在，即使他人经申请已获准注册，驰名商标所有人也有权在5年内请求撤销该注册商标。如果他人以欺诈手段恶意抢注的，驰名商标所有者的撤销请求不受时间限制。

（3）驰名商标的专用权跨越国界。驰名商标的专用权不同于一般法律意义有严格的地域性的商标专用权，而是超越本国范围、在巴黎公约成员国范围内得到保护的商标权。如果某一商标在注册国或使用国获得商标主管机关或其他权威组织（如最高法院或其法律机关）认定为驰名商标，即表明该商标得到《保护工业产权巴黎公约》的保护。按照《巴黎公约》对驰名商标专用权的规定，若某一商标构成对该驰名商标的伪造、复制或翻译而且用于相同或类似商品上，则应禁止其使用该商标（拒绝或取消其注册）。这些规定还适用于主要部分系伪造、仿冒或模仿驰名商标而易于混淆的商标撤销。

3. 品牌与商标的关系

品牌和商标是两个关系密切又有所区别的概念。品牌和商标的共同点在于，它们都是识别产品的手段，许多构成要素都是相同的。但两者又是有区别的。商标是法律概念，而品牌是市场概念。一个商业标识只要到国家商标管理部门申请注册并获得认可，即可获得商标专用权，但品牌需要获得顾客认可。商标可以注册而不使用，但品牌总是与具体的产品紧密相连，品牌是在顾客使用产品过程中塑造起来的，不存在脱离产品的品牌。由于经营管理不善，企业破产了，品牌随之消亡，但商标专用权则可以存在。例如，“三鹿”的品牌价值实际上已经归零，但“三鹿”商标专用权依然存在。虽然，目前“三鹿”商标重出江湖，被浙江三鹿实业有限公司作为有机杂粮的商标，但此“三鹿”非彼“三鹿”，属于有商标无品牌的境况。

（三）品牌资产及特点

品牌资产是能够为企业和顾客提供超越产品和服务本身利益之外的价值，一般有以下几个特点：

（1）无形性，即品牌资产是企业的无形资产之一，不像厂房、机器设备等固定资产那样有具体的形状。

（2）价值在利用中增值。实物资产随着使用年限的增加，其价值会减少，乃至灭失。品牌资产则与之不同，它可以作为资本通过租赁、特许经营、连锁经营等方式来运营，其价值随着时间的积累会增值。当然，如果运营不当，也可能减值。

（3）价值具有波动性。品牌价值具有不确定性，与企业的经营状况密切相关，也与社会消费习惯及国家的法律政策有关。例如，万宝路曾经是全球价值最大的品牌，但随着人们健康意识的增强和各国禁烟运动的兴起，其品牌价值也随之下滑。

（4）品牌资产是企业市场营销绩效的重要考核指标。品牌资产价值的大小可以综合反映出企业市场营销活动的成效，因此，评价企业市场营销活动的绩效水平，不能只看销售收入、市场占有率、顾客保持率和新顾客开发率等指标，还必须把品牌资产价值作为考核指标之一。

二、品牌设计的原则

品牌设计是指企业决定品牌名称、术语、符号、口号、颜色、标识等诸要素及其组合的活动。一个好的品牌首先应该使人的感觉器官受到强烈刺激，并留下美好、持久而深刻的印象。品牌设计应该遵循以下几项基本原则：

（一）通盘考虑

企业在进行品牌设计时要对品牌诸要素（如品牌名称、术语、符号、特色、标语、包装等）进行通盘考虑，使各种因素保持协调一致，从而形成合力。因为品牌认知及品牌形象是各种因素综合作用的结果，单纯强调个别要素很难取得良好的效果。

（二）易于沟通

品牌设计要易于为顾客识别和理解，简洁明快、易读易识易记的品牌才便于传播。如果品牌设计过于复杂或抽象，图案颜色杂乱，品牌名称冗长乏味，标语缺乏说服力，包装与品牌定位不一致，那么就很难与顾客进行有效的沟通。

（三）富有特色

品牌要有个性，只有个性突出、有特色的品牌才能为顾客所辨认，并给顾客留下深刻印象，也才能与竞争对手的品牌相区别并长久地存入顾客的大脑之中。例如，奥迪汽车的标志代表合并前的四家公司，寓意和谐团结，奔驰汽车的三叉星标志寓意征服海陆空的愿望，宝马汽车标志中蓝白相间的图案，代表蓝天、白云和旋转不停的螺旋桨，寓意在广阔的时空中，以精湛的技术、最新的观念，满足顾客的最大愿望。它们都以简洁明快、富有特色而为消费者所熟知和辨识。

（四）便于延展

品牌要有较大的适应范围，为企业进入新领域、开拓新市场服务。我国有不少品牌的专指性太强，延展性较差。例如，五粮液是白酒类产品中的名牌，具有很强的特指性，如果将其延展至果酒、啤酒、纯净水等领域就会使消费者产生认知困惑。“康师傅”品牌在食品产业领域具有很好的延展性，但如果延展到服装、家电、手机等领域则会让顾客感到奇怪。

（五）尊文守法

各国各民族在长期的发展中形成了独特的风俗习惯和宗教禁忌，必须予以尊重，否则就会引起民族冲突，酿成政治事件。例如，销往伊斯兰国家的商品品牌中就不能包含类似于猪的图案和文字。又如，在中国，菊花蕴含着傲霜斗雪的精神，为人们所喜爱，但在法国，菊花则与死亡和葬礼联系在一起。各国在品牌或商标设计上都有许多法律规定，必须加以遵守。我国在商标法中明确规定了一些文字、图形不得在商标设计中使用。这些内容同样适用于品牌设计。具体包括：同中华人民共和国的国家名称、国旗、国徽、军旗、勋章相同或相似的；同外国的国家名称、国旗、国徽、军旗相同或相似的；同政府间国际组织的旗帜、徽记、名称相同或相近似的；同“红十字”“红新月”的标志、名称相同或近似的；本商品的通用名称和图案；直接表示商品的质量、主要原料、功能、用途、重量及其他特点的；带有民族歧视的；夸大宣传并带有欺骗性的；有害于社会主义道德风尚或有其他不良影响的；县级以上行政区划的地名或者公众知晓的外国地名不得作为商标。但是，地名具有其他含义的除外。已经核准注册的使用地名的商标继续有效。除以上情况外，在品牌设计时盗用或模仿他人或其他企业和组织已注册的商标的行为也是被法律禁止的。

我国企业植根于深厚的中华文明沃土，在市场经济大潮的洗礼下，在品牌设计上积累了较为丰富的经验，也形成了一些值得称道的品牌范例。例如，中国农业银行、中国工商银行、中国银行和中国建设银行四大国有银行堪称品牌设计的典范。上述品牌，通过品牌名称、品牌标识、字体、颜色及宣传语的组合搭配形成了具有鲜明特色的视觉传播系统（见图 8-2）。中国农业银行，汉字采用汉仪粗宋简体，流畅大方，英文简称 ABC，简洁清爽；麦穗标识及其所隐含的“田”字，具有很高的辨识度，也体现出其服务“三农”的特色。绿色的主色调，既能让人想到农业，又能体现生命和活力，给人以自然、新鲜、平静、安逸、活力等感觉。中国工商银行，字体采用黑体字，英文简称 ICBC，主色调红黑搭配，简洁醒目，容易辨识。标识是一个隐形的方孔圆币，中间是经过变形的“工”字，中间断开，使“工”字更加突出和颇具个性。中国银行，汉字采用郭沫若手写体，具有唯一性，凸显中国文化底蕴，英文易读易记。标识采用中国古钱币形状，中间凸显变体的“中”字。红、黑的颜色搭配醒目，辨识度高。中国建设银行，汉字采用黑体字，稳重大方，英文简明易识。标识采用中国古钱币变体，体现金融业特征。标识右上角的变化，形成重叠立体的效果，代表着“中国（China）”与“建设（Construction）”的英文缩写。两个 C 字母的重叠，寓意积累。采用海蓝色为标准色，给人以理性、包容、祥和、宁静的感觉。

图 8-2　中国四大银行标识

三、品牌策略

（一）品牌有无决策

在市场竞争日趋激烈的今天，绝大多数企业都会给自己的产品赋予品牌。虽然品牌化要付出成本，如宣传费、包装费、标签费及法律保护费等，而且如果该品牌不受顾客欢迎还得承担风险。但是，企业为何还十分热衷于创立品牌呢？这是因为品牌化对于买卖双方以及社会公众来说都会带来实际的利益。

1. 品牌化给卖者带来的好处

（1）有了品牌可以使卖者比较容易处理订单并发现问题。

（2）卖者的品牌名称及其要素如果注册为商标后就会受到法律的保护，防止被竞争者仿冒。

（3）品牌化有利于培养顾客偏好，建立顾客忠诚，从而使卖者在市场竞争中处于有利地位，并且获得口碑传播的好处。

（4）品牌化有助于卖者满足不同细分市场的需求。例如，宝洁公司在中国销售海飞丝、飘柔、潘婷、沙宣等品牌的洗发水，不同品牌有不同的配方及诉求点，从而满足不同细分市场的需求。

（5）品牌化有助于区分产品的等级或档次，以便于体现出产品的特色。例如，伊力特股份有限公司生产的白酒通过品牌分成三个档次：高档次——伊力王（1956）；中档次——伊力老窖；低档次——伊力白酒。

（6）品牌化有利于建立企业形象，提高企业的知名度，形成企业特殊的无形资产——品牌资产。

2. 品牌化给顾客带来的好处

（1）品牌化可以简化顾客的购买过程，提高购买的效率，节约购买时间。因为品牌代表着企业对产品的质量承诺和信誉保证，顾客在购物时不必再依靠看、嗅、尝、摸等感觉器官去判断产品的质量好坏、档次高低，只要认准品牌就足够了。

（2）品牌化有助于保护消费者的合法权益。当顾客利益受到损害时可以“按图索骥”找到责任者，并获得合理的经济赔偿。

（3）顾客可以借助品牌显示自己的个性、社会地位和价值追求。

3. 品牌化给整个社会带来的好处

（1）品牌化可以促进产品质量不断提高。顾客按品牌购物迫使卖者不断提高产品质量和服务水平，增添和丰富品牌的内涵，这样才能受到顾客的青睐。

（2）品牌是企业对产品的承诺，本身对企业也有约束作用。破坏承诺无异于品牌自杀，而且还要承担法律责任。

（3）品牌化有利于鼓励全社会的创新精神。品牌是企业的一种无形资产，品牌注册为商标后受到国家法律的保护。创新受到鼓励，仿冒则会受到惩处。

4. 过度品牌化问题

目前我国普遍存在品牌意识淡漠的问题，但在个别行业却存在着过度品牌化的现象。

（1）品牌庞杂，让消费者无所适从。由于单个品牌的市场产销量小，品牌之间缺乏差异，企业无法从品牌化中获得好处。例如，我国白酒、啤酒、果酒呈现出“一地一牌”的局面，没有形成真正意义上的行业领导品牌。

（2）品牌化必然会增加广告、包装等推广成本，从社会角度看存在着资源浪费问题。

（3）品牌化会强化人们的等级观念，这与人们所追求的民主、平等的价值观念不一致。

（二）品牌归属决策

品牌归属决策有三种选择：一是制造商品牌，即品牌的所有权归制造商所有并负责其推广、维护、运营及创新。二是中间商品牌，即品牌的所有权归中间商所有并负责其推广、维护、运营及创新。三是混合品牌，即部分品牌归制造商所有，部分品牌归中间商所有的情况。本章只讨论前两种选择。

1. 制造商品牌

在林林总总的品牌世界中，制造商品牌仍然占据着统治地位。许多知名品牌，如松下、索尼、可口可乐、百事可乐、IBM、Intel（英特尔）、惠普、柯达、富士、万宝路、凯迪拉克、别克、娃哈哈、华为、海尔、格力、联想、长城、小米、苹果等均为制造商品牌。制造商品牌有以下优势：

（1）制造商具有创立品牌的内在动力。在市场竞争中，只有名牌产品才会受到顾客的青睐，企业才能长久生存和发展。由于品牌归自己所有，因此就会对品牌倍加呵护，通过不断提高产品质量，增加花色品种，改进服务来丰富品牌的内涵。

（2）制造商具有维护和运营品牌的内在要求。品牌是企业内在素质的外在表现，代表着企业信誉和企业形象。品牌还是企业最重要的无形资产，可以为企业带来额外的收益。

（3）从顾客角度看，品牌归制造商所有是情理之中的事。因为产品是制造商经过市场调研、产品研制、购买原材料、组织生产等环节完成的，品牌归制造商所有更易使顾客产生信任感。

（4）从中间商角度看，品牌归制造商所有可以节省自己的广告及各种促销费用，降低经营风险，简化经营活动。对于小的经销商来说，从制造商那里订购产品并宣传自己的品牌既无必要也不经济，尤其是在制造商实力强和声誉好的情况下，这种做法劳神费力、毫无必要。

2. 中间商品牌

中间商品牌又称自有品牌，是指批发商或零售商使用自己的品牌销售产品，亦即中间商从制造商那里购买产品并冠以自己的品牌销售的方法。采用中间商品牌有以下几个优势：

（1）中间商品牌具有天然的亲和力。中间商，尤其是信誉卓著的大型零售商，其商号本身就是金字招牌。由于他们有固定的门店，与顾客零距离接触，有固定的偏好群或忠诚顾客，可以与顾客建立起相互信任的关系。虽然顾客知道这些产品不是中间商自己生产的，但由于对中间商十分信任，所以会移情于此，乐意接受这些产品。

（2）采用中间商品牌可以节约成本，提高经济效益。首先，大型的零售商往往经营的产品种类繁多，对其品牌的宣传所得到的效应由众多产品一起分享，成本则共同分摊，单位成本较低。其次，采用自有品牌的中间商往往实力雄厚，经营范围广，采购量大，在与制造商的谈判中处于有利地位，因此可以实现低成本采购。最后，大型零售商可以购买和销售大包装、简易包装，甚至散装商品，从而大大降低产品的价格，吸引价格敏感的消费者。

（3）采用中间商品牌可以增强中间商控制市场的能力。在采用制造商品牌的情况下，中间商是一个中介，是制造商的代理，通过销售产品获得收益，而对产品的质量、品种、款式、包装、价格等的控制力较差，处于被动地位。在采用中间商品牌的情况下，中间商主动收集市场信息，提出开发产品的思路，在产品功能、款式、造型等方面提出要求，在产品价格方面也具有了一定的控制力。

（4）采用中间商品牌有利于增加零售企业的特色，进行差别化经营，使产品更适合目标顾客的需要。

（5）大型零售商往往将自己的品牌陈列在商店的醒目位置，而且妥善储备，吸引消费者更多的注意力，这样自有品牌便享有了制造商产品所没有的柜台优势，获得更高的销售额。

（6）对售出产品的制造商来说，也有一定的好处。一是可以疏通上市渠道，使产品迅速摆上柜台与顾客见面。一些实力较小的制造商由于产品知名度低，本身无品牌优势，借助中间商品牌可以扩大销售量。二是制造商可以节约用于品牌推广的广告促销成本，通过专心生产，降低生产成本，提高生产效率，取得良好的经济效益。

以下几类产品采用中间商品牌较为有利：

（1）顾客对品牌要求不高的产品，如卷筒纸、毛巾、拖鞋等。

（2）技术含量不高，易于感官鉴别和便于维修的产品，如厨房刀具、电工工具、剪刀等。

（3）对新鲜度要求高、保质期短的产品。如蔬菜、水果、熟食等。

采用自有品牌的中间商一般应具备以下几个条件：

（1）必须具备雄厚的资金实力。

（2）必须具有较强的管理能力。

（3）必须有较强的风险承担能力。

（4）必须具备一定的规模。

总之，企业采用制造商品牌还是中间商品牌要在综合分析企业实力及信誉、企业经营战略、产品特点、顾客购买偏好等因素基础上加以决定。

（三）品牌多少及其相互关系决策

品牌多少及其相互关系决策受到企业经营领域、产品的性质和特征，以及企业品牌经营目标等多种因素的制约。在企业市场营销实践中大体有以下几种类型：

1. 个别品牌

每种产品使用不同的品牌。例如，上海联合利华公司生产的牙膏名洁诺，洗衣粉名奥妙，洗发水名夏士莲。可口可乐公司的可乐类饮料叫可口可乐，非可乐类饮料叫雪碧、芬达等。采用个别品牌决策的好处在于可以减轻个别品牌推广失败而对企业整体形象带来的不利影响。但是，个别品牌决策会增加品牌的推广费用，且不利于树立统一的市场形象。

2. 统一品牌

企业的所有产品都采用同一个品牌。例如，惠普、IBM、长虹、索尼、松下、三菱、丰田、海尔、华为、小米等。统一品牌的好处在于便于树立统一的品牌形象，节省品牌推广费用，壮大品牌的市场影响力。但是，如果个别产品出现质量或服务问题则会影响品牌的整体形象，并发生“城门失火，殃及池鱼”的现象。

3. 各大类产品使用不同品牌

如果产品大类之间差距很大，则采用一类一品的决策为好。例如，某化工厂的尿素、甲醛、纯净水均叫“博峰”牌，使消费者产生了迷惑和不洁的感觉。

4. 企业名称加个别品牌

一个产品使用一个牌子，同时在每一个品牌前再冠以企业的名称，以表明产品的出处，以品牌表明产品的特点。其好处在于既有利于树立统一的企业形象，节省广告促销费用，又使每个品牌保持相对独立性，显示产品的特色。

5. 多品牌决策

多品牌是指企业在同一种产品上设立两个或两个以上相互竞争的品牌，如宝洁公司的洗发水就有海飞丝、潘婷、飘柔、沙宣四个品牌。这可能会使原有单个品牌的销售量略减，但是几个品牌加起来的总销售量却比单一品牌多得多。多品牌决策的好处是：零售市场的商品陈列位置有限，多一个品牌就多占一个货位；许多顾客都是品牌转换者，有好奇求新的心理，喜好试用新产品；多品牌有利于企业拥有多个细分市场，一个品牌突出宣传一种利益。多品牌将竞争机制引入企业内部，各品牌经理相互竞争有利于提高效率。该种决策也有一定的局限性：广告宣传促销费用大，不利于树立统一的品牌形象；品牌经理之间相互竞争可能因为利益关系而出现相互拆台的现象；经销商可能对同一企业同一种产品采用多个品牌感到不理解、不适应。

（四）成分品牌化策略

1. 成分品牌化的含义

成分品牌化是合作品牌的一种特殊形式，它是供应商为其下游产品中所必需的原料、成分和部件建立品牌资产的过程。成分品牌化是成分供应商与产品制造商之间的品牌合作，属于两个不同主体之间的协作。从性质上讲，成分属于生产的中间投入，它隐藏在最终产品之中，不直接与最终用户接触，因而在通常情况下，用户对成分并不会刻意留心。成分品牌化则打破了这一常规，其作用机制是：将成分从生产的后台推到销售的前台，让最终用户对产品所含的某品牌成分产生印象乃至偏好，最终使得某品牌的成分逐渐成为最终产品行业的标准成分，用户不会购买不含此成分的产品。所以，从根本上说，成分品牌化过程是试图营造一种行业标准的过程。

2. 成分品牌化的意义

从成品制造商角度看，其能获得以下好处：

（1）提升成品质量认知度。一般而言，只有某种成分对成品质量起到关键作用，具有很强的标识作用时，成品厂商才会允许协助推广和采用成分品牌。当越来越多的成品厂商对成分品牌表示认同和提供支持时，成分品牌就有机会频频在各品牌产品的包装、说明书或广告上出现。这实际上是一个将成分从幕后推到台前，使其直接与最终用户接触的过程。尽管许多最终用户对成分的质量和作用机理并不十分了解，但用户会在潜意识中将其视为同类成分中最优秀的，进而认为只有使用了该成分的产品才可能质量超群。对成品厂商来说，支持成分品牌化不仅意味着协助成分品牌做广告宣传，而且还能在一定程度上提升用户对其产品品牌的质量认知度。成分品牌的标志可能成为一个证明成品品牌质量的“印章”。可见，成分品牌化策略使得成品品牌与成分品牌互助互利，呈现“双赢”的局面。

（2）提高成品售价。一旦成分品牌帮助提升了最终用户对成品品牌品质的认同，成品品牌就有理由提高产品售价，从而获取更高的利润。例如，同样的配置，安装了英特尔公司 CPU 的电脑售价通常会高于采用了 AMD 公司 CPU 的电脑。

（3）获得宣传补贴。为得到成品品牌的通力合作，成分供应商通常要支付一笔费用来补贴成品品牌为其所做的宣传。一般来说，这笔费用补贴要高出成品品牌的宣传成本。因此，在协助成分品牌宣传的过程中，成品品牌可赚取宣传成本与补贴的差价。例如，英特尔拿出其销售额的5%来补贴制造商的广告支出，而实际的广告支出成本要低于5%。

3. 成分品牌化给成分供应商带来的益处

成分品牌化策略最大的受益者还是成分供应商。通过将成分塑造成强势品牌，供应商可以获得以下利益：

（1）增加销售机会。成分品牌化是成分供应商增加销售机会、提高销售量的一种途径。在成品品牌的支持下，最终用户与成分品牌频频接触，久而久之便认定该品牌成分是产品质量的保障，购买时也会对此做出要求。这就给产品制造商构成了压力，迫使他们使用该成分。于是，成分品牌获得了更多制造商的认同，也因此增加了更多的销售机会。

（2）成为行业标准。从某种程度上讲，成分品牌化实际上是一种成分供应商逐渐控制产品制造商的策略。随着成分品牌为越来越多的最终用户认同，越来越多的制造商也竞相采用，结果这种品牌成分的使用就逐渐成为一种行为标准，而违反这个行业标准的厂商则很难在业内立足。英特尔公司可以看作是这一演进过程的典型案例。

（3）提高成分产品价格。一旦某品牌成分的使用成为行业标准，成分供应商不仅可以在中长期获得稳定的收益，而且可以适当地提高售价。

4. 成分品牌化的要求

实施成分品牌化策略，关键在于提高成分的品质，这也是树立一切品牌的前提。除此之外，供应商在塑造成分品牌的过程中还要注重以下几个关键点：

（1）成分对成品质量起关键作用。只有重要的成分，最终用户才能感受到品牌的价值，并表示关注，制造商也才会给予支持。相反，不重要的成分并不能使产品产生明显的差异，也就无须耗费大量资金和时间来建立品牌。

（2）要与领导品牌合作。成分品牌化要想获得成功，就必须得到行业内成品领导品牌的支持。因为成分品牌化需要赢得最终顾客的认同，而在建立用户认同的过程中，成品品牌充当了“桥梁”和“催化剂”的作用，只有领导品牌才更容易让顾客对成分品牌产生偏好。例如，英特尔的合作伙伴都是电脑业的巨头，这也迅速提升了它在顾客中的形象。

（3）要使成分的价值可感知。成分品牌化是一个利用最终顾客偏好来影响成品制造商的过程，因此，成分供应商必须围绕最终顾客对成分价值的感知来开展市场营销活动，力求在顾客脑海中树立一种成分价值的观念。例如，许多顾客并不一定了解英特尔微处理器的实际功用以及与竞争品牌的差异，但成分品牌化使他们感觉英特尔具有与众不同的优势，尽管这种感觉不一定建立在理性的基础上。

（4）应设计一个醒目的成分品牌标志。当普通用户选购产品时，他们并不会注意产品使用了何种成分。对于他们来说，最关心的是产品能带来什么利益和解决什么问题，而不在乎生产过程中的成分投入。所以，要使他们在不经意中对成分品牌产生印象，就需要设计一个特别简洁醒目的品牌标志，并使这一标志统一出现在产品说明书、包装、广告上。一旦几种同类产品都展示了这个标志，那么顾客便会形成一种潜意识，会对该品牌成分的价值产生认同和肯定。例如，英特尔独特的“Intel inside”标志就在建立顾客认同的过程中发挥了不可估量的作用。

（五）子孙品牌及副品牌

许多企业在发展过程中，随着产品类别、产品品种和产品规格花色不断增加，产品档次和定位宽度不断扩大，带来顾客对品牌认知的变化。单一品牌已不能很好地反映产品特色和表达传递产品价值。针对这种情况，许多企业采用了子孙品牌及副品牌策略，即企业品牌—产品大类品牌—产品小类品牌—产品次类品牌—副品牌等多个层级品牌的模式，类似于祖父—父亲—我—子—孙等的品牌层级表达方式。例如，通用汽车公司在我国市场上销售了凯迪拉克、别克、雪佛兰三大品牌，几十个子品牌和上百个副品牌的家用轿车，涵盖了高档、中档及实用三个层级、不同驾驶模式（手动/自动/手自一体）、不同动力方式（汽油柴油/电动/混合动力）、不同驱动方式（两驱/四驱）及不同配置（自动泊车/倒车雷达/倒车影像；全景天窗/半景天窗/无天窗……）。图 8-3 反映了通用汽车公司的品牌层级关系。

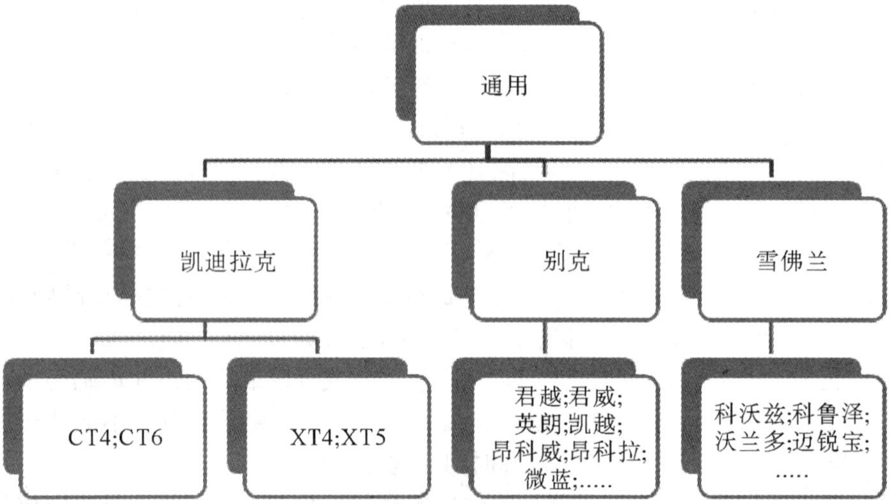

图 8-3　通用汽车公司的品牌层级关系

（六）更新品牌

更新品牌是指企业根据经营需要对品牌的构成要素，如名称、标识、宣传语、图案、颜色等，做出部分或全部的改变。例如，海尔的标识已经历了五代的变迁［详见图 8-4（a）、图 8-4（b）］，适应了其从一家国内合作生产企业走向国际化企业再到全球化企业发展的需要。

第一代海尔标识　　第二代海尔标识　　第三代海尔标识

图 8-4　海尔各代标识（a）

第四代海尔标识　　　　第五代海尔标识

图 8-4　海尔各代标识（b）

四、品牌价值的评价

品牌价值是一个含义较为广泛的概念。从广义上看，品牌价值是给市场营销活动主体及其利益相关者带来的超越产品基本利益以外的利益。对企业来说，品牌价值能够给其带来超越行业平均水平的收益，如较高的市场份额、较高的产品售价、较高的资产收益率、较高的股票价格及较高的无形资产收益（如特许经营权利金）等。对顾客来说，品牌价值体现在除了能够满足顾客对产品质量、性能、功能等最基本的产品要素外，还能够给顾客带来社会地位、成就感、人际交往、收藏增值等方面的利益。对供应商来说，能够成为品牌企业的供应商，则会提升其在同行业中的声誉，增加其与其他合作者的讨价还价能力。从狭义上看，品牌价值主要体现在给企业带来的额外收益或形成的无形资产。这里我们是站在市场营销活动的主体（企业）立场上来定义和评估品牌价值的。

（一）品牌价值链理论

品牌价值是一个涉及领域广泛、含义存在争议的概念。因而，品牌价值评估一直以来都是一个学术界探索的难点问题。Kevin Lane Keller 和 Don Lehmann 2003 年在市场营销管理（*Marketing Management*）杂志上发表的《品牌如何创造价值》（*How Do Brands Create Value*）一文中提出了价值链的概念，为评估和测量品牌价值提供了一个较好的思维框架（见图 8-5）。他们认为，品牌价值链是一种评价品牌资产来源和结果的结构化的方法，也是市场营销活动创造价值的方式。它建立在以下几个假设基础之上：

（1）品牌价值的创造过程是假设在开始阶段企业就针对实际或潜在顾客进行市场营销方案的投资。任何对品牌价值发展有贡献的市场营销方案投资，不管是有意或无意的，都归入此类，包括产品调研、开发和设计，交易或中间商支持，以及市场营销沟通等。

（2）假设顾客心智会随着市场营销方案的结果而变化。问题是怎么变化。反过来，这种变化被认为也会影响品牌在市场中的表现，这种表现是通过收集个体顾客决定购买多少、何时购买、愿意支付多少等数据得到的。

（3）投资方考虑市场绩效和其他一些因素，如以收购中的替代成本和购买价格来评估总体的股东价值以及特定的品牌价值。

（4）品牌价值链模型假设一些联结因素在这些阶段之间起到调节作用，决定哪种价值在哪一个阶段产生并且转换到下一个阶段的程度。三个乘数器的集合（方案乘数器、顾客乘数器及市场乘数器）调节了市场营销方案和接下来三个价值阶段之间的传递。

方案乘数器决定市场营销方案影响顾客心智的能力，也是方案投资质量的一个函数。顾客乘数器决定顾客心智中创造的价值对市场业绩的影响程度。这个结果依赖于顾客外部的一些背景性因素：①竞争优越性，即其他竞争品牌的市场营销投资的数量和质量效果如何？②渠道以及其他中间商支持，即各类营销伙伴投入的品牌支援和销售努力如何？③顾客规模和概况，即被品牌吸引的顾客有多少，什么类型，盈利与否等。

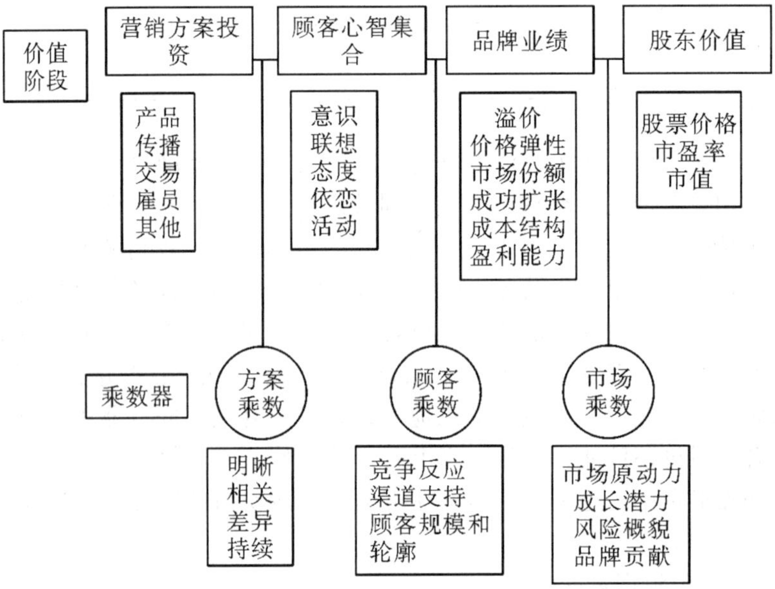

图 8-5　品牌价值链

（二）品牌价值评估方法

目前品牌价值评估的方法主要有市场结构模型法、Kemin 模型法、Interbrand 价值评估模型、千家品牌价值评估模型四种方法。

1. 市场结构模型法

市场结构模型法是美国《金融世界》使用的方法。其思路是在已知某一相同或类似行业品牌价值的前提下，通过比较来得出自己品牌的价值。其认为，任何品牌的价值都必须通过市场竞争才能得以体现，不同品牌的价值与该品牌的市场占有能力、市场创利能力和市场发展能力呈正相关关系。同时，还要考虑市场上不确定因素对品牌价值的影响，以便准确地评估品牌的价值。具体步骤如下：

（1）测算出已知价值品牌和被评估品牌的三种能力数值。

市场占有能力=企业销售收入/行业销售总收入

市场创利能力=净资产收益率-行业平均净资产收益率

市场发展能力=销售增长额/上年销售额

（2）求出被评估品牌每种能力占已知价值品牌相应能力的百分比，再根据行业的具体情况（如企业规模、行业特征等）对三个能力的百分比进行权数的调整，然后进行加权平均计算。

（3）代入公式。被评估品牌价值=某一可以比照品牌的价值×调整后的加权平均百分比。该方法的优点是考虑了品牌的市场占有率、赢利性和成长性，较客观地评价了品牌的价值。缺点是实操性存在问题，因为其前提条件是已知某一相同或类似行业品牌价值。此问题是影响市场结构模型法推广应用的主要原因。

2. Interbrand 价值评估模型

Interbrand 价值评估模型是由 Interbrand 公司所设计的一种品牌价值评估模型。其假设品牌创造的价值在未来一段时间内是稳定的，可以通过计算品牌收益与品牌的强度系数来确定品牌的价值。计算公式是：V（即品牌价值）= I（即品牌给企业带来的年平均利润）×G（即品牌强度系数）。在使用时，一般要考虑以下三个问题：

（1）剔除非评估品牌所创造的利润和同一品牌中其他因素创造的利润。首先，在评估一个品牌的利润时，要将其余品牌所创造的产品利润剔除。如宝洁公司要评估“飘柔”品牌的价值，它必须将旗下“潘婷”“海飞丝”等其他洗发水品牌所创造的利润剔除。其次，要剔除同一品牌产品中其他因素所创造的收益，因为原材料、固定资产、管理等经营要素也对产品的利润做出了贡献。但由于在实际中几乎不可能单独计算每一要素的收益，所以一般通过计算这些要素的预期报酬率来计算它们的利润。预期报酬率的确定因行业的不同而不同，一般而言，预期报酬率在 5%~10%之间，技术含量较低的产业，预期报酬率较高，而技术含量较高的产业，预期报酬率较低。

（2）平均利润的确定。Interbrand 模型考虑的是品牌的持续经营能力，因此对品牌的利润进行了加权平均的调整。当年的利润权数为 0. 5，上一年的利润权数为 0. 33，再上一年的利润权数为 0. 17，并根据经济发展趋势和通货膨胀率进行相应的调整，以确保数据的可比性和利润的稳定性。

（3）强度系数的确定。Interbrand 公司通过调查给出了一个品牌强度影响因素的量表，通过专家打分的方式来确定品牌强度系数。指标项包括领导地位、行业特征、品牌稳定性、地域影响力、品牌发展趋势、品牌所获支持、品牌法律保护等，总分越高，则品牌的实力越强，预计使用年限就越长，Interbrand 通过大量调研，将 G 的范围定义在 6~20 之间。分数越高，G 越接近 20。

3. Kemin 模型

Kemin 模型的评价依据是企业品牌的市场表现和企业拥有的技术创新能力，并且考虑到了市场的一般资金利率水平。这种方法的最大优点是简单易行，但由于没有考虑品牌未来的收益，所以只能得出新旧品牌价值的市场反应，不具有对品牌长期发展的指导意义。

4. 千家品牌价值评估模型

千家品牌价值评估模型由千家品牌实验室于 2009 年 3 月正式提出。它是基于品牌指数系统的品牌价值评估模型，包括两种评估方法：品牌累积价值评估和品牌转化价值评估。该评估方法遵循三个基本原则：一是品牌价值评估的对象是剥离了品牌母体的有形资产的，即品牌母体的厂房、设备、原材料、库存产品、流动资金与债权债务、人员等都不纳入品牌价值评估范围。品牌价值是有形资产外的另一份资产。二是某个品牌个体的品牌价值与该行业领域的其他竞争品牌相关。这种相关性最关键的是这个品牌个体的品牌生态竞争位置是与其他个体相关的，品牌价值是由品牌相对竞争位置来决定的，而品牌指数则是测量品牌生态竞争位置的工具。三是品牌可从两个方面体现品牌价值：品牌建设整个过程中获得了各种媒介的注意力总和折算成的资产；品牌转化后获得企业资产增值收益。

（1）品牌累积价值（V1）或称为品牌媒介注意力价值。它是以货币形式量化表达品牌所获得的各种媒介的注意力总和。媒介注意力总和并不是媒介广告投放量和软文投放量，而是可测量的在一定时间范围里累积的媒介资源上的品牌痕迹，是公众对品牌的印象在媒介上的投影值。品牌累积价值的计算分为五个步骤：①获得品牌媒介注意力值（A）。品牌媒介注意力值是一个大于 0 小于 1 的数值。②测量行业成熟度（M1）。在充分竞争的行业领域，企业才能对品牌建设投入极大的热情和资源，品牌的价值才得以最大限度地体现，因此行业成熟度越高的行业，品牌获得的行业成熟度比重越高。行业成熟度是一个大于0 小于100 的数值。行业成熟度实际上表明了一个行业内的媒介资源有多少被品牌有效利用。③计算单位时间周期内该行业所有媒介资源价值（R）。这种价值包括实际的广告价格、媒体广告与软文价格、市场活动价格、展会参展价格等。④测量其品牌成熟度值（M2）。品牌成熟度可以评估出品牌所属的成长期阶段，根据不同的品牌成熟度，对应可获得不同的品牌成熟度系数（X）。该系数是指品牌总接触点与品牌它触点的比例关系，也代表了品牌累积价值与品牌媒介资源价值的比例关系。⑤计算品牌累积价值。品牌累积价值（V1）= 所有媒介资源价值（R）×行业成熟度（M1）×品牌媒介注意力值（A）/品牌成熟度值（M2）。

品牌累积价值是与时间有关的，可以按照一定的时间周期来进行计算，如按月、季度、年度。因此品牌累积价值又可以用“月品牌价值”“年品牌价值”这样的表述方式，按时间表述的品牌累积价值可以累加计算。同样，由于该行业所有媒介资源价值（R）可以按区域进行细分，因此品牌累积价值可以用“××地区××品牌的品牌价值”这样的表述方式，按区域划分的品牌累积价值可以进行累加计算；在以上基础上，还可以按时间、按区域进行组合计算和表达，如“××时间××地区××品牌的品牌价值”，这就是品牌累积价值的一种复杂表达方法，有了这种比较细分的计算和表达方法，可以为品牌价值评估和分析提供便利。

（2）品牌转化价值评估法。品牌转化价值是指由于品牌存在而给企业带来的预期总收益的增值。这种预期总收益包括了一定年限内品牌所占有的行业销售额增值（S_1）和品牌个体销售额增值（S_2）两部分。

品牌获得的行业销售额增值（S_1）= 行业销售额增值（S）×行业成熟度（M1）×该品牌的品牌指数得分（D_1）/行业品牌指数总分（D_0）。

品牌个体销售额增值（S_2）= 行业年度销售额（S_0）×［该品牌的品牌指数得分（D_1）-行业品牌指数平均分（D_2）］/行业品牌指数总分（D_0）。

预期总收益年限（Y）。预期总收益年限根据实际情况取 6~20 年不等。

品牌转化价值（T）=［品牌获得的行业销售额增值（S_1）+品牌个体销售额增值（S_2）］×预期总收益年限（Y）。例如某行业 2020 年全行业销售额为 100 亿元，行业销售额增值系数为 20%，行业成熟度为 0.68，品牌个体的品牌指数得分为 900 分，行业品牌指数平均分为 600 分，行业品牌指数总分为18 000分，预期总收益年限 6 年，则该品牌的品牌转化价值

=［100×0.2×0.68×（600/18 000）+100×（900-600）/18 000］×6 =（0.45+1.67）×6 = 2.12×6 = 12.72（亿元）。我们可以说，这个品牌的品牌转化价值为 12.72 亿元。该品牌转化价值可作为品牌产权交易的参考价格。

（三）品牌价值评估的应用

目前，全球许多品牌咨询公司都通过定期发布品牌价值排行榜的方式来宣传推广世界知名企业的品牌，同时也壮大自身的市场影响力，以吸引更多的全球知名企业成为其客户。其中影响力比较大的公司有 Interbrand 公司、Brand Finance 公司和世界品牌实验室等，它们发布的榜单广受关注。Interbrand 公司每年发布世界品牌价值 100 强榜单、Brand Finance 公司和世界品牌实验室每年发布世界品牌价值 500 强榜单。上述三家公司发布的榜单，品牌价值排名有一定的差异。Interbrand 公司的品牌价值 100 强排行榜中仅有一家中国企业品牌上榜，而 Brand Finance 公司的品牌价值 100 强排行榜中有 21 个中国企业品牌上榜，世界品牌实验室品牌价值 100 强榜单中有 9 个中国品牌上榜。为了便于比较学习，这里分别列示出三家公司的排行榜榜单中前 10 名品牌供参考：

1. Interbrand 公司品牌价值排名情况

Interbrand 公司成立于 1974 年，是全球最大的综合性品牌咨询公司，客户覆盖超三分之二的全球 TOP100 公司，该公司每年都会发布“最佳品牌排行榜”。该排行榜具有较大的全球影响力，已经被作为衡量一家企业品牌价值的重要依据。从其 2020 年 10 月 27 日发布的 2020 年全球最佳品牌排行榜情况看，其品牌涵盖面十分广泛，既有以苹果、亚马逊、微软、谷歌等为代表的互联网、大数据、信息产业等高科技产品品牌，也有可口可乐、耐克、帮宝适等传统产品品牌，既有星巴克、肯德基、百威啤酒、雀巢等大众消费品品牌，也有路易威登、法拉利、蒂芙尼等奢侈品品牌，既有英特尔、奔驰、大众等实体产品品牌，也有迪士尼、摩根大通、高盛等服务类产品品牌，既有历经百年依然活力旺盛的品牌，也有在短短数十年间砰然崛起的后起之秀。中国仅有华为一家企业品牌上榜，位列第 80 位，品牌价值 63. 01 亿美元。与 2019 年、2018 年相比位次分别下降了 6 位和 4 位，品牌价值分别减少了 5. 87 亿美元和 12. 78 亿美元。这说明，虽然我国已经成为全球第二大经济体、第一大制造业大国和第一大贸易国，但还不是经济强国、制造业强国和贸易强国，我国企业品牌建设的任务依然十分艰巨。表 8-2 反映了 Interbrand 公司 2020 年品牌价值排名前 10 名的品牌情况。

表 8-2　Interbrand 公司 2020 年品牌价值排名前 10 名的品牌

排名	品牌名称	所在行业	所属国家	2020 年品牌价值/亿美元	2019 年品牌价值/亿美元
1	iPhone 苹果	技术	美国	2 342. 41	2 144. 80
2	Google 谷歌	技术	美国	1 677. 13	1 555. 06
3	Amazon 亚马逊	技术	美国	1 252. 63	1 007. 64
4	Microsoft 微软	技术	美国	1 088. 47	927. 15
5	Coca-Cola 可口可乐	饮料	美国	633. 65	663. 41
6	SAMSUNG 三星	技术	韩国	610. 98	598. 90
7	TOYOTA 丰田	汽车	日本	562. 46	534. 04
8	Mercedes-Benz 奔驰	汽车	德国	508. 32	486. 01
9	MCDONALDS 麦当劳	餐厅	美国	453. 62	434. 17
10	Disney 迪士尼	媒体	美国	443. 52	398. 74

资料来源：http://www.ttpaihang.com/news/daynews/2020/20102716817. htm.

2. Brand Finance 发布的品牌价值排名情况

根据 Brand Finance 发布的《Brand Finance 2020 年全球品牌价值 500 强报告》，亚马逊、谷歌、苹果成为2020年世界品牌排行榜前三，中国最靠前的品牌为中国工商银行，居第六名。从全球范围来看，亚马逊是第一个品牌价值超过 2 000 亿美元的品牌；美国上榜品牌最多，有 206 个；中国位居第二位，有 76 个。Brand Finance 全球品牌排行榜 10 年来品牌价值总体增长了 143%，而中国入榜品牌总价值增速几乎是榜单整体品牌价值增速的 8 倍。如阿里巴巴的品牌价值增长为全球第一，涨幅达到了 402 9%，现品牌价值为 188 亿美元。中国白酒品牌的表现亮眼，茅台的品牌价值增长了 346 0%，达 393 亿美元；五粮液的品牌价值在 10 年间增长了 163 4%，2020 年达到 209 亿美元；泸州老窖和洋河的品牌价值分别为 56 亿美元和 77 亿美元，10 年间分别增长了 1 460%和 1 283%。中国百度的品牌价值出现了史上最大跌幅，下降了 54%。表 8-3 列示了2020 年品牌价值前 10 名品牌的情况。

表 8-3　Brand Finance2020 年品牌价值排名前 10 名情况

排名	品牌名称	所在行业	地区	2020 年品牌价值/亿美元	2019 年品牌价值/亿美元
1	亚马逊	技术	美国	2 207. 91	1 879. 05
2	谷歌	技术	美国	1 597. 22	1 427. 55
3	苹果	技术	美国	1 405. 24	1 536. 34
4	微软	技术	美国	1 170. 72	1 195. 95
5	三星集团	技术	韩国	944. 94	912. 82
6	中国工商银行	金融	中国	807. 91	798. 23
7	脸书	技术	美国	798. 04	832. 02
8	沃尔玛	零售	美国	775. 20	678. 67
9	平安	金融	中国	690. 41	576. 26
10	华为	技术	中国	650. 84	622. 78

资料来源：https://www.mA.igoo.C.om/news/542006. html.

3. 世界品牌实验室 2020 年发布的品牌价值排名情况

世界品牌实验室（World Brand Lab）是一家国际化、专业性的品牌研究机构，其独创的品牌价值评估方法“品牌附加值”（BVA）评估模型得到企业界和金融界普遍认可。2020 年 12 月 16 日，其发布了第十七届《世界品牌 500 强》排行榜，美国占据 500强中的 204 席，稳居第一。法国、日本、中国和英国分别有 45 个、44 个、43 个和 40个品牌入选，分列第二名至第五名。中国有 43 个品牌上榜，其中，排名前 10 位的中国品牌也都进入了品牌 500 强前 100 名，具体情况是：国家电网（25 名）、腾讯（33名）、海尔（39 名）、中国工商银行（42 名）、华为（53 名）、中央电视台（62 名）、阿里巴巴（68 名）、中国移动（91 名）、联想（95 名）。表 8-4 反映了世界品牌实验室2020 年品牌价值排行榜中排名前 10 位的品牌情况。

表 8-4 世界品牌实验室 2020 年品牌价值排名前 10 名情况

排名	品牌名称	所在行业	地区	品牌年龄/年
1	亚马逊	技术	美国	25
2	谷歌	技术	美国	22
3	微软	技术	美国	45
4	苹果	技术	美国	44
5	梅赛德斯奔驰	汽车	德国	120
6	丰田	汽车	日本	87
7	耐克	服装服饰	美国	48
8	美国电报电话	电信	美国	143
9	沃尔玛	零售	美国	58
10	脸书	技术	美国	16

资料来源：https://www.henandaily.cn/content/2020/1217/271482.html? ivk_sa=1023197a.

第三节 包装策略

一、包装的含义和作用

（一）包装的含义

产品包装，从活动过程看，是指企业设计、制作和使用包装的过程，有时将产品的分类、拣选、分级及搭配组合活动也视同包装活动的重要组成部分。产品包装，也可指包装物，一般指包裹在产品外部的，利于储存、运输、销售、消费及产品宣传的容器和包裹物等。产品包装可以分成储运包装和销售包装两大类，也可区分为内层包装、中层包装和外层包装等。内层包装，是指直接与产品实体接触的包装物，如酒瓶、果汁瓶、方便面纸筒、烟盒等；中层包装，是指销售包装，随同产品实体和内层包装一同售卖给顾客的包装物，如白酒的纸盒包装物、月饼盒等；外层包装，是指运输包装，如白酒纸箱、家电运输用集装箱等。

（二）包装的作用

包装是产品的有机组成部分，发挥着以下几个重要的作用：

（1）便于储运。通过包装可以实现产品，特别是散装物品、生鲜产品得以长时间储存和长距离运输，实现产品与顾客需求在时间空间上的对接。

（2）便于销售和使用。包装是无声的推销员，也是品牌信息的主要载体，消费者可以方便地通过包装了解产品的成分、材质、产地、注意事项、品牌名称、标识、宣传语等信息，从而使购物变得简单高效。包装也有利于消费者使用产品，特别是液体、气体、面粉等无固定形状的产品，包装使消费者的使用便利化。

（3）利于安全。有些产品属于有毒有害、易燃易爆、腐蚀性强的产品，包装使这些产品得以安全地运输、储存、销售和使用。

（4）可以使产品增值。包装可以美化产品，使之更有魅力，从而获得溢价收益。采用礼品盒包装的产品，即使产品的售价高于普通包装产品，许多顾客也乐于购买。产品还可以通过包装延长其保质期、保鲜期，从而获得产品的时间溢价收益。

（三）包装标签与包装标志

（1）包装标签，是指附着或系挂在产品销售包装上的文字、图案、雕刻及印制的说明等，这有利于顾客在选购和使用产品时更好地了解产品的性能、等级、材质、注意事项等。

（2）包装标志，是在运输包装的外部印制的图形、文字和数字以及他们的组合。包装标志有运输量标志、指示性标志、警告性标志三种，这便于企业在产品储运过程中采取合适的方式处理。

二、包装设计的原则

企业在进行包装设计决策时应遵循如下原则：

（一）保护原则

包装的基本功能是保证产品的使用价值在储存、运输、配送、使用等过程中在设定的时间内和条件下不变质，这就需要企业在包装设计时认真甄选包装物的材质、器型及包装方法等，以确保产品在送达顾客时符合质量标准的要求。

（二）便利原则

产品包装设计应该在便利储运、销售和消费上下功夫。特别是便利消费的包装更有利于使产品得到顾客的青睐。在我国，小包装榨菜、利乐包牛奶、桶装方便面、即食性香肠等产品正是由于包装的变革使它们成为人们的日常消费品和旅行必备品。可谓“小产品成就了大产业”。

（三）安全原则

“生命至上、安全第一”是一切工作的基本要求，也必然体现在产品包装设计上。许多产品本身有易燃易爆、有毒有辐射有腐蚀性等特点，在储存、运输、配送、使用等过程中存在危及人们生命或损害身体健康的风险。设计包装时应该综合考虑，杜绝此类风险发生的可能性或将其降低到最低程度。

（四）促销原则

包装是“无声的推销员”。包装上集合了产品名称、性能、成分、材质、商标、厂商、产地、使用方法、注意事项等信息，形成了强大的品牌信息传播系统。包装作为购买产品时的第一接触物必须发挥好吸引顾客眼球，初步释疑解惑，激发顾客购买欲望，指导顾客正确使用的作用。在互联网时代，直接服务顾客的人员越来越少，顾客大多采取自选购物方式，让“包装自己说话”就成为销售成败的关键因素之一。因此，在包装设计上既要在特色上下功夫，还要体现出信息传播的要求。

（五）绿色原则

包装虽然很重要，但毕竟不是产品本身，不能给顾客带来实际的价值。从人类社会可持续发展的要求看，资源节约和环境保护的要求也应该体现在包装设计方面。绿色原则，一般来说，可以从“3R1D”四个方面体现出来，即包装减量化（reduce）、易于重复利用（reuse）、易于回收再生（recycle）、废弃物可以降解腐化（degradable）。

（六）文化原则

顾客都是在一定的文化背景下成长起来的，内心深处形成了较为稳定的价值观念和审美情趣等，会不自觉地体现出对事物的情感偏好和禁忌要求。企业在包装设计时应充分研究目标顾客群的文化背景所形成的情感偏好，使包装直击顾客心灵，拉近与顾客的情感距离。例如，可口可乐公司在每年中国春节期间都会推出新年装产品，在包装上融入属相文化元素，印上灵动的属相动物卡通图案、新年祝福语及中国红色彩，深深地感染了中国消费者的情感。同时，企业包装设计时还要关注目标顾客群的禁忌要求，坚决杜绝在包装上出现目标顾客所禁忌的文字、图案、色彩等元素。

（七）法律原则

法律原则要求产品包装的设计必须符合国家与包装相关的法律规定。我国包装国家标准包括包装标准化工作导则、包装术语、包装尺寸、包装标志、运输包装件基本试验、包装技术、包装管理、包装材料、包装材料试验方法、包装容器十大类，共140个具体标准。各企业在设计、生产包装物时必须遵循上述标准的要求。

三、包装策略

（一）相似包装

相似包装是指企业同类产品采用相似包装。该策略易于形成产品的统一产品形象，在产品展示时可以形成强大的视觉冲击力，但不能展现出产品的差异性，有时可能造成顾客“错买”产品的问题。

（二）等级包装

等级包装是指企业为不同等级的产品设计使用差异性较大的产品包装。该策略便于顾客识别和挑选其心仪的产品，简化顾客的购买过程，也能较好地体现出产品的档次差异，但不利于低档次产品的销售。

（三）分类包装

分类包装是指不同类别的产品采用差异化的包装。该策略便于区分企业不同类别的产品，较好地体现出产品的特点，利于顾客选购产品，特别是企业产品性质差异很大时必须采用此种策略。

（四）配套包装

配套包装是指将顾客在使用时具有一定关联性的产品组合在一个包装物中的策略。该策略一方面使顾客产生购买实惠的感觉，也便于顾客在将来使用时感受到便利性。常见的有组合化妆包、电工工具包、礼品组合包等。

（五）再使用包装

再使用包装是指在设计包装时考虑到包装物的重复使用性要求，以节约包装的使用成本。有时，某种产品的包装物具有其他用途时可能使顾客更乐意购买此产品。例如，“湘酒鬼”古代战车形状的酒瓶让顾客将其当作工艺品摆放在客厅，“老干妈”香辣酱的玻璃瓶被有些顾客用作自制番茄酱的器具。

（六）附赠礼品包装

附赠礼品包装是指在设计包装时，将拟赠送的礼品或礼品信息事先装入或印制在包装物中。该策略主要用于企业的促销活动，应特别注意的是，产品包装在被拆开前不能被人看出拟赠送的礼品或礼品信息。

（七）更新包装

更新包装是指企业根据顾客需求变化或企业经营需要对原有包装的信息、款式、规格、材质等的更改。

第四节　产品生命周期

一、产品生命周期的内涵和类型

（一）产品生命周期的内涵

产品生命周期是指一种产品从研制开发、生产、推入市场到被市场淘汰的全过程。典型的产品生命周期通常经历导入期、成长期、成熟期和衰退期四个阶段。图 8-6 简要地反映了产品生命周期的变化过程。

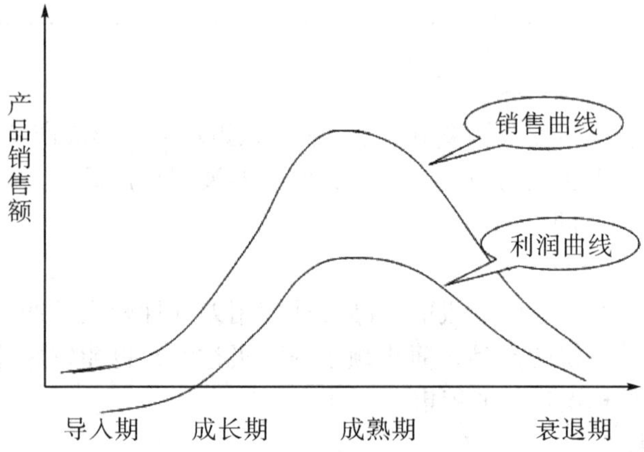

图 8-6　产品生命周期

产品生命周期是一个客观的市场现象，反映出一种产品的销售或利润随着时间而发生的变化。产品生命周期与单个产品的自然寿命完全不同。有些产品自然寿命很短，如面粉、饮料、洗涤用品等，但市场寿命很长，而有些产品自然寿命很长，但市场寿命却很短，如时装、自行车、纪念品等。

产品生命周期的长短主要受如下因素的影响：

1. 顾客需求及消费方式的变化

顾客需求是产品生存的客观基础，因此，顾客需求的变化、消费方式的变迁是导致产品生命周期波动的最基本的因素。

2. 科学技术进步

科学技术是第一生产力，同时也是一把“双刃剑”。它一方面带来大量新产品，同时也不断淘汰旧产品。例如，近三十年来，世界性的通信技术的革命，使得民用电报、传呼机（BB 机）、模拟通信手机等被市场淘汰，固定电话服务、纸质通信服务等也进入了衰退期。

3. 国家法律政策

国家法律政策可能导致某些产业兴盛，也可能逼迫某些产业衰落，从而影响到产品的生命周期的变化。例如，随着我国经济发展，资源和环境的压力也日益严峻，国家提倡建设资源节约型、环境友好型的发展模式，相应地，国家的资源开发及环境保护的法律政策也更加严格。这一方面使得我国风电及设备、太阳能发电及设备等新能源产品迅速进入高成长期，另一方面，技术落后的高耗能、高污染的产品被淘汰。

（二）产品生命周期的类型

产品生命周期与产品内涵范围有关，主要可以分成产品大类的生命周期、产品形式的生命周期和品牌的生命周期三种类型。

1. 产品大类的生命周期

产品大类的生命周期是观察某种产品大类，如小麦、水稻、玉米、大豆、土豆、自行车、缝纫机、汽车、算盘、计算机等产品市场需求变化的手段。这类产品的生命周期与一个国家或地区居民的消费需求及消费方式有关，通常也意味着某一个行业的兴衰变化。例如，我国曾经是自行车的生产和消费大国，1950—1970 年代自行车是家庭的主要耐用消费品之一，甚至于计划供应，“一票难求”。但是，1980 年代后，随着我国城乡交通条件的迅速改善，公共交通便捷化，摩托车、汽车等进入家庭，自行车市场整体上呈衰落态势。另外，曾经作为我国城乡居民冬季看家菜的土豆、萝卜、白菜、大葱等，随着冷链物流和反季节种植业的发展，现在已经风光不再。

2. 产品形式的生命周期

产品形式的生命周期是观察某种产品形式市场需求变化的手段，如某种款式服装、某种技术水平的计算机、手机、彩色电视机等的生命周期。例如，我国移动通信服务已经历了第一代至第五代的演变，目前第一代通信服务已被淘汰，第二代处于衰退期，第三代、第四代处于成熟期，第五代处于导入期和成长期。

3. 品牌的生命周期

品牌的生命周期是观察某种品牌市场需求变化的手段，如同仁堂、全聚德、海尔、长虹、联想、通用、福特、丰田、可口可乐、娃哈哈等品牌的生命周期。品牌生命周期与其所依托的产品及企业有密切的关系，但又有所区别。除与产品完全等价的品牌外，企业不断开发新产品、对原有产品更新换代，并不意味着品牌生命的终结，往往意味着品牌不断地被注入新的活力，品牌的生命会不断被延续。品牌创立及延续生命的时间可以从一个角度来衡量品牌的生命周期。表 8-5 列示了我国市场上消费者所熟知的国内外品牌生命周期的情况。

表 8-5　我国市场上消费者所熟知的品牌年龄情况

品牌名称	创立时间/年	品牌年龄/年	产品范围
可口可乐	1886	134	汽水、运动饮料、乳类饮品、果汁、茶和咖啡
麦当劳	1940	80	汉堡包，以及薯条、炸鸡、汽水、冰品、沙拉、水果等
肯德基	1930	90	炸鸡、汉堡、薯条、蛋挞、汽水等西式快餐食品

续表

品牌名称	创立时间/年	品牌年龄/年	产品范围
福特	1903	117	汽车、农业、金融和通信等
大众	1937	83	汽车及配件等
丰田	1934	86	汽车及配件
本田	1948	72	汽车、摩托车、发电机、农机等
松下	1918	102	家电、数码、办公产品、航空等
索尼	1946	74	电子、娱乐、金融、信息技术等
同仁堂	1669	351	中成药生产及销售
全聚德	1864	156	烤鸭等餐饮服务
狗不理	1858	162	包子等餐饮服务
海尔	1984	36	家用电器、计算机及办公用品、通信器材等
吉利	1986	34	汽车制造等
比亚迪	1995	25	IT、汽车、新能源等

资料来源：根据百度等资料整理，品牌年龄计算截至 2020 年。

二、产品生命周期不同阶段的特征

产品生命周期一般划分为导入期、成长期、成熟期和衰退期四个阶段，可以分别从产品销售、利润、成本、顾客、竞争者等方面加以分析。表 8-6 反映了产品生命各阶段的特征。

表 8-6　产品生命各阶段的特征

各阶段市场特征	产品生命周期			
	导入期	成长期	成熟期	衰退期
销售	低	快速上升	高峰	衰退
成本	高成本	平均成本	低成本	低成本
利润	亏损	利润上升	高利润	利润衰退
顾客	创新者	早期采用者	中间多数	落后者
竞争者	极少	逐步增多	数量稳定开始衰退	数量衰退

三、特殊的产品生命周期

并非所有的产品生命周期曲线都呈“钟型”，特殊的产品生命周期包括风格型产品生命周期［见图8-7（a）］、时尚型产品生命周期［见图8-7（b）］、热潮型产品生命周期［见图8-7（c）］、扇贝形产品生命周期［见图8-7（d）］四种特殊的类型。

（一）风格

风格是一种人类生活基本的但特点突出的表现方式。风格一旦产生，可能会延续数代，根据人们对它的兴趣而呈现出一种循环再循环的模式，时而流行，时而又可能不流行。

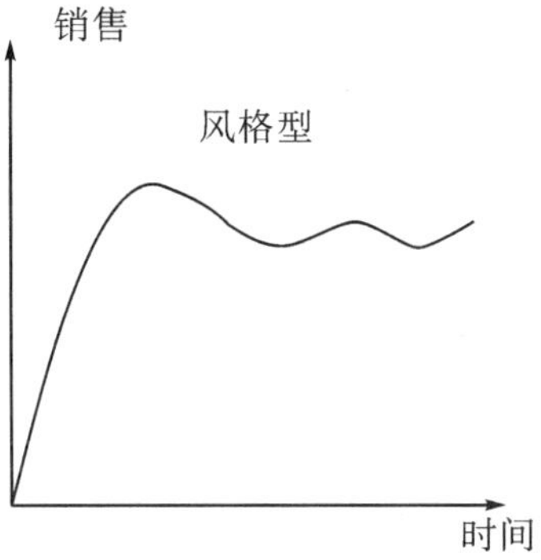

图8-7（a）　风格型产品生命周期

（二）时尚

时尚是指在某一领域里，被大家所接受且欢迎的风格。时尚型的产品生命周期特点是，刚上市时很少有人接纳（称为独特阶段），但接纳人数随着时间慢慢增长（模仿阶段），终于被广泛接受（大量流行阶段），最后缓慢衰退（衰退阶段），消费者开始将注意力转向另一种更吸引他们的时尚。

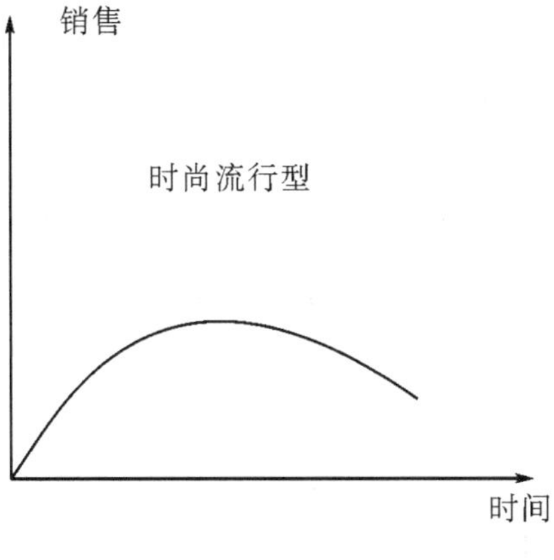

图8-7（b）　时尚型产品生命周期

（三）热潮

热潮是一种来势汹汹且很快就吸引大众注意的时尚，俗称时髦。热潮型产品的生命周期往往快速成长又快速衰退，主要是因为它只是满足顾客一时的好奇心或需求，所吸引的只限于少数寻求刺激、标新立异的人，通常无法满足更强烈的需求。

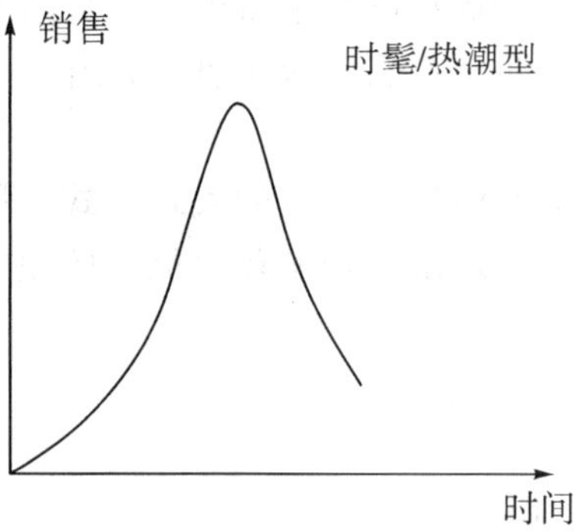

图 8-7（c）　热潮型产品生命周期

（四）扇贝

扇贝型产品生命周期主要指产品生命周期不断地延伸再延伸，这往往是因为产品创新或不时发现新的用途。

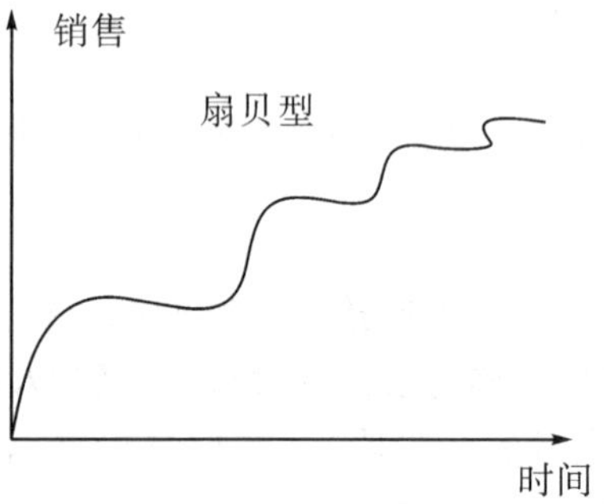

图 8-7（d）　扇贝型产品生命周期

四、产品生命周期不同阶段的市场营销策略

（一）产品导入期的市场营销策略

产品导入期的市场营销策略关键是要把握一个“准”字，即目标顾客选择准，产品定位准，其目的是给顾客留下一个好的第一印象。按照产品价格高低和促销力度的大小，可以组合出四种策略，见图 8-8。

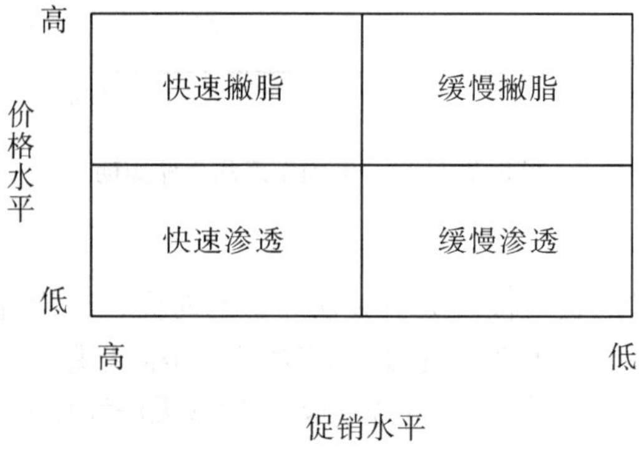

图 8-8　产品导入期的市场营销策略

1. 快速撇脂

快速撇脂是指在产品的导入期实施高定价、高促销的市场营销策略，希望通过高促销使产品迅速为广大消费者所熟知，高定价又可以在短期内获得较为丰厚的利润。企业采用该策略的主要条件是：①消费者需求旺盛，对产品价格不敏感；②该产品是时髦类或流行性产品，不适宜以市场占有率为目标；③本企业虽拥有该产品的专利，但容易为竞争者所模仿。

2. 缓慢撇脂

缓慢撇脂是指在产品的导入期实施高定价、低促销的市场营销策略，希望通过高定价获得丰厚的利润，同时，由于目标顾客群较狭窄，高促销的必要性不大。企业采用该策略的主要条件是：①本企业拥有该产品的专利，竞争者难以模仿；②目标顾客群狭窄，没有高促销的必要；③该产品可以显示消费者的身份和社会地位，也愿意支付高价格，甚至希望通过高价格来显示自身的独特性。

3. 快速渗透

快速渗透是指在产品的导入期实施低定价、高促销的市场营销策略，其目的是通过高促销使消费者迅速熟知产品，而低价格一方面可以激发顾客购买新产品的欲望，同时阻止竞争对手生产销售同类产品，以巩固其市场地位，获得长期收益最大化。企业采用该策略的主要条件是：①该产品属于大众消费品，市场容量巨大，市场占有率的高低与企业收益呈现正向关系；②替代产品较多，顾客对产品价格较为敏感；③企业虽拥有产品专利，但竞争者较容易模仿出同类产品；④高促销可以使企业在顾客心目中占据“第一”的位置，低价格则为竞争者进入市场设置了高门槛。

4. 缓慢渗透

快速渗透是指在产品的导入期实施低定价、低促销的营销策略，其目的是通过细水长流的方式满足特定顾客群的需求。企业采用该策略的主要条件是：①顾客群狭窄，需求量不大，高促销的意义不大；②该产品主要用于特定顾客群的日常生活需要，且生产成本较低，市场信息透明，高定价既无可能也不必要；③产品的替代性较强，且容易被竞争者所模仿。

（二）产品成长期的市场营销策略

产品成长期的市场营销策略应把握好一个“好”字，企业应继续保持精益求精、奋发有为的工作态度，防止出现“萝卜快了不洗泥”的短视行为。具体应做到以下几点：

（1）提高产品质量、增加产品品种。

（2）进入新的细分市场，增加产品的销售。

（3）从宣传产品品牌转为劝说顾客购买，使顾客能够充分认识到新产品给其带来的实际利益。

（4）进入新的分销渠道，使产品能够顺畅地进入市场的各个角落。

（5）适当降价以吸引对价格敏感的购买者，使其体会到产品物超所值。

（三）产品成熟期的市场营销策略

产品成熟期的市场营销策略应把握好一个“争”字，企业应通过产品改进、市场开拓及市场营销组合创新等保持其产品的市场地位，通过精准营销、精益管理扩大企业的赢利空间。

（1）产品改进，即通过提高产品质量、增加产品功能、改进产品特色、增加产品的用量等方式来保持企业产品在市场上的地位。

（2）市场开拓，即通过争夺竞争者的顾客，进入新的细分市场，转变非使用人等方式拓展企业产品的销售空间。

（3）市场营销组合创新，即通过价格策略调整、渠道模式及促销活动创新等来争取有利的市场态势。

（四）产品衰退期的市场营销策略

产品衰退期的市场营销策略应把握好一个“转”字，企业可通过缩减产品组合、转移、转让、放弃等手段从该产品中获得尽可能多的利益。

（1）继续决策，即继续实施原有的市场营销战略和策略，直至产品被市场完全淘汰为止。该策略是一种消极保守的市场营销策略，其代价往往是盈利衰减和市场机会的丢失。

（2）集中决策，即适度削减产品线或产品项目，收缩市场，把企业资源集中于需求相对较好的产品上。该策略可以利用消费者收入水平不同形成的消费层次在时间上的差异机会，以及习惯性消费变化的滞后性机会。

（3）放弃决策，即企业可当机立断，转让现有业务，把资源转到新业务上。当然，在实施该策略时需要认真分析，搞清楚是否是市场需求发生了实质性的变化，通过企业的产品创新能否使之起死回生。

五、产品生命周期的测算与应用

（一）产品生命周期测算的方法

产品生命周期是一个十分普遍的市场现象，对企业的市场营销决策产生重大影响。企业只有准确地摸清本企业所处的产品生命周期的阶段，才能够做到有的放矢，进退自如，取得良好的经济效益。产品生命周期受到一个国家或地区经济发展水平和城乡居民收入水平及消费文化、所在行业科学技术进步的速度及应用效率、行业竞争状态、产品性质或类别、企业的市场营销力度等多种因素影响。测算产品生命周期通常通过产品销售量（额）和市场普及率两个指标的动态变化来判断。

1. 产品销售量（额）指标判断法

产品销售量（额）指标适合于对绝大多数产品生命周期阶段的判断。一般来说，在产品的导入期，产品销售量（额）小，年（季度或月份）增长速度在5%以下；在产品的成长期，产品销售量（额）快速增长，年（季度或月份）增长速度在10%以上；在产品的成熟期，产品销售量（额）达到高峰，年（季度或月份）增长速度下降到5%左右，甚至高位波动；在产品的衰退期，产品销售量（额）开始下滑，年（季度或月份）增长速度在-5%以上，甚至更低。

2. 市场普及率指标判断

市场普及率指标，一般来说，适合于耐用消费品的产品生命周期的测量。在产品的导入期，市场普及率在20%以下；在产品的成长期，市场普及率在20%~60%；在产品的成熟期，市场普及率在60%~90%；在产品的衰退期，市场普及率在90%以上。

（二）产品生命周期的预测分析

产品生命周期测算和分析的意义不仅在于判断某种产品当前所处的生命周期的阶

段，更重要的是利用有限的资料对产品生命周期阶段演变做出预测，从而为市场营销前瞻性决策提供依据。产品生命周期的预测分析主要是通过观察时间序列变动趋势来给出产品生命周期演变的时间节点，主要可以采用主观判断法和时间序列模型法两种方法。

1. 主观判断法

主观判断法是由调查人员根据绘制出的时间序列趋势图，结合影响未来市场变化的科学技术、国家政策、经济发展和城乡居民收入变动趋势等因素，采用手动方式延伸趋势线，从而大体找到产品生命周期各阶段的时间节点。该方法简便易行，节约时间和成本，但主观性强，规范化程度低，对调研人员专业素质要求高。如果采用德尔菲法、专家会议法等方式，则可以提高预测的规范性和准确性。

2. 时间序列模型法

时间序列模型法是在调研人员观察时间序列变动趋势的基础上选择适当的数学模型，通过数理统计方法估计参数建立预测模型，从而预测出产品生命周期演变的过程。

常见的用于产品生命周期预测数学模型有：

（1）修正指数曲线。

$Y_t=a+bc^t$，其中，Y_t是时间序列指标值，t 为时间序列号，a、b、c 为待估计参数。

（2）罗杰斯蒂曲线。

$Y_t=1/(a+bc^t)$，Y_t是时间序列指标值，t 为时间序列号，a、b、c 为待估计参数。

限于篇幅，这里就不具体介绍参数估计和模型构建方法了。

（三）产品生命周期理论的应用分析

为了便于了解产品生命周期理论的实际价值，这里选择我国彩色电视机、家用电冰箱、家用洗衣机等传统耐用消费品和移动电话机、家用汽车、家用计算机等新型耐用消费品作为研究对象，采用年度百户拥有的耐用消费品数量作为市场普及率替代指标。由于我国城乡居民收入差距较大，通常在 2.8 倍以上，因此区分城乡绘制了某种产品的时间序列变动趋势图，也能够较好地体现出收入水平对产品生命周期的影响。限于篇幅，这里未做预测分析。

1. 我国传统耐用消费品产品生命周期变动情况

在我国市场，彩色电视机、电冰箱、洗衣机等耐用消费品作为 20 世纪 50~70 年代自行车、缝纫机、手表和收音机等耐用消费品的替代产品，在 20 世纪 80 年代初伴随着我国经济发展、科技进步和城乡居民收入水平的提高正式进入家庭。历经近 40 年的演变，上述产品经历导入期、成长期，现在均已进入了成熟期，为我们学习产品生命周期理论提供了很好的素材。但是，由于我国城乡居民收入水平、生活环境差距较大，导致产品生命周期演变阶段在时间节点上具有明显的差异性。从彩色电视机来看，我国城镇居民家庭市场在 1985 年左右开始进入产品成长期，1995 年左右进入产品成熟期，而农村居民家庭市场 1985 年左右还在产品导入期，1995 年左右才进入产品成长期，2005 年左右进入产品成熟期，两者在时间点上相差 10 年左右。电冰箱和洗衣机的情况类似，这里不再赘述。具体见表 8-7 及图 8-9 至图 8-11。

表 8-7　我国传统家用电器百户拥有数量情况

年份	彩色电视机/台		电冰箱/台		洗衣机/台	
	城镇	农村	城镇	农村	城镇	农村
1985	17. 21	0. 80	6. 58	0. 06	48. 29	1. 90
1986	27. 41	0. 85	12. 71	0. 29	59. 70	3. 34
1987	34. 63	1. 10	19. 91	0. 31	66. 77	4. 78
1988	43. 93	2. 80	28. 07	0. 63	73. 42	6. 22
1989	51. 47	3. 63	36. 47	0. 89	76. 21	7. 66
1990	59. 04	4. 72	42. 33	1. 22	78. 41	9. 12
1991	68. 41	6. 44	47. 11	1. 64	80. 58	10. 99
1992	74. 87	8. 08	51. 89	2. 17	83. 41	12. 33
1993	79. 46	10. 86	56. 67	3. 05	86. 36	13. 82
1994	86. 21	13. 52	61. 45	4. 00	87. 29	15. 30
1995	89. 79	16. 92	66. 22	5. 15	88. 97	16. 90
1996	93. 50	22. 12	69. 67	6. 82	90. 06	19. 39
1997	100. 48	27. 32	72. 98	8. 49	89. 12	21. 87
1998	105. 43	32. 59	76. 08	9. 25	90. 57	22. 81
1999	111. 57	38. 24	77. 74	10. 64	91. 44	24. 32
2000	116. 50	48. 74	80. 13	12. 31	90. 52	28. 58
2001	120. 50	54. 40	81. 90	13. 60	81. 90	29. 90
2002	126. 40	60. 50	87. 40	14. 80	87. 40	31. 80
2003	130. 50	67. 80	88. 70	15. 90	88. 70	34. 30
2004	133. 40	75. 10	90. 20	17. 80	90. 20	37. 30
2005	134. 80	84. 10	90. 70	20. 10	90. 70	40. 20
2006	137. 40	89. 40	91. 80	22. 50	96. 80	43. 00
2007	137. 80	94. 40	95. 00	26. 10	96. 80	45. 90
2008	132. 90	99. 20	93. 60	30. 20	94. 70	49. 10
2009	135. 70	108. 90	95. 30	37. 10	96. 00	53. 10
2010	137. 40	111. 80	96. 60	45. 20	96. 90	57. 30
2011	135. 20	115. 50	97. 20	61. 50	97. 20	62. 60
2012	136. 10	116. 90	98. 50	67. 30	98. 00	67. 20
2013	118. 60	112. 90	89. 20	72. 90	88. 40	71. 20
2014	122. 00	115. 60	91. 70	77. 60	90. 70	74. 80
2015	122. 30	116. 90	94. 00	82. 60	92. 30	78. 80
2016	122. 30	118. 80	96. 40	89. 50	94. 20	84. 00
2017	123. 80	120. 00	98. 00	91. 70	95. 70	86. 30
2018	121. 30	116. 60	100. 90	95. 90	97. 70	88. 50
2019	122. 80	117. 60	102. 50	98. 60	99. 20	91. 60

资料来源：根据历年中国统计年鉴资料整理。

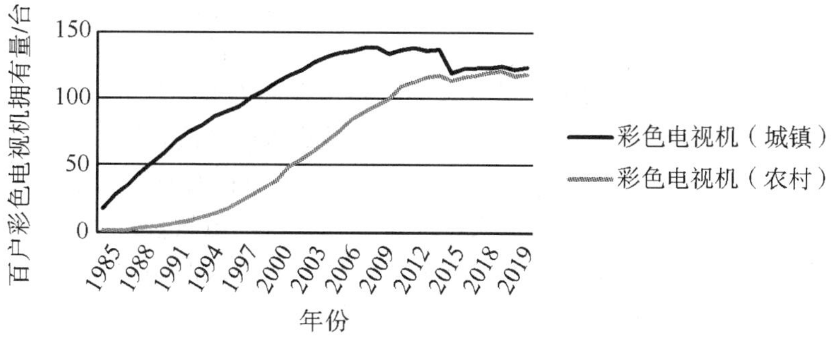

图 8-9　我国城乡居民百户拥有的彩色电视机的数量

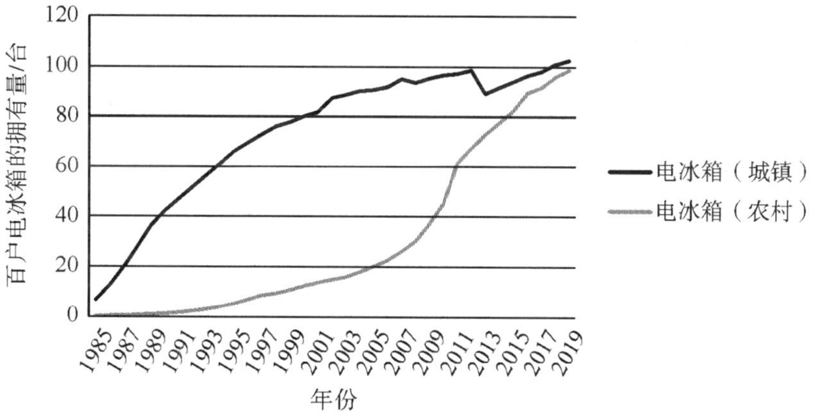

图 8-10　我国城乡居民百户拥有的电冰箱的数量

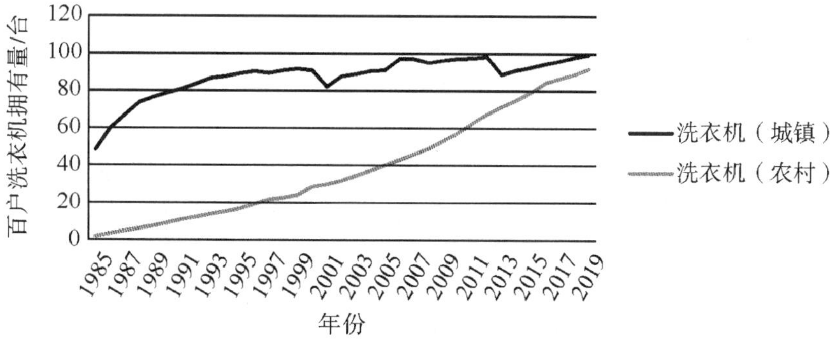

图 8-11　我国城乡居民百户拥有的洗衣机的数量

2. 我国新型耐用消费品产品生命周期变动情况

进入 21 世纪以来，我国经济实力进一步增强，城乡居民收入水平大幅度提高，在彩色电视机、电冰箱、洗衣机等已然成为城乡居民必备消费品后，移动电话机、家用汽车、家用计算机等新型耐用消费品成为新的时尚追求。从移动电话机来看，城镇居民家庭市场在 2000 年左右开始进入产品成长期，2009 年左右开始进入产品成熟期，农村居民家庭市场在 2000 年左右进入产品导入期，2005 年左右进入产品成长期，2011 年左右进入产品成熟期。由于移动电话机属于个人使用的产品，因此，在使用该指标时可按照每个家庭平均 2 个潜在用户来测算。从家用汽车来看，城镇居民家庭市场 2000 年左右进入产品导入期，2012 年左右进入产品成长期，目前开始接近产品成熟期；农村居民家庭市场 2010 年左右进入产品导入期，2018 年左右开始进入产品成长期。从家用计算机来看，城镇居民家庭市场 2000 年左右开始进入产品成长期，2011 年开始进入产品成熟期，目前处于成熟期后期，有进入衰退期的迹象；农村居民家庭市场 2000 年左右进入产品导入期，2012 年左右进入产品成长期，目前虽然普及率尚不足 30%，但已经出现过早进入产品成熟期的迹象。家用计算机快速进入产品生命周期的成熟阶段与我国智能手机、移动互联网等的快速发展密切相关。“一部手机走天下”。智能手机已经成为城乡居民进行学习、办公、社交、消费、商务、金融等活动最便捷的工具，从而使得家用计算机快速进入成熟期。具体见表 8-8 及图 8-12 至图 8-14。

表 8-8　我国城乡居民百户拥有的新型耐用消费品数量

年份	移动电话机/部		家用汽车/辆		家用计算机/台	
	城镇	农村	城镇	农村	城镇	农村
2000	19.50	4.30	0.50		9.70	0.50
2001	34.00	8.10	0.60		13.30	0.70
2002	62.90	13.70	0.90		20.60	1.10
2003	90.10	23.70	1.40		27.80	1.40
2004	111.30	34.70	2.20		33.10	1.90
2005	137.00	50.20	3.40		41.50	2.10
2006	152.90	62.00	4.30		47.20	2.70
2007	165.20	77.80	6.10		53.80	3.70
2008	172.00	96.10	8.80		59.30	5.40
2009	181.00	115.20	10.90		65.70	7.50
2010	188.90	136.50	13.10		71.20	10.40
2011	205.30	179.70	18.60		81.90	18.00
2012	212.60	197.80	21.50		87.00	21.40
2013	206.10	199.50	22.30	9.90	71.50	20.00
2014	206.60	215.00	25.70	11.00	76.20	23.50
2015	223.80	226.10	30.00	13.30	78.50	25.70
2016	231.40	240.70	35.50	17.40	80.00	27.90
2017	235.40	246.10	37.50	19.30	80.80	29.20
2018	243.10	257.00	41.00	22.30	73.10	26.90
2019	247.40	261.20	43.20	24.70	72.20	27.50

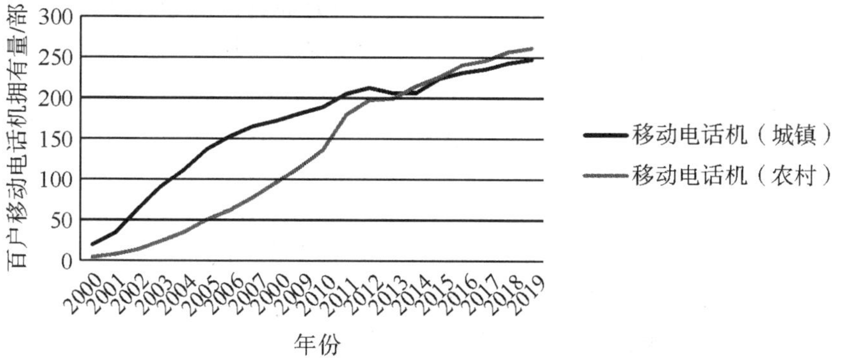

图 8-12　我国城乡居民百户拥有移动电话机的数量

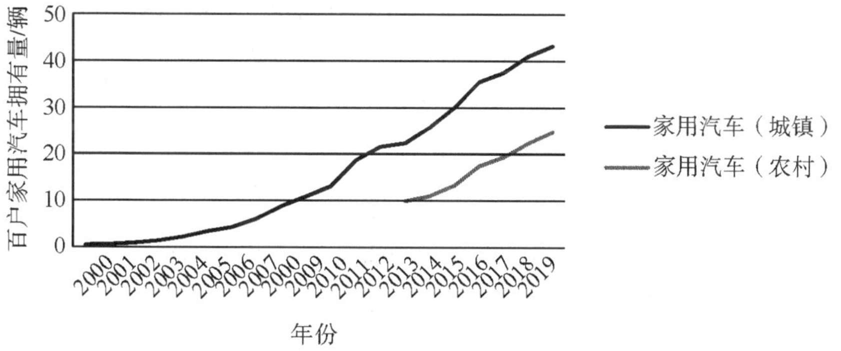

图 8-13　我国城乡居民百户拥有家用汽车的数量

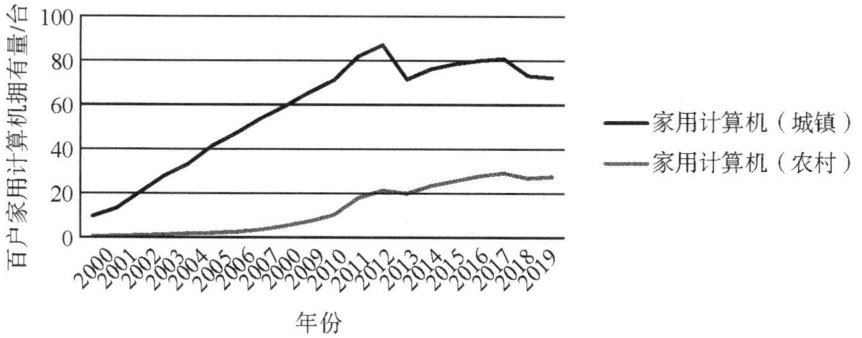

图 8-14　我国城乡居民拥有家用计算机的数量

第五节　新产品开发与推广

一、新产品开发的意义和组织

（一）新产品的含义和种类

凡是能给顾客带来新感受、满足其新要求的产品均可称为新产品。从产品性质和创新程度看，可以是从无到有的全新产品，也可以是原有产品的升级换代，或者添加了新功能的产品。新产品与市场地理范围有一定关系，可以分别从全球范围、全国范围、地区范围及企业范围角度来认识。例如，Windows10、中国高速铁路等是世界范围的新产品，而麒麟 9000、北斗导航、山东舰、长征系列火箭等是中国市场范围的新产品。尽管市场上已有此类产品，一个地区或一个企业采取模仿策略所增加的产品线、产品项目等都属于新产品的范畴。

（二）开发新产品的意义

1. 开发新产品是满足顾客新需求的途径

产品的价值在于能够满足顾客的需求。随着经济社会的发展，消费者的需求处于不断发展变化之中，企业生产的产品如果不能与之相匹配，就难逃被淘汰的命运。例如，在我国 1950—1970 年代，自行车、缝纫机、手表和收音机是家庭的主要耐用消费品，但是，1980 年代后，我国耐用消费品则被彩色电视机、电冰箱、洗衣机、空调器等所替代，2000 年后，计算机、智能手机、汽车等成为新的宠儿。企业如果不适应需求的变化，过去时代的强者就只能戴着过去的辉煌逐步被人所遗忘。例如永久、飞鸽、上海（手表）等品牌都早已光环不在。

2. 开发新产品是企业不断增添活力，实现基业长青的手段

创新是企业发展的必由之路。创新意味着新产品的开发和老产品的衰落，保持企业基业长青的秘密武器就是不断通过开发新产品，为企业增添新的活力。我国娃哈哈集团从最初的单一产品娃哈哈营养液起步，不断推出娃哈哈果奶、非常可乐、娃哈哈八宝粥、爽歪歪、营养快线等脍炙人口的产品，现已发展成为一家集产品研发、生产、销售为一体的大型食品饮料企业集团，成为中国最大的饮料生产企业，产量位居世界前列。其在中国 29 个省（市、自治区）建有 70 多个生产基地、170 多家子公司，拥有员工 3 万多名、总资产 402 亿元。公司产品涉及含乳饮料、瓶装水、碳酸饮料、茶饮料、果汁饮料、罐头食品、医药保健品、休闲食品、婴儿奶粉、童装、白酒共 11 大类 150 多个品种，其中瓶装水、含乳饮料、八宝粥罐头多年来产销量一直位居全国第一。2013 年全年，集团公司完成饮料产量 1 270 万吨，实现营业收入 783 亿元，同比增长 23%，实现利税 139 亿元，上缴税金 62 亿元，同比增长 5%。公司位列 2013 年中国企业 500 强第 179 位、中国制造业 500 强第 83 位。在 2013 中国民营企业 500 强中，娃哈哈营业收入居第 19 位。娃哈哈集团的成功尽管是多种因素集合而成的，但是产品创新应该是其独占行业鳌头的最有力武器。

3. 只有不断开发新产品，企业才能适应科学技术进步的要求，避免被淘汰的命运

科学技术是第一生产力，也是一把“双刃剑”，它为创新者带来腾飞的机会，也使得保守者淘汰出局。当今科学技术发展迅猛，企业产品的技术含量，尤其是新技术的应用直接决定企业产品的市场份额，甚至生死存亡。例如，在 2G 通信技术时代，摩托罗拉、诺基亚、爱立信等企业曾经雄霸全球手机市场，但在 3G、4G 时代，由于产品的新技术含量低，其地位已经江河日下，被苹果、三星、小米等所超越。

4. 开发新产品才能适应国家法律政策等因素的变化

经过三十多年的快速发展，我国经济总量已跃居世界第二，主要工业品产量跃居世界第一，中国是名副其实的世界制造业中心。但是，随之而来的环境污染，资源、能源、土地价格暴增，劳动力成本上升等“发展病”也困扰着国家各级决策者，考验

着决策者的智慧。国家“十四五”规划提出按照“创新、协调、绿色、开放、共享”新发展理念规划国家经济社会发展，更好满足广大人民群众对美好生活的需要，促进经济社会持续健康发展。我国已经提出了2030年碳达峰、2060年碳中和的目标，这就对企业走资源节约型、环境友好型发展道路提出了高要求，高污染、高耗能、低附加值的产品必然会被淘汰。企业只有适应这一环境的变化，不断推出新产品，才能生存和发展。

（三）新产品开发的组织

企业新产品开发的组织的形式主要有以下几种：

（1）产品线经理。即由企业各产品线经理负责新产品开发工作。产品线经理负责新产品开发的优势是他们直接与顾客或经销商打交道，能够及时了解顾客需求偏好及其变化，使新产品开发与市场更有效的对接。但在实践中，产品线经理可能过于关注现有产品的销售而忽视新产品的开发，也可能缺乏新产品开发的知识和经验。

（2）新产品经理。即企业专门设立新产品经理岗位，由专人负责新产品开发工作。该组织形式有利于新产品开发工作专业化，实现新产品开发工作的全过程管理，使资源得到合理的配置。当然，该方式需要新产品经理与企业营销部门保持经常的沟通，及时掌握顾客需求的第一手信息。

（3）新产品开发委员会。即在企业最高层设立新产品开发管理机构，负责新产品开发的计划、组织及管理等。该方式有利于跨部门协调资源配置，提高新产品开发组织的权威性。

（4）新产品部。即设立新产品开发的专职部门，只接受企业最高层领导。

（5）新产品开发小组。即由企业内各部门负责人组成新产品开发小组，制定新产品开发预算、工作任务、期限及投放策略等，并组织实施。

二、新产品开发的阶段

新产品从开发到推入市场被顾客所接受，一般会经历八个阶段：

（一）新产品创意阶段

创意是新产品开发的起点，也是从技术层面对新产品的描述。例如，电力汽车是从动力技术层面去思考的。

1. 新产品的创意来源渠道

新产品的创意来源渠道有多种，包括消费者、经销商、企业的产品研发人员、新闻媒介、竞争对手的产品、高校、研究机构科研人员，甚至普通的公众。企业可以通过有奖征答、知识竞赛、专家论证等方式获得新产品的创意。随着互联网技术的发展，现在通过互联网平台聚集广泛的产品创意，甚至欢迎粉丝参与讨论，已经成为许多公司新产品开发的一条新的途径。

2. 企业获得新产品创意的方法

（1）问题导向法，即通过对现有产品存在问题的解剖，思考解决之道，从而获得新产品创意。

（2）性能提升法，即研究如何进一步改善现有产品的性能，从而获得新产品的创意。例如，电力汽车虽已经上市销售，但是，存在电池容量小、充电时间长、行驶里程短等问题。

（3）功能添加（组合）法，即在原有产品上添加新功能，或者把多种产品功能组合到一种产品上。例如，智能手机除通话、收发短信等基本功能外，还组合了收音机、上网浏览、看电视、QQ 聊天、微信、下载视频、照相等功能。

（4）类比法，即利用仿生学原理，从动植物的特长中获得启发，得到新产品创意。例如，通过对蝙蝠夜行的研究受到启示，给飞机装上雷达，保证了飞机夜间安全飞行。

（5）创意空间汇聚法，即许多专业人士汇聚在创意空间，就某一问题进行讨论。现在许多城市的创业咖啡屋、创业空间等汇聚了一批年轻的创业者，他们经常聚集在创业空间内，就某一问题进行随意性的讨论，广泛研讨形成一些新的产品功能性创意。

（6）反向思维法，即利用事物矛盾对立统一的原理反向思考新产品的创意的方法。例如，3M 公司曾经研制了一种胶水，粘接度很好，但就是不容易风干，想尽多种办法仍无法解决此问题。后来，一个工程师突然想到，胶水不干难道不是优点吗？于是，不干胶即时贴产品应运而生。在日常生活中，打破惯常思维开发出的产品很多，如色泽艳丽的假花、适合糖尿病人的无糖奶粉、适合做礼品的方形西瓜、解决高层楼房供水的无塔供水系统、不用煮的速溶咖啡、不用泡的茶饮料等。

（二）新产品创意的筛选

新产品创意可以有成百上千，但是并非每一种创意都值得企业采纳。企业的资源是有限的，只能把有限的资源用于少数几个创意之上，这就需要对各种创意进行评估和筛选。新产品创意的筛选主要从必要性、可行性及先进性三个方面考虑。必要性主要考虑该创意实现后可能给企业带来的价值，包括经济价值、市场价值和形象价值等。可行性主要考虑该创意实现的可能性，即从企业资源和能力的角度评价该创意转化为新产品的条件。重点考察企业的资金条件、技术水平、人才队伍、市场营销、组织管理、外部关系等对新产品创意实现的支撑。先进性是指该创意符合资源节约、环境保护、人类共有价值取向等要求。各种制作假冒伪劣产品的创意，即使经济价值再大、实现的可行性再高，都是必须抵制的东西。例如，废旧皮革制作食品药品用胶囊、发送垃圾短信的伪基站、跟踪收集公民个人隐私的照相录像器材、制作毒品和地沟油的创意等都是必须否定的。在这一阶段，要防止两种错误：一是"误取"，即将不符合企业实际的创意纳入企业决策；二是"误舍"，即舍弃了好的创意，错失了发展机会。现在一些企业可以通过互联网渠道广泛征求消费者的意见，从产品创意筛选就让消费者参与，提高了新产品开发的成功率。

（三）形成新产品概念

产品创意主要从技术可行性角度思考问题，产品概念则主要从顾客需求角度思考问题。例如，电动汽车从顾客角度看，则可能有三种概念车：上班族的代步用车；家庭主妇接送孩子和到超市购物用车；周末到郊区度假用车。不同的概念车由于用车目的、行驶道路、行驶里程等不同，因而在驾驶方式、空间构造、动力配置、附属设备等方面都会有所不同。这一阶段可以借助互联网进行广泛的需求调研，也可以通过大数据挖掘技术进行分析，获取一些新的产品概念。

（四）新产品市场分析

新产品市场分析的主要目的在于判断其市场容量、潜力及前景。在进行新产品市场分析时，既可运用经验判断，也可根据统计分析和数据挖掘分析，通常是将两者结合起来进行市场趋势的预判。新产品市场分析的主要内容包括：

（1）新产品的优势和劣势。

（2）新产品拟进入市场的预计价格、销售量及销售额。

（3）新产品预计市场份额等。

（五）新产品的商业分析

新产品的商业分析目的在于从财务角度确定新产品开发的价值。具体内容包括：

（1）新产品的成本分析，包括制造成本、分销成本、促销成本等。

（2）新产品的盈亏平衡点及预计利润等。

（六）新产品研发

新产品研发包括新产品专利购买、设计优化、样品试制等。企业可以自己研发，也可以与其他企业联合研发，甚至可以完全外包。在采用联合研发或外包时必须注意保守新产品的商业秘密，特别是对专利技术成果所有权的保护。

（七）新产品试销

新产品试销是指将小批量生产的新产品拿到实际市场或模拟市场上销售，以便测验新产品的市场反应。具体有如下试销方法：

1. 消费品市场试销的方法

（1）标准市场试销。标准市场试销是指企业选择一批具有代表性的城市作为样本市场，要求经销商给予好的货架陈列位置，并辅之以促销支持，以测验新产品的市场反应。企业通过对其在这些样本市场的表现情况来预测新产品将来在目标市场推广时所应采用的分销渠道和促销策略，以及预计的销售收入和利润。如果发现了新产品存在的潜在问题，则可以为及时修改市场营销方案提供依据。该方法的优点是可以获得真实的顾客购买和消费的信息。其缺点是花费时间长，通常需 1 到 3 年才能完成，费用高，而且容易暴露商业秘密，引起竞争者的模仿，使其可能采取反制措施影响试销的效果。

（2）控制市场试销。控制市场试销是指企业委托市场调研咨询公司，选择一定的在其控制下的零售商店，对新产品进行试销的一种方法。具体做法是：市场调研咨询公司按企业的试销计划，对新产品在零售商店的试销进行全面控制，如货架的位置、新产品的陈列、广告及促销等活动，并根据货架的动态变化和顾客购买记录来观察新产品的销售状况，也可随机抽取一些顾客了解他们对新产品的印象。

（3）模拟市场试销。模拟市场试销是指企业或市场调研咨询公司选择一群顾客作为样本，发给他们一笔可以自由支配的钱或购物券，并领他们到试销新产品的零售商店中，允许他们可以随便买东西（包括新产品），不买则把钱留下来。通过这种方式，企业可以了解顾客购买新产品或竞争者的产品的情况。之后，再通过访问、电话或问卷的形式调查样本顾客对产品的态度、购买、使用、满意程度和再购买的意愿等。该方法的优点是成本较低，周期短，利于保护商业秘密。传统的模拟市场试销的缺点是样本顾客数量小，影响测试结果的代表性。但随着互联网的普及，有些商家可以利用网络和移动通信技术，利用展示和互动的方式了解潜在顾客的意向；也可以通过电商渠道试销推广，并通过一定的宣传推广方式了解顾客的反应。

2. 产业用品市场试销的方法

（1）试用。试用是指企业将新产品免费交给目标顾客使用，以了解产品的质量、性能及存在的问题。该方法适合于小型生产设备、加工工具、交通工具等。

（2）展销。展销是指企业通过参加商品博览会、展销会等，现场展示或演示产品，以吸引客户，了解顾客态度、意见和反应的方法。在商品博览会、展销会上，虽然客户云集，可以广泛征求顾客意见，但同时也容易引起竞争者的关注，暴露新产品信息。

试销阶段不仅要加大产品的推广力度，还要适时跟踪市场情况，做到及时反馈，出现问题及时调整。

（八）新产品上市

上市是新产品开发的最后一个阶段，也是最关键的一个阶段之一。该阶段重点应做好如下几点：

1. 把握好上市时机

上市时机是指企业对新产品上市时间点的把握。通常有三种选择：

（1）抢先进入，即先于竞争对手入市，抢占市场先机。机不可失，时不再来。抢先入市可以树立市场领先者的形象，获得“市场第一”的溢出效应，特别是在顾客品牌认知方面得到好处。但是，抢先入市也有一定的风险：第一，市场宣传费用大，因为需要承担行业宣传的费用，告诉顾客产品的性质、特点、能给顾客带来哪些好处；第二，如果企业资源有限，贸然推出新产品容易被实力雄厚的竞争者模仿和超越；第三，新产品质量、性能等可能存在一些缺陷引发顾客的不满，反而给后来者带来机会。

（2）同时进入，即与竞争者几乎同时进入市场。采用此策略可以节约新产品宣传费用，与竞争者共同宣传新产品，也容易形成新产品宣传的热潮，使顾客更容易接受新产品。当然，这也会使本企业失去“市场先机”的优势。

（3）延后进入，即等该产品已为顾客广泛认可之后再进入市场，希望向顾客提供质量更优、性能更好、功能更全、配置更合理的产品，也可以是质优价廉的产品。

2. 上市地点

新产品上市地点的选择十分重要，关键要看新产品与市场所在地的顾客需求的契合度。可以先本地市场后外地市场，也可先外地市场后本地市场。同样，国内市场和国外市场的选择也存在先后顺序的问题。

3. 目标顾客

选择恰当的目标顾客是新产品上市成功的重要一环。企业只有准确认识目标顾客的特点、购买偏好及消费习惯等，做到有的放矢，才能取得良好的营销效果。

4. 市场营销组合

企业向市场推出新产品，应根据新产品的性质和特点，制定科学的市场营销组合策略，包括适当的价格、恰当的渠道及适度的促销活动。当前互联网迅速发展，企业还应注意新媒体的应用，如微信、微博、博客、短信、QQ 等，力争提高企业市场营销活动的针对性和有效性。

三、顾客对新产品的反应

（一）新产品的特性

新产品自身的性质和特点直接影响其被顾客接受的程度，企业在进行新产品推广时必须充分认识新产品的特点。从顾客角度看，新产品的如下特征会直接影响到其对新产品的接受。

（1）相对优越性。即新产品与老产品或相似产品比较，在产品质量、性能、功能、款式、特色、价格等方面的优越性。例如，大众用户基本上用数码相机替代了胶片式相机，主要是数码相机在使用便利性、使用成本、产品价格等方面都更具有优越性。

（2）适应性。即新产品与目标市场顾客的价值观念、消费心理、消费方式等的一致性。对于环境保护意识强的顾客而言，电动汽车就有很强的吸引力，而其他顾客则可能抱怨此种汽车充电时间长、动力不足或行驶里程短等问题。

（3）简易性。即新产品使用方便、操作便利、维修维护成本低等。“傻瓜”相机（全自动照相机）简便易用的特性为广大消费者所认可。

（4）明确性。即新产品的性质和优点容易被人们所观察和描述，也便于说明和示范。自动挡汽车在易操作方面比手动挡汽车具有明显的优势，方便面、香肠等在口味和易食性方面比传统干粮也有明显的优势，因而很快流行起来。

（二）顾客对新产品反应的类型

新产品上市能否成功关键取决于顾客的认可。在实际中，顾客是一个复杂的群体，由于其文化背景、家庭出身、受教育程度、成长经历、个性特征、人际网络等不同，必然形成不同的消费观念和消费模式，因而，他们对新产品的态度和反应也是千差万别的。具体可以将顾客划分为以下几个类别：

（1）创新采用者，是指最先采用新产品的顾客群体。一般这类群体占顾客整体的2.5%，属于收入较高、年纪较轻、对新生事物比较敏感并愿意冒险尝试的顾客。

（2）早期采用者，是指意见领袖，一般占顾客整体的13.5%。他们会认真搜寻新技术，以便能给自己带来竞争优势。如果能够提供个性化的解决方案和优异的服务支持，他们往往对价格的敏感度较低，乐于接受新产品。他们采用新产品的时间一般会晚于创新采用者，但会早于早期大众，主要考虑采用新产品后对自身在关系圈内权威产生的影响。

（3）早期大众，是指理性顾客，一般占顾客整体的34%。当新产品的好处或能给顾客带来的利益得到证实后，他们会热烈的响应，成为跟风消费新产品的主力军。

（4）晚期大众，是指风险型顾客，一般占顾客整体的34%。他们通常不愿意冒险，对产品价格比较敏感。

（5）落后采用者，是指传统保守型顾客，一般占顾客整体的16%。他们往往对新事物比较抵触，只有到无法维持现状时才会使用新产品。

顾客对新产品反应的个体差异可以用图 8-15 来反映。

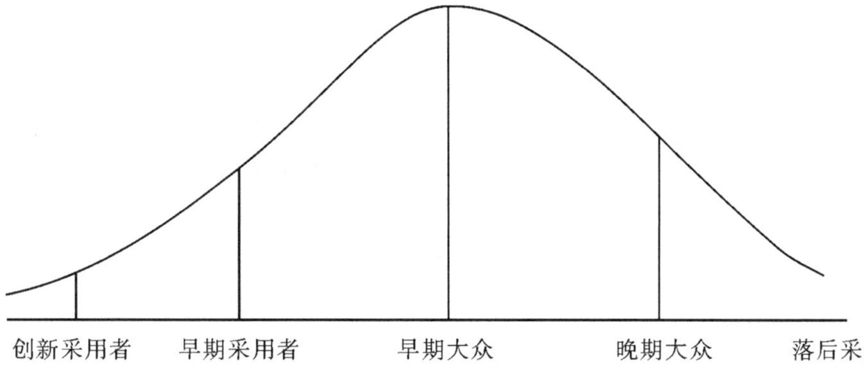

图 8-15　顾客对新产品反应的个体差异

在互联网时代背景下，多媒体互动使得顾客对新产品的反应越来越快，这也使得新产品的市场推广更为快速。值得重视的是，互联网对新产品开发最大的影响是整个过程缩短，因而新产品开发速度加快。但带来的另一个问题是产品的生命周期缩短，使得产品更新频繁，加大了新产品开发的投资，也增加了新产品开发的风险。

【学科前沿】

品牌概念的溯源与解析

品牌是一个内涵丰富、使用广泛的概念。通过梳理现有文献发现，学者们关于品牌概念的定义主要有四种视角：

（1）从有形要素和识别功能来定义品牌。美国市场营销协会（AMA）将品牌定义为“是用以识别一个或一群产品或服务的名称、术语、象征、符号或设计及其组合，使其与其他竞争产品或服务相区别”。菲利普·科特勒认为，“品牌是一种名称、名词、标记、符号或设计，或是它们的组合运用，其目的是借以辨认某个销售者或某群销售者的产品或劳务，并使之同竞争者的产品和劳务区别开来”，包括“属性、利益、价值、文化、个性、用户”六大要素。威廉·阿伦斯（2001）认为，品牌是“标明产品及其产地，并使之与同类产品有所区别的文字、名称、符号或花式的结合体”。凯文·莱恩·凯勒（1998）认为，“品牌就是区别一个产品与别的产品的特征”。

（2）从产品或企业与顾客关系角度定义品牌。奥美公司认为，“品牌是消费者与产品之间的关系”。唐·舒尔茨（1999）强调，“品牌不仅仅是一个名称或一个符号、一个图形，它体现为与消费者之间的关系”。大卫·阿诺（1995）提出，品牌就是一种类似成见的偏见。成功的品牌是长期、持续地建立产品定位及个性的成果，消费者对它有较高的认同，一旦成为成功的品牌，市场领导地位及高利润自然就会随之而来。戴维·阿克（1998）认为，“品牌是产品、符号、人、企业与消费者之间的联结和沟通。也就是说，品牌是一个全方位的架构，牵涉到消费者与品牌沟通的方方面面，并且品牌被视为一种体验，一个消费者能亲身参与的更深层次的关系，一种与消费者进行理性和感性互动的总和。若不能与消费者结成亲密的关系，产品就从根本上丧失了被称为品牌的资格”。他（2014）还认为，“品牌是一个具有漫长旅程的东西，是消费者接触品牌产生的感触与体验，是不断积累反复变化的产品、服务与消费者之间的关系”。

（3）从品牌是多种因素综合作用的结果和多种要素综合体角度定义品牌。大卫·奥格威强调，品牌是一种错综复杂的象征，它是品牌属性、名称、包装、价格、历史、声誉、广告方式的无形总和。品牌同时也因消费者对其使用者的印象，以及自身的经验而有所界定。林恩·阿普肖也认为，品牌是消费者眼中的产品或服务的全部，是人们看到的各种因素集合起来所生成的产品表现，包括销售策略、人性化的品牌个性以及两者的结合等，或是全部有形或无形的自然参与，如品牌名称、图案等要素。日本品牌辞典的定义是，“所谓品牌，是指把某一产品或服务与其他同类产品或服务相区别的概念。品牌也包括消费者看到产品或服务时的信息、传达的媒体特性、消费者的经验、意义、思想等形象总体”。唐·舒尔茨（2005）则认为，“品牌是为买卖双方所识别，并能够为双方带来价值的东西。”胡晓云（2007）认为，品牌是一个整合体。它不只是标志，或者产品本身，它是各种相关因素综合而成的整合体。品牌必须有商标，有其所属的产品或服务，但绝不仅仅是注册了一个商标，或者有一个所属的产品或服务。品牌是一个由品牌的相关属性、产品、符号体系、消费者群、消费联想、消费意义、品牌个性、通路特征、价格体系、传播体系等综合而成的整合体。该整合体源于物质产品或服务生产基础上的符号生产的识别与差异化，源于产品的权益保护与消费承诺，它更是一个经由各相关利益者认同，并能够和谐共处的、包括消费者生活世界在内的整合体。之后，他（2016）发展了品牌的概念，提出，品牌是基于物质产品（或服务）、消费者的体验感知、符号体系及象征意义等要素的系统生产、互动沟通、利益消费而形成的独特的利益载体、价值系统与信用体系。日本电通公司认为，品牌并不属企业单方所有，而是和消费者等相关利益者共同拥有的公共物，是超越企业和消费者的立场的共同拥有的共同物。品牌不只是企业方的行为，而是在企业和相关利益者之间的沟通程序中发生、发展的价值构筑。戴维森（1997）使用品牌冰山一词描述品牌。他认为，品牌由“浮在水面的”显性部分和“隐藏于水面之下”的隐形部分两部分组成。品牌的名称、标志等显性部分只占品牌内涵的约15%，文化、定位、个性、价值取向、设计创意、技术先进性等隐形因素占品牌内涵的85%。

（4）从品牌给企业实际（或潜在）带来的利益角度定义品牌。阿力桑德·L. 贝尔认为，品牌是一种无形资产，是一种超越生产、产品及所有有形资产以外的资产——品牌带来的好处是未来预期收益超出品牌培育成本的现值。卢泰宏（1997）认为，品牌不仅仅是一个区分的名称，更是一种综合的象征；不仅仅掌握在品牌主的手里，更取决于消费者认同和接受；不仅仅是符号，更要赋予其形象、个性和生命；不仅仅是短期市场营销工具，更是长远竞争优势和最后潜在价值的无形资产。现代品牌的内涵是综合的，它包含许多要素：它的目标是整体的、战略的。程宇宁（2005，2011）认为，品牌是企业组织以其具有优良品质的产品或服务为载体，以文化和价值观念为内容，通过各种市场营销和传播活动与目标消费者建立彼此相互认同的，并为双方带来利益的关系总和。舒咏平认为，品牌是“信誉主体与信任主体的关系符号”，其核心是两者在利益诉求上的有效链接的纽带。

【每章一练】

一、单项选择题

1. 下列选项中不属于产品范畴的是（　　）。

A. 汽车　　B. 展销会　　C. 电影　　D. 情感

2. 就一只手表而言，其核心产品是（　　）。

A. 计时装置　　B. 产品品种　　C. 售后服务　　D. 成就感

3. 从目前的科技水平看，下列（　　）属于潜在产品范畴。

A. 电动汽车　　B. 自动挡汽车　　C. 自动驾驶汽车　　D. 防爆轮胎汽车

4. 一般而言，以下（　　）产品属于非寻求品。

A. 雪糕、冰激凌等　B. 汽车交强险　　C. 服装　　D. 人寿保险

5. 品牌包含着属性、价值、文化、用户、个性及（　　）要素。

A. 原材料　　B. 包装　　C. 利益　　D. 供应商

6. 专用权保护跨越国界的是（　　）。

A. 商标　　B. 驰名商标　　C. 品牌　　D. 知名品牌

7. 商标和品牌的关系是（　　）。

A. 商标是法律概念，品牌是市场概念

B. 商标的权益靠品牌保护

C. 不存在没有商标的品牌

D. 商标注册后即为品牌

8. 品牌资产的特征是（　　）。

A. 品牌资产价值具有恒定性

B. 品牌资产是企业的一项有形资产

C. 品牌资产的价值在利用中增值

D. 品牌资产可以作为产品定价的依据

9. 下列（　　）不能作为品牌的要素。

A. 国旗　　B. 个人姓名　　C. 英文字母　　D. 颜色

10. 下列（　　）品牌不适宜延伸到其他品类产品上。

A. 索尼　　B. 长虹　　C. 五粮液　　D. 海尔

11. 中国农业银行的品牌标识的突出特点是（　　）。

A. 绿色的麦穗　　B. 变体的“中”字

C. 变体的“工”字　　D. 古钱币图案

12 一般来说，“康师傅”适宜延伸到（　　）产品上。

A. 服装　　B. 面粉　　C. 电动车　　D. 自行车

13. 上海联合利华公司生产的牙膏名洁诺，洗衣粉名奥妙，洗发水名夏士莲。该企业的品牌策略是（　　）。

A. 统一品牌　　B. 个别品牌

C. 多品牌　　D. 企业名称+个别品牌

14. 宝洁公司对其生产的洗发水分别命名为“海飞丝”“潘婷”“飘柔”“沙宣”等品牌。企业的品牌策略是（　　）策略。

A. 个别品牌　　B. 多品牌　　C. 统一品牌　　D. 成分品牌

15. 英特尔公司的品牌策略是（　　）策略。

A. 统一品牌　　B. 成分品牌　　C. 多品牌　　D. 制造商品牌

16. 企业开发和销售新产品时，既希望利用原有品牌的影响力，又希望避免新产品万一失败带来的负面影响。比较适宜的品牌策略是（　　）策略。

A. 统一品牌　　B. 个别品牌　　C. 子孙品牌　　D. 成分品牌

17. 包装是无声的推销员，这说明包装具有（　　）。

A. 促销功能　　B. 增值功能　　C. 便利功能　　D. 安全功能

18. 对于危险化学品须在包装物上标示（　　）。

A. 运输性标志　　B. 指示性标志　　C. 警告性标志　　D. 隔离性标志

19. 某食品生产企业使用可回收的包装物包装产品。这体现了包装设计的

（　　）。

A. 绿色原则　　B. 特色原则　　C. 文化原则　　D. 便利原则

20. 等级包装策略对顾客购买产品具有（　　）。

A. 分类作用　　B. 指引作用　　C. 模糊作用　　D. 心理暗示作用

21. 产品生命周期是指产品的（　　）。

A. 技术寿命　　B. 市场寿命　　C. 自然寿命　　D. 企业寿命

22. 一般来说，产品大类的生命周期比产品形式的生命周期（　　）。

A. 长　　B. 短　　C. 相等　　D. 不确定

23. 产品生命周期的成熟期的特点是（　　）。

A. 销售增长率高　　B. 产品利润率高

C. 产品利润总额大　　D. 竞争对手多

24. 产品生命周期的衰退期的特点是（　　）。

A. 顾客人数多　　B. 竞争者数量大

C. 产品品种多　　D. 只有少数顾客购买该产品

25. 在产品生命周期的成长期的市场营销策略，要把握一个（　　）字。

A. 准　　B. 好　　C. 争　　D. 转

26. 受专利保护，顾客需求旺盛，但顾客规模有限的产品适合于采用（　　）策略。

A. 快速掠夺（撇脂）　　B. 缓慢掠夺（撇脂）

C. 快速渗透　　D. 缓慢渗透

27. 以下（　　）产品适合采用快速渗透策略。

A. 汽车　　B. 服装

C. 抗癌药品　　D. 饮料、袋装食品等快消品

28. 开发新市场、增加产品花色品种、降价促销等一般在产品生命周期的（　　）阶段采用。

A. 导入期　　B. 成长期　　C. 成熟期　　D. 衰退期

29. 产品创意与产品概念的区别在于（　　）。

A. 产品创意是从顾客需求角度思考问题

B. 产品概念是从技术角度思考问题

C. 产品创意是从技术角度思考问题

D. 产品概念要考虑技术的可行性

30. 新产品的早期采用者又可称为（　　）。

A. 市场新锐　　B. 舆论领袖　　C. 尝试者　　D. 尝鲜者

31. 新产品抢先上市的好处是（　　）。

A. 抢占市场先机　　B. 上市成本低

C. 消费者乐于接受　　D. 便于建设销售网络

32. 新产品与目标市场消费者的价值观念、消费心理、消费方式等的一致性是指新产品的（　　）特点。

A. 相对优越性　　B. 适应性　　C. 简易性　　D. 明确性

二、双项选择题

1. 对一只手表而言，下面各因素中属于附加产品层次的有（　　）。

A. 走时准确　　B. 精美的包装

C. 给予顾客延期付款的便利　　D. 为顾客提供售后服务

E. 经常性的打折销售产品

2. 对一家经济型酒店来说，下面各因素中属于基本产品层次的有（　　）。

A. 每天更换干净的床单　　B. 提供热水淋浴

C. 免费健身服务　　D. 免费早餐

E. 免费接送宾客

3. 下列产品中属于非寻求品的有（　　）。

A. 服装　　B. 啤酒　　C. 墓碑

D. 人寿保险　　E. 速溶咖啡

4. 下列产品中属于选购品的有（　　）。

A. 名牌服装　　B. 桶装方便面　　C. 百科全书

D. 瓶装饮用水　　E. 家用汽车

5. 对一家食品加工企业来说，下列选项中属于供应品的是（　　）。

A. 面粉　　B. 食盐　　C. 机器设备

D. 燃料　　E. 电力

6. 统一品牌策略的特点有（　　）。

A. 品牌推广成本大　　B. 便于新产品的市场推广

C. 只适合于生产单一产品的企业　　D. 品牌推广成本小

E. 只适合于生产多类别产品的企业

7. 副品牌策略的好处有（　　）。

A. 凸显产品特点和品牌个性　　B. 生产经营的成本低

C. 市场营销成本高　　D. 易与顾客产生情感连接和共鸣

E. 降低品牌管理的难度

8. 在产品生命周期中的成长期和成熟期，市场营销策略可以分别用（　　）来表达。

A. 准　　B. 好　　C. 争

D. 转　　E. 抢

9. 下列符合绿色包装要求的是（　　）。

A. 可回收再重复利用的包装　　B. 天然林木材制作的包装

C. 再生纸材料的包装　　D. 一次性使用低成本的塑料包装袋

E. 纸质的一次性餐盒

10. 新产品具有（　　）特点时更易于为消费者接受。

A. 相对优越性强　　B. 技术复杂性高

C. 简单方便使用　　D. 价格低廉

E. 产品质量高

三、判断题

1. 茅台股份有限公司开发茅台王子、茅台迎宾酒等行为，属于产品线的向上延伸行为。（　）

A. 正确　　B. 错误

2. 婚纱摄影属于选购品范畴。（　）

A. 正确　　B. 错误

3. 品牌是多要素组合而成的识别系统，其重要功能是将本企业产品与竞争者的产品相区别。（　）

A. 正确　　B. 错误

4. 品牌消失后，商标专用权自动失效。（　）

A. 正确　　B. 错误

5. 企业可以将其产品品牌定名为“支那牌”。（　）

A. 正确　　B. 错误

6. 企业可以生产和销售“纯净”牌饮用水。（　）

A. 正确　　B. 错误

7. 中小型企业可以采用无品牌策略。（　）

A. 正确　　B. 错误

8. 多品牌策略的宣传推广费用大，不利于树立统一的市场形象。（　）

A. 正确　　B. 错误

9. 包装不能给顾客带来实际的使用价值（利益）。（　）

A. 正确　　B. 错误

10. 特色包装可以增加产品的价值。（　）

A. 正确　　B. 错误

11. 在产品生命周期的成长期，会有大量竞争者进入该领域。（　）

A. 正确　　B. 错误

12. 在产品生命周期的导入期，产品销售量低，利润率高。（　）

A. 正确　　B. 错误

13. 在产品生命周期的成长期应特别防止“萝卜快了不洗泥”的现象。（　）

A. 正确　　B. 错误

14. 在产品生命周期的衰退期应该增加产品品种，扩大顾客需求。（　）

A. 正确　　B. 错误

15. 凡是能给顾客带来新利益的产品都可以称为新产品。（　）

A. 正确　　B. 错误

四、理论分析题

1. 简述产品整体概念的内涵。
2. 简述产品组合的长度、宽度、深度和关联度。
3. 产品延伸有哪些类型？各自有哪些优点和局限性？
4. 简述品牌的内涵和主要意义。

5. 简述品牌和商标的区别和联系。
6. 产品生命周期一般可分为哪几个阶段？各阶段的主要特点如何？
7. 在产品生命周期各阶段应采取什么市场营销对策？
8. 简述新产品开发包括哪些阶段。
9. 试分析新产品具备哪些特点时更容易为顾客所接受。
10. 简述包装设计的原则和策略。
11. 中国如何从制造业大国转型为品牌强国？
12. 一次性塑料包装袋（盒）是否应该被禁止使用？为什么？

【案例分析】

“老干妈”品牌故事

辣椒酱是我国百姓餐桌上司空见惯的调味品之一，主要以辣椒为原料，辅之以其他配料制作而成。既可作为做菜的佐料，也可直接作为就餐时刺激人们味蕾的辅料。2019 年我国各类辣椒酱产量达 557 万吨，消费量达 541.9 万吨，市场规模达 358 亿元，分别比 2009 年增长了 98.93%、24.36%及 28.78%。辣椒酱的制作工艺并不复杂，老百姓可以自己制作食用，也可以购买工业化生产的成品。以往，消费者对该品类产品的认知多以地域来区分，如四川风味、贵州风味、湖南风味等，很少有人刻意去注意产品品牌。但是，陶华碧牌“老干妈”香辣酱的出现改变了这一切，使得这一传统调味品步入了品牌时代。2019 年陶华碧牌“老干妈”香辣酱年销售额达 50 亿元，占据全国市场份额达 13.97%。一时间，“老干妈”香辣酱及其创办人陶华碧成了舆论的焦点。陶华碧是何方神圣？疑问接踵而来：“老干妈”香辣酱为何能持久地霸占消费者的味蕾？“老干妈”的成功之道是否具有普世价值？

1. 陶华碧其人

1947 年，陶华碧出生在贵州省湄潭县的一个小山村里，她的父母重男轻女，没有让她上过一天学，直至 50 岁，她才第一次在纸上描写出自己的名字。20 岁那年，一字不识的她嫁给了一个会计。丈夫端的是铁饭碗，本以为至此家庭稳定、温饱不愁了。不料却天降噩耗，丈夫生了一场大病，猝然离世。来不及体会守寡的孤独，她就踏上了求生之路，家中两个嗷嗷待哺的儿子是她生活的希望。她背井离乡去广州打工，人生地不熟，工资微薄。几年后，思念儿子的陶华碧回到贵州老家。因为陶华碧没有一技之长，只能摆摊挣钱，于是她白天卖早点，晚上卖米豆腐，一个要起早，一个要熬夜，那几年她几乎没睡过囫囵觉。为了省点路费，几十千克的食材都是她从五千米外背回来的。她始终坚信：生活虽然难，但总有人更难。

2. 艰难起步

42 岁时，陶华碧在贵阳龙洞堡开了一家“实惠餐厅”，专卖凉粉、冷面，价格比其他店铺低，来吃的很多是学生。这些学生里，有些家境很贫寒，陶华碧就给他们免费，久而久之，来吃的学生都喊她“干妈”。为了招揽更多客人，她特地熬制了一款辣椒酱搭配凉粉吃。有一回，她生病了，没有做辣椒酱，很多客人听到只剩凉粉了，就转身离开了。她留心观察了一段时间，发现辣椒酱远比凉粉受欢迎，很多客人吃完凉粉，都会再额外打包一份辣椒酱，这样到晚上辣椒酱就没有了，以致剩下的凉粉也基本上无人问津。后来她发现同行的生意都格外好，而这十多家店铺却都用她的辣椒酱。1994 年，偏僻的龙洞堡摇身一变成了主干道上的热点，陶华碧的生意也迎来了转机。比邻高速路，长途货车司机自然成了“实惠餐厅”的主要客源。这些司机往往跑的线路固定，回头客很多，陶华碧就向他们赠送自家的辣椒酱。一来二去，贵阳“龙洞堡‘老干妈’辣椒酱”成了一个口口相传的品牌。这年 11 月，“实惠餐厅”更名为“贵阳南明陶氏风味食品店”，主售辣椒酱，兼售凉面、凉粉。不只是货车司机，很多贵阳当地居民也慕名而来，生意火爆，供不应求。大家都以为“老干妈”要扩建，她却迟迟不动。由于这家小店物美价廉，风味独特，“惊动”了街道办事处和贵阳南明区工商局。两拨人联合游说陶华碧放弃餐馆，专做辣椒酱，扩大产量。每次他们谈到这个话题的时候，陶华碧都拒绝，而且哭得一塌糊涂，让人根本说不下去话。她拒绝的理由也很简单：“如果小店关了，那些穷学生到哪里去吃饭?”眼看着陶华碧要错过这个商机，学生们也轮番劝“干妈”。看着这批学生毕业，陶华碧才办了一个简陋的辣椒酱加工厂，产品名就叫“老干妈”，包装上印着她自己的照片。起初，工厂没有设备，剁辣椒都是人工操作，工人们都嫌辣眼睛，谁也不肯干，陶华碧就亲自裹上围裙切。她说：“我把辣椒当成苹果切，就一点也不辣眼睛了。”那段时间，陶华碧比以前更忙碌，还落下了严重的肩周炎。产量上去了，销路却很窄，她就挎着篮子挨家挨户、各大食堂逐个推销。凡是她走过的地方，没有不回购的，谁能拒绝这么实惠又令人欲罢不能的辣椒酱呢？1997 年，工厂扩建，团队从 40 人到 200 人，陶华碧不懂管理，长子李贵山来救急。母子两人的第一要务是处理文件，他念，陶华碧听。每到重点，陶华碧就果断地说：“这条很重要，用笔记下来，马上去办。”遇到要签字，她就只会画圈，儿子就把“陶华碧”三个字写下来，让她照着写。后来，她还是学会了，而她这一生也只认识“陶华碧”三个字。这样，桌上堆叠的报表她也看不懂，但她是天生的生意人，心算很好，财务人员给她报数字，她就能算出大概，还能指出报表的漏洞。辣椒酱的包装起先是袋子，常有漏油、扎破等问题，她就打算换成玻璃瓶。于是，陶华碧找到了贵阳市第二玻璃厂订制包装，但由于订单太小，被一口回绝了。她就要求再谈谈。一坐下来，陶华碧就开始讲道理。陶华碧说：“我花钱买瓶子你还有不卖的道理？你嫌我要货少，哪个娃儿是一生下来就大个哦，都是慢慢长大的嘛，今天你要不给我瓶子，我就不走了。”第二玻璃厂的老板终于被她说服了，网开一面，允许她来捡瓶子回去用。后来，“老干妈”建厂，扩大生产后，第二玻璃厂反倒遇上了国企倒闭潮。彼时，它生产的玻璃瓶，成本、质量皆无优势。陶华碧还是坚持继续合作，60% 的玻璃瓶都交由第二玻璃厂生产，如今厂里四条生产线，“老干妈”就占了三条。第二玻璃厂的起死回生，离不开陶华碧的一腔义气。她的重情、守义成了“老干妈”多年来屹立不倒的金科玉律。陶华碧吃了没上学的亏，却在多年的人生经验里摸索出独特的经商之道。

3. 诚信经营

2001 年，“老干妈”向一家供货商订购了 800 件玻璃瓶，这批货封口不严，销售中有漏油现象。管理人员建议把货召回，重新封口，说：“可能只是个别瓶子封口不严，把货追回重新封口就行了，不然损失太大，800 件啊!”陶华碧坚持当众销毁，每件 32 瓶，总共 25 600 瓶，一瓶不留。她说：“钱是一张纸，名声最重要，做老板首先要会做人。坑人骗人，人家口水都要把你淹死。”陶华碧曾经在小店零售辣椒酱，一克都不会缺给顾客，所以人人都信得过她，这次关乎企业声誉的大事，更不能含糊。前有张瑞敏破釜沉舟砸冰箱，后有陶华碧销毁辣椒酱，两家企业都从此走上了高质量的产品之路。陶华碧说："真的就是真的，假的就是假的。以前别人眼里可能认为你孤儿寡母，能做什么。但我就要拼下去，哪怕面对一个土匪，我都要跟你拼下去。你不把我杀掉，我就要把你杀掉。要拼才会赢，不拼就会输下去。"

4. 品牌保护

"老干妈"在市场上爆红，问题也随之而来。全国仿冒的"老干妈"达 50 多种，这对公司信誉造成了毁灭性打击。公司特地派出一队人外出打假，陶华碧也亲自下场。每天东奔西走，跟造假者斗智斗勇。她饿了就买两个馒头，馒头蘸着自家的豆豉辣椒酱吃。有时候，半夜三更，雨下得好大也要出去打假。最为嚣张的是湖南华越食品公司，只将瓶身上"老干妈"的头像换成了"刘湘球"，其余原封不动地照搬了上去，还理直气壮地在工商局申请了商标。陶华碧申请多年，都没成功，这家仿冒公司一次就成了。于是，这场商标争夺战从 1998 年打到了 2003 年，陶华碧大获全胜。2009 年，南京阿庆嫂公司曾向商标局申请注册"老大妈"商标。2012 年 3 月，"老干妈"公司向商标局提出近似商标申请，商标局驳回了"老干妈"的申请，对争议商标"老大妈"予以核准注册！案件最后被上诉到北京市高级人民法院。2016 年，北京市高级人民法院做出终审判决，阿庆嫂公司申请注册的"老大妈"商标，构成对"老干妈"公司持有的驰名商标"'老干妈'及陶华碧头像"与"老干妈"的模仿！尤其是在腌制蔬菜、花生酱等其他指定使用商品上的注册申请不予核准。从 2012 年到 2016 年，这场商标战持续了 4 年。为了保护"陶华碧牌'老干妈'"辣椒酱品牌，贵阳南明"老干妈"风味食品有限责任公司进行了预防性商标注册，先后注册了"老幹妈""老干爹""妈干老""老干娘""老姨妈"等 192 个相似商标，构成了"老干妈"辣椒酱品牌的护城河。

5. 大众口味和实惠价格

"老干妈"辣椒酱选材优良、口感恰到好处，产品香中带辣、口感朴实。为了保持味觉的灵敏，陶华碧多年来不喝茶、不喝饮料。不管什么产品，只要她一闻一尝，就知道哪种配料没放对。当年陶华碧就是靠着这份天赋，以自制的辣椒酱坐上了中国辣椒酱企业的头把交椅。"老干妈"辣椒酱单瓶价格 10 元左右，经典款"老干妈"香辣酱单瓶价格 9 元左右。实惠的产品价格，迎合了大众消费者的需求，让"老干妈"辣椒酱的地位不断上升，成为该品类产品的龙头。

6. 员工们的长辈

1998 年，公司成立之初，陶华碧就订立了规章制度，但十分简单，更像是长辈的规训，如不能偷懒、做人诚信等。多年来，这套规章制度一字未改，公司照旧稳定运营。从 200 人到 2 000 人，"老干妈"始终给员工提供食宿，就连工资福利在全贵阳也是很好的。她不像高高在上的董事长，更像员工的长辈。所以，公司里人人都喊她"老干妈"。她曾在员工大会上说："看到你们这些娃娃，我想出点味来了。企业我带不走，这块牌牌我也拿不走。毛主席说过，未来是你们的。我一想呀，我这么拼命，原来是在给你们打工哩!"当时，全公司上下 2 000 多名员工，她能叫出来其中 1 000 多人的名字，记得大部分员工的生日，会准时送上长寿面庆生；每个员工结婚，她也都会出席，亲自当证婚人。她把"老干妈"当作一个家来经营，而她就是所有人的"老干妈"。42 岁，她决定让穷学生们免费吃饭时，就注定了 52 岁时，她是全球华人独一无二的“老干妈”。这个只识三个字的妇女，没有满腹经纶，没有一嘴成功学，没有好高骛远。她的全部成果都是专注于所擅长的，脚踏实地，诚信扎实地走出来的。2001年，陶华碧准备扩建厂房，缺一笔资金，区委帮她协调贷款。这是陶华碧第一回向银行借钱，她要先到区委洽谈。区委只有一栋破旧的小楼，连电梯门都是坏的，她出来的时候，还被电梯门挂住衣服，一下跌倒。起身后，陶华碧就要回去，还跟随行人员说：“你们看，政府也很困难，电梯都这么烂，我们不借了。不能给国家添麻烦。真不借了，我们回去。”她不懂协调银行贷款是什么意思，误以为是政府直接拨款。后来经人解释，才恍然大悟。陶华碧很早就意识到自己的局限性，因而“老干妈”吸纳了很多人才，又告诫他们不能故步自封。她说：“我是老土，但你们不要学我一样，单位不能这样。你们这些娃娃出去后，都给我带点文化回来。”她把公司的人才都输送出去学习经验，再回来继续工作，实属深谋远虑。

7. 坚持“五不”企业信条

陶华碧在管理上有自己的一套，奉行“不上市、不贷款、不融资、不偷税、不欠钱”等企业信条。公司都靠现金流运转，没有积压产品。和上下游商家做生意，都是现款现货，公司账目十分简单。她还不轻易向银行贷款，总觉得不能拖累国家。“老干妈”在贵阳是纳税大户，连年排名前列。2011年至2014年，“老干妈”光纳税就达45亿元。在陶华碧看来，纳税是公民的义务，也是她多年来恪守的原则。当年她摆摊卖米豆腐，每个月月初都抽空主动去缴税。她穿着一双布鞋，从龙洞堡走到油榨街，缴了税款，她才安心。

“老干妈”，一个从小作坊成长起来的辣椒酱品类的领导品牌，能给我们带来哪些启示呢？

资料来源：

1. “老干妈”陶华碧的故事，https://new.qq.com/rain/a/20181121A0MSOX.

2. 2019年中国辣椒酱供需现状及趋势分析：“老干妈”辣椒酱，中国辣椒酱单品记录，中国产业信息网，https://www.chyxx.com/industry/202007/879591.html.

3. “老干妈”香辣酱产品及价格信息，京东商城，https://search.jd.com/Search?keyword=%E8%80%81%E5%B9%B2%E5%A6%88%20%E4%BA%AC%E4%B8%9C%E8%87%AA%E8%90%A5&enc=utf-8&suggest=3.def.0.base&wq=%E8%80%81%E5%B9%B2%E5%A6%88&pvid=6ed352a441ea4b1fbfe17f95f2307d14.

4. “老干妈”注册192个商标 告诉我们什么？大众日报，https://baijiahao.baidu.com/s?id=1671339864950134012.

案例思考题：

1. 试分析“老干妈”香辣酱品牌创建成功的秘诀。

2. 近年来，“老干妈”公司陆续开发了不同包装规格、不同口味的辣椒酱，也开发了豆腐乳、下饭菜、火锅底料等产品。试分析其对“老干妈”品牌会产生哪些影响？为什么？

【能力测试】

测试题：试对以下说法做出判断，即在您认为合适的空格处画○，多选、少选均不得分。

序号	题干	同意	较同意	中立	不太同意	不同意
1	扩大产品组合的宽度使现有顾客更满意，增加产品线的长度可以吸引更多顾客					
2	品牌有助于企业扩大市场份额或提高产品售价获得更多收入					
3	科学技术进步使产品生命周期变得越来越短					
4	成分品牌化使成品制造商更乐于选择成分供应商的产品					
5	具有身份象征意义的产品，价格越高顾客越期望购买					
6	年轻人更喜欢购买价格低廉的时尚流行品					
7	价格降低 2 分钱足以摧毁顾客忠诚					
8	新产品抢先上市是最佳市场竞争策略					
9	产品生命周期因各个国家或地区人均收入水平不同而会处于不同阶段					
10	超市塑料购物袋收费只是帮助企业开辟了增收渠道，无助于环保					

【延伸阅读】

1. 菲利普·科特勒，加里·阿姆斯特朗. 市场营销：原理与实践［M］. 16 版. 楼尊，译. 北京：中国人民大学出版社，2018：224-290.

2. 张云起. 市场营销学［M］. 北京：高等教育出版社，2018：271-310.

3. 凯文·莱恩·凯勒. 战略品牌管理［M］. 4 版. 李乃和，李凌，沈维，等，译. 北京：中国人民大学出版社，2003：41-98.

4. 胡晓云. "品牌" 定义新论［J］. 品牌研究，2016（2）：26-32，78.

5. 刘志林. 基于因子分析的品牌概念的定量解析［J］. 品牌研究，2020（14）：91-93.

第九章 价格策略

【学习导引】

价格策略是市场营销组合的重要要素之一，通过学习，要认识到价格在企业市场营销决策中的重要性，重点掌握影响企业定价的主要因素、企业定价的一般步骤和主要方法以及企业常见的定价策略等内容，初步具备定价决策的能力。

【营销箴言】

一样东西的价值在于购买者愿意出多少钱。

——普卜乌斯·绪儒斯

人们之所以占有财物，其真正动机在于获得荣誉，实现歧视性对比。价格有时越高，东西却越好卖。

——托斯丹·邦德·凡勃伦

【营销故事】

蜜雪冰城持续火爆的秘诀

这是一个不缺生产力的时代，市场上的商品琳琅满目，令人眼花缭乱，目不暇接，市场供过于求已是常态。这也是一个不缺话题的时代，各种网红产品纷至沓来，引来顾客蜂拥尝鲜，不久却可能门庭冷落，黯然退场。这似乎更是一个不缺金钱的时代，许多商家不惜血本走高端路线，瞄准“典雅、高端、贵族气派”的人群，将“一笼包子”卖到百元高价、一个苹果标价千元、一盒月饼万元天价，结果是媒体怒批、网友狠喷、商家血亏。但是，这的的确确是一个最缺顾客的时代。商家们使出浑身解数研究顾客、讨好顾客，却发现顾客总是“水性杨花”“见异思迁”。然而，蜜雪冰城似乎是一个例外。您很少能见到其广告，也少有网络话题，却已持续“火”了20多年，门店开遍大中小城市的街巷，现已有近万家门店。每个门店前经常出现排队购买的现象，个别品种时常早早售罄。蜜雪冰城持续火爆的秘诀何在？“没有比较，就没有伤害!”通过比较，您就会发现其令人吃惊的低价策略是第一撒手锏。在我国速饮品市场上，一杯奶茶（或咖啡或冰激凌）的价格一般都在10~15元，网红品牌奶茶（或咖啡或冰激凌）价格在15~30元，甚至高达50~100元，蜜雪冰城的价格在4~9元。超低价自然会受到一大批收入不高的年轻人的青睐。当然，光是低价还是不够的，还需要在品质、品种、花色、口感上长久地留住顾客。为此，蜜雪冰城建立了自己的采购供应体系，尽可能地降低产品成本，确保“低价格-低成本=合理利润”模式能够得到实现。蜜雪冰城的店面都不大，服务顾客都是“即买即走”方式，也大大降低了店面租金等运营成本。蜜雪冰城的专业研发团队确保了顾客在低价格下获得健康营养、品质保障、流行时尚、风味独特的饮品。另外，蜜雪冰城店内干净整洁，操作卫生安全，店员分工明确、有条不紊、井井有条的高效率服务，点餐、收银、取票、取餐，一气呵成，大大节省了顾客的时间。虽然队伍排得很长，但是聊聊天、玩玩手机也就到了，很少有人掉队去别家店里买。蜜雪冰城有非常人性化的自主选择，如可以自由地选择放几份糖、放多少冰、加什么料等，在让顾客有了更多参与性的同时真正使产品与顾客的需求对接。

资料来源：根据360百科、知乎等互联网资料整理。

【理论概述】

价格和价格竞争是企业市场营销过程中面临的极其重要的问题之一。在市场营销组合中，价格与其他组合要素相比是唯一能直接产生收入的因素，同时也是市场营销组合中最灵活、最易变的因素。本章的主要任务是让学生认识到价格的重要性，掌握定价的基本方法和策略，初步具备灵活运用价格手段实现企业市场营销目标和完成企业市场营销任务的知识和技能。本章有四节内容：第一节影响企业定价的主要因素；第二节企业定价的方法和步骤；第三节企业定价策略；第四节企业价格调整及价格变动反应。

第一节　影响企业定价的主要因素

价格是市场营销组合诸多因素中十分敏感而又难以控制的因素，它直接关系到企业的产品是否能被顾客所接受。企业为实现其经营目标，需要制定适当的价格，使自己的产品被顾客接受。首先就必须研究影响定价的基本因素，并根据企业的自身条件和决策者的意愿，确定合理的定价目标，然后再采用适当的定价方法、确定合适的定价策略。

影响产品定价决策的因素有很多（见图9-1），除了价值这个形成价格的基础因素外，现实中企业价格的制定和实现还受多方面因素的影响和制约，企业应给予充分的重视和全面的考虑。

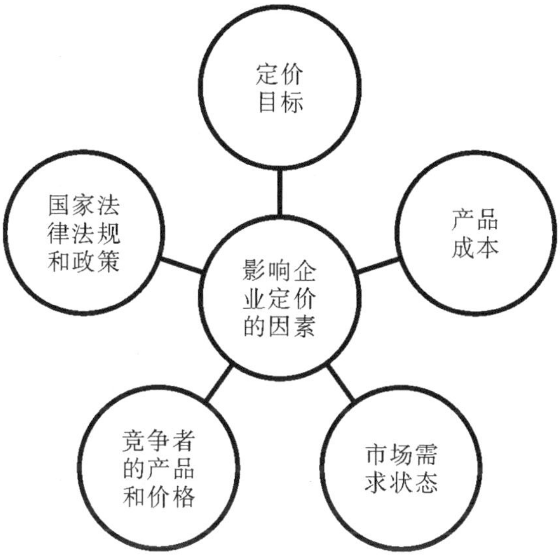

图 9-1　影响企业定价的因素

一、企业的定价目标

定价目标是企业通过特定水平价格的制定或调整所要达到的预期目标，一般来说，企业长远的整体目标是获取尽可能多的利润，但在企业的不同的发展阶段，或在特定的市场环境下，企业会采取不同的战略目标或确定一个特定市场环境下的具体目标。定价是实现企业目标的重要手段。所以，企业目标是价格决策的前提要素。归纳起来，企业有以下几种定价目标。

（一）以利润为定价目标

利润是企业生存和发展的必要条件，是企业市场营销的直接动力和追求的基本目标之一。因此，许多企业都把利润作为重要的定价目标，主要包括以获取预期投资收益为定价目标、以获取最大利润为定价目标、以获取合理利润为定价目标三种类型。

（1）以获取预期投资收益为定价目标。即企业以其投入资金的预期收益作为定价目标。

计算投资收益率的公式为

$$投资收益率=\frac{总投资额÷投资回收年限}{总投资额}$$

为达到这一目标，定价时需要在产品成本的基础上加上预期收益。预期的投资收益率一般高于银行存款利率。投资收益目标也有长短期之分。要求短期内回收投资，则投资收益率高，定价也高；如果是在长期内回收投资，则投资收益和定价相对降低。

一般来说，有两种情况采用投资收益率作为定价目标，一是企业在行业中实力雄厚，处于主导地位；二是新产品、独家产品以及低价高质量的标准化产品。

（2）以获取最大利润为定价目标。这是指以追求利润最大化为企业的定价目标。获取最大限度的利润几乎是大多数企业追求的目标。但利润最大化并不代表价格最高，价格过高可能会导致销售量减少，反而影响利润。

最大利润目标有单个产品和全部产品之分，也有短期和长期之分。如果是追求单个产品的短期利润最大化，企业势必要采取高价策略，以获取超额利润。如果是追求单个产品长期利润最大化，则不同时期的价格可能有高有低。如果是追求全部产品长期利润最大化，则并不是每种产品都实行高价，都力图获取最大利润，而是每种产品的价格可能有高有低，最终实现长期总利润最大化的目标。但是采取高价策略如果不能被顾客接受，那么企业利润目标也就无法实现。因此，企业在制定能使利润最大化的价格时，要充分估计市场需求情况。

一般来说，采取利润最大化目标，适合于市场前景看好，市场容量很大，企业的产品在市场上占据明显的优势，甚至具有某种垄断优势，在市场上处于绝对有利地位的情况。但是这种目标不可能长期维持，必然遭到多方抵制、竞争和对抗，甚至政府干预。

(3) 以获取合理利润为定价目标。在激烈的市场竞争中，企业为了保全自己，减少市场风险；或者限于实力不足，把取得适当的基本满意的利润作为定价目标。也就是企业不追求最大利润，而是根据行业状况追求适当的利润，这种情况更多见于市场追随者地位的企业。适当的利润目标一方面可以使企业避免不必要的竞争，另一方面，由于价格适中，顾客愿意接受，可使企业获得长期的利润。

(二) 以市场占有率为定价目标

把保持和提高企业的市场占有率作为一定时期的定价目标。市场占有率比投资收益率更能说明企业的市场营销状况。有时，由于市场不断扩大，一个企业可能获得可观的利润，但从整个市场来看，所占比例可能很小或占有率正在下降。因此，无论大、中、小企业，都希望用较长时间的低价策略来扩充目标市场，尽量提高企业产品的市场占有率。

(三) 以应对竞争者为定价目标

成本、需求和竞争是影响企业定价的三个最基本的要素，产品的最高价格取决于该种产品的市场需求和评价，最低价格取决于该产品的成本费用，在最高价与最低价之间，产品的最终价格取决于竞争对手产品的品质和价格水平。

竞争对手是企业的一面镜子。在垄断竞争市场态势下，如果企业产品与主要竞争者产品相似，则价格应与竞争者的价格相近；如果企业产品稍逊于竞争者的产品，则价格应低于竞争者的价格；如果企业产品略胜于竞争者的产品，则可将价格定得比竞争者的价格高一些。另外竞争者也可能针对企业的产品价格而调整其价格，或虽不调整价格，但调整市场营销组合的其他变量，与企业争夺顾客。对此，企业要时刻关注竞争者的价格调整策略和措施，并及时做出反应。

(四) 以产品质量领先为定价目标

有些领先企业的目标是以高质量的产品占领市场，这就需要实行“优质优价”策略，以高价格来保证高质量产品的研究开发成本和生产成本得到弥补。采用这种定价目标的企业，其产品一般都在顾客心目中享有很高的声誉，利用顾客的求名心理，制定一个较高的产品价格

(五) 以维持生存为定价目标

如果企业生产能力过剩，或面临激烈的市场竞争，或由于经营管理不善等原因，造成产品销路不畅，大量积压，甚至濒临倒闭，则需要把维持生存作为企业的定价目标。生存比利润更为重要。为了保持企业继续开工和使存货减少，企业必须制定一个

较低的价格，并希望市场对价格敏感。许多企业通过大规模的价格折扣来促进销售，快速回收资金。对于这类企业来讲，只要它们的价格能够弥补变动成本和一部分固定成本，即单价大于单位变动成本，企业就能够维持生存。这种定价目标只是企业面临困难时的短期目标，长期目标还是要获得发展，否则企业无法生存。

（六）以树立企业形象为目标

企业形象是企业通过一系列活动在顾客心目中树立的一种形象，是企业在经营中创造的无形资产，它是企业联系顾客的重要纽带，对企业产品的销路、市场份额影响很大。以维护企业形象作为定价目标，要求企业产品的定价水平必须与公众对企业的印象相符，即如果企业形象是优质高档、服务优良，就应为产品制定一个较高的价格；如果企业形象是价廉实惠，就应为产品制定一个较低的价格。

二、产品成本

产品的价格可以用一个简单的等式进行表述，即产品价格=成本+利润+税金，如果此时税金和利润都为零，那么，产品价格就等于成本。也就是说成本是产品价格的最低限度。一般来说，产品价格必须能够补偿产品生产及市场营销的所有支出，并补偿产品的经营者为其所承担的风险支出。成本的高低是影响价格的一个重要因素，以成本为导向的定价方法至今仍然被许多企业所采用。然而，对不同成本概念的界定、区分与估算却经常被市场营销人员所忽视。

（一）总成本费用

总成本费用是指在某一时期内，应由企业的某种产品承担的所有生产成本及期间费用的总和。包括与该产品直接相关的成本费用，也包括通过一定的计算方法分摊到该产品上的所有间接费用。

（二）固定成本及单位固定成本

固定成本是指成本总量不随产量或销售量的变化而变动的那部分成本，如企业固定资产的折旧费、房屋的租赁费、管理人员的工资等。即使在企业的产品一件都没有销售出去的情况下，这一部分成本仍然会发生。而且，当企业的产量或销售量在一定范围内波动时，总固定成本也不会发生变化。单位固定成本（即总固定成本额除以产量或销量）则与此相反，它的数值往往与产量或销量成反比例关系。正是这一原因使得批量生产或销售可以降低单位固定成本从而降低产品的单位成本，以取得规模经济效益。

（三）变动成本及单位变动成本

与固定成本相对应的一个成本概念是变动成本，它的总量会随着产量或销量的变化而变动。变动成本往往是产品的直接成本，如消耗的原材料成本、与产品直接相关的运输费用等。单位变动成本即总变动成本与产量或销售的比值，如果总变动成本与产销量成正比例关系，那么单位变动成本在一定范围内会是一个常量。

（四）边际成本

边际成本是指企业生产或销售最后一个产品导致的成本增量，这一成本概念在定价策略的制定中有重要作用。当产品的单位变动成本是一个常量时，边际成本与单位变动成本在数值上是相等的。

（五）制造成本和使用成本

实际上，顾客在使用产品时，也会支付很多费用，如使用汽车需要支付汽油费、使用家用电器需要支付电费。这一类成本被称为使用成本，它已经成为影响产品价格和需求的重要因素。一般地，在同类商品中，由于使用成本低的产品的需求价格弹性较小，因此该类产品的价格则可以定得较高。越来越多的企业已认识到这一问题，并将低使用成本作为产品差异化的手段之一。

三、市场需求状况

企业产品定价，应充分考虑影响产品价格的一个重要而又难以把握的因素——市场需求状况。它决定着产品的最高临界点，价格再高不能高到无人买的程度。需求价格曲线和需求价格弹性是描述市场需求与产品价格关系的重要手段。对大多数产品来说，产品的需求量与产品价格呈现出相反的变化的情况，即随着价格的提高，产品的需求量会下降，需求价格曲线由左向右倾斜［见图 9-2（a）］。需求价格弹性系数（即需求弹性系数$=\frac{\text{需求量变动百分比}}{\text{价格变动百分比}}$）为负值。如果某种产品的需求价格弹性系数的绝对值等于或接近于 0，则属于无弹性或低弹性产品，产品价格对顾客需求量几乎没有影响，如面粉、大米、食盐、医药等基本生活品［见图 9-2（b）］。如果某种产品的需求价格弹性系数的绝对值大于 1，则属于高弹性产品，产品价格对顾客需求量的影响很大，如零食、水果、电影等非生活必需品。如果某种产品的需求价格弹性系数的绝对值小于 1，则属于低弹性产品，产品价格对顾客需求量的影响较小，如自来水、电、煤气、蔬菜等生活必需品。

当然，现实的市场需求状况是比较复杂的，导致产品价格与市场需求的关系存在多种情况。例如，当某种产品，特别是生活必需品市场供给严重不足时，会出现顾客“抢购”的现象，顾客预期价格还会上涨，于是大量购买囤积产品，虚增和加剧了供求不平衡，呈现出价格越上涨、需求量越增加的假象，需求价格弹性为正值，并且远大于 1 的情况。又如，某种产品，当市场供给严重过剩时或者产品已经进入衰退期后期，即使再降低价格也难以吸引更多的顾客购买，这时产品的需求价格弹性接近于零。还有一些特殊种类的产品，如黄金、玉石、古玩、字画及超高端奢侈品等的需求价格弹性也与普通产品有很大的差异，有时价格越高，顾客越踊跃购买，价格越低，顾客的购买意愿越低，企业在定价时需要根据具体情况来决策［见图 9-2（c）］。在现实生活中，很多消费者存在“一分价钱一分货”的观念。面对不太熟悉的商品，消费者常常从价格上判断产品的好坏，从经验上把价格同产品的使用价值挂钩。顾客心理和习惯上的反应是很复杂的，在某些情况下会出现完全相反的反应。例如，在一般情况下，涨价会减少购买，但有时涨价会引起抢购，反而会增加购买。因此，在研究消费者心理对定价的影响时，要持谨慎态度，要仔细解析顾客心理及其变化规律。

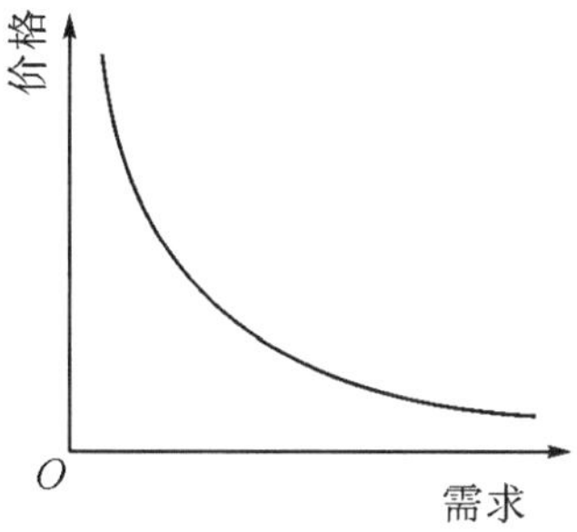

图 9-2（a）　一般需求价格曲线

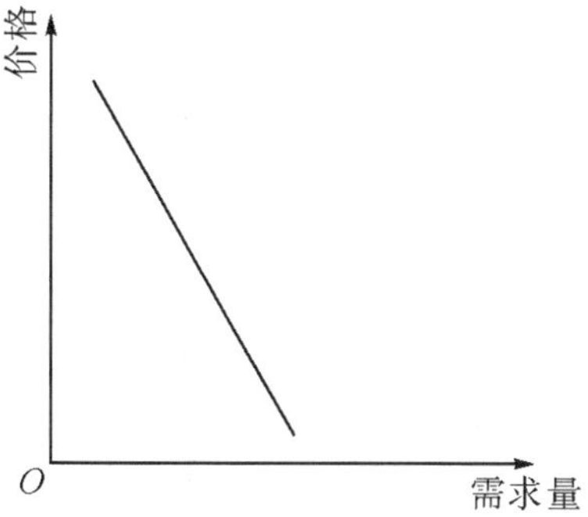

图 9-2（b）基本生活品的需求价格曲线

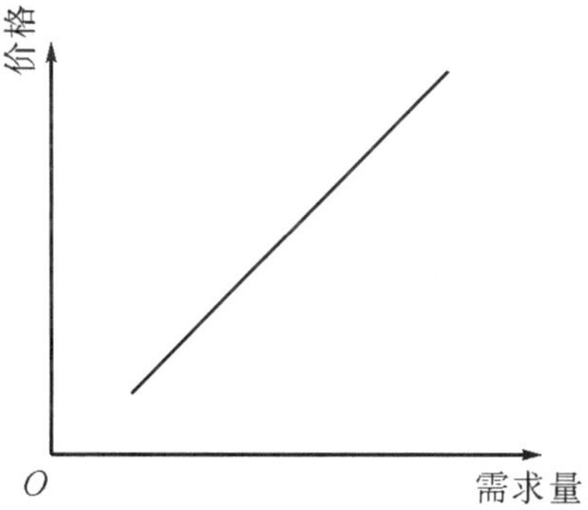

图 9-2（c）奢侈品投资品的需求价格曲线

四、竞争者的产品和价格

在理论上讲，市场需求决定价格的最高限，产品成本决定产品价格的最低限。那么，在最高限和最低限之间，企业产品定价的“自由程度”则取决于竞争者同种产品的价格水平。因此，企业必须采取适当的方式，了解竞争对手所提供的产品质量和价格。企业在获得这方面的信息后，就可以与竞争产品比质比价，从而更准确地制定本企业的产品价格。如果两者的质量大体一致，则两者的价格应大体一致。如果定价太高，则本企业的产品就可能卖不出去；如果本企业的产品质量较高，则产品价格也可以定得高一些；如果本企业的产品质量较低，那么产品价格就应定得低一些。有时，出于市场竞争的需要，当企业产品的质量与竞争产品大体一致时，也可将价格定得低一些。例如，2000 年，格兰仕在国内市场率先推出的数码光波微波炉既可单独使用光波，也可以单独使用微波，还可以组合使用，使产品的热效率和热均匀性较传统微波炉有极大提高。同时期，美国通用电气公司推出的光波微波炉在美国市场的售价折合人民币 10 000 多元，而格兰仕光波微波炉的售价仅 1 000 多元，有效地提高了产品的吸引力和市场竞争力。

五、国家法律法规和政策

在大多数情况下，产品价格是由企业自主决定的，但在一些特殊情况或特殊时期，国家的法律法规和政策会对一些产品的价格或定价机制做出特殊规定。我国为了规范价格行为，发挥价格在合理配置资源中的作用，保护消费者和经营者的合法权益，制定了《中华人民共和国价格法》（简称《价格法》）。《价格法》规定，现行价格管理办法大体分为以下几种类型：一是由国家规定基准价和上下浮动幅度，适用于市场供求变化快的产品等。二是最高限价，由国家规定产品买卖的最高价格，允许企业向下浮动。三是最低保护价，由国家规定产品买卖的最低价格，允许企业或购销双方向上浮动。它是保护农业生产的重要手段。四是按差价率管理的价格，由国家规定经营差价率（进销差价率、批零差价率），允许企业在进价的基础上按规定的差率制定和调整具体价格。五是按利润率管理的价格，由国家规定企业生产、经营某产品的最高利润率水平，允许企业在规定的利润水平内自主制定和调整具体价格。

除了《价格法》外，在我国，涉及价格的法律法规及政策还有很多，如《反不正当竞争法》《反垄断法》《城市供水价格管理办法》《商业银行服务价格管理办法》《医疗机构内部价格行为管理规定》等。企业应了解并密切关注法律动态，自觉遵守法律规定，根据法律变化及时调整自己的价格策略。一般来说，政府管制通常会导致成本上升，例如《环境保护法》对企业排污标准的规定提高了部分企业的生产成本。不过对顾客而言，政策法规也可能利于价格的下调。例如，《反垄断法》对通过价格合谋垄断市场的行为进行了限制。

第二节　企业定价的方法和步骤

一、定价的一般方法

企业产品价格的高低，受市场需求、成本费用和竞争等因素的影响和制约，制定价格理应全面考虑这些因素。但是在实际工作中，往往只能侧重于某一方面。大体上企业定价主要有三种导向：成本导向、需求导向和竞争导向。

（一）成本导向定价法

成本导向定价法是一种主要以成本为依据的定价方法，包括成本加成定价法、增量分析定价法和目标收益定价法三种具体方法。其特点是简便、易用。

1. 成本加成定价法

所谓成本加成定价，是指按照单位成本加上一定百分比的加成制定销售价格。加成的含义就是一定比率的利润。所以，成本加成定价公式为

$$P=C\times(1+R)$$

式中 P 为单位产品售价；C 为单位产品成本；R 为成本加成率。

与成本加成定价的方法类似，零售企业往往以售价为基础进行加成定价。其加成率的衡量方法有两种：

（1）用零售价格来衡量，即加成（毛利）率=毛利（加成）/售价。

（2）用进货成本来衡量，即加成率=毛利（加成）/进货成本。

成本加成定价法受到企业界欢迎，主要是由于：

（1）成本的不确定性一般比需求小。将价格盯住单位成本，可以大大简化企业定价程序，而不必根据需求情况的瞬息万变而做调整。

（2）只要行业中所有企业都采取这种定价方法，则价格在成本与加成相似的情况下也大致相似，价格竞争也会因此减至最低限度。

（3）许多人感到成本加成定价法对买方和卖方都比较公平。当买方需求强烈时，卖方不利用这一有利条件谋取额外利益而仍能获得公平的投资报酬。

2. 增量分析定价法

增量分析定价法主要是分析企业接受新任务后是否有增量利润。增量利润等于接受新任务引起的增量收入减增量成本。此定价法与成本加成定价法的共同点是都以成本为基础，不同之点是前者以全部成本为基础，后者则是以增量成本（或变动成本）为定价的基础。只要增量收入大于增量成本（或价格高于变动成本），这个价格就是可以接受的。其公式如下：

产品价格=变动成本+边际贡献

边际贡献=销售收入-变动成本

当边际贡献大于固定成本时，企业盈利；当边际贡献小于固定成本时，企业亏损。

在企业经营中，增量分析定价法大致适用于三种情况。

（1）企业是否要按较低的价格接受新任务。为了进一步挖掘富余的生产能力，需要决定要不要按较低的价格接受新任务。接受新任务不用追加固定成本，只要增加变动成本即可，所以新任务的定价就以变动成本为基础。条件是接受新任务不会影响原来任务的正常完成。

（2）为减少亏损，企业可以降价争取更多任务。市场不景气，企业任务很少，这时企业的主要矛盾是求生存，它可以通过削价争取多揽一些任务，这样可以少亏一些。在这种情况下进行定价决策就要使用增量分析定价法。

（3）企业生产互相替代或互补的几种产品。其中一种产品变动价格，会影响到其他有关产品的需求量，因而价格的决策不能孤立地只考虑一种产品的效益，而应考虑几种产品的综合效益，这时也宜采用增量分析定价法。

3. 目标收益定价法

目标收益定价法是指根据估计的总销售收入（销售额）和估计的产量（销售量）来制定价格。这种定价法有一个主要缺陷，即企业以估计的销售量来求出价格，而价格恰恰是影响销售量的重要因素。

采用目标收益定价法确定价格的基本步骤：

（1）确定目标收益率。

目标收益率=1÷投资回收期×100%

（2）确定单位产品目标利润额。

单位产品目标利润额=总投资额×目标收益率÷预期销量

（3）计算单位产品价格。

单位产品价格=单位产品固定成本（即企业固定成本÷预期销量）+单位变动成本+单位产品目标利润额

（二）需求导向定价法

需求导向定价法是一种以市场需求强度及消费者感受为主要依据的定价方法，包括感知价值定价法、反向定价法和需求差异定价法。其中需求差异定价法（又叫差别定价）既是一种定价方法，又涉及灵活多变的定价策略（在本章第三节定价的基本策略中进行论述）。

1. 感知价值定价法

所谓感知价值定价，就是根据顾客对产品的感知价值制定价格。感知价值定价与现代市场定位观念相一致。企业为目标市场开发新产品时，在质量、价格、服务等各方面都需要体现特定的市场定位。因此，企业首先要决定所提供的价值及价格；其次，要估计依此价格所能销售的数量，再根据销售量决定所需产能、投资及单位成本；最后，还要计算此价格和成本能否获得满意的利润。企业能获得满意的利润则继续开发这一新产品，否则就放弃这一产品。感知价值定价的关键在于准确计算产品提供的全部市场感知价值。企业如果过高估计产品的感知价值，便会定出偏高的价格；过低地估计，则会定出偏低的价格。如果价格大大高于感知价值，消费者会感到难以接受；如果价格大大低于感知价值，也会影响产品在消费者心目中的形象。

2. 反向定价法（逆向定价法）

反向定价法是企业依据顾客能够接受的最终价格，计算自己经营的成本和利润后，逆向推算产品的批发价和零售价。这种方法不是以实际成本为主要依据，而是以市场需求为定价出发点，力求使价格为消费者所接受。分销渠道中，批发商和零售商多采取这种定价方法。可以用公式表示为

出厂价=市场可销零售价×（1-批零差率）×（1-进销差率）

（三）竞争导向定价法

竞争导向定价法通常有三种方法，即随行就市定价法、投标定价法及拍卖定价法。

1. 随行就市定价法

随行就市定价法指企业按照行业的平均现行价格水平定价。以下情况往往采取这种定价方法：

（1）难以估算成本。

（2）企业打算与同行和平共处。

（3）如果另行定价，很难了解顾客和竞争者对本企业的价格的反应。

不论是在完全竞争市场还是垄断竞争市场，随行就市定价都是同质产品市场惯用的定价方法。

在完全竞争市场，销售同类产品的企业在定价时，实际上没有多少选择余地，只能按照行业现行价格定价。某企业如果价格定得高于市场价，产品就卖不出去；如果价格定得低于市场价，也会遭到降价竞销。

在垄断竞争的条件下，企业也倾向于和竞争对手报价相同。因为在这种情况下，市场上只有少数几家大企业，彼此十分了解。顾客对市场行情也熟悉，如果价格稍有差异，就会转向价格低的企业。所以按照现行价格水平，在垄断竞争的需求曲线上有一个转折点。某企业产品价格定得高于这个转折点，需求就会相应减少，因为其他企业不会随之提价（需求缺乏弹性）；如果某企业将价格定得低于转折点，需求也不会相应增加，因为其他企业也可能降价（需求有弹性）。总之，当需求有弹性时，一个垄断企业不能通过提价而获利；当需求缺乏弹性时，一个垄断企业也不能通过降价而获利。

在异质产品市场上，企业有较大的自由度决定其价格。产品差异化使顾客对价格差异不太敏感。企业相对于竞争者总要确定自己的适当位置，或充当高价企业角色，或充当中价企业角色，或充当低价企业角色。企业要在产品定价方面有别于竞争者，

其产品策略及市场营销方案也应尽量与之相适应，以应对竞争者可能的价格竞争。

2. 投标定价法

投标定价法是指采购机构刊登广告或发函说明拟购品种、质量、性能、规格、数量等的具体要求，邀请供应商在规定的期限内投标；采购机构在规定日期开标，一般选择报价最低、最有利的供应商成交，签订采购合同。供货企业如果想做这笔业务，就要在规定期限内填写标书，填明可供商品名称、品种、质量、性能、规格、价格、数量、交货日期等，密封送达招标人。投标价格根据对竞争者报价的估计制定，而不是按供货企业自己的成本费用，目的在于赢得合同，所以一般会期望低于对手报价。当然，企业不能将报价定得过低。确切地讲，企业不能将报价定得低于边际成本，以免使经营状况恶化。但是，如果报价远远高出边际成本，虽然潜在利润可能增加，但又会减少取得合同的机会。

3. 拍卖定价法

根据《中华人民共和国拍卖法》第三条，拍卖是指以公开竞价的形式，将特定物品或者财产权利转让给最高应价者的买卖方式。拍卖定价法是指卖方委托拍卖行，以公开叫卖方式引导买方报价，利用买方竞争求购的心理，从中选择高价格成交的一种定价方法。拍卖定价法主要用于品质不易标准化的产品的定价，如各类古玩、字画、玉石、土地、房产、非公开上市的企业股权、罚没品，或不能长期保存、季节性强、淘汰周期短的各类产品。

拍卖定价方式有以下三种：

（1）英格兰式拍卖，也称“正向模式拍卖”“增价拍卖”或“低估价拍卖”，是指在拍卖过程中，拍卖人宣布拍卖标的起叫价及最低增幅，竞买人以起叫价为起点，由低至高竞相应（叫）价，最后，最高竞价者三次报价无人应价后，响槌成交。但成交价不得低于保留价。

（2）荷兰式拍卖，也称“降价拍卖”或“高估价拍卖”，是指在拍卖过程中，拍卖人宣布拍卖标的起叫价及降幅，并按照降幅逐次叫价，以第一位应价人响槌成交。但成交价不得低于保留价。

（3）英格兰式与荷兰式相结合的拍卖方式，是指在拍卖过程中，拍卖人宣布起叫价及最低增幅，由竞买人竞相应价，拍卖人依次升高叫价，以最高应价者竞得。若无人应价则转为拍卖人依次降低叫价及降幅，并依次叫价，以第一位应价者竞得。但成交价不得低于保留价。

二、定价步骤

定价工作必须全面考虑各方因素，采取一系列步骤进行。一般来说，定价决策有四个步骤，即选择目标市场、分析影响定价的因素、选择适当的定价方法和确定最终价格。

（一）选择目标市场

目标市场是企业产品要进入的市场，即谁是本企业产品的顾客？哪些是潜在顾客？他们为什么购买这个产品？对于顾客来讲，产品或服务的价值是什么？一般要分析目标市场顾客的基本特征、需求目标、强度、潜量、购买力水平、购买习惯等因素。目标市场不同，定价不同。

（二）分析影响定价的因素

重点分析企业的定价目标、产品成本、市场需求、竞争者的产品和价格、国家的法律法规和政策五个方面的内容，综合分析各因素对企业产品定价的影响。

（三）选择定价方法

定价方法是指企业在特定的定价目标指导下，根据对成本、供求等一系列因素的分析研究，给产品制定一个基本价格或浮动范围的方法。确定产品基本价格方法主要有三种：成本导向定价法、需求导向定价法和竞争导向定价法。

（四）确定产品最终价格

以定价目标为指导，综合考虑定价的影响因素，选择合理的定价方法，经过分析、判断和计算，为产品确定合理的价格。

第三节　企业定价策略

依据成本、需求和竞争等因素决定产品的基础价格，是单位产品在生产地点或者经销地点的价格，并未计入折扣、运费等的影响。在企业市场营销实践中，企业还需考虑和利用灵活多变的定价策略，修正或调整产品基础价格，一般而言，企业常见的定价策略主要有以下六种，见图 9-3。

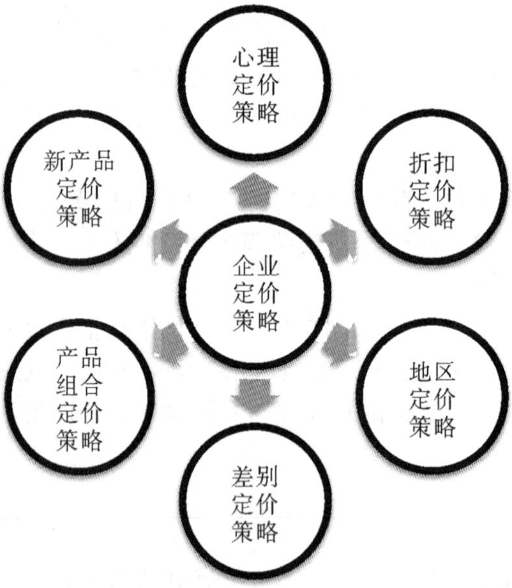

图 9-3　企业定价策略的类型

一、新产品定价策略

新产品定价的难点在于无法确定顾客对新产品的理解价值。如果定价高了，难以被顾客接受，影响新产品顺利进入市场；如果定价低了，则会影响企业效益。常见的新产品定价策略有三种不同的形式，即撇脂定价、渗透定价和适中定价。

（一）撇脂定价

撇脂定价就是在新产品上市之初，将产品价格定得很高，以求短期内获取厚利，尽快收回投资。一般而言，对于全新产品、受专利保护的产品、需求价格弹性小的产品、流行产品、未来市场形势难以测定的产品等，都可以采用撇脂定价策略。例如，圆珠笔在 1945 年被发明时，属于全新产品，成本为 0.5 美元一支，可是发明者却利用广告宣传和消费者的求新求异心理，以 20 美元一支的价格销售，仍然引起了人们的争相购买。

撇脂定价的优点有：①利用高价产生的厚利，使企业在新产品上市之初就能迅速收回投资，减少投资风险；②在全新产品或换代新产品上市之初，顾客对其尚无理性的认识，此时的购买动机多属于求新求异动机，企业利用这一心理，通过制定较高的价格，可以提高产品的身价，从而给顾客留下高价、优质、名牌的印象；③先制定较高的价格，在新产品进入成熟期后可以有较大的调价空间，不仅可以通过逐步降价保持企业的竞争力，而且可以从现有的目标市场上吸引潜在顾客，甚至可以争取到低收入阶层和对价格比较敏感的顾客；④在新产品开发之初，由于资金、技术、资源、人力等条件的限制，企业很难以现有规模满足所有的需求，利用高价可以限制需求的过快增长，缓解产品供不应求的状况，并且可以利用高价获取的高额利润进行投资，逐步扩大企业的生产规模，使之与需求状况相适应。

不过，撇脂定价策略也存在一些局限性：①高价产品的市场规模毕竟有限，过高的价格不利于市场开拓、增加销售量，也不利于占领和稳定市场，容易导致新产品开发失败；②高价高利会导致竞争者的大量涌入，仿制品、替代品会迅速出现，从而迫使价格急剧下降，企业的形象和市场份额都可能遭受打击；③价格远远高于价值，在某种程度上损害了顾客的利益，容易招致公众的反对和顾客的抵制，甚至会诱发公共关系危机。因此，在信息传递日益便捷、顾客日趋成熟的今天，企业采用这一定价策略要谨慎。

值得注意的是，撇脂定价与消费者的心理定价有着本质的不同：撇脂定价是在新产品上市之初，利用顾客对新产品的好奇而制定尽可能高的产品价格。心理定价则是在产品销售过程中，利用顾客对产品价格的心理感受而制定的、对顾客心理产生不同刺激的产品价格，这种价格可能是高价，也可能是低价。

（二）渗透定价

渗透定价是与撇脂定价相反的一种定价策略，即在新产品上市之初将价格定得相对较低，以吸引大量的顾客，扩大市场占有率。如果新产品的需求价格弹性较大，并且存在着规模经济效益，就可以采用渗透定价。采用渗透定价策略的企业平均每件产品只能获取微利，这是渗透定价的薄弱之处。但是低价也能带来以下好处：①可以使产品尽快为市场所接受，并借助大批量销售降低成本，获得长期稳定的市场份额；②低价格可以阻止竞争者进入，增强企业自身的市场竞争力。

（三）适中定价

适中定价是指企业在新产品上市时采取适中价格策略。当不存在适合于撇值定价或渗透定价的市场环境时，企业一般就采取适中定价。有时，一个管理者可能无法采用撇脂定价，因为产品被市场看作是极其普通的产品，没有哪一个细分市场愿意为此支付高价；同样，他也无法采用渗透定价，因为产品刚刚进入市场，顾客在购买之前无法确定产品的质量，低价会让顾客认为低质量；管理者还有可能会担心，如果破坏已有的价格结构，竞争者会做出强烈反应。因此，当顾客对价值极其敏感，不能采取撇脂定价时，或者竞争者对市场份额极其敏感，不能采用渗透定价的时候，企业一般都会采用适中定价策略。

二、心理定价策略

心理定价策略就是利用顾客对价格的心理感受来确定产品价格的策略。

（一）声望定价

根据产品在顾客心目中的声望地位，或者为了塑造这种声望地位而确定产品价格的策略就是声望定价策略。声望定价策略可以满足某些顾客的特殊欲望，如地位、身份、财富、名望和自我形象等，还可以通过高价格显示产品的优质名贵的特性。这一策略适用于一些传统的名优产品、具有历史地位的民族特色产品、影响广泛的知名品牌等。例如，飞天茅台酒、劳斯莱斯轿车、法拉利跑车、劳力士手表、蒂凡尼钻戒、古驰手包等奢侈品及大量知名品牌产品都可以采用此种定价策略以获得远高于同类产品的收益。

（二）整数定价

与声望定价相似，整数定价也试图通过产品的价格来塑造产品形象。但是，在整数定价方法下，价格的高并不是绝对的高，而只是凭借整数价格给消费者造成高价的印象。整数定价常常以偶数，特别是“0”作尾数。整数定价策略适用于需求价格弹性小、价格高低不会对需求产生较大影响的产品，如流行品、时尚品、奢侈品、礼品、星级宾馆、高级文化娱乐城等。整数定价的主要优点有：省去了找零钱的麻烦，方便企业和顾客的价格结算；花色品种繁多、价格总体水平较高的产品，可以满足顾客显示地位、崇尚名牌、购买精品的心理需求，而且易在顾客心目中树立高档、优质的产品形象。

（三）尾数定价

尾数定价是指企业把价格定为非整数，而且常常以奇数做尾数，所以有时也称作奇数定价。一般认为，尾数定价能够在消费者心中产生便宜和可信的特殊效应。例如，标价 99. 99 元的产品和 100 元的产品虽然仅相差 0. 01 元，但前者给顾客的感觉是还不到“100 元”，后者却使人认为“100 多元”；同时，带有尾数的定价会使顾客认为产品定价是非常认真、精确的，连几角几分都算得清清楚楚，进而会对商家产生一种信任感。

（四）招徕定价

招徕定价是指将某几种产品的价格定得非常高，或者非常低，在引起顾客的好奇心理和观望行为之后，带动其他产品的销售。这一定价策略常为综合性百货商店、超级市场，甚至高档商品专卖店所采用。招徕定价运用得较多的是将少数产品价格定得较低，吸引顾客在购买“便宜货”的同时，购买其他价格比较正常的产品。例如，某超市将其销售的食盐、酱油醋、啤酒、方便面等产品的价格定得较低，由此给人留下了该超市产品价格便宜的印象，因而吸引了大量顾客光顾，也带动了其他产品的销售。在实践中，也有故意定高价以吸引顾客的做法。例如，某商城有一种 3 000 港元一只的打火机引起了人们的兴趣，许多人都想看看这“高贵”的打火机是什么样子。其实，这种高价打火机外形极其平常，虽无人问津，但它旁边 3 元一只的打火机却卖得很火。

招徕定价能够起作用的原因主要在于：一般顾客不可能记住大多数产品在不同商店的价格，他们往往只能记住几种产品的价格，然后根据这些产品的价格推断出该商家的价格水平。而顾客最可能记住的就是他们经常购买的产品的价格，因此，企业就可以把人们经常购买的产品作为招徕定价的对象。另外，不同的细分市场不仅有不同的价格敏感性，而且购买的产品组合也不相同。那些价格敏感的消费者所购买的产品往往就可以作为招徕定价的对象。

三、折扣定价策略

（一）折扣定价的含义和目的

折扣定价是指对基本价格做出一定的让步，以争取顾客、扩大销量。它在很大程度上可以理解为一种以数量为基础的细分定价。折扣定价有其内在原因：从需求上看，顾客的购买欲望通常会随购买量的增加而降低，即顾客愿意为第二个单位支付的价格往往低于第一个单位；大客户的价格弹性较大，询价对他们而言是值得的，而且他们也有能力做这件事。从成本上看，如果数量折扣能吸引大订单，则可以提高生产效率和运输效率；如果折扣能提高总体需求水平，则规模经济和经验效应也能降低单位产品成本。从竞争角度看，有效的折扣设计，如二重定价和多区段定价，可以有效地刺激顾客，从而起到排挤竞争者的作用。总之，折扣定价的目的就是鼓励顾客增加消费量或者按商家期望的方式去消费。

（二）折扣定价的形式

折扣定价的形式主要有数量折扣、现金折扣、功能折扣、季节折扣和折让等。

1. 数量折扣

数量折扣是指按购买数量的多少，分别给予不同的折扣，购买数量越多，折扣也就越大。数量折扣是折扣定价最基本的形式，其目的是鼓励大量购买或集中购买。数量折扣包括累计数量折扣和一次性数量折扣两种形式。累计数量折扣规定顾客在一定时间内购买产品若达到一定数量或金额，则按其总量给予一定折扣，其目的是鼓励顾客经常购买本企业产品，成为可信赖的长期客户；一次性数量折扣规定一次购买某种产品达到一定数量或购买多种产品达到一定金额，则给予折扣优惠，其目的是鼓励顾客大批量购买。数量折扣的促销作用非常明显，它可以直接促使产品的销售数量增加、销售速度加快，从而使企业资金周转次数增加，企业总盈利水平上升。

企业在实施数量折扣时，应结合产品特点、销售目标、成本水平、资金利润率、需求规模、购买频率、竞争者手段以及传统的商业惯例等因素来制定科学的折扣标准和比例。如果享受折扣的数量标准定得太高，则只有很少的顾客才能获得优惠，而绝大多数顾客将感到失望；如果购买数量标准过低，又起不到鼓励顾客购买和促进企业销售的作用；不当的折扣甚至会引起分销渠道的冲突和混乱。

2. 现金折扣

现金折扣是指企业对在规定的时间内提前付款或用现金付款的人所给予的一种价格折扣。其目的是鼓励顾客尽早付款，以加速企业的资金周转，降低销售费用，减少利息支出，降低财务风险。现金折扣一般应在合同的付款条件上注明，以增加购销双方的信息透明度，避免不必要的麻烦。

3. 功能折扣

企业根据中间商在产品分销过程中所处层次、重要性、购买批量、最终售价及其所承担的功能、责任和风险的不同，而给予不同的折扣，这种折扣称为功能折扣。功能折扣既能够使中间商的成本和费用得到补偿，又有利于刺激其销售产品的积极性，加速产品的流通和周转。因此，鼓励中间商认真履行预定的市场营销职责，并与生产企业建立长期稳定的合作关系，是功能折扣的主要目标。通常情况下，企业给予批发商（代理商）的价格折扣会高于零售商，给予一级批发商（代理商）的价格折扣会高于次一级的批发商（代理商）。

4. 季节折扣

季节折扣是指对购买非本季节消费的产品的顾客所给予的折扣。有些产品的生产是连续的，而其消费却具有明显的季节性。为了调节供需矛盾，使企业的生产和销售在一年四季能保持相对稳定，企业便采用季节折扣的方式。例如，某钢铁厂对在冬季进货的建筑公司给予大幅度让利，羽绒服生产企业则为夏季购买其产品的顾客提供折扣等。

5. 折让

折让包括以旧换新、回扣和津贴等形式。以旧换新就是顾客在购买新产品时，以顾客所拥有的旧的同类产品抵扣一部分新产品的货款的价格折让形式。回扣是指顾客在按价格目录将货款全部付给销售者以后，销售者再按一定比例将货款的一部分返还给顾客。津贴是指企业为达到特殊目的而对特殊顾客以特定形式所给予的价格补贴或其他补贴。例如，当中间商为企业产品提供了包括刊登地方性广告、设置样品陈列窗等在内的各种促销活动时，生产企业给予中间商一定数额的资助或补贴。

（三）折扣定价的注意事项

价格折扣增强了企业定价的灵活性，对提高厂商收益和利润具有重要作用。但在使用折扣定价策略时，企业必须注意以下几点：①合法性。例如，美国1936年制定的罗宾逊-巴特曼法案规定，折扣率的计算应以卖方实现的成本节约数为基础，并且卖方必须对所有顾客提供同等的折扣优惠条件，不然就犯了价格歧视罪。②能够限制转售，避免分销渠道冲突。③产品不易储存或联合购买。例如，美国的加油站采用数量折扣定价鼓励顾客增加购买量，结果许多家庭联合购买再分开使用，使得加油站降低了价格却未能达到增加销售的目的。④顾客对价格非常敏感或有足够的价格弹性，如面粉、食盐等产品面向顾客采用数量折扣定价就不太合适。

四、地区定价策略

一般地说，一个企业的产品不仅卖给当地，同时也可能卖到外地。卖给外地顾客，要把产品从产地运到顾客所在地，需要支出分类、包装、装卸、储存、运输、配送等物流费用。所谓地区性定价策略就是决定：卖给不同地区（包括当地和外地）的顾客，是分别制定不同的产品价格还是采取相同的产品价格，也就是说是否制定地区差价。

（一）原产地定价

原产地定价就是顾客（买方）按照厂价购买某种产品，企业（卖方）负责将这种产品运到产地某种运输工具（如卡车、火车、船舶、飞机等）上交货。交货后从产地到目的地的一切风险和费用概由顾客承担。企业采取这种定价策略不利于吸引较远地区的顾客，使他们转而购买其所在地区企业的同类产品。

（二）统一交货定价

这种形式和前者相反。所谓统一交货定价，就是企业卖给不同地区顾客，按照相同的厂价加相同的运费（按平均运费计算）定价。不同地区的顾客不论远近，实行统一价格。该定价策略有利于企业树立产品统一的市场形象，争取距离本企业较远的顾客，但对本地顾客有一定的不公平性，因为他们事实上承担了一定的物流费用。

（三）分区定价

这种形式介于前面二者之间。企业把整个市场（或某些地区）分为若干价格区，卖给不同价格区顾客的产品分别制定不同的地区价格。距离较远的价格区定价较高，较近的价格区定得较低，同一价格区范围实行统一价格。

采用分区定价存在的问题：

（1）即使在同一价格区，也存在有的顾客距离企业较近，有的顾客距离企业较远的情况。前者就会感觉不合算。

（2）处在两个相邻价格区边界上的顾客，相距不远，但要按不同价格购买同一产品。

（3）相邻地区的经销商可能会有窜货行为，将低价区的产品配额运到高价区销售。

（四）基点定价

所谓基点定价，是企业选定某些城市作为定价基点，然后按一定的出厂价加从基点城市到顾客所在地的物流费用定价，而不管产品实际是从哪个基点城市起运。有些企业为了提高灵活性，选定多个基点城市，按照离顾客最近的基点计算物流费用。企业在采用基点定价的情况下，顾客可在任何基点购买，企业也可将产品推向较远市场，有利于市场扩展。

基点定价方式比较适合下列情况：

（1）产品物流成本所占比重较大。

（2）企业产品市场范围大，许多地方都有生产点生产。

（3）产品的价格弹性较小。

（五）物流费用免收定价

企业负担全部或部分物流费用。有些企业认为如果业务扩大，平均成本就会降低，足以抵偿这些开支。物流费用免收定价可使企业扩大产品的市场覆盖面和渗透率，提高市场占有率。

五、差别定价策略

所谓差别定价或需求差异定价，是指企业按照两种或两种以上不反映成本费用的比例差异的价格销售产品或服务。

（一）差别定价的主要形式

1. 顾客差别定价

顾客差别定价，即企业按不同的价格把同一产品或服务卖给不同顾客。顾客差别定价的基础在于顾客的需求强度和产品知识有所不同。例如，某旅游景点对全日制在校学生及 60 岁以上的老年人实行门票半价优惠，某航空公司在寒暑假期间对教师学生给予比普通乘客更高的价格折扣。

2. 产品形式差别定价

产品形式差别定价，即企业对不同型号或形式的产品，分别制定不同价格，但是不同型号或形式产品的价格差额和成本费用之间的差额并不成比例。例如，某汽车制造厂对其生产的不同配置、不同款式、不同颜色的轿车制定不同的价格，基本配置轿车与高配置的轿车价格差距在20万元左右，以适应顾客的不同需求。

3. 产品地点差别定价

企业对处在不同位置的产品或服务，分别制定不同价格，即使这些产品或服务的成本费用没有任何差异。例如，影剧院不同座位票价有所不同，观众处于不同位置会有差异化的观看效果，从而对不同的座位形成了不同的偏好。

4. 销售时间差别定价

销售时间差别定价即企业对不同季节、不同时期甚至不同钟点的产品或服务分别制定不同价格。例如，供电公司在一天中实行峰谷定价法，用电高峰时提高电价，用电低谷时降低电价。

（二）差别定价的适用条件

差别定价的适用条件：

（1）市场必须可以细分，而且各个细分市场须表现出不同的需求强度。

（2）以较低价格购买产品的顾客，没有可能以较高价格把产品转卖出去。

（3）竞争者不可能在企业以较高价格销售的市场上低价竞销。

（4）实行差别价格得到的额外收入要大于细分市场和控制市场的成本费用，否则，得不偿失。

（5）差别价格不会引起顾客反感，放弃购买。

（6）差别价格的形式不违法。

六、产品组合定价策略

产品组合定价是指企业在产品定价时将相互关联的产品价格统筹考虑，以形成一个有利于销售的价格体系。具体有以下六种形式：

（一）产品大类定价

通常企业开发出来的是产品大类，而不是单一产品。企业生产的系列产品存在需求与成本的内在关联性时，为了充分发挥这种内在关联性的积极效应，需要采用产品大类定价策略。企业在定价时首先确定某种产品的最低价格，它在产品大类中充当领袖价格，以吸引顾客关注大类产品，并带动其购买产品大类中的其他产品；其次，确定产品大类中某种产品的最高价格，它在产品大类中充当品牌质量和收回投资的角色；最后，产品大类中的各产品分别依据其在产品大类中的角色不同而制定不同的价格。

（二）选购品定价

许多企业提供主产品的同时，会附带一些可供选择的产品或服务。如汽车用户选购音响、冰箱、导航仪等装置。选购品一般对主产品的质量、性能和使用等不会产生大的影响，但会提高主产品的档次和形象。在市场营销实践中，企业一般会将主产品的价格定得低一些，以吸引顾客关注，然后说服顾客增加一些价格较高的选购品。综合考虑主产品和选购品的价格，企业也能获得合理的利润。

（三）补充品定价

有些产品需要补充品配合才能使用，例如，剃须刀的刀架与刀片、照相机与胶卷、打印机与墨盒或色带等。许多制造商喜欢把主产品（如打印机）制定较低价格，给补充品（如墨盒、色带）制定较高价格。这样，制造商一方面可以使自己的主产品迅速占领市场，另一方面，企业也可以在顾客不断购买补充品的过程中弥补主产品低价的损失。当然，在实践中需要注意不同社会文化背景下顾客的购买偏好。西方国家的消费者可能比较喜欢“低价主产品+高价补充品”的购买模式，而中国的消费者则可能喜欢“高价主产品+低价补充品”的模式。例如，某计算机厂商推出购台式计算机送喷墨打印机的活动，当许多顾客发现一对墨盒价格有几百元时，结果所送的打印机基本上都被闲置起来了。

（四）分部定价

服务性企业经常收取一笔固定费用，再加上可变的使用费。例如，出租车的计费方式是起步价加按照行驶公里数收费，即上车即收取起步价，涵盖一定基本行驶公里数，超过基本行驶公里数后再按照行驶公里数另行计费。服务性公司面临着和补充品定价同样的问题，即收多少基本服务费和可变使用费。固定成本较低，可以推动人们购买服务，利润从使用费中获取。

（五）副产品定价

农副产品加工业、石油化工业、冶金行业、机械加工业等，在产品加工过程中，经常会产生副产品。如果副产品价值低、处置费用昂贵，就会影响主产品定价，其价格须能弥补副产品处置费用；如果副产品能够发挥用处，可按其价值定价。副产品如果能带来收入，则有助于企业在应对竞争时制定较低价格。

（六）产品系列定价

企业经常会打包出售一组产品或服务，如化妆品、计算机、旅游公司提供的系列活动方案。这就是产品系列定价，也称价格捆绑，目标是刺激产品线的需求，充分利用整体运营的成本经济性，同时努力提高利润净贡献。

在实践中，价格捆绑有以下多种形式：

（1）纯粹的捆绑。其是指只能一次性买下所有产品，不能分开购买。如旅游公司的团费包含旅行期间的酒店、餐饮、交通、景点门票、保险等打包费用，游客一般只能一次性支付。

（2）混合捆绑。顾客可以选择捆绑购买，也可分开购买。通常，产品群的捆绑价格低于单独购买其中每一产品的费用总和。因为顾客原本可能不打算购买所有产品，这一组合的价格有较大降幅，才能推动购买。例如，顾客购买化妆品时，可以购买包含护肤品、眼影、眉笔、口红等化妆品的组合包，也可单独购买其中的某一种产品。当然，组合包的价格会低于单个购买产品价格的合计数。

第四节　企业价格调整及价格变动反应

企业处在一个不断变化的环境中，为了生存和发展，有时需要根据外部环境及自身因素等原因，主动或被动降价或提价，有时又要对竞争者的价格调整做出适当的反应。

一、企业降价与提价

（一）企业降价

企业降价的主要原因有：

（1）生产能力过剩，需要扩大销售，又不能通过产品改进和加强销售等扩大市场。这种情况下，企业就需要考虑降价。

（2）在强大的竞争压力下，企业市场占有率下降。在没有其他好的替代办法时，降价是保持企业市场占有率，打击竞争者的最直接的方法。

（3）当企业的产品成本费用低于竞争者的产品成本费用时，可能会通过降价掌握市场主动权，提高市场占有率，以期进一步扩大生产经营规模，降低成本费用。

（二）企业提价

虽然提价可能会引起消费者、经销商和销售人员的不满，但有时提价也是不得已而为之的事情。企业提价的主要原因有：

1. 通货膨胀，物价上涨，成本费用提高，许多企业不得不提高价格

在通货膨胀条件下，企业往往采取种种方法调整价格，应对通货膨胀：

（1）采取推迟报价的策略。即企业暂时不确定最后价格，等到产品制成或交货时再确定最后价格。工业建筑和重型设备制造等行业，一般喜欢这种定价策略。

（2）在合同上规定价格调整条款。即企业在合同中加上一定时期内（一般到交货时为止）可按某种价格指数调整价格的条款。

（3）采取不包括某些产品和服务的定价策略。即在通货膨胀、物价上涨的条件下，企业决定产品价格不动，但原来提供的某些服务另行计价。这样，原来提供的产品的价格实际上提高了。

（4）降低价格折扣。即削减正常的现金和数量折扣，并限制销售人员以低于价目表的价格拉生意。

（5）取消低利产品。

（6）降低产品质量，减少产品特色和服务。采取这种策略可保持一定的利润，但会影响其声誉和形象，失去忠诚的顾客。

2. 产品供不应求，不能满足所有顾客的需要

在这种情况下，企业可以考虑提价。提价方式包括：取消价格折扣，在产品大类中增加价格较高的项目，或者开始提价。为了减少顾客不满，提价时应向顾客说明提价原因，并帮助顾客寻找节约的途径。此外，还有一些企业提价是出于市场竞争策略的考虑，谋求竞争中的差异化优势。

二、顾客对企业变价的反应

无论是提价还是降价，都必然影响购买者、竞争者、经销商和供应商的利益，政府对企业变价也会关心。这里先分析顾客对变价的反应。

企业降价是为了促销，但顾客可能对企业某种产品降价做出不同的解读，从而影响降价的效果：①这种产品的式样老了，将被新型产品所代替。②这种产品有某些缺点，销售不畅。③企业遇到财务、资金困难，难以继续经营。④价格还会下跌。⑤这种产品的质量下降了。

企业提价是为了抑制需求或弥补成本上升带来的影响，但顾客也可能会有不同的解读：①这种产品畅销，不赶快行动就买不到了。②这种产品很有价值。③卖主想尽量取得更多利润。

一般来说，顾客对于价值高低不同的产品价格的反应有所不同。对于价值高、经常买的产品价格变动敏感，对于价值低、不常买的产品，即使产品价格较高也不太注意。顾客虽然关心产品价格变动，但是也可能更关心取得、使用和维修产品的总费用。如果企业能使顾客相信某种产品取得、使用和维修的总费用较低，那么它就可以把产品价格定得比竞争者高。

三、竞争者对企业变价的反应

企业改变产品价格，不仅要重视顾客的反应，而且必须关注竞争者的反应。如果一个行业中的企业很少，产品同质性强，顾客辨别力强，就越要重视竞争者的反应。

（一）了解竞争者反应的主要途径

企业估计竞争者的反应，主要可以通过两种途径：第一，内部情报资料和统计分析。取得内部情报资料的方法有些是可接受的，有些则近乎刺探。例如，从竞争者那里挖来经理，以获得竞争者决策程序及反应模式等情报。第二，雇用竞争者以前的员工，专门建立一个部门，任务是模仿竞争者的立场、观点、方法思考问题。类似的情报也可由其他渠道，如从顾客、金融机构、供应商、代理商等处获得。

企业可从以下两方面来预测竞争者对本企业价格变动的可能反应：

（1）假设竞争者采取老一套的办法应对本企业价格变动。这种情况下，竞争者的反应是能够预测的。

（2）假设竞争者把本企业每一次价格变动都看作新挑战，并根据当时的利益做出反应。这种情况下，企业就必须判断当时竞争者的利益是什么。企业必须调查研究竞争者的财务状况、近来的销售和产能情况、顾客忠诚情况及企业目标等。如果竞争者的目标是提高市场占有率，就可能随本企业的价格变动而调整价格；如果竞争者的目标是最大利润，就会采取其他对策，如增加广告预算，加强广告促销或者提高产品质量等。总之，在实施价格变动时，企业必须善于利用内部和外部信息来源，推测竞争者可能的反应。

（二）竞争者反应的主要类型

竞争者对企业调价的反应，主要有以下三种类型：

（1）同向式反应，即竞争者的反应与企业变价的方向一致。这样，实际上会抵消企业变价的效果，对企业的市场地位和份额影响不大。

（2）逆向式反应，即竞争者的反应与企业变价的方向不一致。一般来说，当企业提价时，竞争者可能会保持价格不变，这样，企业可能会损失市场份额。当企业为了处理积压产品而短期降价销售产品时，竞争者也可能会保持价格不变。

（3）交叉式反应。众多竞争者对企业调价反应不一，有同向的也有逆向的，还有不变的，情况错综复杂。企业在不得不进行价格调整时，应注意提高产品质量，加强广告宣传，保持分销渠道畅通等。

四、企业对竞争者变价的反应

在现代市场经济条件下，企业经常会面临竞争者变价的挑战。如何对竞争者的变价做出及时、正确的反应，是企业定价策略的一项重要内容。

（一）不同市场环境下的企业反应

在同质产品市场上，如果竞争者降价，企业必须随之降价，否则顾客就会转而购买竞争者的产品。如果某一个企业提价，且提价对整个行业有利，其他企业也会随之提价；但是，如果有企业不跟随提价，那么最先发动提价的企业和其他企业就有可能不得不取消提价；在异质产品市场上，企业对竞争者变价的反应有更多选择余地。因为在这种市场上，顾客选择卖主不仅考虑价格因素，而且考虑质量、服务、性能、外观、可靠性等因素，因而对于较小的价格差异可能并不在意。

面对竞争者的变价，企业必须认真研究以下问题：

（1）为什么竞争者要变价？

（2）竞争者是暂时变价，还是打算永久变价？

（3）如果对竞争者的变价行为置之不理，会对本企业的市场占有率和利润产生什么影响？

（4）竞争者和其他企业对本企业的每个可能的反应，又会有什么样的反应？

（5）其他企业是否也会做出反应？

企业对竞争者降价的应对过程可用图 9–4 简示。

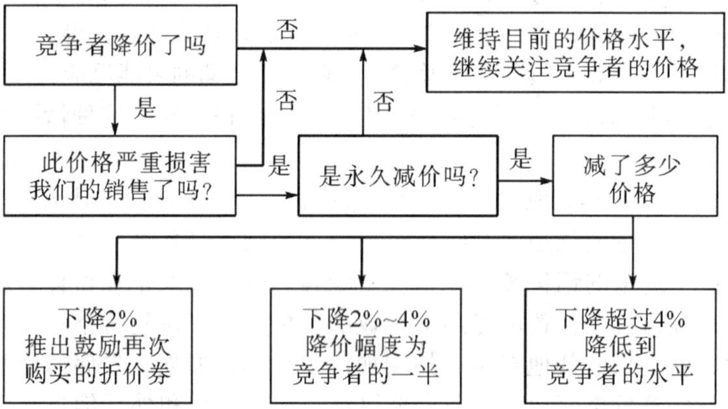

图 9–4　企业对竞争者降价的应对过程

（二）市场领导者的反应

在市场上，居于主导地位的企业经常遇到一些较小企业的进攻。这些企业的产品可与市场领导者的产品相媲美，它们往往通过进攻性的降价争夺领导者的市场份额。在这种情况下，市场领导者有以下策略可供选择：

（1）维持价格不变。因为市场领导者认为，如果降价，会减少利润和收入；维持价格不变，尽管对市场占有率有一定影响，以后还能恢复市场份额。当然，维持价格不变的同时要改进产品质量、提高服务水平、加强促销沟通等，运用非价格手段反击竞争者。

（2）降价。市场领导者采取这种策略的原因：①降价可使产品销售量增加，从而使成本费用下降；②市场对价格敏感，不降价会使市场占有率下降太多；③市场占有率下降以后就很难恢复。但是，降价以后企业应尽力保持质量和服务水平。

（3）提价。提价的同时致力于提高产品质量，或推出新品牌，以与竞争对手争夺市场。

（三）企业应对竞争者变价需要考虑的因素

受到竞争者进攻的企业在决策时一般应考虑以下因素：

（1）产品在其生命周期中所处的阶段以及在企业产品投资组合中的重要程度。

（2）竞争者的意图和资源。

（3）市场对价格和价值的敏感性。

（4）成本费用随销量和产量的变化而变化的情况。

面对竞争者的变价，企业需要做出积极的反应。事实上，竞争者很可能花了大量时间准备变价，本企业必须在较短的时间内做出明确、果断的反应。否则，就可能丢失市场先机或陷入被动局面。增强危机意识，做好各种预案，形成反应机制，是提高应对竞争者变价反应能力的重要途径。

【学科前沿】

互联网时代的价格策略

价格是产品价值的外在表现形式，顾客通常通过价格来判断产品品质的高低及其是否与自身的购买能力相适应。在互联网时代，产品及价格信息透明化，使消费者很容易获得产品及价格信息，并与竞争性产品进行比较，从而做出最优的购买决策。因此，制定和实施恰当的价格策略是有效开展市场营销活动的关键之一。

1. 免费、超低价，甚至负价格成为新产品推广的撒手锏

互联网平台，如微博、微信、腾讯 QQ、抖音、百度贴吧等，都采用了免费注册与使用的推广方式，以此快速扩充用户数量。在用户数量达到巨量规模，特别是网络大咖带来庞大粉丝群时，用户本身就成了重要的有价值的资源，成为吸引企业投放广告的考量因素，互联网平台、企业、网络大咖等都可从中受益，普通网民则可继续享受“免费大餐”。滴滴等打车平台在初期推广业务时，给加盟的专车司机和乘客都按次给予返现补助，乘客几乎是免费乘车。支付宝、微信等平台经常给予顾客抵金券，顾客购物时获得折价优惠。网络大咖、顶流网红等不仅不需要给网络平台付费，而且还可以获得流量返现。这使得互联网平台的产品迅速丰富，人气迅速爆棚。这种“羊毛出在牛身上，由狗来付钱”的定价方式成为互联网时代市场竞争的撒手锏。

2. 价格策略成为市场竞争的战略手段

在传统商业时代，价格策略是市场竞争策略的手段之一，一般只具有临时性的特点。但在互联网时代，价格策略往往是作为市场竞争战略手段来运用的，具有长期性的特点，目的在于固化产品在顾客心目中的品牌形象，形成忠诚的顾客群，如蜜雪冰城、拼多多等的低价策略，法拉利、爱马仕等奢侈品的高价策略等都成功地实现了自身目标市场的选择及市场定位的目标，培养了忠诚的顾客群。许多企业不再仅仅通过降价来获得短期销售量的增加，而是采取价格的多种形式，如会员优惠、电子抵金券等方式来增强顾客黏性。

3. 统一/同一价格成为定价的基本要求

互联网使得价格信息更加透明和更具可比较性，同类产品价格的同一性成为常态，因为些许的价格差异都可能导致顾客的迅速流失。企业需要统筹考虑线上线下渠道、

生产地和销售地、国内市场和国际市场、大客户市场与普通客户市场、批发市场与零售市场等产品价格的协调性，按照统一性/同一性要求规范市场价格。企业还要特别考虑本企业产品与竞争对手的产品的比价关系，按照竞争性导向定价原则在性价比上与竞争对手的产品价格保持一致。

4. “1+N”捆绑定价实现多方共赢

互联网时代，企业之间的分工协作关系更加紧密，形成相互依存的商业生态共同体，企业通过价格上的联动实现共同发展。如一个顾客在消费某品牌快餐时获得了另一品牌果汁或可乐的折价券，在购买某品牌电脑时，获得了耳机、鼠标垫、清洁剂等赠品。“1+N”捆绑定价方式使顾客感觉得到了更多的价值，比单纯的折价销售更有利于维护品牌形象，同时也带动了相关品牌产品的销售。

5. 顾客参与产品定价，促进产品的规模化销售

在传统的产品定价方式下，通常是企业在测算产品成本及综合考虑需求价格弹性、市场竞争等因素的基础上确定产品的价格或价格组合，以期吸引顾客更多地购买本企业的产品。顾客在企业产品定价过程中处于被动接受地位，缺乏积极主动性。在互联网时代，顾客可以发起拼团活动，积少成多，当达到一定拼团数量时所有参与拼团的顾客就可以以优惠的价格购买产品，发起拼团的顾客则可以获得更多的价格优惠。由此，顾客实际上参与了产品定价过程，从被动的价格接受者，变为积极参与者，从单纯的顾客变为企业产品销售渠道的重要成员，成为企业的重要合作伙伴。

【每章一练】

一、单项选择题

1. 准确地计算产品所提供的全部市场认知价值是（　　）的关键。

A. 认知价值定价法　　B. 反向定价法

C. 需求差异定价法　　D. 成本导向定价法

2. 为鼓励顾客购买更多数量的产品，企业给那些大量购买产品的顾客的一种减价称为（　　）。

A. 功能折扣　　B. 数量折扣　　C. 季节折扣　　D. 现金折扣

3. 在商业企业，很多产品的定价都不进位成整数，而保留零头，这种心理定价策略称为（　　）策略。

A. 尾数定价　　B. 招徕定价　　C. 声望定价　　D. 习惯定价

4. 企业为了鼓励顾客尽快更新产品而采取的价格折扣策略是（　　）。

A. 现金折扣　　B. 季节折扣　　C. 数量折扣　　D. 折让

5. 非整数定价一般适用于（　　）的日常生活用品。

A. 价值较高　　B. 高档　　C. 价值较低　　D. 奢侈

6. 企业因竞争对手率先降价而做出跟随竞争对手相应降价的策略主要适用于（　　）市场。

A. 同质产品市场　　B. 差别产品市场

C. 完全垄断市场　　D. 寡头垄断市场

7. 企业在竞争对手价格没有变的情况下率先提价可能会导致（　　）。

A. 整体市场价格上升　　B. 竞争对手的产品价格上升

C. 本企业市场份额下降　　D. 本企业市场份额上升

8. 当企业有意愿和同行和平共处而且自身产品成本的不确定因素又较多时，企业往往会采取（　　）定价方法。

A. 反向　　B. 投标　　C. 诊断　　D. 随行就市

9. 按照单位成本加上一定百分比的加成来确定产品销售价格的定价方法称为（　　）定价法。

A. 成本加成　　B. 目标　　C. 认知价值　　D. 诊断

10. 企业利用顾客具有仰慕名牌产品或名店声望所产生的某种心理，对质量不易鉴别的产品的定价最适宜用（　　）法。

A. 尾数定价　　B. 招徕定价　　C. 声望定价　　D. 反向定价

二、双项选择题

1. 新产品定价策略包括（　　）。

A. 撇脂定价　　B. 整数定价　　C. 渗透定价　　D. 尾数定价

E. 声望定价

2. 心理定价策略包括（　　）。

A. 撇脂定价　　B. 整数定价　　C. 渗透定价　　D. 尾数定价

E. 折扣定价

3. 折扣定价的形式包括（　　）。

A. 数量折扣　　B. 整数折扣　　C. 招徕折扣　　D. 尾数折扣

E. 现金折扣

4. 地区定价策略包括（　　）。

A. 季节折扣　　B. 统一交货定价　　C. 招徕定价　　D. 尾数定价

E. 分区定价

5. 差别定价策略包括（　　）。

A. 顾客差别定价　　B. 运费免收定价

C. 产品形式差别定价　　D. 基点定价

E. 现金折扣

6. 产品组合定价策略包括（　　）。

A. 选购品定价　　B. 运费免收定价

C. 互补品定价　　D. 基点定价

E. 声望定价

7. 成本导向定价法包括（　　）等几种具体的方法。

A. 成本加成定价法　　B. 随行就是定价法

C. 目标收益定价法　　D. 需求导向定价法

E. 感知价值定价法

8. 企业定价的一般方法不包括（　　）。

A. 成本导向定价　　B. 需求导向定价

C. 产品形式差别定价　　D. 基点定价

E. 竞争导向定价

9. 企业降价的可能原因是（　　）。

A. 通货膨胀　　B. 企业市场占有率下降

C. 产品供不应求　　D. 生产能力过剩

E. 以上都不是

10. 下列选项中属于影响产品价格的内部因素的是（　　）。

A. 定价目标　　B. 市场需求

C. 竞争者的产品和价格　　D. 产品成本

E. 法律法规

三、判断题

1. 根据成本加成定价法可知，如果某产品的价格需求弹性高，最适加成也应相对较高；反之亦然。（　　）

A. 正确　　B. 错误

2. 认知价值定价法时，如果企业过高地估计认知价值，便会定出偏低的价格。（　　）

A. 正确　　B. 错误

3. 需求价格弹性大的产品降价可以增加产品的销售量。（　　）

A. 正确　　B. 错误

4. 随行就市定价法适用于同质产品。（　　）

A. 正确　　B. 错误

5. 在垄断竞争的条件下，当产品需求有弹性时，一个垄断企业不能通过提价而获利；当需求缺乏弹性时，一个垄断企业也不能通过降价获利。（　　）

A. 正确　　B. 错误

6. 产品差异化使顾客对价格差异的存在不甚敏感。因此，在异质产品市场上企业有较大的自由度决定其价格。（　　）

A. 正确　　B. 错误

7. 原产地定价策略有利于吸引距离生产地较远的顾客。（　　）

A. 正确　　B. 错误

8. 撇脂定价策略有利于企业迅速推广新产品并能提高竞争者进入市场的门槛。（　　）

A. 正确　　B. 错误

9. 从市场营销的实践看，当市场有足够的顾客，且产品价格需求弹性较大时，企业往往能成功地实施渗透定价策略。（　　）

A. 正确　　B. 错误

10. 在市场营销实践中，有实力的企业率先降价往往能给弱小的竞争对手以致命的打击。（　　）

A. 正确　　B. 错误

四、理论分析题

1. 简述企业定价的目标。
2. 简述影响企业定价的主要因素。
3. 简述定价策略包含的内容。
4. 简述企业实施折扣定价的注意事项。
5. 简述折扣定价的形式。
6. 简述撇脂定价的优缺点。
7. 简述折扣定价的主要形式。
8. 简述差别定价的使用条件。

【案例分析】

苹果手机的价格策略

在中国市场，手机无疑是进入了成熟期的产品，市场竞争激烈，想要获得高额利润，几乎不可能。然而，苹果公司却创造了奇迹。苹果公司自推出手机产品后，一直走高端路线，价格通常高于同类手机。每年其推出新款手机时总能引起果粉们的抢购热情。按照一般的市场竞争规律，价格与产品需求量呈反方向变动，价格越高，产品需求量越低，价格越低，产品需求量越高，而苹果手机似乎颠覆了这一逻辑。如果某种产品一时表现出这种现象，可以解释为偶然，但苹果手机持续十余年、历经十几代手机更新，始终表现如初，就不能不引人思考其中的奥秘了。

据英国《每日邮报》2011 年 11 月 12 日报道，苹果 iPhone4S 在苹果英国官网上标价 499 英镑（约合 5 085.09 元人民币），但美国一家市场研究公司 iSuppli 的专业分析师把 iPhone4S 拆开，然后逐一计算零部件的价格，最后得出结论：iPhone4S 的成本价仅为 112.89 英镑（约合 1 150 元人民币）。iPhone4S 各零件成本价见表 9-1。

表 9-1 苹果 iPhone4S 各零件成本价

零部件	成本价格/英镑
照相机	10.98
无线天线	18.75
触屏显示器	23.09
使用界面和传感器	4.28
电动机械操控	20.6
闪速存储器	11.98
主电路板	9.36
动态随机存取存储器	5.68
总接头和电源管理	4.49
电池	3.68
合计	112.89

除此之外，USB 导线、耳机和包装的总价格是 4.99 英镑（50.85 元人民币）。苹果同时也会在运送、软件、申请准许证和版税上花费一些。但是不管怎样，一台 iPhone4S 的利润至少有 370 英镑（约合 3 770.51 元人民币），利润率达 74.19%。当然，以上仅仅计算了物料成本，如果再加上一些代工费和物流费，苹果手机的成本会增加一些，但实际上对分析结果影响不大。因为代工一部苹果手机的费用不超过 4 英镑，对高价值产品来说物流成本所占比例很低。

为何苹果手机可以做到高价格又畅销呢？有人归结为品牌效应，也有人归因为“饥饿营销”，但问题的关键是苹果手机的“品牌效应”何来？为何其能够实行“饥饿营销”？有人认为，苹果手机独有的 iOS 操作系统是重要原因，与其他公司大多采用的由 Google 公司开发的基于 Linux 的自由及开放的 Android 操作系统不同，iOS 操作系统具有明显的优势：①流畅。Android 系统采用了虚拟机的运行机制，这样的运行机制需要消耗更多的系统资源，使用一段时间后就会变得卡顿。iOS 系统几乎不会出现卡顿的现象，桌面滑动的灵敏性优于 Android 系统。②省电。Android 会占用更多的资源支撑系统运行，导致了它会比较费电。iOS 系统占用资源少，所以更加省电。③从后台执行程序讲，iOS 系统根本不需要清理后台。iOS 有独特的任务管理机制。当应用程序不在前台运行时，除了 GPS 服务、音频播放服务和 VOIP 服务以外，其他的应用（支持所谓的后台执行的程序）在 10 分钟后都是被系统挂起的，从技术上说，被挂起的意思等同于不执行，只是数据驻留在内存而已。iOS 系统的多任务假象，例如 QQ，看起来貌似在后台运行，其实不然。您能收到消息提示只是系统推送服务，无论您的应用程序是否在运行，iOS 都会在后台维护这个服务以实现假的多任务，并且所有的应用程序都会共用这一服务通道。而 Android 系统的后台软件很难关掉，因为有的软件会以各种形式自启，占用系统资源。④系统稳定性好。相比 Android 系统，iOS 系统稳定，很少出现死机现象。⑤系统自动更新。iOS 系统一旦更新，搭载其系统的苹果移动设备就可以及时地升级系统。而 Android 系统虽然也在更新系统，但是普通用户是享受不到的，因为它不能自动更新到最新版。⑥用户安全性好。iOS 系统比较安全，因为苹果公司在为 iOS 系统添加功能之类的操作，会开发并测试很长时间。Android 系统要求较低，“跑起就行了”，开发测试时间较短，漏洞也比较多，“黑客”只需简单发送一条彩信便能在用户毫不知情的情况下完全控制手机。

资料来源：根据网络资源编写。

1. http://tech.ifeng.com/digi/special/2011iphone5/content-2/detail_2011_11/14/10634246_0.shtml; https://wenda.so.com/q/1534637907215310.

2. https://www.expreview.com/49629.html.

案例分析题

1. 支撑苹果公司采取“低成本，高定价”策略的客观基础是什么？

2. 如果苹果公司希望继续维持低成本、高回报的营业状况，请替苹果公司设计一套实现上述目标的具体营销方案。

【能力测试】

测试题：试对以下说法做出判断，即在您认为合适的空格处画○，多选、少选均不得分。

序号	题干	同意	较同意	中立	不太同意	不同意
1	产品价格高低与产品质量好坏密切相关					
2	产品价格的决定性因素是顾客需求					
3	需求价格弹性高的产品提价可以增加收益					
4	定价目标是企业制定价格的最关键因素					
5	在通货膨胀条件下，企业可以通过提价的方法来应对					
6	统一定价对生产地顾客不公平					
7	高价格意味着低市场占有率					
8	市场领导者降低其产品价格，其他企业不一定跟随降价					
9	折扣定价总能让企业单位收益下降，总收益增加					
10	产品价格只要高出单位变动成本就能短期内维持企业正常经营					

【延伸阅读】

1. 吴健安. 市场营销学［M］. 6 版. 北京：高等教育出版社，2017：297-321.

2. 菲利普・科特勒，加里・阿姆斯特朗. 市场营销：原理与实践［M］. 16 版. 楼尊，译. 北京：中国人民大学出版社，2015.

3. 张云起. 市场营销学［M］. 北京：高等教育出版社，2018：312-337.

4. 邵安兆. 市场营销学［M］. 北京：中国传媒大学出版社，2018：202-235.

5. 钱旭潮，王龙. 市场营销管理［M］. 5 版. 北京：机械工业出版社，2021：252-277.

6. 秦燕. 市场营销实用教程［M］. 3 版. 大连：大连理工大学出版社，2014：110-131.

第十章 分销策略

【学习导引】

分销策略是市场营销组合策略的重要组成部分，其核心是让顾客在合适的时间、合适的地点方便地买到其所需要的产品。通过学习要了解分销渠道的内涵、职能、类型及分销渠道管理的内容，掌握批发商、零售商的类型及变动趋势、物流的内涵及物流决策的内容等，初步具备规划和管理企业分销渠道和物流业务的能力。

【营销箴言】

企业应当全力以赴地发现分销渠道，分销渠道越多，企业离市场越近。

——菲利普·科特勒

让营销链中的每个人都有钱赚，而且专心只做娃哈哈就更有钱赚；营销渠道模式的好与坏，不仅仅体现在对经销商的控制上，也体现在对终端的争夺上。

——宗庆后

【营销故事】

小熊电器："创意+渠道"赢得顾客青睐

2006年，李一峰进行了创业，选择了酸奶机作为其创业的第一个产品，起名"小熊"，但经过一年多的传统渠道攻坚，效果很不理想。在传统渠道中的大卖家、大商场眼里只有大品牌、大厂商，对"小熊"这个刚刚冒出来的"新兵蛋子"不理不睬。从产品单价的角度来看，小熊电器也无法支撑一个小店的销售，自建专卖店也遭遇困境。"小冰火人"的女老板——原媛因为怀孕在家，无所事事，开始尝试在淘宝开店，利用丈夫（李一峰）的小关系悄悄卖起了东凌的小家电和小熊的酸奶机。李一峰悄悄观察着这个刚刚冒出来的新生事物。原媛的"小冰火人"淘宝电器店经过一年多的发展，年销售额近千万。这给了李一峰一个信心——实体不留人，那就做电子商务吧！他组建了15人的淘宝销售团队，以“小冰火人”为核心迅速拓展了100余家分销商。他同时在淘宝上建立了自己的旗舰店，不过不是为了销售，而是打造为支持分销商的品牌主阵地。他还悄悄布局了自己的独立商城，这是为了更广阔的电子商务未来。2009年，原媛的“小冰火人”年销售额达到了3 000万元，小熊电器平均每天销售量达10 000台酸奶机和蒸蛋器。在互联网推动下，小熊电器进入高速发展阶段，2016年销售总规模突破10个亿。2019年，小熊电器用户已超5 000万，线上销售额占据了主营业务收入的9成左右。

资料来源：根据搜狐网相关资料编写，https://www.sohu.C.om/A./406153968_100133669.

【理论概述】

实现企业产品与顾客需求在时间和空间上的有效对接，亦即让顾客在其期望的时间和地点方便快捷低成本地获得产品是企业市场营销工作的重要内容。这就需要企业构建起高效、经济、顺畅的分销网络和物流体系。本章有四节内容：第一节分销渠道的内涵和类型；第二节分销渠道策略；第三节批发商和零售商；第四节物流策略。

第一节　分销渠道的内涵和类型

一、分销渠道的内涵和职能

（一）分销渠道的内涵

市场营销渠道和分销渠道是两个内涵不同又密切相关的概念，有时还经常被人所混淆。市场营销渠道是指配合起来生产、分销和消费某一生产者的产品或服务的所有组织和个人构成的网络。市场营销渠道包括所有参与某种产品供产销过程的有关组织和个人，如供应商、生产者、商人中间商、代理中间商、辅助商（如支持分销活动的仓储、运输、金融、广告代理等机构）以及最终消费者（用户）等。市场营销渠道通常包含着商流、物流、货币流、信息流及促销流等。商流涉及产品或服务所有权的转移或协助所有权的转移，是企业与顾客实现产品交换的关键环节；物流涉及实体产品的空间移动，关键是要让顾客能在合适的时间和地点以合理的运送费用得到产品；货币流涉及企业与顾客在产品交换过程中的货币流动，关键是要让顾客安全便捷地将货款付给企业，以保证交换的正常进行；信息流涉及产品交换过程中的信息的产生、收集、整理、存储、使用等，关键是要让买卖双方都能获得真实可靠的信息，实现供需双方的信息对接。促销流是指企业的促销活动，是企业主动地向顾客传递产品信息并期待其做出积极反应的活动，是一种特殊的信息流。

分销渠道是市场营销渠道的重要组成部分，是指某种产品或服务从生产者转移到消费者的过程中所有参与产品或服务所有权转移或者协助所有权转移的组织或个人所构成的网络。分销渠道成员包括生产者、中间商（取得产品所有权的批发商、零售商，未取得产品所有权，但协助产品转移的代理商和经纪人）和最终消费者（用户），但是不包括供应商和辅助商。分销渠道与市场营销渠道示意图如图 10-1 所示。

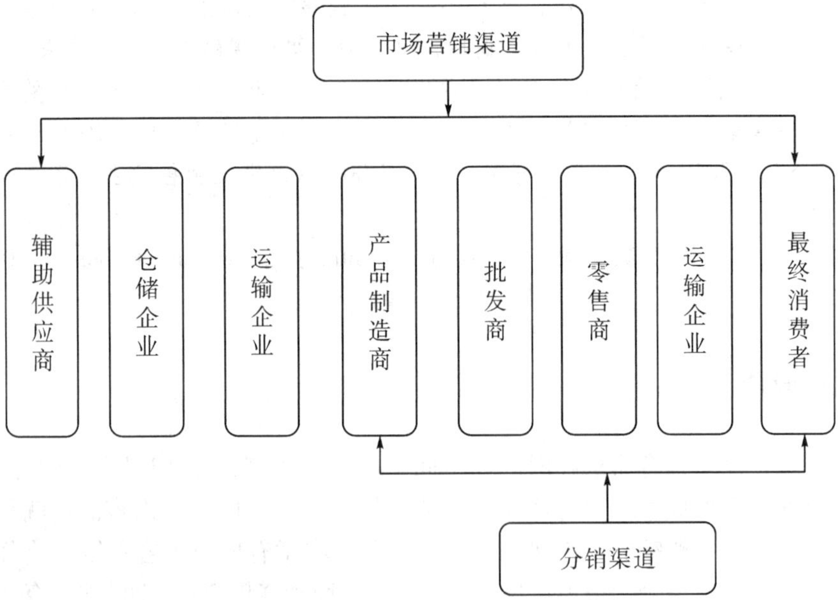

图 10-1　分销渠道与市场营销渠道

从事买进产品、取得产品所有权，然后再出售业务的中间商一般称为商人中间商。而以寻找顾客，有时也代表生产厂商同顾客谈判，但是不取得产品所有权为主要业务的中间机构（如经纪人、制造商代理人和销售代理人）被称为代理商。只进行分销活动，既不取得产品所有权，也不参与买卖谈判的中间机构（如运输公司、独立仓库、银行和广告代理商）被称为辅助机构。

（二）分销渠道的职能

分销渠道是联结生产者和消费者（或用户）的桥梁与纽带，其基本职能是帮助生产者和消费者达成交易，实现生产者的产品与消费者的需求的无缝对接。分销渠道的主要职能包括：

（1）研究。收集制定市场营销计划和进行交换所必需的市场信息，并对市场性质和变动趋势做出分析和判断。

（2）促销。开展各种促销活动，说服消费者购买和使用某种产品或服务。

（3）接洽。寻找可能的购买者并与之进行沟通。

（4）谈判。与消费者就产品交换的有关事项，如产品质量、品种、价格、售后服务等，进行商谈，以实现产品或服务所有权的转移。

（5）订货。分销渠道成员向制造商或供应商就采购事项进行洽谈。

（6）配合。分销渠道成员进行的产品分类、分等、装配、包装等活动。

（7）物流。分销渠道成员的产品运输、储存、配送等活动。

（8）融资。为补偿分销渠道工作的成本费用而对资金的取得与支出。

（9）风险承担。承担与分销渠道工作有关的全部风险。

（10）付款。买方通过银行或其他金融机构向销售者支付账款。

（11）所有权转移。产品所有权从一个组织或个人向其他组织或个人的实际转移。

（12）服务。分销渠道提供的附加服务支持，如信用、交货、安装、修理等。

二、分销渠道的类型

（一）依据分销渠道的长度划分

分销渠道的长度是指产品从生产者到最终消费者的转移过程中所经历的中间环节数量。依据中间环节层次的多少划分，分销渠道可以分为零层渠道、一层渠道、二层渠道、三层渠道及多层渠道等，如图 10-2 所示。

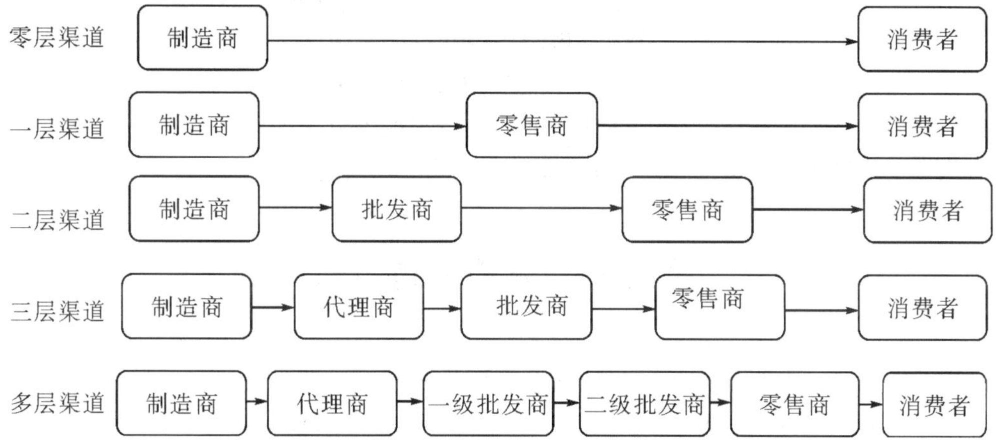

图 10-2　分销渠道的层次

（1）零层渠道（直接分销渠道）表现形式为制造商—消费者，它是一种最简便、也是最短的渠道。其特点是产销直接见面，没有中间环节，产品流通费用较低；同时有利于企业把握市场信息。其缺点是不利于企业开展以规模化为基础的专业性分工，降低了整体效率。

（2）一层渠道。一层渠道是指在制造商与消费者之间只有一个中间环节。在消费者市场上，这个中间环节大多数是从事零售业务的商店、连锁店、超级市场等。

（3）二层渠道。二层渠道是指在制造商与消费者之间经过两个层次的中间环节的分销渠道。在消费者市场，一般表现为企业—批发商（代理商）—零售商—消费者。这是一种传统的，也是常用的分销渠道模式。

（4）三层渠道。三层渠道是指在制造商与消费者之间经过三个层次的中间环节的分销渠道。在消费者市场，一般表现为制造商—代理商—批发商—零售商—消费者。有些产品技术性强，又需要广泛推销，多采用这种分销渠道。

（5）多层渠道。多层渠道是指在制造商与消费者之间经过四个层次及以上的中间环节的分销渠道。在消费者市场，一般表现为制造商—代理商—一级批发商—二级批发商—零售商—消费者。这种层次的分销渠道较少见。从制造商角度来看，随着渠道层次的增多，控制渠道所需解决的问题也会增多。

（二）依据分销渠道的宽度划分

分销渠道的宽度是指分销渠道中某个层次使用同种类型中间商数目的多少。依据分销渠道的宽度，可以把分销渠道分为密集型分销、选择性分销和独家分销三种类型。

（1）密集型分销。密集型分销是指制造商在分销渠道的某个层次尽可能多地使用同种类型中间商销售本企业的产品，一般适合于产品花色品种多，产品单价低，顾客购买频次高，每次购买数量少，挑选性不强的日常生活用品。密集型分销有利于制造商将产品迅速地覆盖到市场的各个角落，分销渠道的适应性强，灵活性高，但是对分销渠道控制力差，分销渠道的管理难度大。

（2）独家分销。独家分销是指制造商在分销渠道的某个层次只选择一家中间商销售本企业的产品，一般适合于顾客数量少、产品单价高、技术性强、需要更多售后服务、挑选性强的产品。独家分销有利于制造商控制分销渠道，分销渠道管理难度小，但是不利于迅速提高产品的市场覆盖面，分销渠道的灵活性和适应性差。

（3）选择性分销。选择性分销是指制造商在分销渠道的某个层次精心选择若干家中间商销售本企业的产品，一般适合于产品单价较高、技术性强、需要较多售后服务、挑选性较强的产品。选择性分销兼具密集型分销和独家分销的优缺点，多用于家用电器、汽车、名牌服装、珠宝、高档手表等产品的分销渠道建设。

第二节　分销渠道策略

企业要使自己的产品顺利地与顾客达成交易，不仅要恰当地选择目标市场，更要正确地设计和选择分销渠道，其本质是确定企业产品进入目标市场的最佳途径。

一、影响分销渠道设计和选择的因素

影响分销渠道设计和选择的因素见图 10-3。

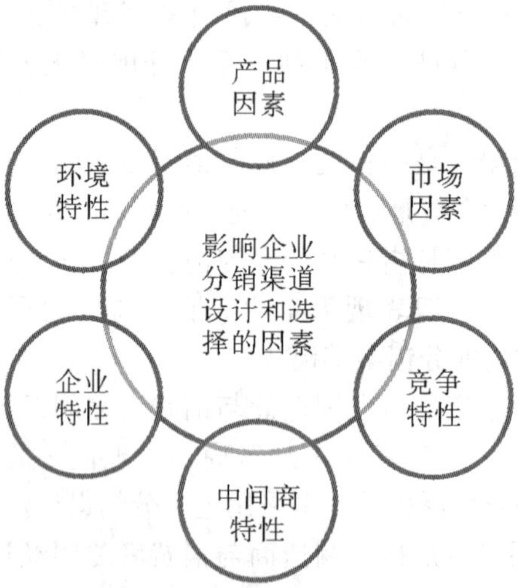

图 10-3　影响企业分销渠道设计和选择的因素

（一）产品因素

不同的产品适用于不同的分销渠道，产品特性会对分销渠道产生影响，主要表现为：

1. 产品的耐腐性和易毁性。一般而言，易毁损、易变质或易腐烂的产品，储存条件要求较高、保质期短的产品，易燃易爆品、危险化学品等，宜采用较短的分销渠道，以尽快将产品送到消费者手中；反之，则可以采用较长的分销渠道。

2. 产品价格。一般而言，产品单价越低，分销渠道越多，层次越多；反之，单价越高，路线越短，渠道层次越少。

3. 产品的体积与重量。一般而言，体积大、笨重的产品，宜采用层次少的短渠道，以利于减少中转环节，节省储运费用；反之，则可以采用层次多的长渠道。

4. 时尚性。对式样、款式变化快的商品，应多利用直接分销渠道，以最短的时间将产品送达消费者，以避免产品过时。

5. 技术性和售后服务。技术含量越高或需要经常提供服务与保养的商品，应该选择较短的分销渠道，以便维修和提供服务；反之，则可以采用较长的渠道。

6. 产品的标准化程度。对于非标准化产品，如定制品和专用品，企业通常派员直接销售；对于标准件，由于其规格、式样等的标准化，分销渠道可长可短。产品产量大，往往需要通过中间商销售，以扩大销售空间，提高市场覆盖面。

7. 新产品。新产品进入市场时，需要开展广泛而深入的宣传促销活动，而且需要随时掌握有关的市场信息。为了打开新产品的销路，企业一般重视组建自己的推销队伍，直接与消费者或用户见面。对于时尚性的新产品，也应采用较短的分销渠道，以减少或避免因中间环节的周转期过长而造成损失。

（二）市场因素

企业的分销渠道设计还与其所面临的市场因素有关，主要影响如下：

1. 目标顾客的状况。如果目标顾客分布面积广，市场范围大，就要利用长渠道和宽渠道，广为推销，提高市场覆盖率。

2. 市场的地区性。目标市场聚集的地区，分销渠道的结构可以短些、扁平些，而一般地区则经批发商和零售商进行销售。

3. 消费的季节性。季节性不强的产品可采取较长的分销渠道，充分发挥批发商的作用。

4. 市场竞争状况。除非竞争异常激烈，同类商品一般应采取与竞争者相似的分销渠道模式，容易被市场所接受。

5. 产品的交易量。如果一次交易量大，可以直接供货，分销渠道就短；一次交易量少但交易频繁，分销渠道则会长一些。

（三）竞争特性

企业的分销渠道设计常常受到竞争者的分销渠道的影响。某些行业的企业希望在与竞争者相同或相近的经销点与竞争者的产品相抗衡，例如，手机行业竞争品牌经常摆在一起销售。当然，企业也可以另辟蹊径，采取与竞争对手相异的分销渠道。例如，戴尔公司曾通过分销渠道革命——采取直销模式，后来居上，取得奇效。

（四）中间商特性

设计渠道时还须考虑执行不同任务的中间机构的优缺点。具体考虑的因素有：中间商的获得性；使用中间商的成本；中间商所提供的服务等。企业要在成本、可获得性以及提供的服务三方面对中间商进行评估。有许多产品顾客有习惯性购买的渠道，企业在选择分销渠道时必须加以考虑。如顾客习惯于在超市或便利店购买生鲜食品和日常生活用品，但不会在此购买名牌服装、昂贵的手表等高档产品。处在城市繁华地段的百货商场也纷纷走高端路线，不再经销价格实惠的大众产品。

（五）企业特性

一般来说，企业总体规模的大小决定了其市场范围、客户规模及与中间商合作的能力。企业的产品组合宽度越大，与顾客直接交易的能力越大；产品组合的深度越大，使用独家分销或选择性分销就越有利；产品组合的关联性越强，越应使用性质相同或相似的分销渠道。而企业财务能力的强弱决定了哪些市场营销职能可由自己执行，哪些应交给中间商执行。财务实力弱的企业一般采用“佣金制”的分销方法，尽量利用那些愿意并能吸收部分储存、运输及融资等成本费用的中间商。同时，企业所拥有的丰富的分销渠道管理经验，在设计和建设新渠道时，也会影响新渠道的选择。曾经通过某种特定类型中间商销售产品的企业，会形成分销渠道偏好。另外，现行的市场营销政策也会影响渠道的设计。例如，对最终购买者提供快速交货服务，会影响到生产者对中间商执行的职能、最终经销商的数目与存货水平以及采用的运输系统的要求。

（六）环境特性

企业渠道设计还要受到环境因素的影响。随着市场经济的不断发展和全球经济一体化的深化，人们的消费观念与生活方式不断改变，企业所面对的分销渠道环境也在不断地发生变化。例如，在经济形势不佳时，厂商往往希望将产品较快地送到市场，能使最终顾客便宜地买到产品，这就意味着应使用较短的渠道，以免除那些会提高产品最终售价但又不十分必要的服务。目标市场所处的自然地理环境、人口规模及分布、城市化程度等也会影响企业分销渠道的选择。例如，某瓶装饮料生产企业，在大城市市场，可以选择大型购物中心、超级市场、连锁便利店，在农村市场则只能在小型超市或杂货店销售其产品。

二、分销渠道设计的过程

分销渠道设计是指企业为实现其分销目标，对各种备选的分销渠道方案进行评估，从中选择最优方案的过程。设计分销渠道，应以及时有效地满足顾客的需要为出发点，充分考虑各种影响因素或限制条件，恰当地选择分销渠道的类型，合理地规定分销渠道成员的权利和义务及管理制度，以达到减少流通环节，降低分销费用，加速物流和资金周转，扩大产品销售，提高经济效益的目的。

分销渠道设计过程见图 10-4：

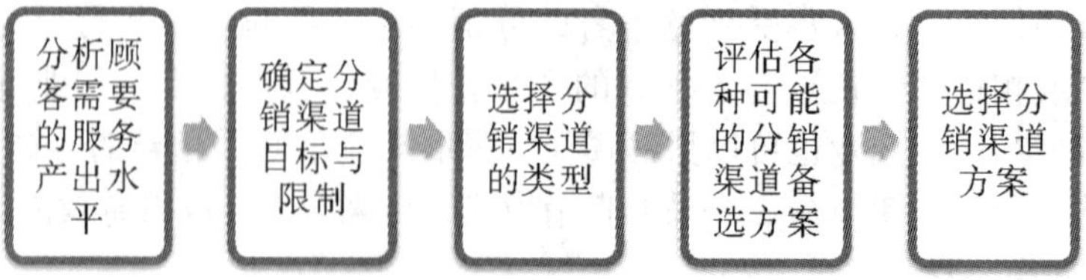

图 10-4　分销渠道设计的过程

（一）分析顾客需要的服务产出水平

设计渠道的第一步是了解目标顾客需要的服务产出水平，即人们购买一个产品时所期望的服务类型和水平。服务产出水平影响着分销成本、产品的价格和销量。设计分销渠道时，必须了解目标顾客的服务产出需要，根据不同细分市场的服务产出需要设计合适的分销渠道。通常分销渠道可提供以下服务产出：

1. 批量大小

批量是分销渠道在购买过程中，提供给顾客的单位数量，通常批量越小，由分销渠道所提供的服务产出水平越高。

2. 等候时间

顾客等待收到货物的平均时间。顾客一般喜欢快速交货渠道，而快速交货要求较高的服务水平。

3. 空间便利

空间便利是分销渠道为顾客购买提供的方便程度。如果顾客能够在有需要的时候不用花费很多精力和时间，就能获得想要的产品或服务，那么就认为这个分销渠道的空间便利程度是较高的。

4. 产品品种

它是指分销渠道提供的产品花色品种的丰富程度。一般来说，顾客喜欢花色品种丰富的产品，因为这使得顾客有更大的挑选余地，进而满足其需要的机会就增多了。

5. 服务支持

它是指分销渠道提供给顾客的附加服务（如信贷、交货、安装、修理等）。服务支持越强，分销渠道提供的服务工作越多。

（二）确定分销渠道目标与限制

分销渠道设计的核心是确定企业产品到达目标市场的最佳途径。每一个厂商都必须在顾客、产品、中间商、竞争者、企业政策和环境等形成的限制条件下，确定分销渠道目标。所谓分销渠道目标，是企业在充分考虑预期达到的顾客服务水平（如何、何时、何处对目标顾客提供产品或实现服务）以及中间商应执行的职能的基础上确定的企业期望达到的市场目标。企业可以选择市场占有率、市场覆盖率、新顾客开发率、新产品推广效果及顾客忠诚度等作为具体目标。

（三）选择分销渠道的类型

1. 确定分销渠道的层次/长度

分销渠道设计首先要确定渠道的长度。不管是选择直接渠道或短渠道，还是选择间接渠道或长渠道，都应综合分析制造商的特点、产品的特点、中间商的特点以及竞争者的特点，以便于降低分销渠道成本，提高分销效率和分销渠道控制能力。

2. 确定分销渠道的宽度

确定分销渠道的宽度，是指决定某个分销渠道层次使用中间商的数量。具体有三种可供选择的方式：密集分销、选择分销和独家分销。三种分销渠道方式的比较如表10-1所示。

表10-1　三种分销渠道方式比较

	密集分销	选择分销	独家分销
渠道的长度和宽度	长而宽	较短而窄	短而窄
中间商数量	尽可能多的中间商	有限中间商	一个地区一个中间商
销售成本	高	中	低

表10-1(续)

	密集分销	选择分销	独家分销
广告任务承担者	制造商	制造商、中间商	制造商、中间商
适合商品类别	便利品、供应品	选购品、特殊品	奢侈品、特殊品

3. 规定分销渠道成员的任务和交易条件

制造商必须对分销渠道成员规定分销条件与责任，以便于各分销渠道成员有效地执行分销渠道功能。具体包括以下内容：

（1）价格政策。企业应制定出合理的价格表和折扣表，以此刺激中间商努力为企业销售产品，扩大产品储备，更好地满足顾客需要。

（2）销售条件。企业应制定出相应的付款条件和中间商的保证范围。大多数制造商会对付款较早的分销商给予现金折扣。企业还需对中间商提供诸如不合格产品的退换、价格变动风险分担等方面的保证。这样，有利于中间商及早回款，加速企业的资金周转，同时也可以引导中间商适当购买和储存产品。有些制造商还根据中间商完成销售任务的多少规定不同的返点水平，以调动中间商的积极性。

（3）区域销售权利。企业应把各个中间商所授权的销售区域划分清楚，以便于中间商拓展自己的业务，也有利于企业对中间商的业绩进行考核，也可以避免销售区域不清带来的窜货或中间商之间的冲突。

（4）相互服务及职责。企业应制定相应的服务与职责范围，明确企业要为中间商提供哪些方面的服务，承担哪些方面的职责；中间商要为企业提供哪些方面的服务，承担哪些方面的职责。一般情况下，相互的服务与职责内容包括产品采购、运输与储存、促销、货款结算、信息沟通等方面的相互配合等。

（四）评估各种可能的分销渠道备选方案

每一种分销渠道备选方案，都是产品送达最终顾客的可能路线。企业需要从那些似乎很合理但又相互排斥的备选方案中，选择一种最能满足其长期目标的方案。因此，企业必须对各种可能的渠道备选方案进行评估。评估标准有三个，即经济性、控制性和适应性。

1. 经济性标准

企业的最终目的在于获取最佳经济效益，因此，经济性标准主要考虑的是每一条分销渠道的销售额与成本的关系。判别一个方案好坏的标准，不仅要看其能否导致较高销售额或较低成本费用，而且还要看其能否取得最大利润。

2. 控制性标准

使用中间商，往往会增加控制的问题。中间商是一个独立的企业，所关心的是自己如何取得最大利润。它可能不愿与相邻地区同一委托人的中间商合作；可能只注重访问那些与其推销产品有关的顾客，而忽略对委托人很重要的顾客。中间商的销售人员可能无心了解与委托人产品相关的技术细节，也很难正确并认真对待委托人的促销资料。

3. 适应性标准

适应性指企业所选的分销渠道是否能适应环境变化，能否灵活地对其分销渠道进行调整。每个分销渠道方案都会有合同期限，企业一旦选定某一中间商，其更换成本就很高。但随着环境条件的变化，不同类型渠道的效率或适应性会发生变化，过去有效的分销渠道在环境发生变化后效率可能会降低。因此，企业在进行渠道设计时，既要看到所选渠道的短期效果，也要着眼长远，评价所选渠道对环境变化的适应性，以寻求环境适应能力强的分销渠道。

当然，需要注意的是，上述三个标准存在一定的矛盾性，在实际选择时需要均衡考虑。例如，密集性分销方式，企业对分销渠道的控制性较差或者控制成本较高，但适应性较好；独家分销方式，企业可以实现对分销渠道的完全控制，管理成本低，但适应性较差，因此，企业在选择分销渠道成员时就需要格外仔细。企业产品所处生命周期阶段的变化也可能会影响分销渠道方式的选择。在产品生命周期的导入期，企业可能需要自建分销网络直接向顾客销售产品，经济性和控制性都较好，当产品进入成长期和成熟期，企业可能会选择中间商来销售产品，销售成本可能也会低于自建销售渠道的成本，经济性和适应性都较好，但控制性会下降。

（五）选择分销渠道方案

企业在综合考虑分销渠道目标、各种限制条件及要求的基础上选择合适的分销渠道的类型及其组合搭配的模式。

三、分销渠道的管理

分销渠道管理是指生产商为实现企业分销目标而对现有渠道进行管理，以确保渠道成员间、企业和渠道成员间相互协调和通力合作的一切活动。企业必须对分销渠道成员进行评价和激励，协调渠道冲突中各方的利益，还要对分销渠道进行一定的调整、以适应新的市场状况和环境变化，从而提高分销效率，实现分销渠道的整体目标。

分销渠道管理主要包括以下内容：

（一）选择分销渠道成员

企业在招募中间商时，有时很容易找到特定的中间商，并使之加入系统；有时企业必须费尽心思才能找到期望数量的中间商。企业必须研究中间商是如何进行决策的，尤其是他们决策时对毛利、广告与销售促进、退货保证等方面的重视程度。企业无论在任何情况下，都须考虑中间商的特性，评估中间商经营时间的长短及其成长记录、清偿能力、合作态度、声望等。如果中间商是销售代理商，企业还须评估其销售的其他产品大类的数量与性质、销售人员的素质与数量等。如果中间商希望自己独家分销时，企业还须评估其店铺位置、发展潜力以及目标顾客的类型。当然，选择中间商的过程通常是一个“双向过程”，不仅制造商选择中间商，同时中间商也在选择制造商，尤其是强大的或有影响力的零售商。在这一“双向选择”过程中，谁具有较强的主动权取决于双方实力的对比。中小型企业在选择分销渠道成员时常常处于不利地位，被迫接受大型零售商开出的诸多不利条件，承担诸如进店费、新品展示费、促销费等，有时还得自己派驻销售人员开展现场促销活动，并承担相关费用。实力雄厚、具有全国市场影响力的名牌企业在选择分销渠道成员时具有较大的主动权，他们成为各级经销商、零售商争取的合作对象，因而处于相对有利的地位。

企业在选择分销渠道成员时，要主要考虑以下因素：中间商销售网络及市场覆盖率、中间商声誉、中间商的经验、中间商的合作意向、中间商的财务状况、中间商的促销能力、中间商的区位优势等。

（二）评估分销渠道成员

企业应该定期评估中间商的绩效是否达到预期目标或合同要求，以此作为奖惩的依据，也为调整和优化分销渠道提供依据。

1. 评价标准

评价分销渠道成员绩效的主要标准是双方签订的合作协议所确定的目标任务及要求。具体包括：销售配额完成情况、平均存货水平、产品配送时间、产品损坏、遗失及处理状况、与企业促销及培训计划的合作情况、对用户服务的水平等。

2. 评价分销渠道成员绩效方法

（1）将每一分销渠道成员的销售绩效与上期绩效比较，并以整个群体的升降百分比作为标准。对低于该群体平均水平的分销渠道成员，要加强督促措施。还要对后进分销渠道成员的环境因素加以调查，看是否存在客观原因，如当地经济衰退、某些顾客不可避免流失、主力销售人员退休或“跳槽”等，其中哪些因素可在下期弥补。一般来说，企业不宜因这些客观原因造成的结果而对分销渠道成员进行惩罚。

（2）将各分销渠道成员的绩效与该地区基于销售潜量分析所设立的配额相比较。即在销售期过后，根据分销渠道成员的实际销售额与其潜在销售额的比率，将各分销渠道成员按先后名次进行排列。这样企业就可以奖优罚劣，激励先进，鞭策落后了。

（三）激励/惩罚分销渠道成员

企业通过激励或惩罚手段促使分销渠道成员履职尽责。企业对分销渠道成员可采取的激励手段有：赋予其独家经销权、提高其可得的毛利率、进行资金支持、协助其进行经营管理、培训销售人员、提供市场信息等。惩罚性的手段有：提价、降低毛利、推迟交货、减少所提供的服务、中止合作关系等。

不论采取何种激励/惩罚措施，企业都必须尽量避免激励（或惩罚）过度与激励（或惩罚）不足两种倾向。当企业给予分销渠道成员的优惠条件超过了其取得合作与努力水平所需的条件时，就会出现激励过度的情况，其结果是销售量提高，而利润下降；当企业给予分销渠道成员的条件过于苛刻，以致不能激励分销渠道成员努力工作时，则会出现激励不足的情况，其结果是销售量降低，利润减少。当然，企业应该明白，分销渠道成员是合作伙伴而非分支机构，一切都要以互利共赢为基础，以有利于共同完成企业的市场营销目标为目的。

（四）优化分销渠道系统

当消费者购买方式变化、市场扩大、新竞争者加入、创新的分销渠道出现以及产品进入生命周期下一阶段等情况出现时，就有必要对分销渠道进行优化。分销渠道的优化主要可以从以下几个方面着手：增加或剔除某些分销渠道成员；增加或减少某些市场的分销渠道；改进整个分销系统，选择全新的分销渠道销售其产品等。通过分销渠道的优化，使企业分销渠道结构层次及类型更加合理，能够以较小的成本完成企业的市场营销目标。

四、分销渠道冲突及其治理

分销渠道冲突，是指分销渠道系统中某些成员因从事妨碍企业实现分销目标的活动而发生的各种矛盾。例如，分销渠道成员之间相互冷战、互相要挟、拖欠货款、区域窜货、相互报复、相互压价乱价等。分销渠道冲突的主体可能会涉及所有分销渠道成员，包括制造商、经销商、代理商、批发商、终端零售商等；分销渠道冲突的程度可分为激烈冲突（直接对抗）、冷战（不协调、排斥）等形式。分销渠道冲突的根源主要是利益问题，核心是对经济利益和分销渠道权力的争夺。

（一）分销渠道冲突的表现形式

1. 垂直分销渠道冲突

垂直分销渠道冲突，是指企业同一分销渠道中不同层次成员之间的冲突，即分销渠道上下游冲突。例如，某家电制造商要求其经销商执行其制定的某个价格政策时，部分经销商有可能为了自身利益而低价销售。零售商对制造商或批发商也可能有类似的不满。一方面，越来越多的制造商或批发商从自身利益出发，采取直销与分销相结合的方式销售商品，这就不可避免地要同下游中间商争夺客户，大大挫伤下游分销渠道成员的积极性；另一方面，当下游中间商的实力增强以后，不甘心目前所处的地位，希望在分销渠道系统中有更大的权力，向上游分销渠道成员发起挑战。在某些情况下，制造商为了增加产品销售，往往会越过一级批发商直接向二级批发商供货，致使上下游分销渠道成员之间产生矛盾。

2. 水平分销渠道冲突

水平分销渠道冲突，是指分销渠道内同一层次的渠道成员之间的冲突，主要是分销商之间、批发商之间及终端零售商之间的冲突。水平分销渠道冲突主要表现在分销渠道成员不按照分区销售协议要求而进行跨区销售。

3. 多渠道冲突

多渠道冲突，是指多个类型分销渠道成员之间的冲突。例如，某品牌制造商实行线下实体店与线上网店销售同款运动鞋时，如果线上网店的产品价格低于线下实体店的同款价格，就会导致线下实体店的不满。

（二）分销渠道冲突产生的原因

1. 目标不同

在分销渠道系统内，各分销渠道成员都是独立的经济实体，因而都有自己的经营目标，并企图实现自己的经营目标，当这些经营目标不一致时就会产生冲突。例如，制造商想要通过低价使销售快速增长，以获取较大的市场份额，而中间商则希望通过高毛利而获取最大化的短期收益。

2. 知觉差异

不同分销渠道成员对待同一事物的态度与解释可能大相径庭。如制造商可能对未来的经济前景表示乐观，希望中间商加大备货量，而中间商对经济形势的预期可能并不乐观，从而造成对销售任务配额及政策的冲突。

3. 沟通障碍

由于迟缓或不精确的信息传递以及信息的不对称等原因，造成理解的失误而导致损失的一方产生不满，就会产生冲突。

（三）分销渠道冲突的治理方法

并非所有的冲突都会降低渠道效率。低水平的渠道冲突可能对分销效率无任何影响，中等水平的渠道冲突有可能会提高渠道的分销效率。适当冲突的存在会增强分销渠道成员的忧患意识，刺激分销渠道成员的创新。但是，高烈度的分销渠道冲突则会影响企业市场营销目标的实现。因此，企业必须采取有效的措施管控分销渠道冲突。

1. 观念更新

制造商要充分认识到分销渠道成员是独立的利益主体，有追求自己利益、实现自身经营目标的权利。分销渠道成员是企业的合作伙伴，而不是分支机构。企业需要通过协商的方式公平合理地确定各自在分销事务方面的责任、义务和利益。

2. 建立产销战略联盟，构建利益共同体

产销战略联盟是指从企业的长远角度考虑，制造商和中间商之间通过签订协议的方式，形成“风险—利益”联盟体，按照商定的分销策略和游戏规则，共同开发市场，共同承担市场责任和风险，共同管理和规范销售行为，共同分享销售利润的一种战略联盟。产销战略联盟具有方式灵活、层次多样的特性。产销双方在实行联盟时有从低到高多种形式的选择，如会员制、销售代理制、联营公司等。

3. 加强冲突处理制度建设

分销渠道冲突产生的原因一方面可能是合作协议规定的不够详细明确，以致在理解上出现偏差；另一方面可能是有些分销渠道成员为了私利而故意为之，做出违反合作协议的行为。对于前者，企业应增强法治意识，提高专业能力，尽可能地堵塞合作协议的漏洞，明确分销渠道成员违规可能受到的处罚事项及处罚机制；对于后者，则需要加强过程监督，严格执行合作协议，坚决查处违纪违规者。

4. 做好意外情况的处理

如果当前市场情况与合作协议签订时的情况发生了较大的变化，企业可与分销渠道成员通过面对面地交流来共同解决面临的问题。如果协商不能解决问题，第三方仲裁及司法手段也是解决分销渠道冲突的重要方式。

五、窜货现象及其整治

（一）窜货的原因

窜货，是指经销商置经销协议和制造商长期利益于不顾，进行产品跨地区降价/高价销售产品的行为。产生这种现象的原因主要有：存在着某些地区市场供应饱和；有时广告拉力过大，分销渠道建设没有跟上，存在部分地区的市场短缺；企业在资金、人力等方面不足，造成不同区域之间分销渠道发展不平衡；企业给予分销渠道的优惠政策各不相同，经销商利用地区差价窜货。

（二）窜货的整治

1. 签订协议

企业内部业务员与企业之间、客户与企业之间签订不窜货乱价协议。该协议是一种合同，具有法律上的约束力，为进行处罚提供了法律依据。企业可以将所窜货物价值累积到被侵入地区经销商的销售额中作为奖励基数，同时从窜货地区的业务员和客户完成的销售额中扣减等值销售额。

2. 外包装区域差异化

企业通过对相同产品，采取不同地区不同外包装的方法，可以在一定程度上控制窜货乱价现象的发生。一是通过文字标识，在每种产品的外包装上印刷“专供某地区销售”。其可以在产品外包装箱上印刷，也可以在产品包装上加印。这种方法可以帮助企业识别出产品所应销售的区域，便于检查督导。二是商标颜色差异化，即在不同地区将同种产品商标，在保持其他标识不变的情况下，采用不同色彩加以区分。该方法要求该产品在某地销量达到足够大，成为该地区畅销的主导产品；否则，得不偿失，还可能造成市场形象的混乱。三是外包装印刷条形码，不同地区印刷不同的条形码。企业可以通过条形码很容易识别出是否存在窜货问题。

3. 发货车统一备案，统一签发控制运货单

在运货单上标明发货时间、到达地点、接受客户、行走路线、签发负责人、公司负责业务员等信息，并及时将该车信息通知沿途不同地区业务员或经销商，以便监督。

4. 建立科学的企业内部分区业务管理制度

可以采取“七定”（即定区、定人、定客户、定价格、定占店率、定激励、定监督）分级分层管理制度加强管理。

（1）定区。依据所在地区的行政地图，将所在地区根据道路、人口、经济发展水平、业务人员数量划分若干销售区域。

（2）定人。每个销售区域都有具体负责的业务员。

（3）定客户。业务员必须建立起客户档案。重点要建立分销渠道成员及其客户的档案，掌握客户基本情况，动态了解其销售情况。

（4）定价格。所有销售区域作为内部业务管理制度，必须价格统一。

（5）定占店率。业务员必须将所在销售区域的零售商准确标记在销售区域图上，并在规定时间内占领一定比例的零售店。

（6）定激励。从单一的折扣、返利转到综合奖励，以更公平、更公开的方式奖励客户。

（7）定监督。主要监督窜货与价格。一是企业内部必须成立市场监督部，直接对销售总经理负责，对各销售区域执行合作协议情况进行动态监督。二是业务员在所在销售区域监督分销渠道成员的销售活动。与分销渠道成员的客户直接沟通交流是监督的重要途径。

5. 提升制造商的信息技术能力

制造商可以通过购买设备、定期培训企业信息技术人员等提升企业的信息技术能力，同时使用先进的技术手段即时了解销售动态，改进自身与客户之间的关系，增强双方的合作意愿，预防渠道成员窜货行为的产生。

六、分销渠道的发展

分销渠道是随着环境不断变化的，企业在实践中发展出众多的分销渠道系统。

（一）垂直分销渠道系统

垂直分销渠道系统是由制造商、批发商、零售商组成的一种统一的联合体，每个成员都把自己看作系统的一部分，关注整个系统的运营效能。垂直分销渠道系统可以由制造商主导，也可以由批发商或者零售商控制。垂直分销渠道系统权力高度集中，具有较好的沟通协调功能，能够更好地进行分销渠道领导、分工、冲突管理以及控制。垂直分销渠道系统根据系统安排的紧密程度，从弱到强依次分为管理型、契约型和公司型。三种类型的形成方式各不相同，管理型通过信用方式形成，契约型通过合同方式形成，公司型则通过股权方式形成。

1. 管理型

管理型，是指由某个实力强大的分销渠道成员组织其他成员形成一个统一体，在实力强大的分销渠道成员领导下，其他分销渠道成员愿意接受该分销渠道领袖的领导，

整个分销渠道系统统一行动。管理型垂直分销系统中的分销渠道领袖可以是制造商，也可以是中间商。充当分销渠道领袖的制造商，既可以利用拉动式策略，也可以采取推动式策略，领导整个分销渠道系统的运作。在管理型垂直分销系统中，分销渠道领袖往往在定价、库存管理、商品陈列促销等方面与中间商协调一致，或予以帮助和指导，从而建立关系比较稳定、目标一致的工商协作关系。

2. 契约型

契约型垂直分销系统是对管理型垂直分销系统的进一步发展，是指分销渠道中具有独立地位的企业以正式的合同形式联系起来，组成一个联合体，以求获得比独立行动时所能得到的更大的收益、更好的销售效果。契约型垂直分销渠道系统有三种形式：特许经营组织；零售合作组织；批发商倡导的自愿连锁组织等。

3. 公司型

公司型，是指依靠产权关系在分销渠道成员之间建立关联，通过制造商对中间商或中间商对制造商实施控股或参股的形式形成，从而对分销渠道实现高水平的控制。公司型垂直分销渠道系统是所有垂直分销渠道系统中最紧密的分销渠道安排。在公司型分销渠道系统中，分销渠道领袖依靠股权机制来控制分销渠道成员，使其统一按照公司的计划目标和管理要求进行产品销售。公司型垂直分销渠道系统的建立主要通过制造商对中间商，或者中间商对制造商的控股、参股形式，加强对对方公司的控制。它不是由制造商全资投资设立的销售公司，而是两个独立公司之间的纵向联合。公司型垂直分销渠道系统既可以由制造商主导，也可以由中间商主导。

（二）水平分销渠道系统

水平分销渠道系统，是指分销渠道系统内同一层次的若干企业采取横向联合的形式，以合作或合资的方式组成新的分销渠道系统。合作的公司可以是竞争者也可以是非竞争者，其合作的基础可能是暂时的也可能是长久的，或者也可以共同成立一家新公司，主要是为了获得协同效应，或者减少独自经营的风险。它包括以下三种主要形式：制造商水平分销渠道系统、中间商水平分销渠道系统及促销联盟等。

（三）多渠道分销渠道系统

多渠道分销渠道系统，是指企业对同一或不同的细分市场，采用多条分销渠道的分销体系。一般有两种形式：一种是制造商通过两条以上的竞争性分销渠道销售同一品牌的产品；另一种是制造商通过多条分销渠道销售不同品牌的差异性产品。另外，还有一些公司通过同一产品在销售过程中的服务内容与方式的差异，形成多条分销渠道以满足不同顾客的需求。企业利用多渠道分销策略销售其产品，可获得更多、更准确的信息，更好地适应顾客需求的变化，有效扩大市场覆盖面，提高销售量（额），降低分销成本。但是，多渠道模式也可能引起消费者的困惑、造成分销渠道冲突、使企业成本增加、企业分销渠道易丧失独特性、增加分销组织的复杂性。

（四）网络分销渠道系统

网络分销渠道，是指借助于互联网、现代通信技术和数字交互式媒体来实现产品分销的方式，是网络经济时代的企业分销渠道模式。网络分销渠道包括订货、结算和配送等功能，可以分为两种类型：一种是网络直销渠道，即制造商与消费者或用户通过互联网直接联系和沟通，完成交易，交易中没有中介组织参与；另一种是网络中间商渠道，在制造商与消费者或用户之间有网络中间商居间牵线搭桥，完成交易。

第三节　批发商和零售商

批发商和零售商是中间商的两种类型，在分销渠道中承担着不同的职能，发挥着不同的作用。

一、批发和批发商

批发，是指一切将产品或服务销售给为了转卖或商业用途而购买的组织或个人的活动。批发商是指那些主要从事批发业务的企业，包括商人批发商、经纪人、代理商、制造商及零售商的分店和销售办事处等。

（一）商人批发商

商人批发商，是指自己进货，取得产品所有权后再批发出售的商业企业，也就是人们通常所说的独立批发商。这是批发商的最主要的类型。商人批发商按照职能多少和提供的服务是否完全可分为两种：

1. 完全服务批发商

完全服务批发商执行批发商的全部职能，提供的服务主要有保持存货、雇用固定的销售人员、提供信贷、送货和协助管理等。他们分为批发商和工业分销商两种。批发商主要向零售商销售，并提供广泛的服务；工业分销商向制造商而不是向零售商销售产品。

2. 有限服务批发商

批发商为了减少成本费用，降低批发价格，只执行一部分职能，提供少量服务，一般有以下六种类型：

（1）承销批发商

批发商拿到顾客（包括其他批发商、零售商、用户等）的订货单，向制造商或其他批发商等进货，并通知供货商将物品直接运送给顾客。承销批发商不需要仓库和库存，只要有办公室或营业场所就行，因而又叫作“写字台批发商”。

（2）卡车批发商

卡车批发商从生产者处把产品装上卡车，立即运送至各零售商、饭馆、旅馆等。卡车批发商不需要仓库和库存，由于卡车批发商经营的多为易腐和半易腐产品，一接到顾客订货通知就立即送货，主要执行推销和送货的职能。

（3）托售批发商

托售批发商在超级市场和其他食品杂货商店设置货架，展销其经营的产品，卖出后零售商付给货款。这种批发商经营费用较高，主要经营家用器皿、化妆品、玩具等产品。

（4）邮购批发商

邮购批发商，是指借助邮购方式开展批发业务的批发商。这类批发商通常经营食品杂货、小五金等，顾客一般是边远地区的小零售商。

（5）农场主合作社

农场主合作社，是指为农场主们共同所有，负责将农产品组织到当地市场上销售的批发商。农场主合作社的利润在年终分配给各农场主。

（二）经纪人和代理商

经纪人和代理商是专门从事购买、销售或二者兼备，但不取得产品所有权的企业或个人。与商人批发商不同，他们对经营的产品没有所有权，提供的服务比有限服务批发商少，主要职能在于促成交易和赚取佣金作为报酬。

1. 经纪人

经纪人的主要作用是为买卖双方牵线搭桥、协助谈判，买卖达成后向雇佣方收取费用。他们并不持有存货，也不参与融资和承担风险。

2. 代理商

代理商的主要职能是代表卖方寻找顾客，洽谈买卖事宜，办理代销、代存和代运业务。根据代理的对象和方式分为以下四种类型：

（1）制造商代表

它们代表两个或两个以上互补的产品线的制造商，分别与每个制造商签订有关定价政策、销售区域、订单处理程序、送货服务和各种保证以及佣金比例等的正式合同。制造商代表常被用在服饰、家具和电器等产品的销售上；大多数制造商代表都是小型企业。雇用人员少，无力雇用外勤销售人员的小企业，往往雇用代理商；大企业有时也利用代理商开拓新市场，或在难以雇用专职销售人员的地区，雇用代理商作为其代表。

（2）销售代理商

销售代理商在签订合同的基础上，为委托人销售某些特定产品或全部产品，对价格、条款及其他交易条件可全权处理。此类代理商在纺织、木材、某些金属产品、某些食品、服装等行业中常见。这些行业竞争非常激烈，产品销路对企业生存至关重要。

（3）采购代理商

采购代理商一般与顾客有长期关系，代理顾客采购，负责为其收货、验货、储运并将产品运交给买主。他们消息灵通，可向顾客提供市场信息，而且能以较低价格买到产品。

（4）佣金商

佣金商又称佣金行，是对产品实体具有控制力并参与销售协商的代理商。其大多数从事农产品代销业务。农场主将其农产品委托佣金商代销，付给佣金。委托人和佣金商的业务，一般只包括一个收获和销售季节。佣金行通常备有仓库，替委托人储存、保管产品。此外，佣金商还执行替委托人发现潜在买主、获得最好价格、再打包、送货、给予委托人和购买者商业信用（即预付货款和赊销）、提供市场信息等职能。佣金商对农场主委托代销的产品通常有较大的经营权：收到运来的产品以后，有权不经过委托人同意，以自己的名义按照当时可能获得的最好价格出售。因为这种佣金商经营的是蔬菜、水果等易腐易烂的产品，必须因时制宜尽早脱手。佣金商卖出产品后扣除佣金和其他费用，即将余款给付给委托人。

（三）制造商及零售商的分店和销售办事处

批发的第三种形式，是买方或卖方自行经营批发业务，不通过独立的批发商。这种批发业务分为两种类型：

1. 销售分店和销售办事处

制造商设立销售分店和办事处，以改进其存货控制、销售和促销业务。销售分店有的有自己的存货，此类大多经营木材和自动设备零件等；也有的不持有存货，这在织物制品和针线杂货业最为突出。

2. 采购办事处

许多零售商在大城市设立采购办事处，其作用与经纪人或代理商相似，但却是买方的一个组成部分。

二、零售及零售商

零售，是指所有向最终消费者直接销售产品或服务，用于个人及非商业性用途的活动。零售商，是指那些销售量主要来自零售的商业企业。零售商是直接向消费者出售产品的商业企业或个人，处于产品流通过程的中间环节，使产品从流通领域进入消费领域终端环节。

零售商一般可以分为商店零售商和无门市零售商两大类，见表 10-2。

表 10-2　零售商的类型

商店零售商	无门市零售商
百货商店 超级市场 专业商店 便利店 折扣商店 仓储商店 超级商店、联合商店和特级商场 产品陈列室推销店 购物中心	直接销售 自动售货 电话营销 电视购物 直复营销 购物服务公司 网络销售 无人商店 微商 社区团购

（一）商店零售商

1. 百货商店

百货商店，是指经营包括服装、家电、日用品等众多种类产品的大型零售商店。一般是在一个大建筑物内，销售几条产品线的产品，每一条产品线都作为一个独立部门由专门的采购员和营业员管理。百货商店一般会根据不同产品部门设销售区，采取柜台销售和开架面售方式，注重服务功能，满足顾客对时尚产品多样化选择需求的零售业态。

2. 超级市场

超级市场特点是营业面积大、实行开架自选，集中付款，产品价格低、营业时间长、配套设施全，以销售食品和日用品为主，满足顾客日常生活必需品的需求，普遍实行连锁经营方式。

3. 专业商店

专业商店经营的产品线较为狭窄，但产品的花色品种较为齐全。服装店、体育用品商店、家具店、书店、电器专卖店、汽车4S店等均属于专用品商店。根据产品线的狭窄程度可以分为单一产品线商店；有限产品线商店；超级专用品商店。

4. 便利店

便利店是设在居民区附近的小型商店，其营业时间长，销售品种有限、周转率高的方便产品。顾客主要利用它们进行补充性购买，因此其产品价格相对高一些。但是，它们满足了顾客一些重要的需求，人们愿意为方便购买产品支付高价。

5. 折扣商店

折扣商店主要销售全国性品牌，价格低于一般商店，销量大，薄利多销，店址一般在租金低的区域，能吸引较远处的顾客。近年来，折扣商店之间、折扣商店与百货商店之间的竞争激烈，导致许多折扣零售商经营品质高、价钱贵的产品。它们改善内部装修、增加新的产品线（如穿戴服饰）、增加更多服务（如支票付现、方便退货）等，折扣零售已经从普通产品发展到专门产品商店，例如折扣体育用品商店、折扣电子产品商店和折扣书店等。

6. 仓储商店

仓储商店是一种以大批量、低成本、低售价和薄利多销方式经营的连锁式零售企业。一般具有以下特点：

（1）以工薪阶层和机关团体为主要服务对象，旨在满足一般居民的日常性消费需求，同时满足机关、企业办公性和福利性消费的需要。

（2）规模较大、设备简陋、人员较少、费用和价格较低。一般从厂家直接进货，省略中间环节，尽可能降低经营成本。

（3）批量作价，多是成件或大包装出售。

（4）会员制。仓储式商店注意发展会员和会员服务，加强与会员之间的联系，是以会员制为基本的销售和服务方式。

（5）低经营成本。通过运用各种可能的手段降低经营成本，如仓库式货架陈设产品，选址在次商业区或居民住宅区，产品以大包装形式供货和销售，不做一般性商业广告，仓店合一。

7. 超级商店、综合商店和特级商场

（1）超级商店比传统的超级市场更大，主要销售各种食品和非食品类商品，以满足顾客的日常生活需要。有的超级市场还提供洗衣、干洗、修鞋、支票付现和代付账单等服务项目。

（2）综合商店的面积比超级市场和超级商店更大，呈现出经营多元化的趋势，主要向医药和处方药领域发展。

（3）特级商场，也叫巨型超级市场，比综合商店还大，综合了超级市场、折扣和仓储零售的经营方针，经营范围更宽，其花色品种超出了日常用品，包括家具、大型和小型家用器具、服装等许多类型。最早的特级商场是1963年在巴黎市郊开设的Carrefour（家乐福）。20世纪60年代末到70年代初，特级商场在欧洲大量出现，随后被美国、日本等许多国家引进。

8. 产品陈列室推销店

产品陈列室推销店是将产品目录推销和折扣原则用于品种繁多、加成高、周转快和有品牌的产品，包括珠宝首饰、动力工具、提包、照相机等。在国外，产品陈列室推销店一度成为零售业最热门的形式之一，甚至对传统的折扣商店形成威胁。产品陈列室推销店散发彩色印刷的目录，每本长达数百页，此外还增发季节性的小型增补版，上面标有每一项产品的定价和折扣价，顾客可用电话订货，由店方送货上门，顾客支付运费；顾客也可开车来商店，亲自验货提货。

9. 购物中心

购物中心是由开发商统一规划、建设和管理的商业设施，拥有大型核心店、多样化商品街和停车场，能满足顾客的购买需求与日常生活活动的商业场所。购物中心一般有以下特点：

（1）由开发商有计划地建造，实行统一管理，共同开展广告宣传活动。

（2）内部结构由百货商店或超级市场作为核心店，以及各类专业店、专卖店等零售业态和餐饮、娱乐设施构成。

（3）服务功能齐全，集零售、餐饮、娱乐为一体。根据零售场所面积，设相应规模的停车场。

（4）地址一般设在商业中心区或城乡接合部的交通枢纽交汇点。

（5）设施豪华、店堂典雅、宽敞明亮，实行卖场租赁制。

（二）无门市零售

大多数产品和服务是由商店销售的，但是，近些年无门市零售快速发展。无门市零售主要有以下几种形式：

1. 直接销售

直接销售主要有上门推销、办公室推销和举办家庭销售会等形式。直接销售成本高昂（销售人员的佣金为20%~50%），还需支付雇用、训练、管理和激励销售人员的费用。直接销售是由“工厂直达消费者”的零售形式，产品由制造商直接送到消费者手中，省去了层层中间商，不但降低了产品价格，而且还提高了交易的效率，可以提高新产品进入市场的速度。许多生产传统特色产品的中小型企业采取前店后厂的方式，直接接受顾客订单，现场制作，现场交易，顾客立等可取。

2. 自动售货

使用硬币/纸币/微信/支付宝等控制的机器自动售货，已被用在很多产品的销售上，包括经常购买的产品（如香烟、饮料、糖果、报纸等）和其他产品（如袜子、化妆品、点心、热汤和食品、书、唱片、胶卷、T恤和鞋油等）。自动售货机被广泛安置在工厂、办公室、大型零售商店的厅堂、加油站、繁华街道等地方。自动售货机向顾客提供24小时售货、自我服务和无须搬运产品等便利条件。由于要经常给相当分散的机器补充存货、机器常遭破坏、失窃率高等原因，自动售货成本很高，因此其销售产品的价格比一般同类产品价格要高出15%~20%。对顾客来说，机器损坏、库存告罄以及无法退货等问题也非常令人头痛。随着互联网信息技术的发展，微信、支付宝等电子支付方式使自动售货得到了更广泛的应用，自助充值缴费、自助购/退票、自助存取款及转账等已成消费常态。

3. 电话营销

企业市场营销人员通过直接拨打电话向顾客或用户销售产品。许多顾客通常是通过电话方式来订购产品和服务的，因此越来越多的企业设计使用免费800电话号码来为顾客服务。设计得当、定位准确的电话营销可以扩大企业的产品销售额，建立并维持顾客关系的营销体系。企业通过短信、微信、QQ 等手段向顾客发送促销信息，并留下订货电话以期待顾客做出积极反应，也是电话营销的重要方式。但是，无目标的频繁的电话推销行为可能使顾客感到厌烦，也会受到国家监管部门的惩罚，这也是该种营销方式所面临的挑战之一。

4. 电视购物

电视购物就是通过电视媒体向潜在的顾客传递产品信息，顾客根据订货电话或其他方式订购产品，最终达到产品销售的目的。电视购物最早出现在传媒业发达的美国。经过多年的发展，电视购物遍布全球多个国家与地区，已经成长为世界零售业中一支不可忽视的力量。电视购物在国际上分两种形式：一种是以电视节目形式出现的，有情节，有故事，经过精心设计和包装，既含信息，又有广告，欣赏性娱乐性较强，一般选在收视率较高的频道和时段插播。另一种是以现场直播的方式直接售卖，娱乐成分较少，可以在某一频道滚动播出。电视购物节目能够清晰地表达产品的“卖点”，产生更加令人信服的传播效果，电视购物频道卖场直播感染力巨大。

5. 直复营销

直复营销是一种为了在任何地方都能产生可度量的反应和达成交易而使用一种或多种广告媒体的互相作用的市场营销系统。直复营销者利用广告介绍产品，顾客可写信或打电话订货，订购产品一般通过邮寄交货，信用卡付款。直复营销者可在一定广告费用开支允许的情况下，选择可获得最大订货量的传播媒体，使用这种媒体的直接目的是为了扩大销售，而不是像普通广告那样刺激偏好和树立品牌形象。

6. 购物服务公司

购物服务公司不设店堂，专门为某些特定顾客，通常是为学校、医院、工会和政府机关等大型组织提供购物服务，这些组织可成为购物服务公司会员，被授权从一批经过挑选、有愿意向这些成员以折扣价售货的零售商购货。

7. 网络商店

网络商店，简称网店，是通过互联网进行零售经营活动的一种商店形式。基于互联网而形成的零售行业被称为网络零售业。网络商店是目前最主流的无店铺零售业态形式。网络商店经营成本低、经营规模不受场地限制，不受空间限制，可 24 小时提供服务，满足了可以在家“逛商店”的需求。

常见的网上商店包括：

（1）综合商城。它有庞大的购物群体，有稳定的网站平台，有完备的支付体系，有诚信安全体系，引进卖家进驻销售产品，买家进去买东西，如同在传统商城一样。综合商城自己不销售产品，但为买卖双方提供完备的销售配套服务。

（2）百货商店。这类商店通常只有一个卖家，有自有仓库，会库存系列产品，以备更快的物流配送和客户服务。有时，这类网络商店也有自己的品牌。

（3）垂直商店。这种商城的产品存在着更多的相似性，要么都是满足于某一人群的，要么是满足于某种需要，抑或某种平台的。

（4）复合品牌商店。传统品牌商店进入电子商务领域构建的商店，以期抢占新市场，拓展新渠道，优化产品与渠道资源。

（5）轻型品牌商店。没有线下品牌，只在电子商务领域构建自身品牌的商店。

（6）服务型网店。这类网店专门以满足人们不同的个性需求来提供多种形式的服务，如帮顾客排队购买电影票等。

（7）导购引擎型网店。如导购类型的网站。这类网店在使购物的趣味性、便捷性大大增加的同时，还会给消费者提供购物返现等物质激励。当网上商店的数量与日俱增时，许多消费者已不单单满足直接进入商店购物，而在购物前会通过这类导购引擎型网店来完成购买过程。

8. 无人商店

无人商店是指是一个无店员值守的、以售卖食品饮料和日用品为主的商店。目前主要是小型商店，相比自动售货机，无人商店售卖更多的商品，且顾客自助购物并自助结算。

按照美国自动售货协会的观点，无人商店具有以下特征：

（1）无店员值守的自助购物、自助结算的市场。

（2）可以接受硬币、纸币、信用卡/借记卡、专有预付市场账户的现金与非现金支付终端机。

（3）通过开放式货架、手取式冷藏柜和冷冻柜售货装置供应品种繁多的产品。

（4）顾客在购买之前可以完全接触产品。

（5）一次性交易可以购买多个产品（购物车容量）。

（6）灵活的定价算法程序，可添加销售税和押瓶费。

（7）大规模产品促销活动、产品搭售、建议性销售、销售点促销沟通的机会。

（8）广泛的零售交易数据处理，包括：分时度量、商业分析和售卖策略。

（9）在一个受限制的区域内现场进入受到控制，由监控设备（闭路摄像网络）支持。

（10）互联网连接用于开放系统电子支付处理，交易和存货跟踪。

9. 微商

狭义来说，微商就是零售商借助微信这个社交工具，以及微店等电子商务平台，通过朋友圈销售产品。广义来说，微商就是零售商利用手机社交软件和网络进行产品销售的新渠道。

10. 社区团购

社区团购是真实居住在社区内的居民团体的一种互联网线上线下购物消费行为，是依托真实社区的一种区域化、小众化、本地化、网络化的团购形式。简而言之，它是依托社区和团长社交关系实现生鲜商品流通的新零售模式。

第四节　物流策略

一、物流的含义

物流，也称为实体分配，是指通过有效地安排产品的仓储、管理和转移，使产品在需要的时间到达需要的地点的活动。物流一词源于美国，20 世纪 60 年代中期为日本所引用，在我国曾一度被称为“商品储运”。物流即指产品实体的定向移动，既包括其空间移动，又包括其时间上的延续，其实质就是一种经营活动。

1962年4月，彼得·德鲁克曾在《财富》杂志上撰文指出：物流是当时美国“降低成本的最后边疆”，也是市场营销“最后的黑暗大陆”。这句话表明，自20世纪60年代以来，美国开始关注物流问题。德鲁克的这一论断被学术界称作“黑大陆”说，此外，关于物流的相关理论还有“物流冰山”说、效益背反说、第三利润源说等。

“物流冰山”说是由日本早稻田大学西泽修教授提出的。他在研究物流成本时发现，现行的财务会计制度和会计核算方法都不可能掌握物流费用的实际情况。他把这种情况比作“物流冰山”。

物流效益背反说是指物流各功能活动之间、物流服务与物流成本之间存在着二律被反现象，即提高服务水平，则会增加成本，降低成本的措施可能会降低服务水平。①物流各功能活动的效益背反。如减少各存储网点的库存，必然增加库存补货的频率，增加运输次数。简化包装，虽降低成本，但由于包装强度降低，会增加运输装卸中货物的破损率。降低仓库货物的堆高，不利于提高货物的保管效率。铁路运输改为航空运输，虽然增加了运费，但提高了运输速度，减少了库存，降低了库存费用。②物流成本与服务水平的效益背反。即提高物流服务水平，物流成本上升，它们之间存在效益背反。但物流成本与物流服务水平之间存在非线性关系。在低服务水平阶段追加成本，物流服务水平可以大幅度提高，在高服务水平阶段，追加成本，服务水平上升幅度可能并不大。日本早稻田大学教授西泽修教授在他的著作《物流——降低成本的关键》中谈到，企业的利润源泉随着时代的发展和企业经营重点的转移而变化。日本1950年因朝鲜战争受到美国的经济援助和技术支持，很快实现了企业机械化、自动化生产。当时日本正处于工业化大生产时期，企业的经营重点放在了降低制造成本上，这便是日本在第二次世界大战后企业经营的第一利润源。然而，依靠自动化生产手段制造出来的大量产品，引起了市场泛滥，产生了对大量销售的需求。于是，1955年从美国引进了市场营销技术，日本迎来了市场营销时代。这一时期，企业顺应日本政府经济高速增长政策，把增加销售额作为企业的经营重点。这便是日本在第二次世界大战后企业经营的第二个利润源。1965年起，日本政府开始重视物流。1970年开始，产业界大举向物流进军，日本又进入了物流发展时代。这一时期，降低制造成本已经有限，增加销售额也已经走到尽头，渴望寻求新的利润源，物流成本的降低使“第三利润源”的提法恰好符合当时企业经营的需要，成为物流领域备受关注、广为流传的观点。

二、物流的职能和目标

（一）物流的职能

物流的职能是将产品由生产地转移到消费地，从而创造地点效用。物流作为市场营销的一部分，不但包括产品的分类、拣选、配合、包装、运输、保管、装卸、配送等活动，而且包括开展这些活动过程中所伴随的信息传播、经营活动。物流强调产品实体运动过程的系统化、整体化，“重商流、轻物流”会严重影响分销渠道的整体效益。建立合理、高效的物流体系，不仅能够保证产品最终实现价值，而且还会大大提高社会效益。

（二）物流目标

物流目标是指在兼顾最佳顾客服务与最低配送成本要求的条件下对产品适时适地

地传送，让顾客在需要的时间和地点得到合适的产品。由于最佳顾客服务要求最大的存货、足够的运力和充分的仓容，这势必增加销售成本；最低的配送成本要求低廉的运费、少量的存货和仓容，这又会降低服务水平。

企业一般根据竞争者的现行顾客服务水平确定自己的服务水平。如果它提供的服务水平低于目前行业的平均水平，就会有失去顾客的风险；如果它提供的服务水平较高，其他竞争者也提高服务水平，每一企业都会面对成本提高的威胁。企业为了提供顾客服务，必须承担某些费用，如运送、存货费用。为了评估物流效率，应重视成本数据并注意采取必要的审计手段。在维持现有服务水平的情况下，如果没有任何投入因素的重新组合能进一步降低成本，则现有物流系统就可以被称为有效的物流系统。如果仅能降低个别部门的成本，部门间却不能互相协调，那么总系统的物流成本就不一定能降到最低限度。

要做到适当兼顾最佳顾客服务与最低配送成本，就需要从以下两个方面入手：

（1）将各项物流费用视为一个整体。在致力于改善对顾客服务的过程中，努力降低物流总成本，而不只是关注个别项目成本费用的增减。

（2）将全部市场营销活动视为一个整体。各项市场营销活动都必须考虑物流目标，联系其他活动的得失加以权衡，避免因孤立处理某一具体的市场营销业务而导致物流费用不适当的增加。要权衡各项物流费用及其效果，为维持或提高顾客服务水平而增加的某些成本项目可视为必需，不能使顾客受益的成本费用则应坚决压缩。

三、物流的规划和管理

每一个特定的物流系统，都包括仓库数目、区位、规模、运输政策以及存货政策等构成的一组决策。因此每一个可能的物流系统，都隐含着一套总成本。用数学公式表示则为

$$D=T+FW+VW+S$$

公式中，D 为物流系统总成本；T 为该系统的总运输成本；FW 为该系统的总固定仓储费用；VW 为该系统的总变动仓储费用；S 为因延迟分销所造成的销售损失的总机会成本。

选择和设计物流系统，要对各种系统的总成本加以检验，选择成本最小的物流系统。一般来讲，有以下几种选择：

（一）单一工厂，单一市场

企业只有一个制造厂，并在一个市场中进行市场营销活动。这些单一工厂通常设在所服务的市场中央，可以节约运费。如果工厂设在远离市场的地方，可能会导致高额运费。当然，这也可以通过低廉的场地费用、劳动力工资、能源和原料成本加以抵消。工厂是靠近市场还是在易于取得资源的地方，必须根据相对的运输及加工成本决定。在对两个设厂地点进行选择时，不仅应立足企业当前需要，还要考虑到长远发展需要。

（二）单一工厂，多个市场

企业只有一个制造厂，但在几个市场内开展市场营销活动，此时有以下几种物流模式可供选择。

1. 直接运送产品至顾客

任何一个物流系统，都必须考虑服务水平与成本这两项重要因素。直接运送产品

至顾客比从当地仓库送货至顾客速度慢，在顾客订购量小的情况下，直接运输运送的成本较高。有时零担订货的直接运送成本虽然比较高，但不一定多于当地存货费用。所以，企业决定是否采取直接运送模式，还必须考虑产品特性（如单价、易腐性和季节性）、所需产品运送成本、顾客订货多少与重量、地理位置与方向等因素。

2. 大批整车运送到靠近市场的仓库

（1）仓库与直运比较。当产品大批整车运送到靠近市场的仓库时，由于整车运送与零担运送费用率不同，前者小于后者，可节约运输成本，同时，在市场地点设立仓库还可及时向顾客送货，可以提高顾客服务的水平。当然，企业建立地区仓库，则必须承担从仓库送达顾客的费用及仓储本身费用。一般来说，增加地区仓储的最佳准则是，当增加新的地区仓库节约的运费和提高顾客服务水平带来的利益大于建立仓库及存储增加的成本时，就应增设仓库。

（2）租赁仓库与自建仓库比较。企业要考虑是应租赁仓库还是自建仓库。租赁的弹性较大，风险较小，但是仓库租赁的费用较高；自建仓库需要较大的建设投资，但仓储成本较低。一般来说，如果市场规模很大而且需求稳定，可以选择自建仓储系统。在其他情况下，选择租赁仓库比较有利。

（3）广泛仓储系统。广泛的仓储系统决策包括三项内容：一是如何确定最佳数目的仓储点；二是仓储点的最佳位置如何确定；三是不同地点应保持多少存货。这些问题可以通过计算机模拟技术或运筹学中的线性规划及非线性规划技术来解决。

3. 将零部件运送到靠近市场的装配厂

由于整车运送零部件可以降低运费，并且运送中产品的价值还不是很高（还没有加上装配的人工成本及其他相关费用）时，企业可在当地成立一个装配分厂。一般来讲，成立装配厂要比直接运送或建立地区性仓储更有利。建立装配分厂的好处是运费较低，可以提高该地区的市场营销人员、经销商及社会公众等对产品的信任，从而增加产品的销售额。建立装配分厂的不利之处是，要增加资金成本和固定的维持费用。所以，在分析建立装配分厂方案时，必须考虑该地区未来的产品销售量是否稳定，数量是否会多到保证投入这些固定成本后仍有利可图。

4. 建立地区性制造厂

企业可在当地建立一个地区性工厂。这也是一般企业开拓距离较远的市场，并取得较大竞争利益的最后途径。建一个制造厂要有详细的当地资料以供分析，要考虑人力、能源、土地、运输等有关项目的成本、有关法律与政治环境等多种因素。其中，最重要的因素之一是该行业是否具有大规模生产的可能性，如果行业的单位生产成本能随着工厂规模扩大而降低，则应设立一个足以供应整个地区销售所需要的工厂，以使其单位生产成本达到最低。但是企业不能只顾生产成本，还必须考虑分销成本，因为在产品产量提高的情况下，其分销成本也可能提高。

（三）多个工厂，多个市场

企业设有多个制造厂、多个仓库组成的分销系统，并在多个市场中进行市场营销活动。此时，企业面临两个最优化的任务：一是短期最优化，即在既定工厂和仓库位置上，制定一系列由工厂到仓库的运输方案，使运输成本最低；二是长期最优化。即从长远着眼决定新建工厂的数量与区位，使总分销成本最低。

四、物流决策

（一）存货决策

存货决策是物流决策中重要的内容，存货决策包括决定何时订货和决定订货的数量。决定何时进货时，重点在于确定订货点，即库存产品减少到何种水平应提出订货；决定订货数量时，可根据订货处理成本和存货维持成本计算经济订购量。订货处理成本包括制造商生产某一产品所需的生产准备成本和生产操作成本。存货维持成本包括仓储费用、资金成本、税收及保险费、固定资产折旧及产品过期损失等。存货决策需要考虑成本与服务水平之间的平衡。

1. 订购点决策

企业要决定在何种存货量时就必须发出新订单，以避免完全缺货，这个存货水平称为订购点。订购点高低受以下因素影响：

（1）订购前置时间。即自订购单发出到接到产品所需的平均时间，这段时间越长，订购点就越高。

（2）使用率。即在某一段时间内顾客的平均购买数量。使用率高，订购点也应高。

（3）服务水平。即企业希望从存货中直接用来完成顾客订单的百分比，服务水平越高，订购点就应越高。

何时订购决策就是寻求一个最低的存货水平。当存货降到这一水平，就必须发出新订单。使用率越高，订购时间越长。在使用率及订购前置时间变动的条件下，服务水平越高，所需的订购点就应越高。

2. 订购量决策

一般来说，订购量越大，购买频率越低（即购买次数越少）。每次订购要花费成本费用，但保留大量存货也需要成本费用。企业决定订购数量，就要比较这两种不同的成本。

（1）经销商的订购成本。

经销商的订购成本是指每次从发出订单到收货、验货所发生的成本。不同企业对订货处理成本估计数值会有所差异，有些是真实的，来自实际经营成本的差异；有些是人为的，即来自会计方法的不同。一般来讲，在计算过程中，应只考虑变动的处理成本，从而避免间接费用的分摊。假如有任何间接费用加入，则该费用应反映对订购活动确实有贡献的成本，而不应将用于其他经营活动的成本分摊进来

（2）制造商的订购成本。

制造商的订购成本包括装置成本与运转成本。如果装置成本很低，则制造商可以经常生产该产品，该产品的成本将变得非常稳定。如果装置成本过高，制造商只有在大量生产的情况下，才能降低平均单位成本。此时企业愿采取批量大、生产次数较少的生产方式。

（3）采购成本和库存成本。

一般来讲，采购量受两个主要因素的影响：一是采购成本，即因处理采购事项发生的成本，主要包括差旅费、文印费、鉴定费等；二是库存成本，即为维持存货而发生的成本。存货量越大，占用成本越高。库存成本大致可以分为：库存空间费用、资金成本、税金、保险费、折旧和报废损失等。

3. 最佳采购量

最佳采购量又叫经济采购量，如图 10-3 所示。采购成本与库存成本随着采购量的不同而改变。年采购和库存总成本等于年采购总成本与年库存总成本的和。其中，年采购总成本等于平均每次的采购费用与年采购次数的乘积。在年产品采购需求总量和每次采购费用一定的条件下，随着采购量的增加，年采购次数下降，年采购总成本下降。年总的库存成本等于年平均产品库存费用与年平均库存量的乘积。但随着采购量的增加，年平均库存量增加。在所采购产品均衡消耗的情况下，年平均库存量等于每次产品采购量的二分之一。如果单位产品的年库存费用不变，则年库存总成本会随着产品采购量的增加而增加。一般来说，当年采购总成本与年库存总成本相等时，年采购和库存总成本最低，其所对应的采购量就是经济采购量。

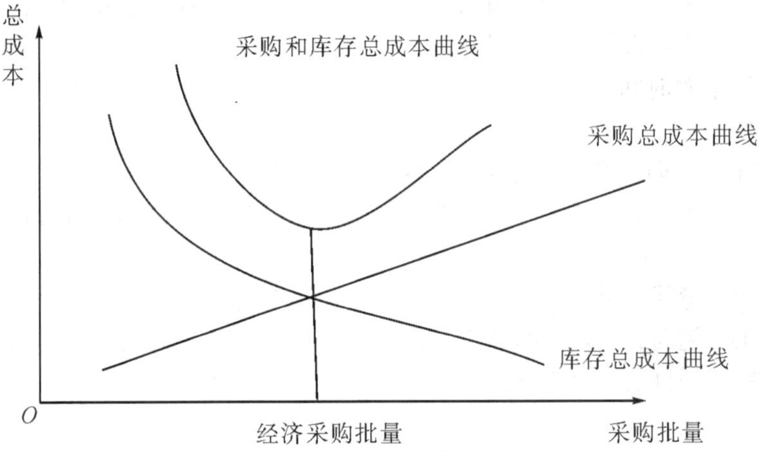

图 10-3　经济采购量

（二）仓储决策

仓储是产品售出前的持有过程，具有缓和生产与消费在时间与数量上的矛盾的功能。企业在考虑仓储决策时，主要应考虑如何选择仓库数量和位置、仓库的规模和仓库的所有权等问题。进行仓储决策必须注意以下几个问题：一是仓库数量应在服务水平和仓储成本之间取得平衡。因为仓库数量越多，越能为顾客提供满意的服务，但这必然引起仓储成本的上升，从而引起实体产品分销总成本的上升。二是在设计仓库位置时，企业要综合考虑供货范围、市场销量、仓库费用、运输成本、交通状况等多种因素。三是视不同情况选择是否拥有仓库所有权，即是自建仓库还是租赁仓库。

（三）运输决策

运输决策是一种重要的物流决策。运输方式将影响到产品的价格、准时交货、产品损耗等，进而影响到顾客的满意程度。企业在综合考虑速度、频率、可靠运载能力、可用性和成本等因素的基础上，可选择铁路、水路、公路、管道、航空或者它们的组合运输方式。一般来说，如果发货人要求快速运达，空运和卡车是主要选择对象；如果要求低成本，水运和管道是主要考虑对象。在所有这些方式中，卡车在上述大部分标准上名列榜首，因此其使用率越来越高。

集装箱化运输的发展，使发货人越来越多地考虑综合使用两种或多种运输方式。集装箱化是指将产品装入铁箱或拖车，这样便于在不同运输工具之间转运。集装箱联合运输方式主要有：钎背运输（铁道平车运输），即使用铁路和卡车联运集装箱；鱼背运输，即用船和卡车联运集装箱；港铁联运，即轮船和火车联运；空卡联运，即飞机和卡车联运。每一种联运方式都可以为发货人提供独特的利益或利益组合。例如，钎背运输比仅用卡车运输成本要低得多，而且灵活方便。

货主在选择运输方式时，可在私人、合约和公共承运人之间选择。如果发货人拥有自己的卡车或飞机，他就成了私人承运人。合约承运人是一个独立的组织机构，与别人签合同，在此基础上向其出售运输服务。公共承运人按照时间表，在几个预定地点之间提供服务，按收费标准为所有货主服务。

企业在进行运输决策时，必须考虑各种运输方式之间复杂的利害关系并加以权衡，同时还要考虑对其他分销因素的潜在影响。

五、现代物流技术与方式

现代物流，是指将信息、运输、仓储、库存、装卸、搬运、包装及定位跟踪等物流活动综合起来的一种新型的集成式管理，其任务是尽可能降低物流的总成本，为顾客提供最好的服务。

（一）现代物流技术

现代物流是以现代物流技术的应用为基础的。现代物流技术主要有：

1. 条码技术

条码技术是在计算机的应用实践中产生和发展起来的一种自动识别技术，具有输入速度快、可靠准确、成本低、信息量大等特点。条码是实现 POS 系统、EDI、电子商务、供应链管理的技术基础，是物流管理现代化、提高企业管理水平和竞争能力的重要技术手段。

2. 电子数据交换

电子数据交换（electronic data interchange，EDI）是指通过电子方式，采用标准化的格式，利用计算机网络进行结构化数据的传输和交换。构成 EDI 系统的三个要素是 EDI 软硬件、通信网络以及数据标准化。其工作方式如下：用户在计算机上进行原始数据的编辑处理，通过 EDI 转换软件（Mapper）将原始数据格式转换为平面文件（Flat File），平面文件是用户原始资料格式与 EDI 标准格式之间的对照性文件。通过翻译软件（Translator）将平面文件变成 EDI 标准格式文件。然后在文件外层加上通信信封（Envelope），通过通信软件［EDI 系统交换中心邮箱（Mailbox）］发送到增值服务网络（VAN）或直接传送给对方用户，对方用户则进行相反的处理过程，最后成为用户应用系统能够接收的文件格式。

3. 射频识别技术

射频识别技术（radio frequency identification，RFID）是一种非接触式的自动识别技术，它是基于电磁感应、无线电波或微波进行非接触双向通信，从而达到识别和交换数据的目的。识别工作无须人工干预，可在各种恶劣环境下工作。短距离射频产品不怕油渍、灰尘污染等恶劣的环境，可以替代条码，例如，用在工厂的流水线上跟踪物体。长距射频产品多用于交通上，识别距离可达几十米，如自动收费或识别车辆身份等。

4. 地理信息系统

地理信息系统（geographical information system，GIS）是多种学科交叉的产物，它以地理空间数据为基础，采用地理模型分析方法，适时地提供多种空间的和动态的地理信息，是一种为地理研究和地理决策服务的计算机技术系统。其基本功能是将表格型数据（无论它来自数据库、电子表格文件或直接在程序中输入）转换为地理图形显示，然后对显示结果进行浏览、操作和分析。其显示范围可以从洲际地图到非常详细的街区地图，显示对象包括人口、销售情况、运输线路和其他内容。

5. 全球定位系统

全球定位系统（global positioning system，GPS）由美国开发和管理，具有在海、陆、空进行全方位实时三维导航与定位能力。GPS 在物流领域可以应用于汽车自定位、跟踪调度，用于铁路运输管理，也用于军事物流。

北斗卫星导航系统（beidou navigation satellite system，BDS）是中国自行研制的全球卫星导航系统，是继美国全球定位系统（GPS）、俄罗斯格洛纳斯卫星导航系统（GLONASS）之后第三个成熟的卫星导航系统。北斗卫星导航系统（BDS）和美国 GPS、俄罗斯 GLONASS、欧盟 GALILEO，是联合国卫星导航委员会已认定的供应商。北斗卫星导航系统由空面段、地面段和用户段三部分组成，可在全球范围内全天候、全天时为各类用户提供高精度、高可靠定位、导航、授时服务，并具短报文通信能力，已经初步具备区域导航、定位和授时能力，定位精度 10 米，测速精度 0.2 米/秒，授时精度 10 纳秒。2018 年 12 月 26 日，北斗三号基本系统开始提供全球服务，2019 年 9 月，北斗系统正式向全球提供服务。2020 年 3 月 9 日 19 时 55 分，中国在西昌卫星发射中心用长征三号乙运载火箭，成功发射北斗系统第 54 颗导航卫星，完成了北斗导航系统的全部组网任务。北斗导航系统已在我国交通运输、物流配送、农业种植和收获及军事领域广泛应用，极大地提高了我国在上述领域的运营效率和安全性。

6. 智能技术

智能技术（intellectual technology，IT）是利用计算机科学、脑科学、认知科学等方面的知识对物流信息进行分析处理的技术。物流中主要是人工智能、商业智能、专家系统和智能交通系统等。

（二）现代物流方式

现代物流业的发展离不开物流业的专业化分工和物流方式的创新，目前主要有第三方物流和第四方物流两种现代物流方式。

1. 第三方物流

第三方物流，是通过与第一方或第二方的合作来提供其专业化的物流服务，它不拥有产品，不参与产品的买卖，而是为客户提供以合同为约束、以结盟为基础的，系列化、个性化、信息化的物流代理服务。

2. 第四方物流

第四方物流，是指独立于生产、销售企业的，在物流市场中为其他交易主体提供基于供应链的物流方案的设计、优化服务的供应商，其产品就是物流服务本身，主要从事供应链与物流方案的设计、优化、管理、跟踪等一系列活动。企业不仅可以整合自身资源，而且也可以整合具有互补性服务的供应商的资源、技术和能力，最终为客户提供整体供应链的解决方案。

【学科前沿】

新零售：互联网时代的市场营销渠道变革的新阶段

互联网已经成为当前最重要的综合性的信息服务平台，从多层次、多角度深刻地影响着人们的学习、工作、消费等行为方式。根据第46次《中国互联网络发展状况发展报告》资料，截至2020年6月，我国网民人数达9.40亿人，互联网普及率达67.0%，分别比2017年6月增加了1.89亿人和12.7个百分点；手机网民人数达9.32亿人，手机网民上网率达99.2%；即时通信用户规模达9.31亿，其中，手机即时通信用户规模达9.30亿；搜索引擎用户规模达7.66亿，其中，手机搜索引擎用户规模达7.61亿；网络购物用户规模达7.49亿，其中，手机网络购物用户规模达7.47亿；网络支付用户规模达8.05亿，其中，手机网络支付用户规模达8.02亿；网络视频（含短视频）用户规模达8.88亿，其中，短视频用户规模为8.18亿；网络直播用户规模达5.62亿，其中，电商直播用户规模为3.09亿；在线政务服务用户规模达7.73亿。在线教育用户规模达3.81亿，在线医疗用户规模达2.76亿，远程办公用户规模达1.99亿。另据我国2020年国民经济和社会发展统计公报，2020年我国实物商品网上零售额97 590亿元，按可比口径计算，比上年增长14.8%，占社会消费品零售总额的比重为24.9%。上述数据表明，我国已经全面进入了互联网时代。顺应这一时代的变化，企业的商业模式，特别是市场营销渠道发生了巨大的变化，新零售渐成趋势。2016年10月15日，马云在杭州云栖大会的演讲中提出未来发展的"五新"趋势，即新零售、新技术、新制造、新资源、新金融。其中，新零售受到极大的关注和热议。2016年11月11日，国务院办公厅印发《关于推动实体零售创新转型的意见》（国办发〔2016〕78号）要求，"建立适应融合发展的标准规范、竞争规则，引导实体零售企业逐步提高信息化水平，将线下物流、服务、体验等优势与线上商流、资金流、信息流融合，拓展智能化、网络化的全渠道布局"。经过近几年实业界的探索和学术界研究，新零售的概念、特征及运营模式也日渐清晰。

一、新零售的概念和特征

新零售，一般来说，是指个人、企业以互联网为依托，通过运用大数据、人工智能等先进技术手段，对产品的生产、流通与销售过程进行升级改造，进而重塑业态结构与生态圈，并对线上服务、线下体验以及现代物流进行深度融合的零售新模式。与传统零售比较，新零售实现四大转变：从单一渠道向全渠道转变；从平台中心化转向去中心化；从场景单一转向全场景、体验升级；从纯电商纯零售转向线上线下打通融合。具体有四个特征：

1. 生态性

新零售的商业生态构件涵盖网上页面、实体店面、支付终端、数据体系、物流平台、营销路径等诸多方面，并嵌入购物、娱乐、阅读、学习等多元化功能，进而推动企业线上服务、线下体验、金融支持、物流支撑四大能力的全面提升，使消费者对购物过程便利性与舒适性的要求能够得到更好满足，并由此增加用户黏性。主体企业、共生企业群及消费者共同组成一种联系紧密、动态平衡、互为依赖的商业生态系统。

2. 无界化

企业通过对线上与线下平台、有形与无形资源进行高效整合，以“全渠道”方式清除各零售渠道间的种种壁垒，模糊经营过程中各个主体的既有界限，打破过去传统经营模式下所存在的时空边界、产品边界等现实阻隔，促成人员、资金、信息、技术、产品等的合理顺畅流动，进而实现整个商业生态链的互联与共享。依托企业的“无界化”零售体系，消费者的购物入口将变得非常分散、灵活、可变与多元，人们可以在任意的时间、地点以任意的可能方式，随心尽兴地通过诸如实体店铺、网上商城、电视营销中心、自媒体平台及智能家居等丰富多样的渠道与企业或者其他消费者进行全方位的咨询互动、交流讨论、产品体验、情景模拟及购买商品和服务。

3. 智慧型

“新零售”商业模式得以存在和发展的重要基础，正是源于人们对购物过程中个性化、即时化、便利化、互动化、精准化、碎片化等要求的逐渐提高，而满足上述需求则在一定程度上需要依赖于“智慧型”的购物方式。在产品升级、渠道融合、顾客至上的“新零售”时代，人们经历的购物过程以及所处的购物场景具有典型的“智慧型”特征。智能试装、隔空感应、拍照搜索、语音购物、VR逛店、无人物流、自助结算、虚拟助理等图景都将真实地出现在消费者眼前，获得大范围的应用与普及。

4. 体验式

随着我国城镇居民人均可支配收入的不断增长和物质产品的极大丰富，消费者主权得以充分彰显，人们的消费观念将逐渐从价格消费向价值消费过渡和转变，购物体验的好坏将愈发成为决定消费者是否进行买单的关键性因素。在现实生活中，人们对某个品牌的认知和理解往往会更多地源于线下的实地体验或感受，而“体验式”的经营方式就是通过利用线下实体店面，将产品嵌入到所创设的各种真实生活场景之中，赋予消费者全面深入了解产品和服务的直接机会，从而触发消费者视觉、听觉、味觉等方面的综合反馈，在增进人们参与感与获得感的同时，也使线下平台的价值得到进一步发现。

二、新零售的实施维度

1. 线上维度

在新零售生态体系中，线上平台承担着厂商与消费者双方的信息收集、整理、反馈与决策等职能，也承担着支付、交流功能，扮演着优化交易过程的重要角色。新零售为顾客提供能够尽可能摆脱特定时间、空间和形式束缚的全新购物方式，实现在不同购买渠道和支付手段下获得一致性的价格、服务与权益，进而满足顾客在整个消费过程中的购买、社交、休闲、娱乐等各种需求。

2. 线下维度

线下平台是支撑“新零售”生态体系的基础性平台。在新零售时代，线下实体店铺被赋予更多的消费体验功能。“产品+服务+场景+体验”四位一体的线下平台可以为消费者展现“产品个性化、服务精细化、场景多样化、体验内容化”的全新购物场景，“人”这个因素处于新零售的核心或关键位置，顾客不断升级的个性化消费需求，尤其是消费体验需求则主要依赖于线下平台来满足。通过对线下平台的升级改造，将传统零售单一而孤立的平面化销售方式嵌入到多维而立体的顾客消费场景之中，构建以真实生活场景为体验入口的零售生态体系，将成为新零售变革的一个着力点与突破口。

3. 物流维度

物流在各交易主体的购、存、销等业务活动中承担着产品存储与流转的重要职能，是新零售体系的重要组成部分。从消费者角度看，物流的好坏在很大程度上直接影响着其购物体验和购物决策。从企业角度看，新零售商业模式要求的线上线下一体化必须有高效、智能、精确、协同、环保的智慧化物流解决方案作为支撑，从而达到提高产品配送效率、降低运营成本以及减少甚至消灭库存的理想状态。搭建公开透明、精准可溯、信息共享、标准统一的物流平台对于零售各渠道之间形成经营合力将至关重要。依托于大数据、物联网、人工智能、高精度地图定位等新兴技术的智慧化物流可以实现线上线下相互交融，顾客在线下店面体验，在线上平台下单，所购买的产品完成快速精准送达，整个购物过程的各个环节实现无缝衔接是新零售常态化的商业场景和基本要求。

三、新零售的支撑条件

1. 大数据、云计算、人工智能等现代信息技术

大数据是指以多元形式、许多来源搜集而来的庞大数据组，往往具有实时性特点。在企业对企业销售的情况下，这些数据可能来自社交网络、电子商务网站、顾客来访纪录，还有许多其他来源。这些数据，并非企业顾客关系管理数据库的常态数据组。云计算（cloud computing）是通过网络“云”将巨大的数据计算处理程序分解成无数个小程序，然后，通过多部服务器组成的系统处理和分析这些小程序得到的结果并返回给用户，具体包括分布式计算、效用计算、负载均衡、并行计算、网络存储、热备份冗杂和虚拟化等计算机技术混合演进及跃升等内容。大数据与云计算的关系就像一枚硬币的正反面一样密不可分。大数据必然无法用单台的计算机进行处理，必须采用分布式计算架构。它的特色在于对海量数据的挖掘，但它必须依托云计算的分布式处理、分布式数据库、云存储或虚拟化技术。人工智能是关于知识的学科，即怎样表示知识以及怎样获得知识并使用知识的科学，也是研究如何让计算机去做过去只有人才能做的智能工作。新零售需要充分利用大数据、云计算和人工智能等现代信息技术，将以顾客为中心的会员、支付、库存、服务等方面的数据全面打通。在人工智能深度学习的帮助下，运用视频用户行为分析技术在线下门店进行用户进店路径抓取、货架前交互行为分析等实现数字化转化，形成用户标签，并结合线上数据优化用户画像，同时进行异常行为警报等辅助管理等。

2. 互联网金融

互联网金融（ITFIN）是互联网技术和金融功能的有机结合，它是依托大数据和云计算在开放的互联网平台上形成的功能化金融业态及其服务体系，包括基于网络平台的金融市场体系、金融服务体系、金融组织体系、金融产品体系以及互联网金融监管体系等，并具有普惠金融、平台金融、信息金融和碎片金融等内容的金融模式。互联网金融包括众筹、P2P 网贷、第三方支付、数字货币、大数据金融、信息化金融机构、金融门户等模式。新零售以便捷、安全/风险、友好、低成本、多功能的互联网金融服务为支撑，让顾客足不出户就能够实时地完成交易、获得退款、获得贷款、归还欠款、完成转账、监督资金流动、进行投资等活动。

3. 智能制造

智能制造系统是一种由智能机器和人类专家共同组成的人机一体化智能系统，它

在制造过程中能以一种高度柔性与集成的方式，借助计算机模拟人类专家的智能活动进行分析、推理、判断、构思和决策等，从而取代或者延伸制造环境中人的部分脑力劳动。同时，收集、存贮、完善、共享、集成和发展人类专家的智能。顾客的个性化需求通过互联网交互平台实时地传递给企业，企业则迅速将其转化为恰当的设计方案，进行定制化的生产和供应，这依赖于能够快速反应和弹性化组织原材料采供、生产及服务的智能制造系统。

资料来源：根据百度百科、海商网等资料整理。

【每章一练】

一、单项选择题

1. 分销渠道涉及（　　）。

A. 产品所有权的转移　　B. 产品的空间移动

C. 信息的收集和使用　　D. 资金的结转

2. 向最终消费者直接销售产品和服务，用于个人及非商业性用途的活动属于（　　）。

A. 批发　　B. 零售　　C. 代理　　D. 采购

3. 分销渠道的每个层次使用同种类型中间商数目的多少，被称为分销渠道的（　　）。

A. 长度　　B. 深度　　C. 宽度　　D. 关联度

4. 以下选项中属于无门店零售方式的是（　　）。

A. 专业店　　B. 购物中心

C. 购物服务公司　　D. 便利店

5. 一般来说，生鲜农产品应该选择以下（　　）模式。

A. 独家分销　　B. 多层次分销渠道

C. 直接销售渠道　　D. 密集性分销

6. 技术含量高，需要较多售后服务的产品，一般应选择的分销渠道模式是（　　）

A. 密集型分销　　B. 独家分销或选择性分销

C. 多级批发模式　　D. 直接销售

7. 生产快消品的企业通常采取的分销渠道模式是（　　）

A. 密集分销　　B. 独家分销　　C. 选择分销　　D. 直销

8. 当目标顾客人数众多时，企业倾向于利用的分销渠道模式是（　　）

A. 长而宽的分销渠道　　B. 短的分销渠道

C. 窄的分销渠道　　D. 直接渠道

9. 对一个企业来说，控制性最强的分销渠道模式是（　　）。

A. 密集分销　　B. 选择分销

C. 独家分销　　D. 多级批发代理

10. 一家面粉厂将其产品出售给粮油店的活动属于（　　）。

A. 批发　　B. 零售　　C. 代理　　D. 直销

二、双项选择题

1. 市场营销渠道包括（　　）。
A. 生产流　　B. 商流　　C. 物流　　D. 资产流
E. 人流
2. 企业在经营（　　）情况下最好选择较短（层次较少）的分销渠道。
A. 鲜活易腐产品　　B. 技术性强的产品
C. 标准化的产品　　D. 啤酒、饮料等
E. 洗涤用品
3. 分销渠道评估标准中可能存在矛盾性的是（　　）。
A. 经济性　　B. 控制性　　C. 规范性　　D. 适应性
E. 规模性
4. 以下产品中比较适合采用独家分销或选择性分销渠道模式的是（　　）。
A. 袋装食品　　B. 智能手机　　C. 家用轿车　　D. 生鲜果品
E. 瓶装饮用水
5. 高档手表、名牌服装等适合选择（　　）分销渠道。
A. 多层次分销渠道模式　　B. 超级市场
C. 便利店　　D. 专业店
E. 独家经销或选择性分销
6. 下列产品因素对分销渠道设计的影响描述正确的是（　　）。
A. 单件产品越重，分销渠道越宽
B. 单件产品价值越大，分销渠道越长
C. 单件产品越重，分销渠道越窄
D. 单件产品价值越大，分销渠道越短
E. 单件产品价值越小，分销渠道越短
7. 管道运输的特点有（　　）。
A. 运输成本低　　B. 建设成本高
C. 运输活动受自然条件影响大　　D. 运输成本高
E. 运输量不均衡
8. 企业订货决策的内容有（　　）。
A. 订货点　　B. 仓库地点决策
C. 仓库数量决策　　D. 订货量决策
E. 订货人员决策
9. 以下选项在分销渠道中承担着产品所有权转移或协助所有权转移的职能的是（　　）。
A. 供应商　　B. 批发商　　C. 零售商　　D. 广告商
E. 物流商
10. 以下属于无门市零售的方式的是（　　）。
A. 自动销售　　B. 直复营销

C. 便利店　　D. 直销店

E. 购物中心

三、判断题

1. 市场营销渠道包含着分销渠道。（　）

A. 正确　　B. 错误

2. 自己进货，并取得产品所有权后再批发出售的商业企业是经纪人或代理商。（　）

A. 正确　　B. 错误

3. 商人批发商比代理商或经纪人承担更多的经营风险，但可能获得更大的利益。（　）

A. 正确　　B. 错误

4. 家用轿车一般会选择密集性分销渠道模式。（　）

A. 正确　　B. 错误

5. 企业在进行物流决策时，需要在最佳顾客服务和最低物流成本之间做出平衡。（　）

A. 正确　　B. 错误

6. 真正折扣商店以低价销售产品，所以其经营的产品品质一般不会很高。（　）

A. 正确　　B. 错误

7. 直复市场营销是无门店销售的重要形式之一。（　）

A. 正确　　B. 错误

8. 水运的运输成本低，运量大，但速度慢，受自然条件影响大。（　）

A. 正确　　B. 错误

9. 铁路运输可以实现“门到门”的运输，运输成本较低。（　）

A. 正确　　B. 错误

10. 与其他零售业态相比，专业店的产品线少，但长而深，能很好地满足目标顾客的需要。（　）

A. 正确　　B. 错误

四、理论分析题

1. 简述影响分销渠道设计的因素。
2. 分销渠道和市场营销渠道有何区别？
3. 分销渠道设计的主要内容有哪些？
4. 分销渠道冲突的类型有哪些？产生渠道冲突的原因有哪些？
5. 试分析互联网发展对分销渠道的影响。
6. 试分析在新形势下传统零售业转型升级的路径。
7. 试分析现代物流业发展的趋势。

【案例分析】

渠道变革促进良品铺子的产品高效进入市场

湖北良品铺子食品有限公司成立于2006年，是一家致力于休闲食品研发、加工分装、零售服务、线上线下一体化运营的专业品牌连锁公司。

一、转型背景

2012年我国电子商务市场高速增长，高成本、低效率的传统零售模式逐渐被打破，国内传统零售企业在电商的巨大压力下不得不开始寻求触网转型。在此背景下，2012年10月，良品铺子电子商务公司正式成立，以入驻天猫、京东、1号店等电商平台的方式，开始开展线上业务。2013年良品铺子成立了电商物流部门，为电商渠道设置专门的SKU（即保存库存控制的最小可用单位），并先后在全国各地设立仓库，实现线上订单在全国范围内48小时内送达。在后续经营过程中，良品铺子开始探索线上线下一体化的全渠道运营，以实现更好的转型。2019年良品铺子已形成了门店终端、电商平台、移动App、O2O销售平台、团购等全方位的销售渠道网络，建立了品牌和顾客互相感知与交互的多个触点，及时准确地响应顾客需求，智能推送与顾客需求匹配的信息，形成了“不断接近终端、随时提供服务”的分销渠道布局，实现了线上线下业务的均衡发展。公司加强全渠道管理和布局优化，打造了五类不同特性的99个子渠道入口；包括线下门店入口、社交入口、交易平台入口、本地生活入口和品牌入口等，形成了门店+、平台电商、社交电商以及团购四大业务板块的良好布局。

二、主要做法

（一）打造全渠道经营平台

一是打造国内食品零售行业的首个全渠道平台。2015年，良品铺子投资8 000万元，与IBM、SAP、华为等企业达成战略合作协议，共同开发O2O全渠道业务平台，于2015年9月正式上线。该平台打通良品铺子前、中、后台，整合十余个系统中共计37个线上平台，打造了“六大中心”（即商品中心、价格中心、营销中心、会员中心、订单中心和库存中心），整合线上线下渠道，实现全渠道会员管理和企业运营。

二是启动手机App项目。2017年，良品铺子投入800万元正式启动App项目，良品铺子App将其作为公司全渠道的连接器，承担公司2 000多家门店拥抱互联网的重任，在实现门店数字化经营、全渠道会员中心、顾客消费品质升级等战略方面发挥主导作用。App上线3个月经过5个版本迭代，已经实现了全渠道的会员通、订单通、商品通，社交订单覆盖全国所有省份，为满足会员消费升级需求的良品甄选系列积累了超过2万人次消费。

三是优化线下门店经营模式。良品铺子正在“单渠道—多渠道—全渠道—全融合”的进化过程中，渠道不再是简单的物理或空间的区别，良品铺子已形成“门店+”模式（门店+外卖、门店+拼团、门店+手淘、门店+App、门店+微信，门店+I小程序等），通过线上订单线下门店配送或自提等新的场景实施有效地提高了企业运行效率。未来门店除了承载购物体验之外，还将发挥身处社区的功能，成为生活服务中心。

（二）推动企业数字化转型

一是打通各线上平台的数据壁垒。良品铺子的线上渠道包括自有B2C商城、第三方电商平台、微信商城、积分商城等，各渠道的运营数据等相互独立。面对这一情况，良品铺子整合各个线上渠道，从过去的依靠单一触点获取片面、模糊的顾客数据，转变为通过全渠道的触点获得全面、多样化的全方位数据，打破数据壁垒，为管理决策提供全新洞察数据基础，推动企业转型创新和效率提高。

二是应用大数据分析实施个性化营销。整合分布在不同分销渠道的用户数据和交易信息，基于数据分析获得洞察，对全渠道会员营销计划统一管理，实现市场营销事件自动触发机制，初步建立了会员生命周期自动化管理。通过线上线下全渠道会员数据融合，建立了统一客户视图，将顾客有效地分群，对会员实现标签化管理，实现灵活定价、个性化产品定制和促销，从而为顾客及会员提供差异化服务。无论是手机 App 背后爱吃辣味零食的“90 后”女生，还是办公桌电脑前偏好坚果类产品的白领青年，良品铺子都能根据其职业和生活方式等特点，推荐不同的零食搭配，以满足不同群体的需求。

三是实现全渠道的消费者一致性体验。顾客无论是通过 App 还是天猫等第三方平台登录自己的账户，都能获取一致的购物推荐和折扣体验。成为良品铺子的会员后，任意平台的消费都能实现积分共享，会员能够随时随地按照自己喜欢和方便的方式兑现会员权益，由此实现全渠道客户接触点的自由转化，也让消费者在各渠道获得一致的购物体验。

（三）打造全渠道一体化供应链

一是优化全渠道品类管理体系。良品铺子以往采用的门店叫货模式已经很难满足企业快速扩张带来的业务需求，以及不同地区顾客的不同喜好。为了更好地实现高效的产品配置，良品铺子进一步优化了全渠道品类管理体系，整合线上线下各门店的产品品类数据、陈列空间数据、消费行为数据和库存数据，并利用大数据分析技术进行分析。根据大数据分析结果，管理者可以预测不同季节各个门店的热销产品，指导货品陈列与打折促销活动，让门店更智慧，让顾客随时都能买到心仪的零食。

二是优化库存计划机制。通过全渠道平台的搭建，良品铺子确立了电商到集团的库存计划机制。从店铺预测、事业部计划，到集团的补货，再到工业公司的配货，打通供应链上下游，实现了“库存—订单—发货—快递—消费者”整个过程的管理监控，对于销货量与补货量控制得非常精准。同时，买卖双方均可随时随地通过移动设备查询货物库存，帮助企业实现敏捷物流配送。

三是以技术创新实现无人仓储。创新仓库的管理与运营模式，构建全自动化的物流仓库，提高物流运营效率，实现无人仓储。仓库存货时，后台能收到货品到货指令，合理分配库存，实现货品自动到位与存放；接到订单后，后台会识别相应货柜，进行取货，并统一打包，放入出货车位。无人仓储能大大加速货品在仓库中的周转效率，避免人为操作的失误，提升物流的准确性。

三、取得的成效

良品铺子在“互联网+”的时代下不断探索业务创新和企业转型，线上商城与线下实体店面相结合的全渠道经营形成了良品铺子独特的经营模式。全渠道、数字化和供应链体系的建设有效解决了门店产品配置与顾客需求的错配，提升了品类管理和库存管理效率，促进实现以销定产、以量补货，提升了资金使用效率和消费者购物体验。

2016 年，良品铺子全渠道销售近 60 亿元，同比增长 33%，其中线上销售额收入近 18 亿元，同比增长 63.6%。全国纳税近 3 亿元，在武汉市缴纳税收近 2 亿元。2016 年

“双十一”线上单日销售额1.6亿元，第三方平台单日订单量163万单；“双十二”线下单日销售额0.58亿元，远超同行业其他品牌。凭借全渠道的布局，全渠道的会员总数超过3 780万人，2017年全渠道销售达80多亿元。良品铺子2020年上半年实现营业收入36.10亿元，同比增长3.02%；同时，良品铺子线上渠道实现营收18.6亿元，同比增长18.79%；线上销售占比提升到52.45%，

目前，良品铺子开发了炒货、话梅、果干、肉制品、素食、海鲜制品、糕点、糖果、养生冲调、进口食品等11大品类的1 200多种产品，拥有线下门店2 100多家，良品铺子全国员工总人数已超过1万人，其中武汉市5 000多人。截止到2019年6月末，良品铺子在湖北、江西、湖南、四川等地区共开设终端门店2 237家，为完成企业市场营销任务奠定了良好的基础。

资料来源：

1. 智慧门店+大数据：良品铺子的全渠道共振，百度，www. 517lppz. com.
2. 良品铺子：全面在线，阿里研究院，https://www.sohu.com/a/281175828_384789.
3. 良品铺子：全渠道融合构建新零售体系，http://www.100ec.cn/detail--6490745. html.

案例分析题：

1. 根据案例材料，良品铺子现有的分销渠道有哪些？
2. 良品铺子全分销渠道有何特色？
3. 结合所学理论，您认为企业为什么要进行分销渠道变革？良品铺子分销渠道变革成功的原因是什么？

【能力测试】

测试题：试对以下说法做出判断，即在您认为合适的空格处画○，多选、少选均不得分。

序号	题干	同意	较同意	中立	不太同意	不同意
1	分销渠道是市场营销渠道的组成部分，承担着产品所有权或协助所有权转移的任务					
2	独家分销有利于企业掌控分销渠道，并使其产品较快地推入市场，提高市场覆盖面					
3	互联网平台的发展使得批发商显得越来越“多余”了					
4	互联网平台企业自建物流体系能够提高顾客的服务水平，但存在着不经济的风险					
5	奢侈品的分销渠道长而窄，普通商品的分销渠道短而宽					
6	分销渠道冲突的核心是利益分配问题					

表(续)

序号	题干	同意	较同意	中立	不太同意	不同意
7	制造商要求中间商不得以低于合同价销售产品的行为可能涉嫌违法					
8	百货商场比超级市场能够给予顾客更好的消费体验，适合于经营高端产品					
9	折扣商店所销售的产品一般都是低档品或残次品					
10	企业在进行物流决策时需要在最佳顾客服务和最低物流成本之间做出权衡					

【延伸阅读】

1. 吴健安. 市场营销学，[M]. 6 版. 北京：高等教育出版社，2017：325-356.

2. 菲利普·科特勒，凯文·莱恩·凯勒. 营销管理 [M]. 15 版. 何佳讯，于洪彦，牛永革，等，译. 上海：格致出版社，上海人民出版社，2016：464-520.

3. 张云起. 市场营销学 [M]. 北京：高等教育出版社，2018：343-382.

4. 郭国庆. 市场营销学通论 [M]. 7 版. 中国人民大学出版社，2017：244-251.

5. 杨洪涛. 市场营销：网络时代的超越竞争 [M]. 3 版. 北京：机械工业出版社，2019：267-298.

第十一章 促销策略

【学习导引】

促销是企业市场营销活动的重要组成部分，通过学习，要了解促销、促销组合的含义、作用及影响促销组合策略决策的因素，熟悉各种促销手段的类型和特点，初步掌握拟定促销方案的思路和方法。

【营销箴言】

你不可能让顾客因为被你说得不耐烦而买你的产品，你只能引起他的兴趣，吸引他们购买。

——大卫·奥格威

你一生中卖的唯一产品就是你自己；推销的要点不是推销产品，而是推销自己。

——乔·吉拉德

真正的广告不在于制作一则广告，而在于让媒体讨论你的品牌而达成广告。

——菲利普·科特勒

【营销故事】

乔·吉拉德卖汽车：将看客变成顾客

乔·吉拉德出身于美国一个普通的劳动阶层的家庭，勉强读完中学后便进入社会谋生，先后从事过四十多种职业，终于在销售职业崭露头角，被称为世界上最伟大的推销员，曾创造了5项吉尼斯世界汽车零售纪录：平均每天销售6辆车；最多一天销售18辆车；一个月最多销售174辆车；一年最多销售1 425辆车；在12年的销售生涯中总共销售了13 000辆车。他是如何做到的呢？这里仅用一个小故事来管中窥豹，见微知著。一天，乔·吉拉德正在其通用雪佛莱汽车销售厅里等待顾客，这时，走进来一位中年女士，他马上迎上去表示欢迎和感谢。这位女士对乔·吉拉德说，自己快过生日了，想买一辆和她表姐一样的白色的福特汽车犒劳一下自己，但福特汽车的销售人员说这会儿比较忙，让她过一个小时再去。于是，她就先到福特汽车销售厅对面的乔·吉拉德的销售厅来转一转。乔·吉拉德只是微微一笑，并向自己的助理使了一下眼色。然后，乔·吉拉德便带着这位女士介绍一辆辆雪佛莱新车。当走到一辆白色的雪佛莱轿车前，他重点做了介绍。这时，助理返回了，向这位女士献上了一束大大的玫瑰花，向她表示生日快乐！这位女士大为感动，她说，"很久都没有收到别人的祝福了！其实，我也不一定非得买一辆白色的福特汽车。刚才，福特汽车的销售人员或许看见我开了一辆旧汽车，可能以为我没有钱，所以就不太想接待我。没想到，您不仅热情地接待了我，还给我赠送了生日祝福礼物！我决定就买这辆白色的雪佛莱汽车了！"

资料来源：根据《世界上最伟大的推销员》及相关资料编写。

【理论概述】

企业的市场营销活动，抽象地看，它也是一个企业及产品信息策划、传递、交流、反馈的过程。本质上看，它是一个说服顾客的过程，体现着吸引和赢得顾客的智慧和技巧。成功的市场营销活动，不仅仅是提供符合顾客需求的产品，制定合理的价格，选择合适的分销渠道，还取决于采取恰当的促销方式将自己的价值主张传递给顾客，说服顾客采取购买行动，从而在满足顾客需要的基础上完成企业产品价值实现的任务。本章有五节内容：第一节促销与促销组合；第二节人员推销策略；第三节广告策略；第四节公共关系策略；第五节销售促进策略。

第一节　促销与促销组合

一、促销的含义与作用

（一）促销的含义

促销是企业通过人员和非人员的方式，沟通企业与顾客之间的信息，提升品牌形象，引发、刺激顾客的购买欲望，使其产生购买行为的活动。这一概念具有以下几层含义：

（1）促销工作的实质与核心是沟通信息。企业与顾客之间达成交易的前提条件是信息沟通。企业只有准确地将自己生产或经营的产品和服务等有关信息传递给目标顾客，并引起目标顾客关注，才有可能激发其购买欲望，采取购买行动。

（2）促销的目的是提升品牌形象，引发、刺激顾客产生购买欲望。在顾客可支配收入既定的条件下，顾客是否产生购买行为主要取决于其购买欲望，而顾客的购买欲望又与外界的刺激、诱导密不可分。促销正是激发顾客购买欲望，促使其产生购买行为的重要因素。

（3）促销的方式有人员促销和非人员促销两大类。人员促销，是企业运用推销人员向推销对象推销产品或服务的一种促销活动，它主要适合于顾客数量少、比较集中的情况下进行促销活动。非人员促销，是企业通过特定的媒体传递产品或服务等有关信息，以促使顾客产生购买欲望、采取购买行动的一系列促销活动，包括广告、公共关系和销售促进等方式。它适合于顾客数量多，分布比较分散的情况下进行促销活动。企业在促销活动中通常将人员促销和非人员促销方式结合运用。

（二）促销的作用

促销是企业市场营销活动的重要组成部分，发挥着重要作用。

（1）传递信息，强化认知。销售产品是市场营销活动的重要任务，信息传递是产品顺利销售的保证。卖方（企业或中间商）通过向买方（中间商或消费者）传递有关企业现状、产品特点、价格、服务方式和服务内容等信息，可以强化顾客对本企业及其产品的认知，激发顾客的购买欲望，采取购买行动。

（2）突出特点，诱导需求。在市场竞争激烈的情况下，同类产品很多，有时有些产品之间差别微小，顾客往往不易分辨。企业通过促销活动，可以突出本企业产品的特色，便于顾客了解本企业产品在哪些方面优于同类产品，使顾客认识到购买、消费本企业产品所带来的实际利益，促使顾客乐于购买本企业的产品，变潜在需求为现实需求。

（3）指导消费，扩大销售。在促销活动中，市场营销者循循善诱的产品宣传，可以对顾客起到教育指导作用，实际上也是在宣传一种生活方式，从而起到扩大产品销售的效果。

（4）形成偏爱，稳定销售。在激烈的市场竞争中，企业产品的市场地位常不稳定，致使有些企业的产品销售起伏波动大。企业运用适当的方式开展促销活动，可使较多的顾客对本企业的产品产生偏爱，进而巩固已占领的市场，达到稳定销售的目的。对于顾客偏爱的产品，即使该类产品需求下降，也可以通过一定形式的促销活动，促使顾客对该产品的需求得到一定程度的恢复和提高。

二、促销组合及促销策略

促销组合，就是企业根据产品的特点和市场营销目标，综合考虑各种影响因素，对各种促销方式的选择、编配和运用（见图 11-1）。这是因为各种促销方式都有其优点和缺点，企业在促销活动中，将多种促销方式搭配使用可以扬长避短，取得良好的促销效果。从总的指导思想上看，促销策略可分为推式策略和拉式策略两类。推式策略（见图 11-2）是企业运用人员推销的方式，把产品推向市场，即制造商将产品推向中间商，再由中间商推给消费者或最终用户。推式策略一般适合于单位价值较高的产品，性能复杂需要做示范的产品，根据用户需求特点设计的产品，流通环节较少、流通渠道较短、市场比较集中、集团性购买的产品等。拉式策略（见图 11-3）是指企业运用非人员推销方式把最终顾客拉过来，使其对本企业的产品产生需求，以扩大销售。对单位价值较低的日常用品，流通环节较多、流通渠道较长、市场范围较广、单次购买量少、市场需求较大的产品，常采用拉式策略。

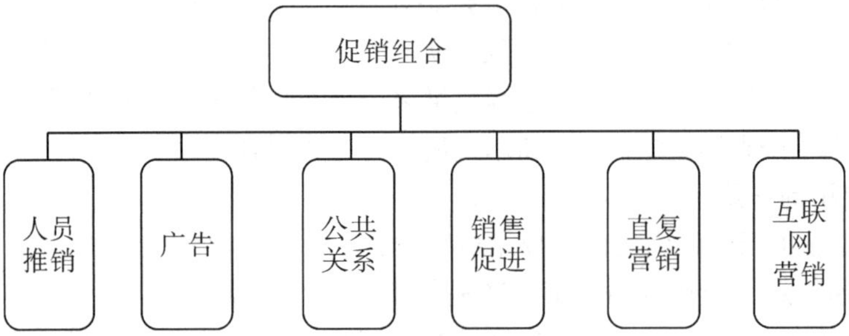

图 11-1　促销组合策略

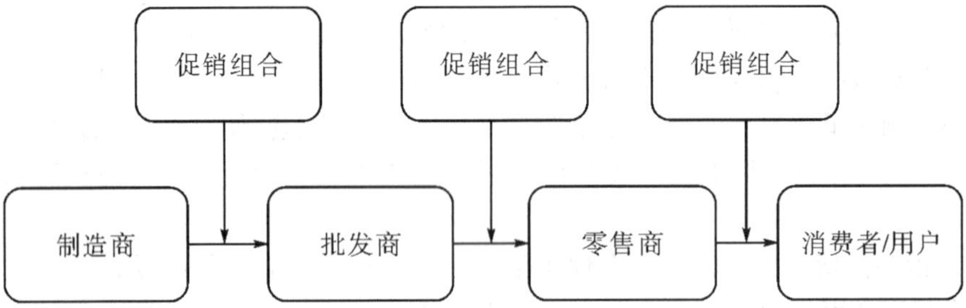

图 11-2　推式策略

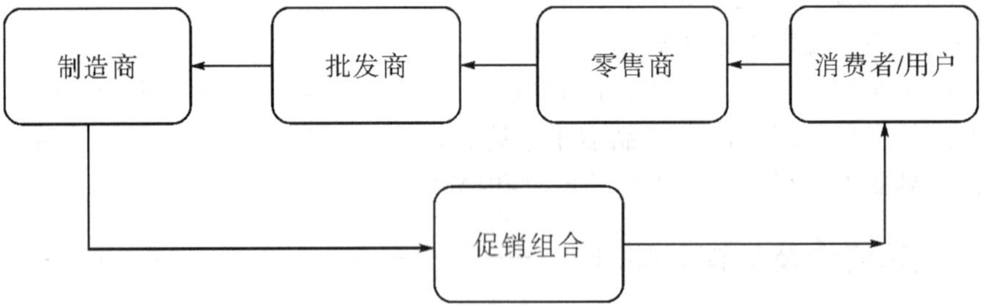

图 11-3　拉式策略

三、影响企业促销策略决策的因素

影响企业促销策略决策的因素见图 11-4：

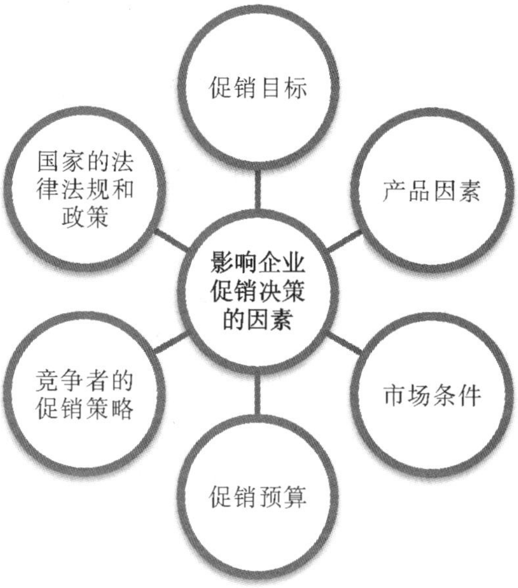

图 11-4　影响企业促销策略决策的因素

（一）促销目标

企业在不同时期或不同地区，经营的目标不同，促销目标也不尽相同。无目标的促销活动不会取得良好的效果。企业的促销目标主要有通知性目标、劝说性目标和提示性目标三大类。通知性目标，是指企业通过促销活动让顾客初步了解企业及其产品，建立初步印象。一般适合于企业的新产品上市或企业的成熟产品进入新市场的情况，重点是向顾客传递“我是谁”的信息。劝说性目标，是指企业通过促销活动激发顾客的购买欲望，促使其采取购买行动，一般适合于处于成长期及成熟期的产品，重点是向顾客传递“我能替您解决什么问题”的信息，或者“您怎样做才是对的”的信息。提示性目标，是指企业通过促销活动提醒顾客不要忘了自己，一般适合于成熟期后期及衰退期的产品，重点是向顾客传递“我还在，别忘了我”的信息。

（二）产品因素

（1）产品的性质。不同性质的产品，企业应采用不同的促销策略。一般说来，消费品促销，更多地采用拉式策略，以销售促进和广告等促销方式较多；产业用品促销，因购买者购买批量较大，市场相对集中，则以人员推销为主要形式。各类促销方式在消费品和产业用品销售中的重要性如图 11-5 所示。

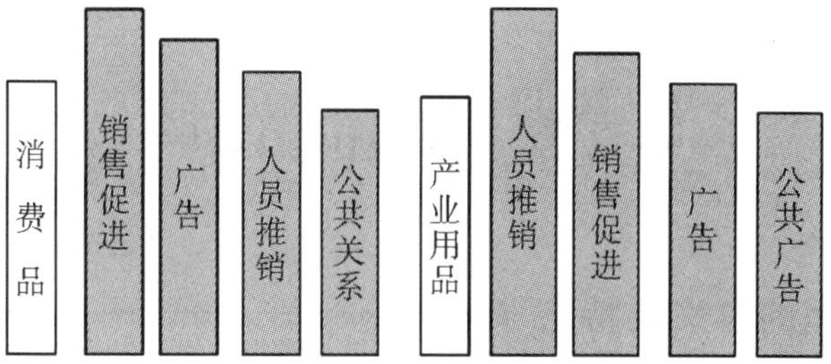

图 11-5　各类促销方式在消费品和产业用品销售中的重要性

（2）产品的市场生命周期。促销目标在产品市场生命周期的不同阶段是不同的，这决定了在市场生命周期各阶段要相应选配不同的促销策略。以消费品为例，在导入期，促销目标主要是宣传介绍产品，以使顾客了解、认识产品，产生购买欲望。广告起到了向消费者、中间商宣传介绍产品功效的作用。因此，这一阶段以广告为主要促销形式。在成长期，由于产品已打开销路，销量上升，同时也出现了竞争者，这时仍需广告宣传，以增进顾客对本企业产品的购买兴趣，同时辅之以公共关系、销售促进等形式。在成熟期，竞争者增多，促销活动以提高购买兴趣为主，各种促销方式的重要程度依次是销售促进、广告、公共关系。在衰退期，由于更新换代产品和新发明产品的出现，使原有产品的销量大幅度下降。销售促进应继续成为主要的促销方式，并辅之以广告和人员推销。同时，为尽可能地获得较多收益，促销费用不宜过大。

（三）市场条件

市场条件不同，促销策略也有所不同。从市场的地理范围大小看，若促销对象是小规模的本地市场，应以人员推销为主；而对大规模的全国甚至世界市场进行促销，则多采用广告形式。从市场类型看，消费者市场因消费者多而分散，多数靠广告、销售促进等非人员促销形式，但在产品成交阶段，人员推销依然发挥着“临门一脚”的关键作用。对用户较少、批量购买、成交额较大的生产者市场，则主要采用人员推销形式，辅之以销售促进、公共关系等促销手段，广告的使用较少。

（四）促销预算

企业开展促销活动必然要支付一定的费用。费用是企业经营者十分关心的问题，并且企业能够用于促销活动的费用总是有限的。因此，企业在满足促销目标的前提下，要做到效果好而费用省。企业确定的促销预算额应该是企业有能力负担的，同时是能够适应竞争需要的。为了避免盲目性，在确定促销预算额时，除了考虑销售额的多少外，还应考虑促销目标的要求、产品生命周期等因素。

（五）竞争者的促销策略

竞争者的促销策略是企业制定促销组合策略必须考虑的因素。企业可以采取与竞争者相同的或者相异的促销策略，这取决于企业的实力、产品的市场定位及竞争战略的选择。

（六）国家的法律法规和政策

企业开展促销活动必须遵守国家的法律法规，这是底线、红线，有时还是高压线，违反不得。国家的《反不正当竞争法》《价格管理法》《反垄断法》《商标法》《知识产权保护法》等法律以及涉及市场管理的各种政府管理条例、实施办法等都是企业促销活动必须遵守的规范。因此，企业的任何促销方案都应该通过合法合规性审核后才能实施。

第二节　人员推销策略

一、人员推销的含义及特点

（一）人员推销的含义

人员推销是指企业派出推销（销售）人员直接向目标顾客传递产品信息，促进其采取购买行动的活动。

（二）人员推销的特点

1. 灵活性高

企业的推销（销售）人员与顾客面对面交谈，能随时观察和掌握顾客的反应，解答顾客的疑问，并及时调整推销策略和方法，激发顾客的购买欲望，促成交易的达成。

2. 针对性强

人员推销开展前一般都要经过市场调查研究，选择和了解潜在顾客需求，拟订具体推销目标和推销方案，选择恰当的推销策略，以提高推销工作的成功率。

3. 信息反馈快

人员推销是一种双向信息交流的过程，推销（销售）人员在与顾客的交往中，可以面对面地呼应顾客需求，现场解答顾客关心的问题，消除顾客的疑虑，促使顾客尽快做出购买决策，从而大大缩短企业对顾客购买需求的反馈时间。

4. 目标多重

人员推销不仅是一个宣传产品、推销产品的过程，还是一个展示企业形象、与顾客建立密切关系，培养顾客忠诚的过程。此所谓“进门都是客”“买卖不成仁义在”。

5. 成本费用大

人员推销的成本费用大，一般比较适合于顾客集中、产品技术复杂、需要更多服务的市场情况。人员推销多用于消费品成交环节促销、产业用品的销售或针对中间商的市场的开发。

二、人员推销的形式与步骤

（一）人员推销的对象与形式

1. 人员推销的对象

人员推销的对象是指人员推销活动中接受推销的客体，即推销人员说服的对象，可分为消费者、产业用户和中间商等类型。选定推销对象是推销工作的起点。

（1）向消费者推销。为了更有效地达到目的，推销人员必须了解消费者的年龄、性别、民族、职业、文化背景等基本情况以及消费者的购买欲望、购买能力、购买特点和习惯等，时刻注意消费者的心理反应，有针对性地采取不同的推销技巧。

（2）向产业用户推销。推销人员必须了解和熟悉产业用户的生产规模、人员构成、经营管理水平、产品设计与制作过程及资金等情况。同时，推销人员还要善于恰当地说明自己产品的优点，简明扼要地分析产业用户使用自己产品后所能得到的效益，必要时还要帮助产业用户解决其遇到的疑难问题，以取得产业用户的信任。

（3）向中间商推销。由于中间商对所购商品具有丰富的专业知识，其购买行为属于理智型。这就要求推销人员必须具备较高的业务知识和推销技巧。在向中间商推销产品时，要了解中间商的类型、业务特点、经营规模、经济实力及其在整个分销渠道中的地位，并根据具体情况向中间商提供资金、技术、物流、信息等支持，以赢得其信任，建立持久关系，扩大产品销售。

2. 人员推销的基本形式

（1）上门推销。上门推销是指由推销人员携带样品、产品说明书和订单等走访顾客以推销产品的方式。这种形式可以针对顾客的需要而提供有效的服务，方便顾客，因而被广泛接受和认可。

（2）柜台推销。柜台推销又称门市推销，是指企业在适当地点设置固定的门市，由营业员接待进入门市的顾客，向其推销产品的方式。柜台推销是一种等客上门式的推销方式。由于门市里的产品种类齐全，能满足顾客多方面的购买要求，为顾客提供较多的产品，现场解答顾客疑问，因此，这一方式容易被顾客接受。柜台推销适合于零星小产品、贵重产品和容易损坏的产品。

（3）会议推销。会议推销是指企业利用各种会议向与会人员介绍和宣传产品，开展推销活动。例如，在订货会、交易会、展览会、物资交流会等会议上推销产品。这种推销形式接触面广，可以现场进行产品使用演示，推销对象集中，可以同时向多个推销对象推销产品，成交额较大，推销效果好。

（二）人员推销的步骤

推销人员在开展推销工作时，尽管产品不同，但基本环节是以下七个步骤（见图11-6）。

图 11-6　人员推销的步骤

1. 确定目标（潜在的）顾客

人员推销的第一个步骤就是要研究潜在的顾客，选择极有可能成为顾客的人。这些潜在顾客可直接从消费者、产业会员中调研，或通过公共档案、电话“黄页”、行业协会名单、公司档案等获得。推销人员应把重点放在那些有意愿和有能力购买产品的潜在顾客上。

2. 做好准备

知识武装头脑。推销人员的知识准备越充分，专业素养越高，介绍产品时就愈加自信，就更能够灵活自如地应对顾客疑问。推销人员要做好企业知识、产品知识、竞争者知识、行业发展动态知识及国家法律法规和政策等方面知识的充分准备。同时，还要携带必要的宣传材料、展示或演示工具等，以备不时之需。

3. 接近顾客

推销人员在接近潜在顾客时要特别注意给顾客留下美好的第一印象，因为第一印象对能否成功推销产品起到关键作用。接近顾客的方式有两种：一是预约方式，即事先与顾客约定拜访的时间地点和事项，然后赴约洽谈。在预约方式下，推销人员一定要适时到达约定的地点，提前过早会让顾客措手不及，迟到是绝对必须避免的状况。二是非预约方式，即事前不预约，直接登门拜访顾客。一般这种方式成本大、成功率低，只适合于最初进入市场，同时又难以收集到顾客详细资料的情况。

4. 介绍产品

推销人员不仅要介绍本企业产品的质量、性能、特色、技术水平、价格、售后服务等信息，更重要的是要与竞争性产品相比较，突出自身的优势，说服顾客相信购买“本企业的产品是他的最佳选择”。推销人员可以借助产品宣传册、PPT、企业及产品的视频资料等工具生动活泼、声情并茂地宣介企业及产品。

5. 应付异议

在整个推销过程中，顾客随时都可能提出异议或问题，这给推销人员提供了进一步讲解、演示产品的机会。异议通常会发生在产品质量、性能、价格、售后服务、付款方式等方面。推销人员要善于倾听，准确地把握问题的实质，随机应变，排除障碍，促成交易达成。

6. 达成交易

排除异议后，就进入达成交易阶段。这一阶段的核心工作是将双方洽谈达成的共识以合同的形式表现出来，以明确双方的权利义务、责任利益等。根据我国《合同法》的有关规定，一份商务合同一般包括以下条款：①当事人的名称或者姓名和住所；②标的；③数量；④质量；⑤价款或者报酬；⑥履行期限、地点和方式；⑦违约责任；⑧解决争议的方法等。

7. 跟踪服务

达成交易只是成功的一半，推销人员还需要做好跟踪服务工作，如送货、安装、培训、维修、保养等，从而为未来的销售铺平道路。总之，推销人员的职责并不随销售工作的结束而结束，它将随着推销（销售）人员与顾客之间保持良好、有效的相互关系而持续下去。

三、推销人员的素质和能力

推销过程的复杂性及人员推销任务的多面性、繁重性，决定了对推销人员的素质有较高的要求。推销人员是企业开拓市场的先锋，是企业形象的重要代表，必须具备一定的基本条件。“尺有所短寸有所长”。不是每个人都适合从事推销工作。企业需要按照推销工作的性质和特点选拔、培养和配置在素质和能力方面都适合的人员从事推销工作。

（一）推销人员应具备的素质

推销人员应具备的素质见图 11-7：

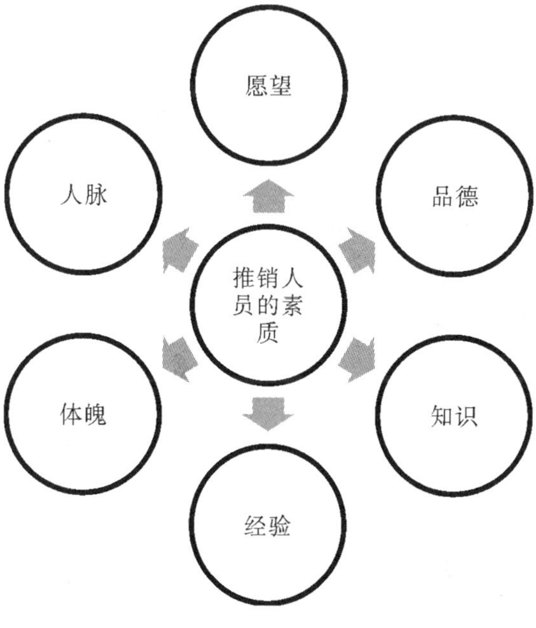

图 11-7　推销人员的素质

1. 从业的愿望

“兴趣是最好的老师”。一个人只有做好了从事推销工作的思想准备，有从事推销工作的强烈愿望，才会深入市场了解顾客，诚心诚意地为顾客服务，也才能取得优良的业绩。这是一个前提性的素质，常常为许多企业所忽视。试想，一个对推销工作有偏见或不乐意从事推销工作的人怎么可能做好推销工作呢？

2. 优良的品德

品德是最基础性的素质。无德之人，从业的愿望越强烈，知识越广博、过往的经验越丰富，破坏力就越大。企业在选拔推销人员时要实行品德一票否决制。推销人员品德方面的要求主要体现在守法、遵纪、忠诚、担当、诚信、进取、协作等多个方面。当然，现实生活是复杂的，“金无足赤人无完人”，求全责备也是不应该的。推销人员的品德也不是一成不变的，企业可以通过培训加以塑造、通过健康的企业文化加以沁润和熏陶、通过先进人物的模范事迹加以引领和提升。

3. 广博的知识

“知识就是力量”。能力源于知识，厚积才能薄发。推销人员既需要具备与市场营销相关的专业知识，也需要具备人文历史地理知识，还需要具备人际交往的礼仪技能等方面的知识。企业需要从这方面考察推销人员的知识积累情况，也需要通过培训来提升推销人员的知识水平。

4. 过往的经验

“没有吃过梨子就不知道梨子的滋味”。一个推销人员只有不断地在市场营销实践中淬炼，才能百炼成钢。一个经验丰富的推销人员在面对推销中的难题时由于见多识广而能游刃有余地妥善地加以解决，而一个“职场小白”则可能会惊慌失措，难以应对。因此，许多企业在选拔推销人员时常常乐于挑选具有一定推销工作经验的人。当然，经验也是一把“双刃剑”，经验丰富的人也可能会思想僵化，沉湎于过去的老套路中而不愿意接受新事物，创新性地开展工作。

5. 健康的体魄

身体是工作的本钱。推销工作任务繁重，头绪众多，没有健康的身体条件就难以完成各项工作任务。所以，企业在招募选聘推销人员时需要把身体素质作为基础性的条件来考虑。

6. 广泛的人脉

如果一个人拥有与推销工作相关的人际关系网，就能顺利高效地开展工作，取得良好的效果。因此，企业在招聘推销人员时适度考察其教育经历、家庭背景、人际关系网络（朋友圈）等人际关系资源是十分必要的。当然，需要注意保护他人隐私，不得泄露他人私人信息。

（二）推销人员的能力

推销人员直接面对顾客，需要具备的能力如图 11-8 所示：

1. 感同力

感同力的核心是要求推销人员善于站在顾客角度思考问题，真正地理解顾客的感受和要求，设身处地为顾客着想，想顾客之所想，急顾客之所急，把达成交易看成是水到渠成的事情。

2. 挑战力

推销人员每一天都会面对陌生的人、陌生的环境、碰到预想不到的困难和状况，这就要求推销人员必须做好应对各种挑战的准备。推销人员应具备坚定做事的决心、克服困难的勇气、应对挑战的胆识，这样才能在碰到困难时具有坚持工作的毅力。

3. 自信力

推销工作是一门说服人的艺术。只有自己信心满满才能流露出真感情，发自内心地说服顾客、感染顾客。试想，一个推销人员对自己所在的企业、所销售的产品、所从事的工作都没有信心，何以开展有说服力的沟通工作？自信源于推销人员深刻地了解和把握了所在企业、所销售产品的特色和优势，而不是“井底之蛙”式的盲目自大。

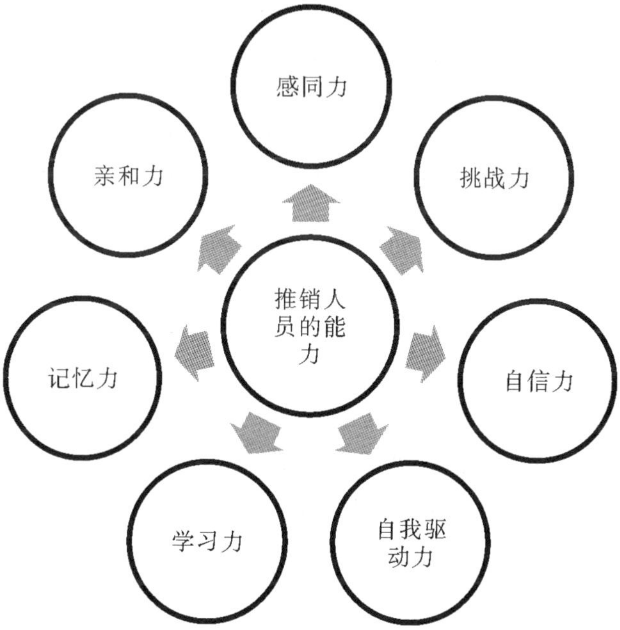

图 11-8　推销人员的能力

4. 自我驱动力

每天面对挫折是推销人员的家常便饭。与 100 个顾客沟通，能与一个顾客达成交易就很不错了。换句话说，推销人员每享受一次成功的喜悦都可能先要承受 99 次失败的沮丧。这就要求推销人员要以平常心看待日常工作，把每一次的失败看成是成功的基石，看成是接近成功的步伐，能够自我驱动，始终精神饱满地开展工作。

5. 学习力

互联网、大数据、人工智能等让社会经济生活面貌日新月异，顾客需求日趋差异化和个性化，竞争者的策略也五花八门，令人目不暇接，这就需要推销人员具备更丰厚的知识储备和专业素养。自觉学习、多渠道学习是增加知识和提升素质的主要途径。

6. 记忆力

推销工作是与人打交道的工作。全面掌握顾客的信息，特别是其姓名、性别、年龄、职位、业余爱好、朋友圈等信息对于有效开展推销工作至关重要。有时候，推销人员一个看似不经意的节日祝福、生日礼物、休闲活动等都会加深其与顾客的感情，提高顾客对其所在企业及所销售产品的认同感。

7. 亲和力

推销工作是一种特殊的人际沟通交流活动。推销人员的外貌装扮、语言艺术、行为方式等都直接影响人际沟通交流的效能。亲和力体现在推销人员高超的人际沟通交流效能上，能给顾客留下美好的第一印象，善于选择顾客感兴趣的话题，让顾客获得自尊感和自豪感，甚至与顾客成为无话不谈的知心朋友，从而使推销工作变成“润物无声”的活动。

四、人员推销的管理

（一）推销队伍的结构

建立推销人员队伍要从企业的实际情况出发，按照市场营销活动的实际需要加以组织。推销队伍的结构一般有以下几种情况：

1. 按地区结构组成推销队伍

产品组合比较单一而市场分布面较广的企业通常按地区结构来组织推销队伍。其基本做法是，将推销人员按所划定的市场区域进行分配。这种结构的好处是：①比较容易评价推销人员的销售业绩；②推销人员容易同顾客建立长期关系；③差旅费用相对较少。

2. 按产品结构组成推销队伍

在企业的产品组合面广、各产品线关联性不强的情况下，通常采取按产品结构组织推销队伍，即每一组推销人员专门负责销售某一种特定种类或产品线的产品。该做法的好处是，推销人员可以在技术和业务上都十分熟练，并能对该产品的目标市场有全面的了解。但若两种产品消费关联性比较密切，则有可能出现同一企业的两个推销人员同时对同一顾客销售本企业关联产品的情况，从而使顾客产生疑惑。

3. 按顾客结构组织推销队伍

有些企业按照顾客的不同类型来组织推销队伍，即由一组推销人员面对一种类型的顾客群体。例如，有专门对批发商推销的人员，也有专门对零售商推销的人员；有专门对老年顾客推销的人员，也有专门对家庭妇女推销的人员。这样做的好处是推销人员对顾客的特点很熟悉，能有的放矢地开展销售活动。问题是若顾客分布面很广，推销人员的差旅费用可能会增加。

4. 复合结构的推销队伍

如果将以上几种推销队伍的组织方式结合起来，就能形成一种按复合结构组织的推销队伍。例如，企业可按“地区—产品”“地区—顾客”“产品—顾客”的结构来组织推销队伍，也可按“地区—产品—顾客”的结构组织推销队伍，将推销队伍的结构逐步细分，这样就有可能克服以上几种组织方法存在的缺点，使推销队伍的结构合理化。当然，复合结构的推销队伍一般由较多的推销人员组成，因此，它是一种比较适合于大型企业推销队伍的组织形式。

（二）推销人员的选拔与培训

1. 推销人员的选拔

为选拔出优秀的推销人才，企业可以采用申请、笔试和面试相结合的方法进行，企业可以自己进行考核，也可以委托专门的中介机构进行考核。由报名者自己填写申请表，借此掌握报名者的性别、年龄、受教育程度及工作经历等基本情况；通过笔试和面试可以了解报名者的仪表风度、工作态度、知识广度、语言表达能力、理解能力、分析能力和应变能力等。

2. 推销人员的培训

企业必须对选拔出的推销人员进行集中培训，使他们进一步学习和掌握有关知识与技能。培训的主要内容包括企业知识、产品知识、市场知识、心理学知识和法规知识等。

具体培训方法很多，常采用的方法如下：

（1）讲授培训，即请专家、教授讲授。

（2）模拟培训，即由受训人员扮演推销人员向由专家教授或有经验的优秀推销员扮演的顾客进行推销，或由受训人员分析推销实例等。它是受训人员亲自参与的有一定真实感的培训方法。

（3）实践培训，即当选的推销人员直接上岗，与有经验的推销人员建立师徒关系，通过传、帮、带，使受训人员逐渐熟悉业务，成为合格的推销人员。企业在对新的推销人员进行培训的同时，还要每隔一段时间对在岗推销人员进行培训，使其了解企业新的产品、新的经营计划和新的市场营销策略等，以进一步提高其素质。

3. 推销人员规模的确定

选拔推销人员既有质的要求，又有量的限制。这是由于他们是企业最有价值、花费最多的资产之一，其规模直接影响销售收入和销售成本的变动。企业设计和确定推销队伍的规模通常有三种方法：①工作量法，就是企业根据销售工作量的大小来决定配备推销人员的数量；②销售百分比法，就是企业根据历史资料计算出推销队伍的各种耗费占销售额的百分比和推销人员的平均成本，然后对未来销售额进行预测，从而确定推销人员的数量；③分解法，就是对每一位推销人员的产出水平进行分解，再同销售预测额相结合，从而判断推销队伍的规模大小。

（三）推销人员的报酬与激励

对推销人员劳动报酬的确定，是对推销人员和推销过程实现控制的有效方法。推销人员的报酬一般以销售业绩为主，同时参考行业平均水平，通常由以下几部分组成：

（1）固定工资。固定工资又称底薪，它不受业绩影响，是推销人员的稳定收入，用以保证他们的日常生活开支。

（2）超额奖金。这是对推销人员的超额销售的奖励，根据推销人员的业绩发放。

（3）补贴部分。这是支付给推销人员日常工作所需的费用，如差旅费等。

（4）福利部分。如定期休假、退休金及医疗和人寿保险等。

推销人员的劳动报酬有三种形式，即纯薪金制、纯佣金制和底薪与佣金混合制。由于第三种形式结合了前两种形式的优点，所以对企业和员工双方都有利。底薪有利于保证推销人员的基本生活，稳定销售队伍，佣金则有利于调动推销人员提升业绩的积极性。

（四）推销人员的考评

对推销人员的工作业绩进行科学合理的考评是企业销售管理的重要工作。考评结果不仅可以作为分配报酬的依据，而且是企业调整市场营销策略的基础。推销人员的考评工作通常包括以下具体内容：

1. 考评资料的收集

考评资料的收集主要包括推销人员工作报告、企业销售记录、企业内部员工的意见、顾客及社会公众的评价等。

（1）推销人员销售工作报告。其包括推销工作计划、访问报告和销售绩效报告。推销工作计划是推销人员推销活动的日程安排。它使销售管理部门能够及时了解和掌握推销人员的工作及执行计划的能力。访问报告则使销售管理部门能够及时掌握推销人员以往的活动和顾客账户状况，并提供对以后访问有用的信息。销售绩效报告反映了推销人员的工作业绩，管理部门可以了解关于销售、费用开支、业务流失、新业务拓展等许多推销绩效的情况。

（2）企业销售记录。其包括顾客记录、区域销售记录、销售费用支出的时间和数额等基本资料，通过对这些资料的加工、处理和分析，可以得出适当的评价指标。例如，某一推销人员所接订单的毛利、一定时期和一定规模订单的毛利等方面的情况。

（3）企业内部员工的意见，主要是指销售经理、其他非销售部门有关人员的意见和推销人员之间的意见。通过对这些资料的分析，可以了解有关推销人员的合作态度和领导才干等。

（4）顾客及社会公众的评价。在考评过程中，一定要听取顾客及社会公众的意见，通过调查分析，可以得出不同的推销人员在完成推销商品或服务这一工作任务时的情形。

2. 建立考评标准

考评标准的建立，既要遵循基本标准的一致性原则，又要坚持推销人员在工作环境、区域市场拓展潜力等方面的差异性原则。能反映基本情况的主要指标有：销售量、毛利、每天平均访问次数及每次访问的平均时间、每次访问的平均费用、一定时期内新顾客的增加数及失去的顾客数目、销售费用占总成本的百分比、货款回收率、顾客满意程度等。

3. 实施考评

企业在收集了足够的资料、确定了科学的考评标准之后，就可以正式开展考评工作。考评的方式通常有三种：一是横向比较，即公司的推销人员之间进行比较；二是纵向比较，即把推销人员的当前业绩与前期业绩进行比较；三是对推销人员的素质进行评价，即进行全面考核。

第三节　广告策略

广告活动是伴随商品经济的产生而出现的。随着市场经济的发展，广告作为企业向社会大众进行信息传播的有效手段，在产品销售中发挥着重要作用。正如企业界所言：“现代企业如果不做广告，就如同在黑暗中向你的情人暗送秋波！”

一、广告的含义及特点

（一）广告的含义

广告，就是广告主以付费的形式通过大众媒介将产品、服务或某项行动的意见和想法等有关信息传递给目标受众的活动。从市场营销的角度看，广告活动包括广告主体（主要是企业）、广告内容（产品或服务等的有关信息）、广告对象（社会公众和潜在顾客）、广告条件（付费和媒介）及广告目的（促进产品销售）等要素。

（二）广告的特点

（1）公众性。广告是一种高度大众化的信息传播方式。它比较适用于供大众消费的标准化产品的推广。

（2）渗透性。广告把信息通过多次重复渗透给目标受众，使目标受众加深印象并接受。

（3）表现性。广告是一种具有表现力的信息传递方式，它通过对文字、音响以及色彩的艺术化运用，使产品信息内容更具有新颖性和鼓动性。好的广告既是说服的艺术，也是传递专业产品知识、弘扬优秀道德风尚、推进健康时尚生活方式的载体。一则成功的广告能给社会公众提供多方面的正能量。

（4）非人格性。广告不像人员推销那样人格化，听众、观众和读者没有义务去关注广告并对广告做出反应。广告只能独白，而不能对话交流。

二、制订广告方案

企业在制订广告方案时，市场营销人员必须做出以下五个方面的决策：

（一）要完成什么任务，即设定广告目标

广告的最终目标是通过传播顾客价值帮助建立顾客关系，但企业在不同的市场、不同的时间面对的环境不同，其具体的广告任务及目标有所差异。根据企业在特定时间内要向特定目标群体完成的具体沟通任务，广告目标分为以下三类：

（1）通知广告。通知广告的目标是激发潜在顾客对产品或服务产生初步需求。广告宣传的主要任务是介绍一种新产品的上市，向顾客说明某产品的新用途、价格、使用方法和所提供的各项服务等。通知广告一般适用于处于产品生命周期导入期阶段的产品。

（2）劝说广告。劝说广告的目标是劝说和诱导顾客更多地购买本企业的产品或服务。宣传的重点是突出本企业产品或服务的特色，强调本企业产品或服务在满足顾客需求方面的明显优势，使顾客形成品牌偏好。劝说广告适用于市场竞争日趋激烈、处于产品生命周期成长期阶段的产品

（3）提示广告。提示广告的目标是提醒顾客别忘记购买本企业销售的、顾客曾经购买使用过的那些产品或服务，如向顾客承诺某种产品继续保持原有的高质量，提示某种产品已经到货，可在何时何地购买等。提示广告主要适用于产品处于产品生命周期成熟阶段的产品。

（二）要花多少钱，即确定广告预算

为实现广告目标，必须拟定广告预算。确定广告预算的方法有以下几种：

（1）量入为出法。根据现有的资金能力确定广告预算，资金充裕就多做广告，反之则少做或不做广告。其优点是广告费用能够控制，其缺点是将广告仅仅看作是费用的支出，没有认识到广告对产品销售的极大促进作用和对企业产品（品牌）形象和市场影响力的提升作用，从而导致广告活动没有长期计划而缺乏稳定性。

（2）销售百分比法。根据目前或预期销售额的某个百分比，或者单位产品销售价格的某个百分比来确定广告预算。其优点是计算简单，促销费用、销售价格以及单位

利润之间的关系明确。其缺点是将促销作为销售的结果而不是原因，颠倒了投入与产出之间的因果关系，而且广告活动缺乏长期计划，没有考虑市场竞争等因素。

（3）竞争对等法。根据竞争对手的广告支出或行业的平均广告水平来确定自己的广告预算。该方法能够汲取行业集体智慧，且避免行业内的广告促销战。但此方法没有考虑到不同企业之间的目标、资源等诸多条件方面的差异性。

（4）目标任务法。首先确定具体的广告促销目标，其次分析要达到这些目标需要完成的任务，最后估算出完成这些任务的广告支出。这些支出总和即为广告预算。该方法厘清了广告投入与销售结果之间的关系。但对具体企业来说，“目标—任务—费用”的分解是基于企业对市场环境的预期分析，但市场环境的变动大多都超出企业的预期导致促销预算经常过多或不足。正如某位企业家所说：“我知道我有一半的广告费是浪费掉了，但不知道是哪一半。我花了 200 万美元做广告，但不知道这笔钱是只够一半还是多花了一倍。”

（三）要传递什么信息，即广告信息设计

广告只有在赢得公众关注和兴趣并进行有效传播的情况下才会达到预期的促销效果。因此，创造有效广告信息的第一步是决定向顾客传播什么样的信息。有效的信息传播必须能够识别出顾客的利益诉求；第二步则是广告设计人员通过创意将广告信息以差异化和可记忆的方式展示出来。随着广告费用支出的大幅上涨和媒体数量的快速增加，今天的顾客每天都徜徉于广告信息的海洋之中，通过传统媒体给顾客强制灌输千篇一律的信息只会引起他们的反感抵制。因此，广告信息内容对顾客有用、可信、有趣和有娱乐性成为现代广告设计的基本要求。

（四）要选择哪些广告媒体，即决定媒体组合

此阶段的任务主要包括分析不同媒体的覆盖面和影响力，根据媒体与目标受众的相关性选择媒体类型，在广告费用一定的条件下确定在不同媒体的广告刊播时间。要实现广告信息切实高效地传播，媒体规划人员必须了解不同媒体的影响力、时效性及成本等因素差异（见表 11-1），形成一个有效的媒体组合和完整的整合营销传播活动。

表 11-1　主要媒体的优缺点

媒体	优点	缺点
报纸	灵活、及时，本地市场覆盖面大，可信度高，费用低	有效时间短；阅读注意度低；使用寿命短；印刷不够精致，感染力差
杂志	选择性好，表现力较强，可保存传阅	影响范围较窄；出版周期长，信息不易及时传递
广播	接受性强，选择性好，传播快，成本低	缺乏吸引力，不易记忆；听众零散
电视	刺激性强，有很强的影响力；传播范围广，受众人数多	绝对成本高，瞬间即逝，观众选择少
户外广告	灵活、重现率高，位置选择性好，成本低	观众没有选择性，缺乏创新
直邮	选择性强，灵活，可个性化定制	平均展露成本较高，易造成受众反感、拒收
互联网	高选择性，低成本，及时性，互动性	影响力低，受众可以拒绝

（五）广告效果如何，即广告效果测量

在通过媒体组合对广告信息进行传播的同时，还需定期评估广告效果，包括传播效果、销售盈利效果和社会效果等。信息传播效果的测量可以通过单个广告刊播前后进行测试评价；测量广告的销售盈利效果可以通过广告前后的销售与促销费用进行比较，也可通过实验法，在不同市场采取不同的广告投入，然后测量由此导致的销售与利润差异；广告社会效果是指广告在社会道德、文化教育等方面的影响和作用。但广告社会效果难以量化，主要从广告内容是否真实，是否符合各种法规政策规定和伦理道德标准，是否推动艺术创新并对社会文化产生积极作用等方面进行评价。

第四节　公共关系策略

一、公共关系的含义及特点

（一）公共关系的含义

公共关系是指正确处理企业与社会公众之间的关系，以树立企业和品牌的良好形象，从而促进产品销售的一系列活动。

（二）公共关系的特征

公共关系具有以下四个特点：

（1）注重长期效应。公共关系是企业通过公关活动树立良好的社会形象，从而创造良好的社会环境。这是一个长期的过程。良好的企业形象也能为企业的经营和发展带来长期的促进效应。

（2）注重双向沟通。在公关活动中，企业一方面要把本身的信息向公众进行传播和解释，另一方面也要了解公众的态度、意愿和反应，使企业和公众在双向沟通中形成和谐的关系。

（3）可信度高。相对而言，公共关系活动的新闻报道由秉持客观中立立场、与企业无直接利害关系的新闻媒介发出，社会公众会无防御地接受这些信息，而人们在接受企业的广告信息时则会有天然的警惕心，持有怀疑的态度。

（4）富有戏剧性。经过特别策划的公关事件，容易成为公众关注的焦点，可使企业和产品特色戏剧化地展现出来，引人入胜。例如，章丘手工铁锅制作过程复杂，需要经过 12 道工序（即 7 道冷锻，5 道热锻），大大小小十几种铁锤工具，1 000 摄氏度高温冶炼，36 000 次锻打，最终才能锻造出一口合格的章丘铁锅。虽然其历史悠久，质量上乘，但只是一个地方名牌，在全国来看可谓“养在深闺人未识”。但经过中央电视台《舌尖上的中国》（第三季）宣传报道后，其一夜蹿红，热销市场，库存的2 000多口铁锅被抢购一空，几天内还获得了数十万口铁锅订单，如果想要买到王玉海师傅亲自打造的锅得排队到一两年以后。

二、公共关系的活动方式

（一）宣传性公关

企业运用大众传播媒介和内部沟通方式开展宣传工作，树立良好企业形象的公共

关系模式，分为内部宣传和外部宣传两种方式。

（二）交际性公关

通过人际交往开展公共关系的模式，目的是通过人与人的直接接触，进行感情上的联络，其方式是开展团体交际和个人交往。

（三）服务性公关

其是以提供优质服务为主要手段的公共关系活动，目的是以实际行动获得社会公众的了解和好评。这种方式最显著的特征在于实际的行动。

（四）社会性公关

经营者在真实与不损害公众利益的前提下，有计划地策划、组织、举办和利用具有新闻价值的活动，通过制造有“热点”效应的事件，吸引媒体和社会公众的注意与兴趣，以迅速提高企业品牌的知名度和美誉度，塑造企业良好形象，最终促进产品或服务销售，主要有三种方式：①以企业为中心开展活动，如周年纪念等；②以赞助社会福利事业为中心开展活动；③资助大众传播媒介举办各种活动。

（五）征询性公关

其是以提供信息服务为主的公关模式。如咨询业务、市场调查等。

（六）危机公关

危机公关是指对突发事件的预防、处理、善后、重建等环节以及整个过程的管理。危机公关的基本原则是反应迅速、坦诚相待、人道主义、信誉第一，关键在于重塑企业形象，恢复顾客及社会公众对企业产品（品牌）的信心。

三、公共关系的程序

（一）开展公众调查

收集、了解目标市场公众对本企业的意见与态度，分析企业及其产品在公众中的形象和知名度，总结经验教训，发现问题。企业既可以自行设立机构从事收集信息、研究工作，也可以委托公共关系代理机构来完成。

（二）确定公共关系目标

分析公众调查的资料信息和企业的促销目标，确定企业公共关系应达到的目标。一般来讲，企业公关的目标主要有5类：①希望公众足够了解开发中的新产品、新技术；②在新市场所在地的公众中展示企业的形象；③参加社会公益活动，增加公众对企业的了解和好感；④危机公关；⑤普及同本企业有关的产品或服务的消费方式等。

（三）实施计划与沟通信息

企业要通过多种形式、途径和渠道，把企业的所作所为告诉社会公众，沟通组织与社会公众之间的关系。这样既有利于扩大企业的社会声誉，又便于听取社会公众的意见，接受社会公众对企业的监督。

（四）效果评价

公共关系效果评价贯穿于整个公关活动，评价的内容包括三点：一是评价公共关系程序，即对公共关系的调研过程、公共关系实施过程的合理性和效益性做出客观的评价；二是评价专项公共关系活动，包括评价企业日常公共关系活动效果、企业单项公共关系活动效果和企业年度公共关系活动效果等方面；三是评价公共关系状态，包括舆论状态和关系状态两个方面。企业需要从内部和外部两个方面来评价企业的舆论状态和关系状态。

第五节　销售促进策略

销售促进，又称营业推广，是指企业运用各种短期诱因，鼓励顾客更快、更多地购买企业特定的产品或服务的促销活动。美国市场营销协会定义委员会认为，销售促进是指“除了人员推销、广告、公共关系以外，刺激消费者购买和经销商效益提高的各种市场营销活动，如陈列，演出、展览会、示范表演等”。

一、销售促进的特点

（一）市场反应迅速

由于销售促进运用利益刺激的促销方法吸引顾客光顾，使顾客产生“机不可失、时不再来”的感觉，使目标顾客迅速采取购买行动，从而企业可在短期内快速增加产品的销售量。

（二）暂时性的价格变动

销售促进的激励措施是以特定产品或服务为对象的，由于时间、事件等因素而暂时改变产品价格，一旦促销活动结束，价格就要恢复到正常水平。

（三）存在自贬形象的风险

销售促进显示了企业急于出售某类产品的意图，可能引起顾客对产品或企业的不良猜测。因此，如果频繁使用或不当使用销售促进方式，有可能降低产品的身价，损害企业形象，降低顾客的品牌忠诚度。

二、销售促进的形式

不同的销售促进形式用来实现不同的目标，而且更多的新工具正在不断地发展起来。销售促进形式，必须充分考虑市场类型、促销目标、竞争情况及每一种销售促进工具的成本效益等各种因素。从市场类型和实现目标的角度，销售促进形式大致分为以下几种：

（一）对消费者的促销形式

对于消费者来说，销售促进的目标包括鼓励吸引消费者试用、迅速购买、大批量购买和从品牌竞争者手中夺走品牌转换者。企业可以运用下列工具：

（1）样品。样品是指免费提供给消费者供其试用的产品。可以将样品挨家挨户地送货上门，或邮寄发送，或在商店内提供，或附在其他产品上赠送，或作为广告品。赠送样品是一种最有效也是最昂贵的介绍新产品的方式。

（2）优惠券。优惠券是一种证明，证明持有者在购买某种产品时可凭优惠券按规定少付若干金额。企业可以邮寄优惠券、放进其他产品包装内或附在其他产品上，也可将优惠券刊登在杂志和报纸广告上。优惠券可以有效地刺激成熟期产品的销售，诱导消费者对新产品的早期使用。在网络购物的条件下，消费者可以通过扫码关注、购物返礼等方式获得电子优惠券。

（3）现金折款。现金折款是指在购物完毕后提供减价，而不是在零售店购买之时。

消费者购物后将一张指定的"购物证明"寄给制造商，制造商用邮寄的方式退还部分购物款项。

（4）特价包。特价包是指向消费者提供低于常规价格销售产品的一种方法。其做法是在产品包装上或标签上标明。它们可以采取减价包的形式，即将产品单独包装起来减价出售（如原来买一件产品的价格现在可以买两件）；或者采取组合包的形式，即将两件相关的产品并在一起（如牙刷和牙膏）。特价包在刺激短期消费方面有时甚至比优惠券更有效。

（5）赠品。赠品是指以较低的价格或免费向消费者提供某种产品，以刺激其购买另一特定产品的方法。其主要有三种形式：一种是附包装赠品，即将赠品附在产品内（包装内附赠品），或附在包装上面（包装上附赠品）；另一种是免费邮寄赠品，即消费者交还诸如盒盖之类的购物证据就可获得一份邮寄赠品；还有一种是自我清偿式赠品，即以低于一般零售价的价格向需要这种产品的消费者出售。

（6）奖品。奖品是指消费者在购买某产品后，向他们提供赢得现金、旅游或赠品等各种获奖机会。其主要有竞赛、抽奖和游戏等方式，这些方式比较有趣，顾客乐于参与，因而往往比优惠券或赠送小礼品更引人注意。

（7）积分奖励。积分奖励是指以现金折扣或其他形式用来奖励某一类消费者的光顾。例如，零售企业的消费积分卡、航空公司的里程积分卡、旅馆采用的忠诚住客积分卡、通信公司的话费积分卡等。

（8）免费试用。免费试用是指邀请潜在顾客免费使用产品一段时间，以期他们购买产品。

（9）以旧换新。以旧换新是指顾客在购买产品时如将同一品牌的旧产品交给商家，即可享受一定的折扣。

（10）联合促销。联合促销是指两个或两个以上的品牌或公司在优惠券、付现金折款和竞赛中进行合作，以扩大它们的影响力。如移动电信公司与商家进行合作，顾客可以在使用电话积分购买商家产品时享受折扣，或当消费者消费商家一定价值的产品时，移动公司会为消费者提供优惠的电话服务。

（11）产品保证。当企业的产品质量具有消费者比较敏感的属性，能为消费者提供比竞争对手更长时间、更周到的产品保证服务时，就成为企业吸引消费者的重要促销工具。

（12）售点陈列和产品示范。这种方式一般出现在购买现场或者销售现场，即销售者现场操作产品，为消费者演示使用方式，介绍产品的特色和用途。

（二）对中间商的促销工具

企业为取得批发商和零售商的合作，可以运用的销售促进工具有：

（1）价格折扣。价格折扣又称发票折扣或价目单折扣，是指制造商在某段指定的时间内，对中间商的每次购货都给予低于价目单定价的直接折扣。这样可鼓励中间商购买一般情况下不愿购买的数量或新产品。中间商可将购货补贴用作直接利润、零售价减价。

（2）推广津贴。推广津贴即制造商提供折让，以此作为零售商同意以某种方式突出宣传制造商产品的报偿。其主要有广告折让和陈列折让等形式，前者用以补偿为制造商的产品做广告的零售商，后者用以补偿对产品进行特别陈列的零售商。

（3）免费产品。制造商还可提供免费产品给购买某种质量特色的，或购买达到一定数量的中间商，即额外赠送几箱产品。他们也可提供促销资金，如一些现金或者礼品。制造商还免费赠送附有公司名字的特别广告赠品，如茶杯、笔、年历等。

（4）销售竞赛。销售竞赛是通过竞赛活动，对经销本企业产品成绩优异的中间商给予奖励或奖金。

（三）对销售队伍的促销工具

对于销售队伍来说，销售促进的目标包括鼓励对新产品或新型号产品的销售，鼓励寻找更多潜在顾客和刺激过季商品销售。企业一方面需要激励销售人员努力工作，为企业销售出更多的产品；另一方面，企业也需要通过销售人员来影响和激励顾客，增进与顾客之间的关系，这些都需要企业花费很多资金用于销售队伍的促销。企业常用于销售队伍的促销工具有：①销售竞赛。销售竞赛的目的在于刺激市场营销人员在某一段时间内增加销售量，优胜者可以获得免费旅游、现金或礼品等。许多企业为销售人员举办年度竞赛来刺激他们完成较高的销售指标。②特别推销奖金。企业会给予完成特定销售任务的市场营销人员以奖励。

三、销售促进活动的策划

销售促进活动的策划主要内容见图 11-9：

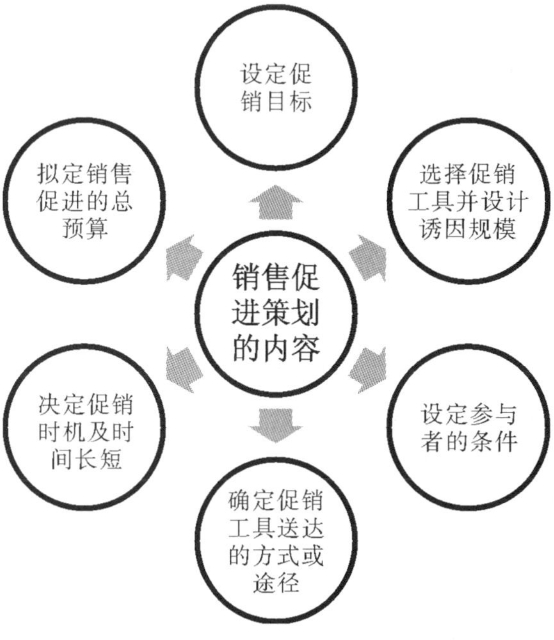

图 11-9　销售促进策划的内容

（一）设定促销目标

销售促进的目标根据促销对象的不同而有所不同。对于消费者而言，销售促进的目标主要有争取非使用者的试用，鼓励其迅速地消费或者刺激现有顾客更大批量或更多重复的购买或者吸引竞争品牌的使用者；对于中间商而言，目标主要有劝说其经销更多的新产品，维持较高的存货水平，鼓励淡季进货，抵制竞争品牌的促销，培养品牌忠诚度；对于销售团队而言，目标主要包括鼓励他们对新产品或新型号的销售，鼓励寻找更多的潜在顾客，刺激淡季的销售。

（二）选择促销工具并设计诱因规模

目标设定之后，企业就需要根据所设定的目标选择最合适的销售促进方式，同时还须确定企业成本/效益最佳的诱因规模。一般而言，诱因规模很小时，销售反应也很小；诱因规模达到一定程度时，才能使促销活动引起足够的注意。诱因规模过大，也可能会引起顾客的疑虑，反而难以取得好的促销效果。

（三）设定参与者的条件

销售促进的对象并不是所有的顾客，所以必须设定一定条件，只有达到条件的顾客才可以参与。例如，特价包仅提供给那些购买量较大的顾客；抽奖可能限定在某一范围内，而不允许企业员工家属或某一年龄以下的人参加。通过确定参与者的条件，企业可以有选择地排除那些不可能成为产品经常使用者的人，并降低促销成本。但是，如果条件过于严格，往往导致只有少数顾客才能参与，而使得促销活动的效果有限。

（四）确定促销工具的送达方式或途径

企业必须选择合适途径将促销工具传递到目标市场。例如，促销工具是一张优惠券，则至少有四种途径可使顾客获得：①放在产品包装内；②在商店里或销售现场分发；③邮寄；④附在广告媒体上。每一种途径的送达率和成本都不相同。例如，第一种途径主要用于送达经常使用者；而第三种途径虽然成本费用较高，却可送达非本品牌使用者。

（五）决定促销时机与时间长短

企业对于在何时以及进行多长时间的促销必须进行研究。如果促销时间太短，则一些顾客可能无法重购，或由于太忙而无法利用促销的好处；如果促销时间太长，则顾客可能认为这是长期降价，而使优惠失去效力，甚至还会使顾客对产品质量产生怀疑。企业必须根据促销目标、顾客购买习惯、竞争者策略及其他因素来确定促销活动开展的时机及时间的长短。

（六）拟定销售促进的总预算

销售促进的总预算可以通过以下两种方式确定：

（1）根据全年销售促进活动的内容、所运用的销售促进工具及相应的成本来确定销售促进的总预算。实际上，销售促进总成本是由管理成本（如印刷费、邮寄费和促销活动费）加上诱因成本（如赠奖、折扣等成本）后再乘以在这种交易中售出的产品预期数量而得到的。

（2）按习惯比例来确定各项促销预算占总促销预算的比率。企业在不同市场上对不同品牌的促销预算比率是不同的，并且受到产品所处生命周期阶段和竞争者促销预算的影响。经营多品牌的企业应将其销售促进预算在各品牌之间进行协调，以取得尽可能大的收益。

四、销售促进的控制

销售促进是一种促销效果显著的促销方式，但倘若使用不当，不仅达不到促销的目的，反而会影响产品销售，甚至损害企业及品牌的形象。因此，企业必须对销售促进活动加以控制。重点应做好以下几个方面的工作：

（一）选择适当的方式

销售促进的方式有很多，且各种方式都有其各自的适应性。选择好销售促进的方式是促销获得成功的关键。一般说来，应结合产品的性质、不同方式的特点以及顾客的接受习惯等因素选择合适的销售促进方式。

（二）确定合理的期限

控制好销售促进的时间长短也是取得预期促销效果的重要一环。销售促进活动的期限，既不能过长，也不宜过短。这是因为，时间过长会使顾客感到习以为常，失去刺激需求的作用，甚至会产生疑问或不信任感；时间过短又会使部分顾客不能及时获得促销活动信息，享受到促销优惠的好处，取得好的促销效果。一般应以顾客的平均购买周期或淡旺季间隔为依据来确定销售促进活动的期限。

（三）禁忌弄虚作假

销售促进的主要对象是企业的潜在顾客，因此，企业在开展销售促进活动过程中，要坚决杜绝徇私舞弊的短视行为的发生。在市场竞争日益激烈的条件下，企业的商业信誉是十分重要的竞争优势，企业没有理由自毁商誉。销售促进这种促销方式本来就有贬低产品（品牌）之意，如果再不严格约束促销行为，那将会产生使企业失去长期利益的巨大风险。因此，弄虚作假是销售促进中的最大禁忌。

（四）注重中后期宣传

企业开展销售促进活动的主要目的不仅仅是在销售促进活动期间卖出多少产品，更重要的是培养顾客的购买和消费的偏好。因此，企业做好销售促进前期的宣传是非常必要的，但更要做好中后期宣传。在销售促进的中后期，顾客和社会公众十分关注企业兑现承诺的情况。企业只有信守承诺，才能持续激发顾客的购买欲望，形成购买和消费习惯，换来社会公众对企业良好的口碑，提升企业形象。

（五）评价销售促进的效果

企业应运用多种方法对销售促进效果进行评价。评价方法随着市场类型的不同而有所差异。例如，企业在测定对零售商促销的效果时，可根据零售商销售量、商店货架空间的分布和零售商对合作广告的投入等方面进行评估。企业可以通过比较销售绩效的变动来测定促销的效果。但是必须注意的是，在促销期间，现有的顾客是主要购买者并且储存产品，促销期一过，他们便消费这些产品，最后又恢复到原来的正常购买率。因此，促销效果在很大程度上表现在顾客购买时间模式的改变，而不是购买量的持续增加。

【学科前沿】

促销新动态

随着我国进入移动互联网时代，使得我国商业生态和市场营销模式发生了革命性的变化，尤其是在促销领域变化巨大。这里仅介绍几种新型促销方式供参考：

一、微信营销

微信（WeChat）是腾讯公司于 2011 年 1 月 21 日推出的一个为智能终端提供即时通信服务的免费应用程序。微信支持跨通信运营商、跨操作系统平台通过网络快速发送免费（需消耗少量网络流量）语音短信、视频、图片和文字等信息，同时，也可以使用通过共享流媒体内容的资料和基于位置的社交插件“摇一摇”“朋友圈”“公众平台”“语音记事本”等服务插件。微信几乎已经覆盖中国所有的智能手机，活跃用户达到十几亿，用户覆盖200多个国家、超过20种语言。微信提供公众平台、朋友圈、消息推送等功能，用户可以通过“摇一摇”“搜索号码”“附近的人”扫二维码方式添加好友和关注公众平台。同时，用户还可以将微信内容分享给好友以及将用户看到的精彩内容分享到微信朋友圈。微信还具备日常支付、收发红包、银行转账、零钱理财等便捷的金融功能，成为与支付宝并驾齐驱的金融工具。

微信营销就是企业借助微信这一工具进行产品创意征集、产品（品牌）宣传推广、促进销售、顾客服务及意见反馈等市场营销活动。微信营销具有以下几个特点：①便利性。企业可以很方便地建立自己的顾客微信群、微信公众号等，适时发送产品（品牌）知识、促销信息。②互动性。企业可以通过微信了解顾客意愿，及时获得和呼应顾客需求信息。③精准性。顾客乐意加入企业的微信群，表明认同企业的产品和服务，有可能成为企业的重复购买者，甚至忠诚顾客。企业在微信群进行品牌宣传、开展促销活动，一般不会引起顾客的反感，部分顾客还可能会积极回应。④低成本性。相比于其他媒介，微信营销的维护成本和信息推送成本都很低，不需要支付大笔的广告费用。

微信营销的工作内容有：①做好准备。企业应拟订好建立微信群或微信公众号的实施方案，明确目的、设立组织、配备人员、制定管理制度、做好技术、财务等保障工作等。②动员入群。在销售现场设置扫码入圈的二维码，动员顾客在自愿、知情的情况下加入微信群。③发布信息。企业所发布的信息内容应丰富一些，除了发布促销信息外，热点新闻、国家政策、产品知识、消费体验等都可以成为吸引顾客关注、增加顾客黏性的信息。④呼应顾客需求。对于顾客在微信群中提出的问题，发出的订货请求，企业应及时回应，这既可以反映出企业的工作作风和效率，也是抓住市场机会所必需的。⑤网络信息维护。企业必须做好网络信息维护工作，及时删除危害国家利益、破坏民族团结、违背公序良俗、宣扬不健康生活方式等违反法律和道德的信息，以净化网络空间。

二、网络直播带货

据第46次《中国互联网发展报告》，截至2020年6月，我国网络直播用户规模达5.62亿，其中，电商直播用户规模为3.09亿，游戏直播的用户规模为2.69亿，真人秀直播的用户规模为1.86亿，演唱会直播的用户规模为1.21亿，体育直播的用户规模为1.93亿。由此可见，网络直播已经成为重要的社会传播媒介之一。网络直播带货是企业借助互联网直播平台聘请网红（影视体坛名人、社会名流、专业直播人等）开展产品（品牌）宣传和促销活动。有时，企业家、店主或企业员工等也可以担任网络主播。网络直播带货方式具有以下特点：①生动性。网络主播以生动的语言、灵动的表演、现场展示产品的优点和使用方法，可以吸引粉丝围观，激发起粉丝的购买热情，采取购买行动。②互动性。网络主播与粉丝可以实现线上互动，现场解答粉丝疑问，粉丝之间也可参与交流互动，从而营造出颇具现实感的虚拟空间。③精准性。每个网红都有特定的粉丝群体，在长期的交流过程中，网络主播可以更充分地了解其粉丝群体的消费偏好。企业可以选择合适的网络主播推广自己的产品，实现产品、网络主播、粉丝三方面的匹配，从而提高“粉丝—顾客”的转化率。④简易性。网络直播带货操作流程简便，所需设备可以是很简单的几部手机。

企业选择网络直播带货方式开展促销活动，需把握好以下几个关键点：①选好网络主播。根据网络主播的特质、以往表现和现在的人气（粉丝）状况，评估本企业产品（品牌）与主播的匹配程度，选择匹配性最好的网络主播。②把握好网络直播带货优惠的力度。企业应根据自身的市场营销目标、所带货的产品（品牌）所在生命周期阶段、市场定位及影响力等因素确定优惠的力度，并与企业同类产品（品牌）的其他促销方式相衔接。③做好直播带货过程管理及售后服务工作。要让顾客方便下单，并仔细核对所订产品的品种、数量、质量、货款结算方式、赠送礼物、发货地址、收货人、联系电话等信息，以免误发误送。还要跟踪货品收发情况，积极回应顾客诉求，以免造成网络舆情。④选择好网络直播带货平台。不同的直播平台的技术水平、服务水平及品牌影响力有较大的差别，从而对粉丝的吸引力也不同。⑤做好广播、电视、报纸、网络等的宣传工作，以提高本企业产品（品牌）网络直播间或直播带货活动的社会知晓度，从而吸引更多的顾客或潜在顾客参与其中。

三、短视频插播/植入广告

科技进步推动社会工作节奏加快，作为消费主力的青壮年的“996”“7+12”，甚至白加黑工作模式成为常态，他们可利用的时间越来越碎片化，很难拿出整块时间长时间地观赏一部电影或电视剧。移动互联网的快速普及和网络使用成本低廉化，使得人们在碎片化的时间段里忙里偷闲地观看一段令人轻松愉悦的短视频节目成为可能。同时，短视频平台便捷的注册程序、免费的编辑软件工具及流量返点激励，使得短视频的内容十分丰富，创作和发布成本低廉。据第 46 次《中国互联网发展报告》，截至 2020 年 6 月，我国网络视频（含短视频）用户规模达 8.88 亿，占网民整体的 94.5%。其中短视频用户规模为 8.18 亿，占网民整体的 87.0%。于是，大量企业从中嗅出了商机，将其作为产品（品牌）宣传的重要媒介。短视频插播/植入广告就是企业以短视频为媒介，在短视频播放前插播广告或者将企业产品（品牌）信息植入到短视频故事情节之中，从而达到宣传推广产品（品牌）的目的。短视频插播/植入广告具有以下特点：①灵活性高。广告投放不受时间限制，只要顾客观看视频，广告即行播放。②精准性强。企业可以利用网络平台的大数据了解短视频的在线顾客的数量、顾客的类型和偏好，做到有的放矢，精准投放广告。③互动性好。企业可以通过顾客观看广告时在屏幕上显示的订货按钮即时对顾客需求做出反应。④成本低廉。与电视广告、报纸广告动辄几万元的单次播放费用相比，短视频插播/植入广告的播放成本很低。企业也可以建立创作团队，自己创作植入本企业产品（品牌）元素的短视频并在平台上播放，这样成本就更低了。

短视频插播/植入广告成功的主要环节有：①匹配性调查。做好本企业产品与短视频的匹配性调查，筛选出适合本企业插播/植入广告的短视频；②协商谈判。企业要与短视频制作方、发布方（平台方）等洽谈插播/植入广告的事项，明确各方的权利、义务及违约责任等；③播放效果跟踪和评价。企业要适时评价短视频插播/植入广告的信息传播效果和产品销售的效果，根据效果好坏，及时调整工作方案。

【每章一练】

一、单项选择题

1. 促销工作的核心是（　　）。

A. 出售商品　B. 沟通信息　C. 建立良好关系　D. 寻找顾客

2. 促销的目的是刺激顾客产生（　　）。

A. 购买兴趣　B. 购买倾向　C. 购买决定　D. 购买行为

3. 下列各因素中，不属于人员推销基本要素的是（　　）。

A. 推销人员　B. 推销产品　C. 推销工具　D. 推销对象

4. 对于单位价值高、性能复杂、需要做示范的产品，通常采用（　　）策略。

A. 广告　B. 公共关系　C. 推式　D. 拉式

5. 公共关系是一种注重（　　）效果的促销方式。

A. 一次性　B. 偶然　C. 短期　D. 长期

6. 销售促进是一种（　　）的促销方式。

A. 常规性　B. 辅助性　C. 经常性　D. 连续性

7. 人员推销的特点是（　　）。

A. 单向信息沟通　B. 双向信息沟通

C. 间接信息沟通　D. 单一目的信息沟通

8. 广告的突出特点是（　　）。

A. 无防御性　B. 短期效果　C. 付费性　D. 戏剧性

9. 在产品生命周期的导入期，消费品的促销目标主要是宣传介绍产品，尽快地将产品信息传递给目标顾客，因而主要应采用（　　）促销方式。

A. 广告　B. 人员推销　C. 公共关系　D. 销售促进

10. 销售促进的特点是（　　）。

A. 短期效果　B 戏剧性　C. 提升品牌形象　D. 长期效果

二、双项选择题

1. 促销的具体方式包括（　　）。

A. 市场细分　B. 人员推销

C. 目标市场选择　D. 市场定位

E. 公共关系

2. 促销策略从总的指导思想上看可分为（　　）。

A. 组合策略　B. 单一策略　C. 推式策略　D. 综合策略

E. 拉式策略

3. 人员推销的特点有（　　）。

A. 双向信息沟通　B. 单向信息沟通

C. 注重短期效果　D. 目的单一

E. 目的多重

4. 下列选项中不属于公共关系特点的是（　　）。

A. 长期效果　　B. 短期效果
C. 贬损（品牌）　　D. 戏剧性
E. 无防御性

5. 广告决策的主要内容有（　　）。

A. 广告目标和内容　　B. 广告媒介和费用
C. 广告公司　　D. 广告主
E. 广告产品

6. 针对中间商常用的促销工具有（　　）。

A. 价格折扣　　B. 特价包　　C. 推广津贴　　D. 奖品
E. 优惠券

7. 下列选项中不属于人员推销特点的是（　　）。

A. 双向信息沟通　　B. 直接面对顾客
C. 具有戏剧性　　D. 注重短期效应
E. 目标多重

8. 确定广告预算的方法不包括（　　）。

A. 量入为出法　　B. 销售百分比法
C. 目标利润法　　D. 竞争对等法
E. 盈亏平衡法

9. 销售促进的特点不包括（　　）。

A. 短期性　　B. 贬损性　　C. 长期性　　D. 快速反应性
E. 褒扬性

10. 网红直播带货的特点有（　　）。

A. 互动性　　B. 精准性　　C. 延迟反应　　D. 呆板性
E. 单向信息沟通

三、判断题

1. 人员促销亦称直接促销，它主要适合于消费者数量多、比较分散情况下进行的促销。（　　）

A. 正确　　B. 错误

2. 推销人员除了要负责为企业推销产品外，还应该成为顾客的顾问。（　　）

A. 正确　　B. 错误

3. 拉式策略一般适合于单位价值低、顾客日常购买的产品。（　　）

A. 正确　　B. 错误

4. 因为促销是有自身统一规律性的，所以不同企业的促销组合策略也应该是相同的。（　　）

A. 正确　　B. 错误

5. 广告的制作和发布必须考虑到目标市场顾客的文化背景。（　　）

A. 正确　　B. 错误

6. 人员推销的双重目的是相互联系、相辅相成的。 （ ）

A. 正确 B. 错误

7. 促销组合是各种促销手段的组合和搭配。 （ ）

A. 正确 B. 错误

8. 公共关系是一种与企业产品销售不直接挂钩的促销策略。 （ ）

A. 正确 B. 错误

9. 销售促进活动的期限过长会使早期购买产品的顾客不满意。 （ ）

A. 正确 B. 错误

10. 广告效果的评估包括广告的传播效果、促销效果和社会效果等内容。 （ ）

A. 正确 B. 错误

四、理论分析题

1. 简述促销和促销组合的含义和作用。
2. 企业在进行促销组合决策时应考虑哪些因素？
3. 简述人员推销的特点和步骤。
4. 简述广告的特点和决策内容
5. 简述广告媒介决策应考虑哪些因素。
6. 简述公共关系的含义和特点。
7. 简述销售促进的特点和控制的内容。
8. 试分析互联网、大数据、人工智能等新技术发展及应用对企业促销活动的影响。

【案例分析】

董明珠直播带货：3 小时卖出超 3 亿元产品

2020 年 5 月 10 日晚上 7 点半，快手、格力联手共同推出“让世界爱上中国造”格力专场，格力董事长兼总裁董明珠携快手主播二驴夫妇在快手再次尝试直播带货。本次活动累计观看人数超过 1 600 万人，最高同时在线人数 100 万人。3 小时带货成交额突破 3. 1 亿元，其中直播开卖半小时销售额就突破 1 亿元，100 分钟突破 2 亿元。董明珠此前曾透露，“董明珠线上店”2019 年的格力电器销售额为 3. 5 亿元。也就是说，快手 3 个小时的直播快赶上“董明珠线上店”去年一整年的业绩了。受快手卖货战绩影响，格力电器股价 2020 年 5 月 11 日一早大涨 3. 7%，格力市值增加百亿元。

有鉴于 2020 年 4 月 10 日董明珠带货首秀直播卡顿、卖货不足 300 件、成交仅 22 万元的教训，此次快手做足了准备。相比上次纯走访式的直播形式，直播中常有卡顿现象，这一次快手设置了专门的直播间，形式更加专业。董明珠本次直播带货在格力珠海展厅进行，直播 3 小时全程流畅无卡顿。为保障此次直播，快手还准备了 5G 网络专线、无线图传质量保障、移动网络 QoS 保障等多重预案，有力保障了此次直播的顺利进行。除了董明珠本人外，快手还派出了拥有诸多粉丝的主播二驴、驴嫂平荣、李鑫等在快手平台有影响力的主播与董明珠进行同台直播卖货。董明珠此次出现的时间仅有半小时，其间她重点介绍了具有消杀新冠病毒功能的空气净化器，以及一款售价为 199 元的榨汁杯。其余时间里，则是由二驴等人负责展示和介绍产品。相比起首次直播中动辄上万元的产品，本次直播中的产品价格明显更加亲民，部分产品号称是“全网最低价”。其中，一款售价为1 949元的空调售出近7万件，单品销售额过亿元。

2020年以来，受新冠疫情影响，线下商家纷纷转战线上寻求新销售渠道，直播电商是最引人注目的风口之一，成为产品销售的重要手段。作为直播电商领域的头部平台，快手具有私域流量好、转化率高的优点，并吸引了大量线下商家。官方数据显示，快手已经帮助超过100万线下商家恢复生意。美邦、巴拉巴拉、尚品宅配、阿迪达斯等品牌都通过快手直播取得了不错成绩。2020年3月开始，快手推出“超级品牌日”，吸引了李宁、美特斯邦威、阿迪达斯、完美日记、宝洁等品牌加入，这些品牌成为快手电商的重要组成部分。2020年4月18日，快手超级品牌日举办了国际美妆专场，售卖雅诗兰黛、兰蔻等国际大牌美妆，单场销售总额破5亿，售价3 000元的LP鱼子酱秒罄。2020年4月19日，浙江最大的阿迪达斯线下店快手超级品牌日单场销售额超1 120万元。目前，快手超级品牌日前7场直播成交额达到6.2亿元。2020年5月6日，快手官方宣布快手电商日活（日活跃用户）已经突破1亿人，这显示了快手电商的巨大市场。作为日活（日活跃用户）超过3亿人的国民级短视频平台，快手用户丰富多元，既有喜欢高性价比产品的需求，同样有对品牌产品的需求，这为品牌进驻快手提供了巨大的市场红利。

董明珠具有格力电器股份有限公司董事长、第十三届全国人民代表大会代表等众多头衔，虽已年届66岁，仍然活力十足，争议话题不断。自任格力电器电视广告品牌形象代言人、与小米董事长雷军设赌约，多元化发展造格力手机、格力汽车等使其成为网络热点争议人物，是典型的流量明星。此次，董明珠试水网络直播带货成功具有一定的风向标意义，不仅会推动格力数万线下经销商探索线上线下融合发展的新路径，也为“明星企业家+知名直播平台+品牌产品”的市场营销新模式提供了可资借鉴的经验。

资料来源：根据新浪财经（https://finance.sina.com.cn/stock/relnews/cn/2020-05-12/doc - iirczymk1246973.shtml.）、凤凰财经（http://finance. ifeng. com/c/7wOQn1iM0ai.）等新闻报道编写。

案例分析题：

1. 试分析近年来我国市场直播带货兴起的原因。
2. 董明珠直播带货有哪些优势？试分析其第二次带货成功的原因。
3. 您认为直播带货成功的关键点有哪些？

【能力测试】

测试题：试对以下说法做出判断，即在您认为合适的空格处画○，多选、少选均不得分。

序号	题干	同意	较同意	中立	不太同意	不同意
1	促销不是万能的，没有促销又是万万不能的					

表(续)

序号	题干	同意	较同意	中立	不太同意	不同意
2	广告是品牌建设的必要手段					
3	电子商务的发展使人员推销成为多余					
4	公共关系使企业无需花钱就获得有利的新闻报道					
5	人员推销是一种费用最低的促销方式					
6	销售促进有利于树立企业及其产品良好的形象					
7	广告的生命在于真实					
8	拉式策略适合于所有类型的产品					
9	销售促进对顾客吸引力大，获得良好的长期效果					
10	市场营销本质上讲就是促销					

【延伸阅读】

1. 吴健安. 市场营销学［M］. 6 版. 北京：高等教育出版社，2017：第十四章.

2. 菲利普·科特勒，加里·阿姆斯特朗. 市场营销：原理与实践［M］. 16 版. 楼尊，译. 北京：中国人民大学出版社，2015.

3. 张启明. 市场营销学［M］. 北京：机械工业出版社，2020：244-264.

4. 许以洪. 市场营销学［M］. 北京：机械工业出版社，2019：274-305.

5. 邵安兆. 市场营销学［M］. 北京：中国传媒大学出版社，2018：277-306.

第十二章

市场营销计划、组织、执行、控制与审计

【学习导引】

管理是企业的永恒主题，市场营销活动同样需要管理。市场营销管理是由计划、组织、执行及控制等一系列工作构成的。通过学习，要了解市场营销管理的过程和作用，掌握拟定市场营销计划的技能，懂得规划市场营销组织，了解市场营销计划的执行和控制的内容，学会市场营销审计的方法，初步具备市场营销管理者所需的知识和技能基础。

【营销箴言】

凡事预（豫）则立，不预（豫）则废。

——西汉戴圣，《礼记·中庸》

事前反复研究，慎之又慎；一旦做出决策，必须坚决执行，不容含糊。

——张瑞敏

【营销故事】

新中国最著名的一张“泄密”照片引出的商机

商业情报是企业正确决策的前提，能够见微知著，从细枝末节中先于竞争对手从海量的信息中发现有用的信息并作出正确的判断，使之成为决策所用的情报更是弥足珍贵。1964 年，《中国画报》封面刊出一张照片。大庆油田的“铁人”王进喜头戴大狗皮帽，身穿厚棉袄，顶着鹅毛大雪，握着钻机手柄眺望远方，在他身后散布着星星点点的高大井架，日本情报专家据此解开了大庆油田的秘密。他们根据照片上王进喜的衣着判断，只有在北纬 46 度至 48 度的区域内，冬季才有可能穿这样的衣服，因此推断大庆油田位于齐齐哈尔与哈尔滨之间。通过照片中王进喜所握手柄的架势，推断出油井的直径。从王进喜所站的钻井与背后油田间的距离和井架密度，推断出油田的大

致储量和产量。根据上述情报，日本企业迅速设计出了适合大庆油田开采用的石油设备。当我国政府向世界各国征求开采大庆油田的设计方案时，日本人一举中标，向我国高价销售了采油和炼油设备。

资料来源：根据搜狐网等资料编写，https://history.sohu.com/20160517/n449949358_2.shtml.

【理论概述】

计划的节约是最大的节约，计划的浪费是最大的浪费。要提高企业市场营销活动的效率和效益水平就必须在管理上下功夫。市场营销管理包含着对市场营销活动进行计划、组织、指挥、协调、控制等多方面的工作，但核心是以计划的制订、实施、反馈和控制为主线开展工作。本章有四节内容：第一节市场营销计划；第二节市场营销组织；第三节市场营销执行；第四节市场营销控制与审计。

第一节　市场营销计划

计划是企业管理的首要职能，能够使企业的各项决策系统性地表达出来，并使各项工作得到整体考虑和井井有条地得到执行，从而提高各项管理工作的效率和效益水平。因此，正确拟定市场营销计划是市场营销管理的首要任务。

一、市场营销计划概述

（一）市场营销计划的意义

市场营销计划是企业市场营销活动方案的具体描述，它规定了企业各种市场营销活动的目标任务、市场营销战略、市场营销策略、相关预算及资源分配、计划执行及控制措施等。市场营销计划，从静态看，是市场营销活动各项决策的系统化的表达，通常以计划书的形式表现出来，从动态看，是关于市场营销决策过程的描述，包括市场营销环境的洞察、SWOT（优劣势及机会威胁）分析、市场营销目标的确定、目标市场营销战略决策、市场营销策略决策、预算及资源分配决策、计划执行及控制措施决策等。

二、市场营销计划的类型

市场营销计划可以从不同的角度进行分类，这有助于从多角度深化对市场营销计划的认识。具体可以根据计划的对象、时间跨度、市场营销活动等变量，将市场营销计划划分为不同的类型：

（一）按计划的对象划分

1. 企业市场营销计划

企业市场营销计划是对一个企业整体的市场营销活动做出计划安排，即对企业全部产品或服务的市场营销目标、战略、策略、预算及资源分配计划、计划执行和控制措施等做出具体部署和安排。

2. 产品线市场营销计划

产品线市场营销计划是对企业的某一产品线的市场营销活动做出计划安排，即对企业某一产品线的市场营销目标、战略、策略、预算及资源分配计划、计划执行和控制措施等做出具体部署和安排。

3. 产品项目市场营销计划

产品项目市场营销计划是对企业的某一产品项目的市场营销活动做出计划安排，即对企业某一产品项目的市场营销目标、战略、策略、预算及资源分配计划、计划执行和控制措施等做出具体部署和安排。

4. 品牌市场营销计划

品牌市场营销计划是对企业的某一品牌的市场营销活动做出计划安排，即对企业某一品牌的市场营销目标、战略、策略、预算及资源分配计划、计划执行和控制措施等做出具体部署和安排。

（二）按时间跨度划分

1. 长期市场营销计划

计划的时间跨度为3~5年，甚至更长。它是根据企业总体发展战略要求拟定的市场营销计划，致力于从战略角度规划企业的市场营销活动。因为有些潜力巨大的市场的开发不是短期可以见效的，还有些市场值得持续性的长期开发，这就需要从战略高度、长远角度谋划市场营销活动。

2. 短期市场营销计划

计划的时间跨度为1年以内。这是企业为了完成年度工作任务而拟定的市场营销计划，是对年度市场营销工作所做的部署和安排，可以是整年度的计划，也可以细化到季度或月份。这是一份详细的战术描述，说明企业市场营销工作必须做什么、由谁做、什么时间做和如何做等。

（三）按照市场营销活动划分

这是按照市场营销活动拟定的具体计划，如新产品开发计划、包装计划、价格计划、分销计划、品牌宣传计划、广告计划、销售促进计划等。

三、制订市场营销计划应遵循的原则

市场营销计划只有符合企业实际，顺应市场营销环境变化，才能取得良好的效果。企业在拟订市场营销计划时应该遵循以下原则：

（一）以顾客为中心，以顾客需求为导向

“以顾客为中心，以顾客需求为导向”是企业市场营销活动的基本要求，因此，首先必须体现在市场营销计划中。企业在拟订市场营销目标、确定市场定位、规划市场营销策略时都应自觉地将满足顾客需要作为出发点和归宿点，不能制订出损害顾客利益的策略和措施。任何损害顾客利益的策略和措施都可能违反国家的有关法律法规，如消费者权益保障法、反不正当竞争法、反垄断法等，最终企业也只能“搬起石头砸自己的脚”，吞下自酿的苦酒，遭到顾客的抛弃。

（二）实事求是

一切从实际出发，实事求是是做好一切工作的前提，市场营销工作也不可能例外。

在拟订市场营销计划时，企业应该认真做好调查研究工作，摸清顾客的需求特点，正确评价自身和竞争对手的优势和不足，深刻把握市场营销环境所蕴含的机会和威胁，洞察行业变动趋势，充分考虑企业资源可持续支撑能力，实事求是地确定企业的市场营销目标，科学选择市场营销战略和策略。

（三）满意标准

市场营销计划是市场营销决策的系统化表达。在进行市场营销决策时，企业可能总是希望选择出最优方案，但在实际中是不可能做到的事情。在实际决策时，企业常常需要按照满意标准来决策，即某项决策方案只要达到或基本达到了期望目标，即是可取的方案了。

（四）具体详细

计划的生命在于执行，而执行则需要具体详细的目标和措施。市场营销计划不能是笼统的愿景式的描述，而是具体详细的可执行的行动方案。市场营销计划不仅要有具体详细的目标，还要有实现目标的具体措施，还要落实到具体的部门和人员上，做到分工明确，职责清晰。市场营销计划还应制订出具体详细的时间表和路线图，明确总目标和阶段性目标，厘定工作要求和考核标准。

四、市场营销计划的主要内容

一份完整的市场营销计划，大致包括八个方面的内容。制订市场营销计划就是对这些内容进行分析、思考，并做出选择和决定的过程。表 12-1 简要说明了市场营销计划的内容。

表 12-1　市场营销计划的内容

内容	具体描述
计划概要	市场营销计划的简要描述
当前市场营销状况	企业在当前目标市场的产品销售情况（销售量、销售额及其动态变化等）、市场占有情况（市场占有率、市场覆盖面及其动态变化）、市场营销的组织架构、市场营销的运营模式及绩效等
SWOT 分析	企业在计划期所面临的宏观市场营销环境的状况及其所蕴含的主要的机会和威胁；企业与其主要竞争对手比较的优势和劣势；企业在计划中可能面临且必须处理的关键问题等
市场营销目标	企业产品销售量（额）、市场份额和利润等目标
市场营销战略	市场细分、目标市场选择（市场进入方式、市场覆盖战略等）、市场定位
市场营销策略	产品策略、价格策略、分销策略、促销策略等
财务预算及资源分配	计划所需要的财务预算及收益、人力资源分配、物资设备等的安排
市场营销计划控制	与市场营销计划执行相关的控制措施等

（一）计划概要

计划概要是对市场营销计划的提要性的描述，以便企业及市场营销部门的负责人能够在较短的时间内了解市场营销计划的主要内容，做出初步的整体性的判断。

（二）当前市场营销状况

这是对企业在现有目标市场上的市场营销状况的客观描述，也是拟定市场营销计划的重要基础。具体包括以下内容：

（1）企业总的销售量（额）及其动态变化情况。

（2）企业分产品（分品牌）的销售量（额）及其动态变化情况。

（3）企业产品总的市场占有率、市场覆盖率及其动态变化情况。

（4）企业分产品（分品牌）的市场占有率、市场覆盖率及其动态变化情况。

（5）企业当前的市场营销组织架构及其效能情况。

（6）企业产品的市场定位及其合适度的评价。

（7）企业的产品质量、产品组合、产品生命周期、品牌、包装、新产品开发等。

（8）企业的产品价格策略、价格政策等。

（9）企业的分销渠道模式、政策及效能和企业的物流系统及效能等。

（10）企业促销活动（人员推销、广告、公共关系、销售促进等；线上与线下）的效能。

（11）企业的市场营销活动的保障情况（人员、财务、技术、场所、设施等）。

（三）SWOT 分析

（1）机会威胁分析。其分析企业在计划期拟进入的目标市场所面临的人口环境、经济环境、自然环境、科学技术环境、政治法律环境、社会文化环境等宏观环境中所蕴含的发展机会和潜在威胁。

（2）优势劣势分析。其分析企业在计划期拟进入的目标市场的主要竞争对手是谁，与之相比较，本企业的优势和劣势何在，企业在分产品（分品牌）、分地区方面的主要竞争对手及其优势劣势何在。

（四）市场营销目标

市场营销目标是指企业在计划期内市场营销活动期望达到的状态，也是市场营销工作期望达到的目标。具体可以包括：

（1）企业总的销售量（额）及其增长率。

（2）企业分产品（分品牌）的销售量（额）及其增长率。

（3）企业产品总的市场占有率、市场覆盖率及其增长率。

（4）企业分产品（分品牌）的市场占有率、市场覆盖率及其增长率。

（5）新产品开发与推广目标［新产品开发数、新产品销售量（额）、新产品销售量（额）所占比重等］。

（6）其他，如品牌美誉度、顾客满意率等。

（五）目标市场营销战略

目标市场营销战略包括市场细分、目标市场选择及市场定位三个相互联系的内容。具体包括以下内容：

（1）企业拟进入的市场总体需求潜力的分析。

（2）根据顾客需求特点，企业对拟进入的总体市场进行细分以发现市场机会，深度洞察顾客行为。

（3）选择企业进入目标市场的方式和市场覆盖战略。

（4）对企业的产品（品牌）进行恰当地定位，并采取合适的方式传递给目标顾客，使其接受企业的市场定位概念。

（六）拟定市场营销策略

市场营销策略是市场营销计划的核心内容，包括产品策略、价格策略、分销策略和促销策略等。具体包括以下内容：

（1）产品策略，包括产品质量、产品组合、售后服务、品牌、包装、产品生命周期分析及应对措施、新产品开发及推广等方面的决策。

（2）价格策略，包括影响定价因素的分析、产品基本价格的制定、价格策略的应用、价格变化及其应对措施等方面的决策内容。

（3）分销策略，包括分销渠道模式及其影响因素分析、分销渠道的管理内容和方式、分销渠道成员的选择、评价、激励与淘汰，采购、仓储、运输、配送管理等方面的决策。

（4）促销策略，包括促销方式的影响因素分析与选择、人员推销、广告、公共关系、销售促进等方面内容的决策。

（七）市场营销财务预算及资源分配

市场营销活动的开展需要一定的资源支撑和保障，一个完整的市场营销计划必然包括市场营销财务预算及资源分配等方面的内容，具体包括财务预算、人力资源保障、技术保障、物资设备场所等。

（八）市场营销控制

市场营销计划的意义在于执行，这就需要对市场营销计划执行中可能存在的问题有所预见，并预设应对方案。

第二节　市场营销组织

一、市场营销组织的概念

市场营销组织是企业为了有效地完成市场营销目标任务，适应不断变化的市场营销环境，在合理分工协作的基础上确定的市场营销部门及其岗位职责和相互关系架构。市场营销组织是完成市场营销目标任务的基本单元，需要明确分工协作关系和岗位职责，配置人财物资源，才能取得良好的市场营销效率和效益。

二、市场营销组织的演变

市场营销组织不是一成不变的，其随着企业对市场营销认识的深化和实践的需要，经历了从简单到复杂的演变过程。市场营销组织大体经历了以下五种形态：

（一）单纯的销售部门

单纯的销售部门的任务就是产品销售，通常会有一位副总经理负责管理销售工作，兼管一些市场调研、广告和促销等活动，如图 12-1 所示。在 20 世纪 30 年代以前，西方国家的企业基本上以生产观念为主导，市场营销组织大都属于这种形态。销售部门仅仅推销生产部门生产出来的产品，销售部门对产品种类、规格、数量等事项几乎没有话语权。

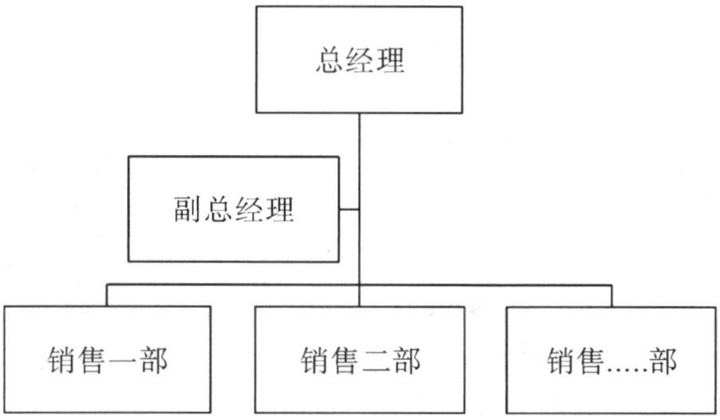

图 12-1　单纯的销售部门

（二）具有辅助性职能的销售部门

20 世纪 30 年代以后，西方国家的市场竞争加剧。大多数的企业开始以推销观念为指导，也经常开展一些调研、广告和促销活动。这些工作，逐渐演变成为销售部门的专属职责。随着任务和工作内容增多，一些企业开始在销售部门设置市场营销主管职位，专门负责这些工作，如图 12-2 所示。

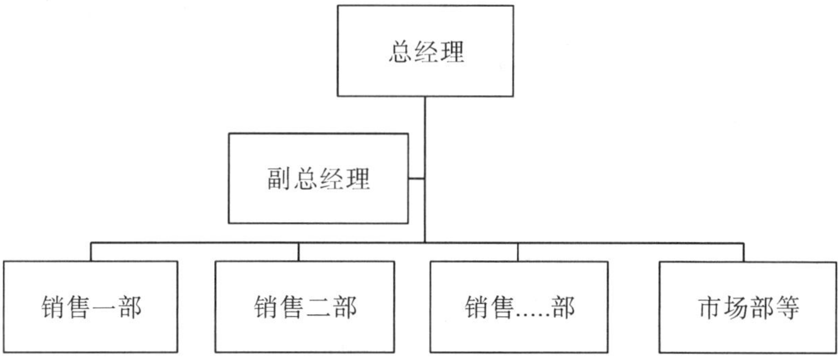

图 12-2　具有辅助职能的销售部门

（三）独立的市场营销部门

随着企业规模和业务范围扩大，作为辅助性职能的市场营销业务，如市场调研、新产品开发、促销活动和顾客服务等越来越重要。一些企业将市场营销业务从销售部门中独立出来，市场营销和产品销售成为平行的管理部门。市场营销副总经理和负责销售工作的副总经理一样，都直接对总经理负责，如图 12-3 所示。

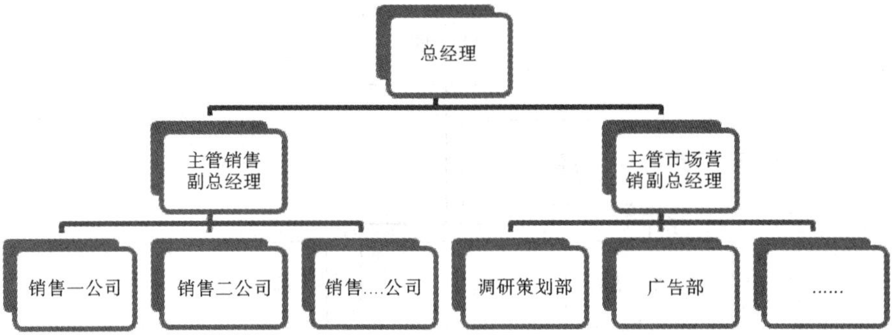

图 12-3　独立的市场营销部门

（四）现代市场营销部门

现代市场营销部门是指市场营销部门全面负责产品销售和其他市场营销职能。在实际工作中，产品销售和市场营销两个部门之间需要互相协调开展工作，但它们又往往容易产生矛盾。销售部门看重的是产品销售量等指标，有时候更趋向于一些短期行为；市场营销部门更多关注长期的利益。为了解决产品销售部门和市场营销部门的矛盾，一些企业将它们在隶属关系上合二为一，统一由主管市场营销的副总经理负责，管辖所有的产品销售和市场营销部门，最终形成现代营销部门，如图 12-4 所示。

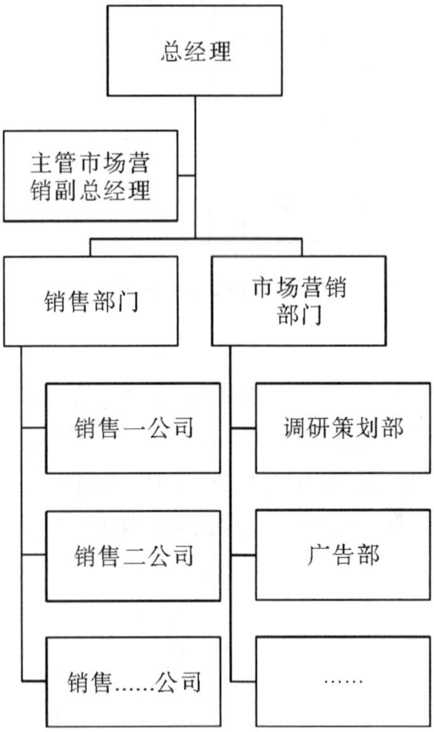

图 12-4　现代市场营销部门

（五）现代市场营销企业

现代市场营销企业是一个顾客导向型、全员营销的组织，所有管理人员和每位员工在这一体系中，都是以“顾客导向”开展工作的。全员通过信息共享，共同完成市场营销任务。以顾客为导向的全员市场营销成为企业的经营哲学时，企业才能成为一个“以顾客为中心”的现代市场营销企业。

三、市场营销部门的组织形式

市场营销部门的组织形式主要受宏观市场环境、企业发展阶段、经营范围、业务特点等因素影响，因而组织形式也是多种多样的，而且对于同一个企业，其市场营销部门的组织形式也要根据企业内外部环境的变化不断调整。企业的市场营销部门的组织形式大致包括职能型组织、地区型组织、产品（品牌）管理型组织、市场管理型组织、产品/市场管理型组织五种类型。

（一）职能型组织

职能型组织是最常见的一种组织形式，由所有市场营销人员，如市场调研、新产品开发、广告策划和销售人员等组成。一般由负责市场营销事务的副总经理直接领导，管理全部的市场营销职能科室、部门和人员，如图 12-5 所示。

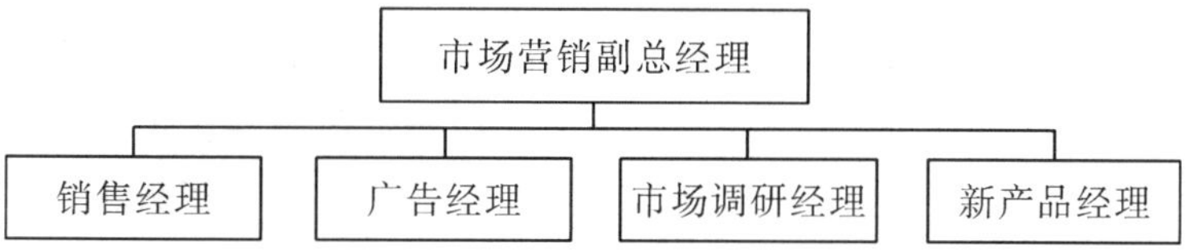

图 12-5　职能型组织

职能型组织形式的优点是结构简单，管理方便。如果产品增多，市场扩大，这种管理架构也会出现一些问题。例如，没有人在对一种产品或一个市场全盘负责，可能缺少按产品或市场制订的完整市场营销计划，有些产品或市场被忽略；各科室为了争得更多资源，获得比其他部门更高的地位，相互竞争，产生矛盾，市场营销副总经理不得不经常调解工作纠纷。

（二）地区型组织

如果企业的业务遍布全国甚至更大范围，那么企业也可以按照区域组织、管理市场营销工作，如图 12-6 所示。例如，企业可以设置一名负责全国销售业务的销售经理，若干名区域销售经理。这种组织结构的优点在于：各地区有权控制企业在本地区有关产品和服务的全部市场营销活动，有利于调动各地区市场营销管理者的积极性；不足之处在于：各地区各自为政，增加了销售经理对区域市场的控制难度；各区域设立一些职能部门，导致机构重叠、资源浪费和效率低下。

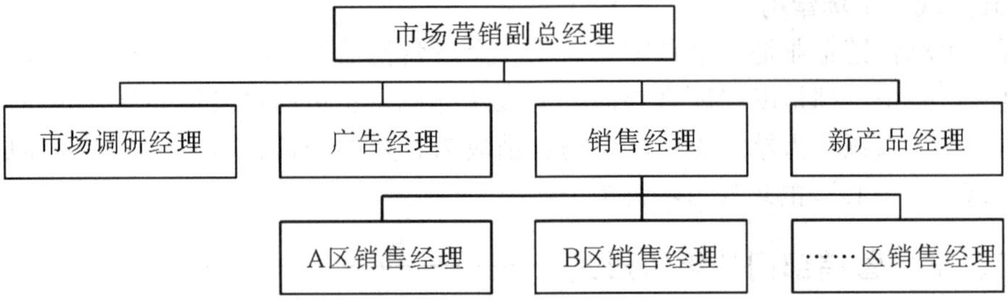

图 12-6　地区型组织

（三）产品（品牌）管理型组织

企业生产多种产品或拥有多个品牌，也可以按产品或品牌考虑组织架构。通常在总产品（品牌）经理之下，按产品线（品牌）、品种分层管理，如图 12-7 所示。一个企业经营的产品如果差异大，品种数量多，超过职能型组织架构所能控制的范围，就适于建立产品（品牌）管理组织。产品（品牌）经理的职责，包括制订产品（品牌）计划，监督计划实施，检查计划执行结果并采取必要的控制措施，为所负责的产品（品牌）制订长期的市场竞争战略和市场营销政策。这种组织结构的优点在于：产品经理能够有效协调各种市场营销职能；及时对市场中的各种问题做出快速响应；由于产品经理负责领导一个独立的部门，有利于培养全面的管理人才；具有高度的产品前瞻性，能够根据市场反馈及时改进产品。不足之处在于：各产品经理考虑问题往往从本部门出发，各产品线之间也会存在竞争，从而发生内耗；由于多头领导，使得权责不是很清晰；一些资源不能充分共享，造成不必要的浪费。

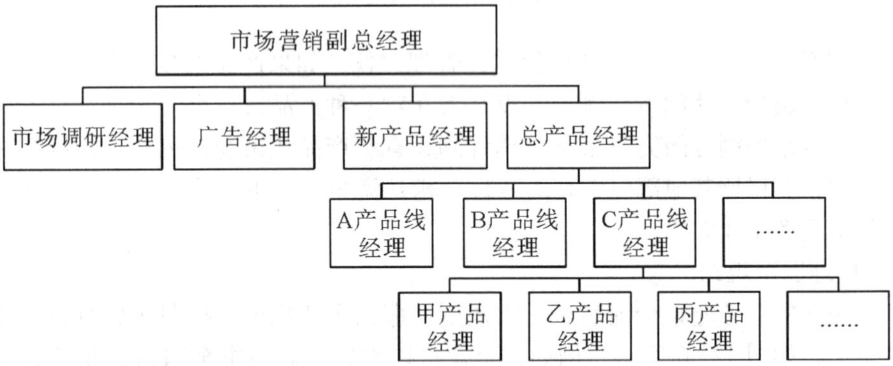

图 12-7　产品（品牌）管理型组织

（四）市场管理型组织

市场管理型组织是根据顾客的购买习惯和偏好等细分的市场确立的市场营销组织。它由一个总市场经理管辖若干细分市场经理。各细分市场经理负责各自市场的年度和长期销售计划，对产品销售及利润负责，如图 12-8 所示。这种组织架构的优点在于：企业可围绕特定顾客有针对性地开展市场营销活动。因此，产品更能充分满足顾客的需求。产品线单一，分销渠道多的企业适合采用这种市场营销组织形式。例如，有些企业设立大客户部专门负责大客户的销售服务。这种组织架构的不足之处在于：对产品和地区关注不够，导致产品结构单一，销量不稳，容易引发本企业销售人员之间的恶性竞争，不利于企业的整体协调，增加市场营销成本。

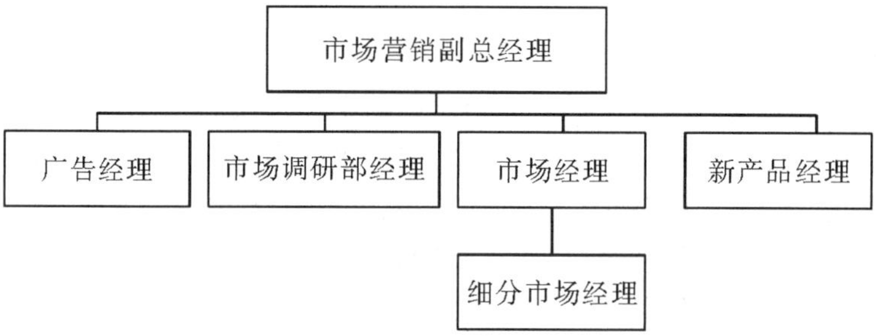

图 12-8 市场管理型组织

（五）产品/市场管理型组织

面向不同市场、生产多种产品的企业，确定市场营销组织时常常会面临“两难”，即采用产品管理型组织还是市场管理型组织？能否吸收两种组织形式的优点，又避免它们的不足？因此，有的企业建立起既有产品（品牌）经理，又有市场经理的矩阵型组织（见图 12-9）。矩阵型组织的管理成本高，内部也容易发生冲突，因此，又产生了新的“两难”：①如何安排销售力量——按产品组织还是按市场组织，或者销售力量是否不实行专业化？②由谁负责定价，产品（品牌）经理还是市场经理？

图 12-9 产品/市场管理型组织

四、市场营销组织设置的原则

企业的具体情况各异，市场营销机构不可能、也无必要都按一种模式，但需要遵循一些共性的原则：

（一）目标一致原则

市场营销组织的设置要有利于实现企业的市场营销目标。一方面，要使市场营销组织的目标与企业的总目标和各职能部门目标相互平衡，并协调一致，实现组织结构的合理性；另一方面，要做到市场营销组织机构的设置和规模，要与市场营销目标要求相一致。

（二）整体协调原则

市场营销组织是由若干部门组成的统一有机体，必须坚持局部服从整体，内部结构及人员安排要相互协调。此外，市场营销组织要能够协调与市场营销环境的关系，根据市场营销环境的变化及时做出调整，以提高市场的应变能力；市场营销组织的设立还要充分考虑市场营销部门与其他职能部门之间的协调，在服务顾客和创造顾客方面发挥好主导作用。

（三）精简原则

精简原则要求市场营销组织根据市场营销的工作性质和职能范围，合理设置管理幅度和管理层级，优化整合市场营销队伍。管理幅度和管理层级之间具有反向变化关系，管理幅度大，管理层级就少，管理幅度小，管理层级就多。管理幅度大，管理层级少，市场信息传递快，能密切管理者与管理对象之间关系，有利于交流思想、沟通情感，提高积极性和工作效率，但管理者的工作繁重，也不利于培养下级的管理能力；管理幅度小，管理层级多，能够减轻高层管理者的工作任务，调动下级管理者自主决策、自主开展工作的积极性，但市场信息传递慢，不利于高层管理者及时了解市场营销工作动态，做出正确的决策。最好的市场营销组织架构应该是既能高效完成市场营销工作任务，又是最为简单的组织形式。

（四）效率原则

“效率”是指一个组织在一定时间内完成的工作量的多少，反映出其“正确地做事情”的情况。组织的效率表现在：能否在必要的时间内，完成规定的任务；能否以最少的工作量，获取最大的成果；能否很好地吸取过去的经验教训，业务上不断创新；能否维持组织内部的协调，及时适应环境的变化。效率是衡量市场营销组织合理性水平的重要标准。一个组织的效率高，说明其结构合理，运营完善，能够在规定的时间内完成更多的工作任务。

（五）效益原则

“效益”是指一个组织在一定时间内投入和产出之间的比较，反映出其“做正确事情”的情况。企业是营利性组织，首先必须在遵守国家法律法规的前提下讲究经济效益，追求在完成既定市场营销任务的情况下成本费用最小化或者在一定的成本费用支出的条件下完成最大的市场营销任务。这就要求企业一方面按照经济效益要求合理设置组织架构和配备工作人员，精简组织机构和裁撤冗员；另一方面，企业还要自觉履行社会责任和生态保护责任，设置必要的组织，配备适当的人员，完成相应的任务。

第三节　市场营销计划执行

一、市场营销计划执行的含义

市场营销计划绘制了美好的蓝图，提出了工作任务和要求，关键还在于执行。市场营销计划执行，就是将市场营销计划转化为工作任务并加以落实的过程。在市场营销活动中，计划解决“是什么”和“为什么”的问题，而执行解决“谁”“何时”“何地”“如何做”的问题。

市场营销计划执行是一个体系，涉及组织、流程、绩效考评及领导力等管理要素。市场营销计划执行包括建立科学的运作流程、设立目标与评估标准、明确奖惩规则、组织结构内外部的检查互动及人员的奖优罚劣及优胜劣汰等方面的活动。

二、影响市场营销计划有效执行的技能

美国学者托马斯·波诺马认为，以下四种技能会影响到企业市场营销计划的有效执行：

（一）发现和诊断的技能

当市场营销计划执行的结果未达到预期目标时，战略和执行紧密的内在关系就会导致一些难以解决的、需要诊断的问题。企业需确定究竟面临什么问题？是企业自身的问题还是其他问题？是战略层次的问题还是执行不当的结果？如何解决？

（二）对企业存在问题的层次做出评估的技能

市场营销计划执行的问题可能发生在三个层次上：第一个层次是市场营销功能，例如，企业需要思考如何从广告代理商处得到更多的创造性广告。在数字化时代，随着移动通信、社交媒体、在线社区的发展，除了广告代理商之外，用户生成内容也是一个热门话题，抖音短视频、微信公众号、今日头条、知乎等自媒体平台中用户作为意见领袖对企业产品和服务产生的力量要远远大于传统形式的广告。第二个层次是市场营销计划，它把各种市场营销功能协调地组合在一起，决定了企业能否把产品更好地推向市场。在这个层次中，企业需要运用大数据技术，精准地计算和预测顾客的需求和偏好，并制定市场营销组合策略。第三个层次是市场营销政策，如企业希望每个员工都把顾客放在第一位。

（三）市场营销执行的技能

市场营销管理者必须掌握一套能有效执行市场营销计划或政策的技能。这种基本技能主要表现为分配、监控、组织和相互配合。企业应用组织技能来开发一个有效的市场营销工作组织，应用相互配合技能，通过影响别人来完成自己的工作。市场营销管理者不仅要动员企业员工有效地实施预期的战略，而且要学会利用外部力量，如调研公司、广告代理公司、经销商、批发商、代理商等。

（四）评估执行结果的技能

市场营销管理者应用监控技能来评估市场营销活动的结果，并根据评估结果做出正确的选择：是加大资源支持力度督促各部门继续执行原定的市场营销计划还是根据外部环境的变化适当地调整市场营销计划？企业不仅要给出计划执行评估的结果，更要给出计划与实际产生偏差的原因，提出改进计划执行工作的建议。

三、提升市场营销计划执行力的方法

既然市场营销计划执行能力如此重要，企业在实践中应如何持续不断地提升自己的市场营销计划执行能力呢？一般来说，市场营销管理者可以从以下五个方面着手：

（一）确立明晰的市场营销目标

市场营销目标是市场营销计划执行各环节的指路航标，能够为执行层面的人员提供明确的行动方向。因此，要想确保市场营销执行能力不打折扣，首先要确定明晰的市场营销目标，并在确保明晰的市场营销目标与企业总体经营目标一致的基础上，对其进行合理的分解，实施有效的目标管理。

（二）加强执行力文化建设

企业文化是组织的灵魂和精神支柱，是决定市场营销计划执行能力是否强大的根

本。企业内部应该形成一种在行动中培养执行能力的文化。在提高市场营销计划执行能力的过程中，最关键的是心态和观念的转变。我们常常会发现，一个人如果不愿意做一件事情，会有一千个借口。因此，一个人只要心中想做一件事情，就不会去找各种借口。所以，培养和建立执行能力的企业文化对组织中的每个成员满怀激情地做事是非常重要的。

（三）完善市场营销管理体制

完善市场营销管理体制要求企业的市场营销管理系统全面、系统、控制力强且可操作程度高。其中，市场营销激励机制的完善是十分重要的一个环节。公平的考核机制、合理的薪酬体系以及适当的奖惩制度，可以激励先进、鞭策落后，提高企业的市场营销计划的执行能力。

（四）成立项目小组或监督小组

成立项目小组，可以使各项细化的市场营销工作任务有了明确的执行单位，全权负责项目的进度及结果。项目小组成员通过各种手段与渠道，对各地的项目执行情况进行指导和跟踪，时时监测项目的进度和质量，及时解决项目中出现的问题，及时和总部人员联系沟通，并对项目进行调整。目前，不少国内企业采取一种督导制度，由高层领导组成督导小组。通过督导制度，可以实现过程管理，实时发现和帮助解决计划执行中面临的困难和问题，从而提高计划执行的能力。

（五）重视计划的弹性

企业的市场营销计划，特别是年度计划一般都是粗线条的指导性计划，需要根据计划执行中碰到的实际问题和重大环境变化加以调整。因此，无论计划目标的设定和人财物资源的分配都要留有余地，保持一定的弹性。为了更好地应对重大的意外情况的发生，企业有时候还需要拟定备选方案，以备不时之需。

第四节　市场营销控制与审计

一、市场营销控制的含义

市场营销控制，是指市场营销管理者经常检查市场营销计划的执行情况，查看计划与实际是否一致，如果不一致或没有完成计划，就要找出原因所在，并采取适当措施和正确行动，以保证完成市场营销计划或者适当地调整市场营销计划。

二、市场营销控制的类型

市场营销控制包括年度计划控制、盈利控制、效率控制和战略控制四种类型，可以从主要负责人、控制目的和控制方法三个维度进行分析，见表 12-2。

表 12-2　市场营销控制

控制类型	主要责任人	控制目的	控制方法
年度计划控制	最高管理层、中层管理者	检查原计划的结果是否已经实现	销售分析、市场占有率分析、销售/费用比率财务分析
盈利能力控制	营销主管	检查公司在哪些业务上盈利和亏损	各产品的盈利能力、各区域的盈利能力、各顾客的盈利能力、各细分市场的盈利能力、各分销渠道的盈利能力、各种订单规模的盈利能力
效率控制	生产线和行政部门管理人员、营销主管	评估并提高成本效率和市场营销支出成效	销售团队效率、广告效率、促销效率、分销效率
战略控制	最高管理层、营销审核员	检查公司是否已在不同的市场、产品和渠道中抓住了最佳机遇	市场营销有效性评价工具、市场营销审核、市场营销绩效总结、公司道德和社会责任评估

资料来源：菲利普·科特勒，凯文·莱恩·凯勒. 营销管理（第 15 版）. 上海：格致出版社，2016.

（一）年度计划控制

其主要用于检查市场营销结果是否达到年度计划目标，对销售额、市场占有率、费用等指标进行控制，确保年度计划所规定的销售、利润和其他目标能够实现。

1. 销售分析

销售分析主要用于分析销售指标的完成情况，具体包括：

（1）销售指标的计划完成情况，如销售量（额）计划完成百分数、分主要产品销售量（额）计划完成百分数，分地区、分分销渠道的产品销售量（额）计划完成百分数及上述指标计划完成的进度指标等。

（2）销售指标的动态变化情况，如销售量（额）年度（季度、月度）增长率、分主要产品销售量（额）年度（季度、月度）增长率，分地区、分分销渠道的产品销售量（额）年度（季度、月度）增长率及上述指标同比的增长率等。

（3）销售指标的横向比较情况，如销售量（额）及其年度（季度、月度）增长率、分主要产品销售量（额）及其年度（季度、月度）增长率，分地区、分分销渠道的产品销售量（额）及其年度（季度、月度）增长率等与行业整体水平、主要竞争对手的比较等。

2. 市场占有率分析

市场占有率可以反映出企业及其各种产品在目标市场上占有的份额，体现出市场地位的高低。市场占有率分析有三种不同的衡量尺度：①总体市场占有率，是指企业的产品销售额占总体市场销售额的比例；②细分市场占有率，是指公司的产品销售额占所服务细分市场总体销售额的比例；③相对市场占有率，是指本企业产品的市场占有率与最大的竞争对手的市场占有率的比值。市场占有率也可以通过时间序列数据分析企业市场占有率的动态变化，从而体现出其市场地位的动态变化。

3. 市场营销费用率分析

市场营销费用率是市场营销费用占产品销售额的比例，反映市场营销支出的效果。市场营销费用率分析的目的是监督市场营销费用的支出情况，确保其不超出年度计划的指标。

4. 财务分析

企业应该在一个整体财务框架下分析市场营销费用与销售额比率，通过财务分析界定影响公司资产净值收益率的因素，用来寻找除了提高产品销售额之外的其他有利可图的战略。

（二）盈利能力控制

盈利能力大小，对市场营销组合决策有重要的、直接的影响。盈利能力控制用于确认各种产品、销售区域（地区）、顾客群和分销渠道等的实际盈利能力和利润贡献。

1. 分析盈利能力

通过对财务报表和数据处理，把所获利润分摊到诸如产品、地区、顾客和分销渠道等上面，衡量每个因素对企业最终盈利的贡献大小、盈利水平等。

2. 选择调整措施

通过盈利能力分析，要找出妨碍盈利能力的因素，排除或者削弱这些不利因素的影响。由于可供选择的调整措施有很多，必须全面考虑，做出决定。

（三）效率控制

效率控制就是企业采用高效率的方式来管理销售人员、广告、销售促进及分销等。

1. 销售人员效率

企业的各地区的销售经理要记录和考核本地区内销售人员效率。主要指标包括：①每个销售人员每天平均的销售访问次数；②每次会晤的平均访问时间；③每次销售访问的平均收益；④每次销售访问的平均成本；⑤每次访问的招待成本；⑥每百次销售访问获得订单的百分比；⑦考核期获得的新顾客数；⑧考核期流失的顾客数；⑨销售成本与总销售额的百分比。

2. 广告效率

广告效率反映企业广告支出获得的收益情况。企业可以从如下几个方面分析广告效率：①每一媒体类型、每一媒体工具接触每千名顾客所花费的广告成本；②顾客对每一媒体工具注意、联想和阅读的百分比；③顾客对广告内容和效果的意见；④测量广告前后顾客对产品态度的变化；⑤受广告刺激而引起的询问次数。

企业可以从以下几个方面提高广告效率：①进行更加有效的产品定位；②确定合理的广告目标；③选择合适的广告媒体；④做好广告后效果测定等。

3. 促销效率

促销效率反映企业促销活动支出与获得的产品销售等方面比较的结果。促销效率可以从以下几个方面来测算：①由于优惠而销售的百分比；②单位产品销售额的陈列成本；③赠券收回的百分比；④因示范而引起询问的次数。企业还应比较不同销售促进方式的效果，从中选择最佳的促销方式。

4. 分销效率

分销效率反映分销渠道和物流系统的效率。分销渠道效率可以从以下几个方面来测算：①不同类型分销渠道（如线上或线下渠道等）完成的产品销售情况；②不同类型分销渠道（如线上或线下渠道等）的成本；③分销渠道成员执行企业市场营销政策的情况；④分销渠道新产品推广情况；⑤分销渠道成员的售后服务、顾客口碑及新顾客开发情况等。物流系统效率可以从以下几个方面来测算：①实现企业物流目标的情况；②物流成本控制情况；③主要产品的采购、运输、储存、配送等效率等。

（四）战略控制

战略控制用于审计企业战略、计划是否有效地抓住了机会，目的是确保企业目标、战略、政策和措施等与市场营销环境相匹配。在复杂多变的市场环境中，原来的目标和战略容易“落伍”过时，有必要通过市场营销审计定期反思，评估企业战略、计划与执行情况。

三、市场营销审计

企业在进行战略控制时，可以运用市场营销审计这一重要工具。所谓市场营销审计是对企业或战略业务单位的市场营销环境、目标、战略和市场营销活动诸方面进行独立的、系统的、综合的定期审查，以发现市场营销机会，找出问题所在，提出改善市场营销工作的行动计划和建议，供企业领导者决策时参考。市场营销审计不是只审查几个出问题的地方，而是覆盖整个市场营销环境、内部市场营销系统以及具体市场营销活动的所有方面。市场营销审计通常是由企业外部一个相对独立的、富有经验的市场营销审计机构客观进行的活动。市场营销审计是定期进行的，而不是出现问题时才采取的行动。市场营销审计主要包括市场营销环境审计、市场营销战略审计、市场营销组织审计、市场营销系统审计、市场营销盈利审计和市场营销职能审计等内容。市场营销审计的框架体系见表 12-3。

表 12-3　市场营销审计框架

审计项目	审计内容
市场营销环境审计	宏观环境审计：对人口、经济、政治、法律、科技、自然、社会文化等环境的分析
	微观环境审计：对市场、顾客、竞争者、分销商、供应商、营销中介、社会公众的分析
市场营销战略审计	对公司使命、市场营销目标、市场营销战略进行分析和评价
市场营销组织审计	对市场营销组织结构、功能效率、部门联系效率进行调查和评价
市场营销系统审计	对市场营销信息系统、计划系统、控制系统、新产品开发系统等进行分析和评估
市场营销盈利审计	对盈利性和盈利率、成本和收益等进行分析、评估、发现问题，并寻找改善的策略
市场营销职能审计	对产品策略、定价策略、分销策略、促销策略、销售队伍等进行分析和评估

（一）市场营销环境审计

市场营销环境审计包括对宏观环境和微观环境的审计。在宏观环境方面，公司需要分析人口环境、经济环境、自然环境、科学技术环境、政治法律环境和社会文化环境中有哪些变化能给企业带来发展机会或潜在威胁；为适应这些发展变化和趋势，企业采取了哪些行动？效果如何？在微观环境方面，需要分析各细分市场的变化、顾客对企业的评价、竞争者的目标和优势劣势如何；分析各种分销渠道的效率和成长潜力；原材料、资金、广告的可获得性等。

（二）市场营销战略审计

市场营销战略审计包括对企业使命、市场营销目标和目的、市场营销战略等内容的分析。在企业使命方面，需要分析企业使命是否用市场导向的术语明确地阐述出来，它是否可行。在市场营销目标和目的方面，需要分析企业及其市场营销目标是否用明确的目的陈述出来，以便成为指导和衡量市场营销计划和执行实绩的依据；市场营销诸目标是否与企业的竞争地位、资源状况和发展机会相适应。在市场营销战略方面，需要分析企业是否明确地表达了达到其市场营销目标的市场营销战略，此战略是否具有说服力，是否与企业的产品生命周期的阶段、经营状况以及竞争者的战略等相适应。

（三）市场营销组织审计

市场营销组织审计包括对组织的正式结构、功能效率及部门间联系三个方面内容。在正式结构方面，对于影响顾客满意度的企业活动，需要分析市场营销主管人员是否具有足够的权力和责任；市场营销活动是否按功能、产品、最终用户和地区等建立了最理想的组织架构。在功能效率方面，需要分析市场营销部门和销售部门之间是否保持了良好的沟通和工作关系；有无市场营销组织需要进一步激励、监督或评价。在部门间联系方面，需要分析市场营销部门和其他部门之间是否存在沟通不畅、协作不好等需要注意的问题。

（四）市场营销系统审计

市场营销系统审计重点在于审计各项系统设置的科学性、协调性、配套性及实际运行的效果和效率等。审计的主要内容包括：市场营销信息系统、市场营销计划系统、市场营销控制系统和新产品开发系统等方面。在市场营销信息系统方面，需要分析市场营销情报系统是否收集和整理了有关顾客、分销商、竞争者、供应商以及各种公众发展变化方面的真实的、足够的和及时的信息；企业决策者是否充分利用了这些信息。在市场营销计划系统方面，需要分析计划工作系统是否能提出很好的设想，是否有效；是否能进行市场潜量测量和销售预测；是否能制订出符合实际的可实施的市场营销计划。在市场营销控制系统方面，需要分析企业市场营销管理部门能否及时发现实际市场营销工作与计划目标的偏差，并提出矫正或调整的建议等。在新产品开发系统方面，企业的新产品组织设置是否合理，运转是否高效；企业是否很好地收集、产生和筛选出新产品创意，形成符合实际的产品概念；企业是否进行了科学的市场分析和商业分析；企业是否及时组织了新产品研发、试销及上市推广活动等。

（五）市场营销效率审计

市场营销效率审计包括盈利率分析和成本效益分析两个方面。在盈利率分析方面，企业需要搞清楚不同的产品、市场、地区和分销渠道相应的盈利率分别是多少；企业是否应该进入、扩大、缩小或放弃若干细分市场；企业在短期或长期的利润状况如何。在成本效益方面，需要分析哪些市场营销活动花费过多；能否采取一些必要措施降低市场营销的成本。

（六）市场营销功能审计

市场营销功能审计是对企业的市场营销活动或市场营销策略的诸方面的审计，主要包括产品策略、价格策略、分销策略和促销策略等方面。在产品策略方面，企业主要应搞清楚哪些产品应该逐步淘汰，而哪些产品又应该扩大规模；顾客对于本企业和竞争者产品的质量、特点、式样、品牌等方面的知识和态度如何；产品组合在哪些方面需要优化；产品包装可以做哪些改进等。在价格策略方面，企业需要审查企业的价格目标、价格政策、价格策略和价格管理状况；分销商和供应商执行企业价格政策的情况；企业的价格政策与国家的法律法规政策的一致程度如何等。在分销策略方面，企业需要审查分销渠道的模式选择是否合适；分销渠道成员的选择、评价、激励及管理是否到位；企业的分销渠道的效率和效益如何；物流系统的模式选择是否合理；物流决策是否正确；物流系统的效率和效益如何。在促销策略方面，企业需要审查各种促销方案是否符合国家法律法规和政策要求；各种促销方式的协调运用情况，是否存在相互冲突的情况；促销活动的效果如何等。

【学科前沿】

大数据分析与应用

一、大数据的概念和特点

（一）大数据的概念

大数据分析的基础是大数据。所谓大数据，是指规模巨大的数据。近年来，随着互联网技术的发展，全球数据呈现出爆发式增长，从 2013 年全球大数据储量的 4.3ZB（相当于47.24 亿个 1TB 容量的移动硬盘）增长到2019 年的41ZB，增长了 8.53 倍，年均增长速度达 45.61%。伴随而来的是大数据（含大数据硬件、软件和服务）市场规模的大发展，从 2013 年的 195 亿美元增长到 2019 年的 500 亿美元，增长了 1.56 倍，年均增长速度达 16.96%（详见表 12-4）。另据我国工信部数据显示，“十三五”时期，我国大数据产业年均复合增长率超过了 30%，2020 年产业规模超过了 1 万亿元。大数据已经成为推动传统商品市场数字化的重要力量。

表 12-4　2013-2019 年全球大数据储量和市场规模统计表

年份	大数据储量		大数据市场规模	
	总量/ZB	年增长速度/%	总量/亿美元	年增长速度/%
2013	4.3	—	195	—
2014	6.6	53.49	183	-6.20
2015	8.6	30.30	226	23.49
2016	16.1	87.21	281	24.33
2017	21.6	34.16	350	24.55
2018	33.0	52.78	420	20.00
2019	41.0	24.24	500	19.04

资料来源：根据前瞻研究院资料整理，https://bg.qianzhan.com/trends/detail/506/210615-6ad530f0.html.

（二）大数据的特点

大数据的特点可以用5个V来描述：

（1）数据量大（volume），即海量数据，每年新产生巨量数据，不仅远超以往纸本图书的总和，而且年均增长速度高达45.61％，使市场分析获得了前所未有的数据基础，同时也使得传统的市场分析思想和工具失灵。

（2）速度快（velocity），即数据产生或更新可以用"秒变"来形容，让人目不暇接，眼花缭乱。过去人们惯常使用年、季、月等作为数据计量的时间单位，现在不得不改为天、小时、分钟，甚至"秒"变的即时更新。例如，期货、股票、债券等市场，一秒前后就可能意味着巨量的利益损益。

（3）类型多（variety），数据类型多样，既有结构化的数字数据，也有非结构化的文本数据，既有官方正式发布的数据，也有海量的非官方数据。

（4）价值（value），即数据的价值性，一方面大数据可以为企业带来巨量价值，另一方面，数据的价值密度十分稀薄，企业需要花费大量费用进行数据的甄别、筛选、挖掘和整理。

（5）真实性（veracity），即数据的真实可靠性。在互联网时代，数据的发布具有很大的便利性，但并不是说谣言或谎言可以畅行无阻，因为谣言或谎言虽然发布得快，但几乎会很快被证伪，发布者会名誉扫地，全球臭名昭著。同时，企业可以通过多方比较来印证数据的真实性。

二、大数据分析的内容

大数据分析，简单地说，是指对规模巨大的数据进行分析，以期获得有价值信息，为管理决策提供依据的过程。大数据分析主要包括以下几个方面的内容：

（一）可视化分析（analytic visualizations）

数据可视化是利用专门数据分析工具对收集来的数据进行分类、整理和描述，使之成为能够被客户或数据专家阅读和理解的直观的展示数据。可视化的核心要义是，让数据自己说话，让观众听到结果。

（二）数据挖掘算法（data mining algorithms）

数据挖掘算法是对大数据进行价值挖掘的分析软件，其目的是通过集群、分割、孤立点分析及其他的算法深入数据内部，挖掘其价值。可视化是给人看的，数据挖掘就是给机器看的。这些算法不仅要处理大数据的量，也要处理大数据的速度。

（三）预测性分析能力（predictive analytic capabilities）

预测性分析是在可视化分析和数据挖掘结果的基础上对事物发展趋势做出预测性的判断。数据挖掘可以让客户更好地理解数据价值，而预测性分析可以让客户了解事物发展的趋势，为其决策提供依据。

（四）语义引擎（semantic engines）

语义引擎是从非结构化数据（文档）中智能提取有用信息的工具。语义引擎可以"智能"解析，提取、分析海量的非结构性信息，发现数据之间的联系，挖掘出数据的价值。

（五）数据质量和数据管理（data quality and master data management）

数据质量和数据管理是通过标准化的流程和工具对数据进行处理，以保证得到一个预先定义好的高质量的分析结果。

（六）数据存储及数据仓库

数据仓库是为了便于多维分析和多角度展示数据按特定模式进行存储所建立起来的关系型数据库。在商业智能系统的设计中，数据仓库的构建是关键，是商业智能系统的基础，承担对业务系统数据整合的任务，为商业智能系统提供数据抽取、转换和加载（ETL），并按主题对数据进行查询和访问，为联机数据分析和数据挖掘提供数据平台。

三、大数据决策与管理的特点

大数据决策与管理，是指建立在大数据分析基础上的决策与管理。与传统决策与管理相比，大数据决策与管理有以下几个特点：

（一）决策信息基础扎实

大数据分析的结果是在运用专门的分析工具通过对海量数据的挖掘、归类、整理、分析等基础上形成的，其分析结论的可靠性更高，从而使决策的信息基础更加扎实，可以帮助决策人员做出正确的判断和决定。例如，沃尔玛通过大数据分析发现，购买婴儿纸尿裤的男性顾客通常会购买啤酒以"慰劳"一下自己的辛苦，于是将婴儿纸尿裤和啤酒摆放到了一起，结果大大提高了啤酒的销售量。

（二）决策的效率高

大数据分析可以实现数据的实时跟踪、挖掘、归类和分析，使决策者即时获得决策所需要的信息，从而大幅度提高决策效率，提升对市场需求的反应速度。有些企业甚至研发和使用了顾客自动跟踪系统，实施精准营销策略，自动收集和分析客户信息、即时向顾客推送其感兴趣的产品信息及其关联信息，即时与顾客沟通交流，自动生成订单供顾客选择。例如，亚马逊公司利用大数据分析顾客以往的订单、商品搜索信息、购物车、愿望清单、顾客鼠标在某件商品上停留的时间等信息，预测顾客的可能购买的产品，在顾客发出订单前"预测式发货"，以缩短顾客订货到发货的时间。当然，在顾客正式确认订单前，"预测式发货"的产品会存放到快递公司的转运中心或卡车内。

（三）管理简化

大数据分析不仅仅是一种分析工具，更是一种分析系统，会带来管理思维的革命性变化。传统的科层制沟通系统被"一竿子插到底"信息管理系统所替代，企业的各级管理者根据所处的科层及职责需要即时获得决策信息，特别是企业高层领导不再等待月末报表来了解企业的运营状况和做出决策，其可以随时了解企业各类产品在各个子市场的销售情况及财务状况，发现问题并提出解决的措施。

资料来源：根据百度百科（https://baike.baidu.com/item/%E5%A4%A7%E6%95%B0%E6%8D%AE%E5%88%86%E6%9E%90/6250459? fr = aladdin）、前瞻研究院网（https://bg.qianzhan.com/trends/detail/506/210615 - 6ad530f0.html）、第一财经网（https://www.yicai.com/brief/101080397.html）等互联网资料编写。

【每章一练】

一、单项选择题

1. 市场营销计划是对（　　）的部署和安排。

A. 市场营销组织　　B. 市场营销人员

C. 市场营销活动　　D. 市场营销职能

2. 拟定市场营销计划应遵循的原则是（　　）。

A. 最优标准　　B. 满意标准

C. 主观标准　　D. 一般标准

3. 以下选项中属于 SWOT 分析法内容的是（　　）。

A. 机会和威胁　　B. 当前企业的市场营销现状

C. 市场营销目标　　D. 市场营销战略

4. 某企业将市场分为大客户市场和一般客户市场，并分别建立市场营销组织。这属于（　　）形式。

A. 地区型组织　　B. 职能型组织

C. 产品型组织　　D. 市场管理型组织

5. 承担着发现市场营销工作中存在的问题，提出改进建议职能的是（　　）。

A. 市场营销环境　　B. 市场营销计划

C. 市场营销审计　　D. 市场营销策略

6. 不论市场营销部门以何种形式组建和行使职能，在根本上讲都必须体现（　　）指导思想的要求。

A. 利润最大化　　B. 权力集中化

C. 以顾客为中心　　D. 以竞争为导向

7. 在（　　）情况下，市场信息传递时间短，对市场需求反应快。（　　）

A. 管理幅度大，管理层次少　　B. 管理幅度大，管理层次多

C. 管理幅度小，管理层次少　　D. 管理人员少，管理工作人员多

8. 最能体现“以顾客为中心”的市场营销观念的组织类型是（　　）。

A. 职能型组织　　B. 产品（品牌）管理型组织

C. 地区型组织　　D. 市场管理型组织

9. 某企业按照产品大类分别建立市场营销组织开展产品销售和售后服务工作，该组织类型是（　　）。

A. 职能型组织　　B. 地区型组织

C. 产品型组织　　D. 市场管理型组织

10. 一般来说，市场营销审计工作的主体是（　　）。

A. 企业高层领导　　B. 市场营销部门负责人

C. 市场监管部门　　D. 第三方独立机构

二、双项选择题

1. 市场营销策略组合不包括的内容有（　　）。

A. 计划策略　　B. 产品策略

C. 市场定位　　D. 价格策略

E. 分销策略

2. SWOT 分析法包括的要素有（　　）。

A. 机会和威胁　　B. 环境与策略

C. 战略和策略　　D. 优势和劣势

E. 成本和利润

3. 市场营销控制不包括（　　）。

A. 战术控制　　B. 生产控制

C. 效率控制　　D. 战略控制

E. 年度计划控制

4. 市场营销审计的特点有（　　）。

A. 定期审计　　B. 临时性审计

C. 第三方审计　　D. 市场营销部门审计

E. 企业高层审计

5. 市场营销组织设置需遵循整体协调原则，体现在（　　）。

A. 企业管理以销售为导向

B. 能协调企业内各个部门之间的关系

C. 能积极协调企业与外部环境的关系

D. 能发挥市场营销机构自身的整体效应

E. 因事设职，因人设职

6. 年度计划控制的内容有（　　）。

A. 盈利率　　B. 市场占有率

C. 市场营销费用率　　D. 销售人员效率

E. 促销活动成效

7. 分销决策包括（　　）。

A. 分销渠道模式的选择　　B. 物流规划

C. 销售促进策划　　D. 销售人员管理

E. 产品售后服务计划

8. 拟订市场营销计划的原则有（　　）。

A. 最优化原则　　B. 满意原则

C. 实事求是原则　　D. 领导决定原则

E. 刚性原则

9. 建立市场营销组织的原则是（　　）。

A. 精简　　B. 复杂　　C. 效率　　D. 规模

E. 亲密

10. 市场营销控制中的效率控制包括对（　　）等方面的控制。

A. 销售队伍效率　　　　B. 生产效率

C. 促销效率　　　　D. 领导效率

E. 采购效率

三、判断题

1. 市场营销计划是企业指导、协调市场营销活动的主要依据。　　(　　)

A. 正确　　B. 错误

2. 市场营销计划的执行是将美好蓝图变为客观现实的关键环节。　　(　　)

A. 正确　　B. 错误

3. 优中选优是拟订市场营销计划必须遵循的原则。　　(　　)

A. 正确　　B. 错误

4. 市场营销控制要求企业的市场营销活动与市场营销计划完全保持一致。(　　)

A. 正确　　B. 错误

5. 市场管理型组织能够使企业的市场营销人员很好地了解顾客的购买习惯和偏好，并做好市场营销工作。　　(　　)

A. 正确　　B. 错误

6. 当企业的市场营销工作发生困难时，则需要市场营销审计及时发现问题，并提出建议。　　(　　)

A. 正确　　B. 错误

7 运用 SWOT 分析法能够找到本企业及其产品的优点和不足。　　(　　)

A. 正确　　B. 错误

8. 市场营销审计是市场营销控制的有效工具。　　(　　)

A. 正确　　B. 错误

9. 企业拟订市场营销计划时应完全根据企业自身现有的资源和能力确定市场营销的目标、战略和策略。　　(　　)

A. 正确　　B. 错误

10. 组建市场营销部门的基本目的是提高员工的满意度和忠诚度。　　(　　)

A. 正确　　B. 错误

四、理论分析题

1. 简述市场营销计划主要包括哪些内容。

2. 拟订市场营销计划应遵循哪些原则?

3. 试述市场营销部门的组织形式及各自特点。

4. 市场营销组织设置要遵循哪些原则?

5. 简述市场营销审计的内容和作用。

6. 阐述提升市场营销计划执行能力的方法。

7. 简述市场营销控制的内容和作用?

8. 试分析互联网、大数据、人工智能等现代信息技术发展对企业市场营销管理带来的影响。

【案例分析】

稳健经营持续发展的内蒙古伊利实业集团股份有限公司

一、公司概况

内蒙古伊利实业集团股份有限公司（以下简称伊利公司）前身系呼和浩特市回民奶食品加工厂，1993 年 2 月开始进行股份制改组，1996 年 3 月在上海证券交易所上市。经过近 30 年的发展，其已经成为中国规模最大、产品品类最全的乳制品企业。伊利公司是中国唯一一家符合奥运会标准，为 2008 年北京奥运会提供服务的乳制品企业；也是中国唯一一家符合世博会标准，为 2010 年上海世博会提供服务的乳制品企业。2017 年 8 月 30 日，伊利公司成为北京 2022 年冬奥会和 2022 年冬残奥会官方唯一乳制品合作伙伴，成为中国首家唯一同时服务夏季奥运会和冬季奥运会的健康食品企业。2020 年主营业务收入达 9 652 396 万元，主营业务利润达 3 417 190 万元，每股收益 1. 17 元，资产负债率 57. 09%，每股净资产 5 元，是实现规模和业绩双增长，资产负债水平合理的优质公司。

二、公司的经营状况

伊利公司经营范围广泛，包括：乳制品（含婴幼儿配方乳粉）制造；食品、饮料加工；牲畜、家禽饲养；汽车货物运输；饮食服务（仅限集体食堂）；本企业产的乳制品、食品、饮料；乳制品及乳品原料；预包装食品的销售。农畜产品及饲料加工，经销食品、饮料加工设备，生产销售包装材料及包装用品、五金工具、化工产品（专营除外）、农副产品、日用百货、畜禽产品和饲料；进口本企业生产、科研所需的原辅材料，机械设备，仪器仪表及零配件；经营本企业自产产品及相关技术的出口业务；机器设备修理劳动（除专营）和设备备件销售（除专营）业务；玩具的生产与销售；复配食品添加剂的制造和销售（取得许可证后方可经营）；特殊医学用途配方食品的生产、销售（依法须经批准的项目，经相关部门批准后方可开展经营活动）等。伊利公司产业集中度高，主营业务突出。2020 年液体乳及乳制品制造业收入达 9 516 615 万元，占主营业务收入的 98. 59%。在主营业务产品中，液体乳收入达 7 612 325 万元，占主营业务收入的 78. 86%，奶粉及奶制品收入达 1 288 508 万元，占主营业务收入的 13. 35%，冷饮产品收入达 615 781 万元，占主营业务收入的 6. 38%，以上三项合计占比达 98. 6%。表 12-4 反映了伊利公司 2010 年至 2020 年主营业务收入及增长情况。

表 12-4　公司 2010 年至 2020 年主营业务收入统计

年份	主营业务收入/万元	年增长率/%
2010	2 966 498. 73	—
2011	3 745 137. 22	26. 25
2012	4 199 069. 21	12. 12
2013	4 777 886. 58	13. 78
2014	5 443 642. 68	13. 93
2015	5 986 348. 57	9. 97

表12-4(续)

年份	主营业务收入/万元	年增长率/%
2016	6 031 200.97	0.75
2017	6 754 744.95	12.00
2018	7 897 638.87	16.92
2019	9 000 913.00	13.97
2020	9 652 396.00	7.24

资料来源：根据伊利集团股份有限公司年报资料整理。

在生产经营模式方面，伊利公司依照《乳制品加工行业准入条件》《乳制品工业产业政策》等行业规范，通过实施“全球织网”计划布局生产基地，严格执行产品质量与安全标准，为国内外市场提供产品服务。在物流配送模式方面，伊利公司利用大数据技术，科学规划物流发运线路和仓储节点；通过与第三方物流服务商合作，借助信息技术平台和服务，快速、精准响应客户需求。伊利公司经营组织架构按照产品系列及服务划分，以事业部的形式，构建了液态奶、奶粉、冷饮、酸奶、健康饮品及奶酪六大产品业务群。在伊利公司的战略统筹和专业管理下，各事业部于各自业务领域内开展产、供、销运营活动。

三、公司的品牌建设

伊利公司十分重视品牌建设工作，坚持以消费者为中心，创造商业价值和社会价值共繁荣的发展理念，奉行“伊利即品质”的企业信条，努力成为全球最值得信赖的健康食品提供者。伊利公司倡导“卓越、担当、创新、共赢、尊重”的核心价值观，秉持“所有的生命都需要被滋养，才能向这个世界展示多姿多彩的活力”的品牌理念，强调要“怀着关爱亿万生命的初心，伊利以品质作为至高无上的信条，采用天然纯正的全球奶源，汇集世界精选的创新实力，为每个人带来丰富的营养支持”，希望每个消费者都能有“营养、纯正、美味的健康食品的陪伴，让每个人都能享受轻松简单的健康生活方式，绽放出由内而外的活力，一起来发现、享受和庆祝美好生活的本质”。为此，伊利公司坚持天然营养，坚守品质初心，不断全球创新等，来打造出世界一流品牌。伊利公司发展了以“伊利”为主品牌的家族品牌体系。各子品牌适应了不同目标顾客群的需求偏好，成为各细分市场的领军品牌。据公司 2018 年财务会计年报，2018 年公司依托全球资源体系和创新体系，通过产品创新升级和精准营销，“金典”“安慕希”“畅意 100%”“畅轻”“Joy Day”“金领冠”“巧乐兹”“甄稀”等重点产品销售收入同比增长了 34.3%；同期，新产品销售收入占比达到 14.8%，与上年同期相比提高了 5.6 个百分点。另据公司 2021 年上半年财务会计年报，2020 年公司一方面持续推动产品优化升级，“金典”“安慕希”“畅轻”“金领冠”“巧乐兹”等重点产品销售收入比上年同期增长 9.6%。其中，根据尼尔森数据，金典零售额增长 20%以上，增速位居高端白奶细分品类行业第一。2021 年一季度金典较 2019 年同期增长更是超过了 30%。金典有机液体乳零售额增长了 35.1%，市场占有份额高达 50.6%，在对应的细分市场中位居首位。另一方面，作为行业的领导者，伊利公司一直在深化创新能力，持续培育并拓展新业务，不断发掘新的行业增长点。“伊利”奶酪系列产品、“金典”低温牛奶、配方升级后的“金领冠”婴幼儿配方奶粉等业务取得突破性发展，成为公司新的业绩增长点。2021 年上半年，伊利公司新产品销售收入占比达 16%。经过持续努力，伊利公司品牌建设成效显著，已成为全球知名的乳业品牌之一。据凯度消费者指数《2020 年亚洲品牌足迹报告》，伊利公司凭借 91.6%的品牌渗透率、近 13 亿的消费者触及数和近 8 次的购买频次，连续五年位列中国市场消费者选择最多的品牌榜首。另据 BrandZ 发布的“2020 年最具价值中国品牌 100 强”榜单，伊利公司已连续 8 年蝉联食品和乳制品行业第一，并被 Brand Finance 评为“全球最具价值乳制品品牌”。根据荷兰合作银行最新公布的 2021 年“全球乳业 20 强”榜单，伊利公司蝉联全球五强，是连续 8 年稳居亚洲乳业第一的乳业公司。

四、公司的价格策略

伊利公司开发和向市场提供了液态奶、酸奶、奶粉、冷饮、奶酪及纯净水六大系列、数百个花色品种的产品，以适应不同年龄段、不同需求偏好、不同收入群体等细分市场顾客的需求。同时，实行了统一管理的市场价格体系，适应了不同子品牌、不同花色品种产品的定位要求。由于伊利公司主要产品销售毛利率和净利率保持在行业先进水平（据伊利公司 2021 年上半年年报资料，液体乳产品 35.02%，奶粉及其制品 43.25%，冷饮产品 49.05%，其他产品 38.52%。另据新浪财经报道，2016 年至 2020 年，五年平均的销售毛利率达 37.27%，销售净利率 8.73%，位居我国乳制品类上市公司第二位，远高于行业平均水平），为公司制定和实施有竞争力的价格政策提供了条件。伊利公司的主要产品价格一般与行业同类产品价格持平，个别产品甚至低于行业同类产品价格。考虑到伊利的品牌影响力，此定价政策树立了伊利产品“名而不贵”“物美价不高”的市场形象，确保了伊利公司的产品走进千家万户，从而赢得了最大的市场份额，在取得规模经济效益的同时赢得了顾客的信任和青睐。

五、公司的销售管理

在产品销售方面，公司采用经销与直营相结合的销售模式，实现分销渠道拓展目标和终端门店业务标准化、规范化管理。公司积极探索新的分销渠道合作模式，通过大力推进电商平台、母婴店、便利店等渠道业务发展，带动销售增长。2018 年公司电商业务收入较上年增长 61%；同期，据尼尔森零售研究数据显示，在母婴渠道，伊利公司的零售额较上年增长 32%；在便利店渠道，伊利公司常温液态奶业务的零售额市场占有份额较上年提高 3.7 个百分点。伊利公司采取分销渠道拓展与市场渗透“双管齐下”策略，通过开发空白网点、强化现有网点的维护，逐步提升终端掌控力。伊利公司所服务的线下液态奶终端网点数量，2018 年末达到 175 万家，比上年同期增长 23.2%。同期，伊利公司重点推动乡镇村市场开发，通过搭建乡镇村服务体系，以及构建全新的乡镇村业务发展模式，网点拓展数量和产品覆盖率有显著提升。2020 年公司继续深化全渠道战略布局，积极拓展“会员营销”“社群营销”“O2O 到家”等新零售模式，并加强与电商平台的战略合作，建立全渠道掌控优势。2020 年，伊利公司电商业务收入较上年增长 55%。同期，据星图公司调研数据显示，伊利公司常温液体乳在电商平台的零售额市场所占份额为 28.1%，位居电商平台常温液体乳细分市场首位。

在重点抓好国内市场开拓的同时，公司积极响应国家“一带一路”倡议，大力拓展国际化业务。伊利公司对海外业务进行整体统筹规划与运营流程设计，下属公司分工完成各自任务。伊利公司下属的 Oceania Dairy Limited，主要从事奶粉、液态乳品的生产、销售；下属的 PT. Green Asia Food Indonesia，主要从事冷冻饮品及各类乳品在印度尼西亚市场的销售。2018 年 9 月，伊利公司将伊利欧洲研发中心正式升级为伊利欧洲创新中心。未来，该创新中心将成为伊利公司与世界顶级科研、教学机构开展创新合作的桥梁，吸引越来越多的行业专家在健康食品领域进行科技前沿的探索。伊利公司的“Joy Day”冰激凌在印度尼西亚多个城市成功上市，该款产品是经过深入的市场调研和精心研发，率先面向印度尼西亚及其他东南亚市场推出的高品质产品，同时也是公司国际化战略迈出的重要一步。2018 年 11 月，伊利公司收购了泰国本土最大冰激凌企业 THE CHOMTHANACOMPANY LIMITED，从“全球织网”到打造“全球智慧链”，再到“让世界共享健康”，伊利公司的国际化步伐不断加快。

六、公司的供应链管理

原材料及其辅料的质量和稳定供给是生产高品质产品的前提条件。为了保障原材料及其辅料的采供质量和效益要求，伊利公司通过招标方式，对主要原辅材料进行集中采购，以提高公司的资金使用效率和议价能力。伊利公司还通过资本或技术合作，以嵌入式服务的方式，充分发挥农业产业化龙头企业的带动示范作用，与奶源供应商建立了利益共同体，稳定并增加奶源供给，以满足乳品生产的需求。伊利公司通过物联网、大数据、移动终端等信息技术，构建了奶源质量追溯体系和养殖技术服务平台，实现了奶源从牧场生产、储运到工厂接收检验信息的自动化，同时，也有效促进了牧场运营管理水平的提升。近年来，伊利公司遵循产业链共赢原则，搭建起覆盖乳业上下游的融资平台，主动为合作伙伴提供融资服务，推动了全链条业务的持续健康发展。据 2018 年伊利公司年报，公司当年发放融资款约 143.5 亿元，为 3 593 家上下游合作伙伴提供了融资服务。自 2014 年伊利公司正式启动产业链金融业务以来，累计发放融资款约 282 亿元，累计服务客户数近 4 400 户。与此同时，伊利公司依托奶牛学校平台，积极整合国际优质资源，全面升级了现代牧场人才的培养模式，开发了覆盖青贮制作、奶牛健康管理等覆盖牧场各生产环节的网络课程，培训供应商达上万人次，2016 年至 2018 年期间，伊利公司帮助奶农将奶牛日均单产提升了 2 千克，每千克牛奶养殖成本下降了 0.4 元，通过上述“一升一降”，伊利公司为奶农增收 30 多亿元。

七、公司的企业社会责任的履行

伊利公司积极践行企业公民的社会责任，不断推动商业价值与社会价值的共同繁荣。2020 年，面对突发的新冠肺炎疫情，伊利公司积极支持疫情防控工作，累计捐款 2.8 亿元。通过“帮上游、稳中游、通下游”等一系列举措，与乳业上下游合作伙伴携手共克时艰，引领行业全面复工复产，守护好了全国人民的“奶瓶子”。与此同时，在受新冠肺炎疫情影响，降薪、裁员报道不绝于耳的背景下，伊利公司以一份令人羡慕的“涨薪公告”，展现出龙头企业的责任与担当。疫情期间，伊利公司还不断升级员工关爱举措，陆续出台系列激励方案，启动公司级荣誉认可活动，使得团队的向心力、凝聚力和战斗力空前高涨。伊利公司多年来积极参与支持脱贫攻坚工作，深耕产业扶贫，与产业上游形成紧密的利益联结，不但有力地推动了奶业振兴，为行业高质量发展注入新的动能，更带动了 500 万养殖业从业者走上脱贫致富之路。在 2020 年全国脱贫攻坚总结表彰大会上，伊利公司也因此成为全国乳品行业唯一入选的“全国脱贫攻坚先进集体”。伊利公司在发展中始终率行业之先，为生态文明建设和可持续发展不断贡献力量。2020 年，在我国发布“努力争取 2030 年前实现碳达峰，2060 年前实现碳中和”宏伟目标后，伊利公司积极响应，充分彰显其“绿色领导力”形象，发布了公司碳中和的远景目标，成为全国第一家承诺实现碳中和的乳制品企业。

资料来源：根据内蒙古伊利股份有限公司财务报告、新浪网财经栏目（https://finance.sina.com.cn/money/smjj/smdt/2021-07-08/doc-ikqciyzk4321032.shtml.）及搜狐网财经栏目（https://q.stock.sohu.com/cn/600887/index.shtml.）等资料编写。

案例分析题：

1. 试分析伊利公司的市场营销组织架构有何优点。

2. 试分析伊利公司为何能成为全球一流的乳制品企业。

3. 试分析未来伊利公司在市场营销方面可能会面临哪些机会/挑战。试从市场营销视角提出应对措施。

【能力测试】

测试题：试对以下说法做出判断，即在您认为合适的空格处画○，多选、少选均不得分。

序号	题干	同意	较同意	中立	不太同意	不同意
1	计划赶不上变化。所以，市场营销计划作用不大					
2	实事求是原则要求企业从现有的自己可掌控的资源和条件出发拟订市场营销计划					
3	市场营销计划不仅在制订，关键还在于执行					
4	市场营销部门注重顾客满意，不必在意产品销售					
5	企业内部组织层级越多，信息流通越快，越有利于交流思想、沟通情感，提高积极性和效率					
6	市场营销控制要求企业的市场营销工作与计划规定的目标及要求不得有任何偏离					
7	市场营销审计是企业借助外部力量对其市场营销工作的把脉诊断					
8	效率是做正确的事情，效果（效益）是正确地做事情					
9	计划的节约是最大的节约，计划的浪费是最大的浪费					
10	市场营销业绩与计划指标差距大，可以断定一定是市场营销计划出了问题					

【延伸阅读】

1. 菲利普·科特勒，凯文·莱恩·凯勒. 营销管理［M］. 15 版. 何佳讯，于洪彦，牛永革，等，译. 上海：格致出版社，上海人民出版社，2016：619-652.

2. 张云起. 市场营销学［M］. 北京：高等教育出版社，2018：413-509.

3. 吴健安，聂元昆. 市场营销学［M］. 北京：高等教育出版社，2017：393-417.

4. 王永贵. 市场营销［M］. 北京：中国人民大学出版社，2019：367-384.

参考文献

1. 菲利普·科特勒，加里·阿姆斯特朗. 市场营销：原理与实践［M］. 16 版. 楼尊，译. 北京：中国人民大学出版社，2015.

2. 张云起. 市场营销学［M］. 北京：高等教育出版社，2018.

3. 吴健安. 市场营销学［M］. 6 版. 北京：高等教育出版社，2018.

4. 郭国庆. 市场营销通论［M］. 7 版. 北京：中国人民大学出版社，2017.

5. 钱旭潮，王龙. 市场营销管理需求的创建与传递［M］. 5 版. 北京：机械工业出版社，2021.

6. 迈克尔·波特. 竞争战略［M］. 陈小悦，译. 北京：华夏出版社，2005.

7. W. 钱·金，勒妮·莫博涅. 蓝海战略［M］. 吉宓，译. 北京：商务印书馆，2005.

8. 黄静. 品牌营销［M］. 北京：北京大学出版社，2011.

9. 程宇宁. 品牌策划与管理［M］. 北京：中国人民大学出版社，2012.

10. 艾·里斯，杰克·特劳特. 定位［M］. 谢伟山，苑爱冬，译. 北京：机械工业出版社，2016.

11. 戴维·阿克. 品牌领导［M］. 北京：机械工业出版社，2016.

12. 约瑟夫·派恩. 大规模定制：企业竞争的新前沿［M］. 操云甫，等，译. 北京：中国人民大学出版社，2000.

13. 张启明，杨龙志. 市场营销学［M］. 北京：机械工业出版社，2020.

14. 魏炜，张振广，朱武祥. 超越战略：商业模式视角下的竞争优势构建［M］. 北京：机械工业出版社，2017.

15. 赵占波，苏萌，姚凯. 智慧营销：4D 营销理论及实践［M］. 北京：电子工业出版社，2020.

16. 张云起. 营销风险管理［M］. 第五版. 北京：高等教育出版社，2020.

17. 贾建民，耿维，李国鑫，等. 大数据环境下的顾客洞察与市场营销策略研究［M］. 北京：科学出版社，2020.

18. 刘洁. 市场营销环境［M］. 北京：机械工业出版社，2016.

19. 罗伯特·布莱. 营销计划全流程执行手册［M］. 易文波，译. 广州：广东人民出版社，2017.
20. 刘雪慰. 大竞争：中国企业竞争战略实战案例［M］. 北京：机械工业出版社，2018.
21. 赵明. 橙海战略：企业有限资源竞争战略［M］. 北京：企业管理出版社，2019.
22. 菲利普·科特勒，费尔南多·德·巴斯. 水平营销［M］. 陈燕茹，译. 北京：中信出版社，2005.
23. J. 保罗·彼得，詹姆斯·H. 唐纳利. 营销管理：知识和技能［M］. 7版. 燕清，译. 北京：清华大学出版社，2004.
24 加里·阿姆斯特朗，菲利普·科特勒. 市场营销学［M］. 12版. 赵占浪，王紫薇，译. 北京：机械工业出版社，2016.
25. 吴晓云. 全球营销管理［M］. 北京：高等教育出版社，2008.
26. 郭国庆. 营销理论发展史［M］. 北京：中国人民大学出版社，2009.
27. 蒋秀兰，蒋春艳. 零售学［M］. 2版. 北京：清华大学出版社，2018.
28. 于勇毅. 大数据营销［M］. 北京：电子工业出版社，2018.
29. 李先国. 分销渠道管理［M］. 北京：清华大学出版社，2014.
30. 威廉·阿伦斯. 广告学［M］. 丁俊杰，钟静，康瑾，译. 北京：中国人民大学出版社，2014.
31. 乔治·贝尔奇，迈克尔·贝尔奇. 广告与促销：整合营销传播视角［M］. 11版. 郑苏辉，译. 北京：中国人民大学出版社，2019.
32. 阿黛尔·里弗拉. 用户画像大数据时代的买家思维营销［M］. 高宏，译. 北京：机械工业出版社，2018.
33. 易开刚. 现代推销学［M］. 4版. 上海：上海财经大学出版社，2017.
34. 柴庆春. 市场调查与预测［M］. 4版. 北京：中国人民大学出版社，2020.
35. 施密特. 体验营销如何增强公司及品牌的亲和力［M］. 刘银娜，高靖，梁丽娟，译. 北京：清华大学出版社，2004.
36. 约翰·J. 科伊尔，C. 小约翰·兰利，罗伯特·A. 诺华克，等. 供应链管理：物流视角［M］. 10版. 宋华，王岚，等，译. 北京：清华大学出版社，2021.
37. 刘刚. 物流管理［M］. 4版. 北京：中国人民大学出版社，2018.
38. 加里·P. 施奈德. 电子商务［M］. 12版. 张俊梅，袁勤俭，杨欣悦，等，译. 北京：机械工业出版社，2020.

后记

教材是教师组织教学和学生学习知识的最重要的工具。好的教材能够真正体现出服务师生的理念，让教师便于组织教学、学生乐于阅读。教材要能够体现出教学设计要求，让学生不仅获得知识、提升能力，而且可以获得思想启迪、品德淬炼。笔者从事市场营销学课程本科及研究生教学近 30 年了，一直希望能编撰出一本贯彻市场营销理念的市场营销学教材。2020 年，新疆财经大学的本科市场营销专业获批国家一流本科专业建设点，市场营销学课程获批自治区级一流本科课程建设点，这为我实现这一愿望提供了契机。经过一年多的努力，本书的编撰任务终于完成并付梓出版。在此，要特别感谢新疆财经大学教务处、工商管理学院及西南财经大学出版社，他们为本书的出版提供了大力支持。同时，在本书编撰过程中，我们广泛参阅了国内外已出版的相关教材，借鉴了部分内容和体例，在此，也一并表示感谢！

本书是团队合作的成果。刘志林负责设计教材编撰的指导思想、总体思路、主要内容及体例要求等，并完成了前言、第一章、第二章及第八章等的撰写任务；康勇完成了第五章、第九章、第十一章等初稿的撰写任务，并承担了一定的组织工作；许云霞完成了第四章、第十章等初稿的撰写任务；陈炜完成了第七章初稿的撰写任务，郑娜完成了第三章和第十二章等初稿的撰写任务；李霞完成了第六章初稿的撰写任务。刘志林完成了对所有初稿的修改、补充和最后定稿工作。

本书在教学思想、教学内容、教学体例上做了初步的创新性尝试，其效果还有待实践检验。各位师生在使用本书过程中如发现存在错误、漏洞，敬请批评指正！

刘志林

2022 年 3 月 28 日